ロベール・ボワイエ

金融資本主義の崩壊

市場絶対主義を超えて

山田鋭夫・坂口明義・原田裕治＝監訳

宇仁宏幸・藤田菜々子・中野佳裕・
西洋・山田鋭夫・坂口明義・原田裕治 ＝訳

藤原書店

FINANCE ET GLOBALISATION

La crise de l'absolutisme du marché

by Robert Boyer

日本にとっての危機の教訓――まえがきにかえて

かつての軌道を再評価し、新しい世界の出現に対応して革新せよ

本書執筆のきっかけは、リーマンブラザーズの破綻とともにアメリカで金融危機が勃発したことにあった。そのため本書では、もっぱらアメリカやイギリスの状況が取り扱われている。両国を襲った危機はきわめて特異なものであった。どちらの国にあっても、金融イノベーションと信用拡張によって主導された成長が危機に陥り、消費者だけでなく金融システムそのものもまた打撃を受けた。本書は、アメリカの危機が国際関係に与える影響について分析しているけれども、そのなかで日本は中心的な位置をしめてはいない。このまえがきでは、二〇一〇年秋まで分析を延長するとともに、日本の軌道について、より特定化した意見を提示しておきたい。

一　危機の七つの教訓

1　アメリカの覇権終焉は決定的である――ますます確かさを増してきた仮説

第二次世界大戦が終結して以降、北米経済は世界経済のなかで決定的に重要な位置をしめてきた。アメリカはヨーロッパや日本の復興・近代化を支援したし、フォーディズムの成長モデルが危機に陥ってからというもの、別の成長

様式を再建すべく多様な戦略を探ってきた。何度かの試行錯誤を経たのちに、技術イノベーションと急激な金融化を結びつけることによって、成長の新しい黄金時代への道が開かれたかのように見えた。だがこの新しい発展様式は均整を欠いていたし、際立って脆弱でもあった。このような所見に確証を与えたのがサブプライム危機であり、二〇一〇年秋の時点でまだアメリカ経済は従来の成長経路に復帰していない。このことはまた、本書が引き出した中心的仮説に有利な兆候でもある。その仮説とは、北米大陸の幸運な時代は終わって、高失業がはびこり、銀行の繁栄と非金融企業・勤労者の苦難とが乖離しつづけるという、苦痛にみちた調整が始まったというものである。今日、大方の分析家は次の所見を一致して認めている。すなわち、新しい時代が始まったのであり、この時代においてアメリカはもはや成長の機関車でもなければ、世界経済を自らに有利に組織しうる覇権国でもない、と。したがって今後十年は、世界経済の新しい局面への突入によって特徴づけられることになろう。

2　資本主義の多様性の更新

どの国もリスク忌避の強まり、信用の停止、そして国際貿易の落込みに見舞われたが、その程度は国によってまちまちであった。これは、グローバリゼーションと資本主義の標準モデル――アングロサクソン諸国のモデル――への収斂とは一体のものであるとする従来の仮説を無効化する重要な確認である。同様にして、新興市場経済という概念も見直さなければならなくなった。中国とインドの両国は――この二国だけが――景気後退に直面することなく自らの成長軌道を持続させているし、ブラジルは経済活動の極端な落込みで深刻な打撃をこうむったものの、信用や資本流入管理に関連する強力な公的介入によって新たな展開を見せている。これと対照的にロシアは、世界の生産縮小とともに地代収入が激減し、地代経済の宿弊を味わうことになった。ヨーロッパ内部でも、競争力と財政節度を保っている北の諸国と、貿易赤字を出し公的債務の歯止めを欠いている南の諸国とへの分岐が現れている。こうして、資本主義を分析したり危機克服の戦略を形成したりする際に、適切な単位として国民国家が復活してくる。これは重大ニュースである。

3 長引く可能性の大きい構造的でシステミックな危機

第三の教訓は、金融支配の黄金時代——世界成長のエンジンとしての金融が支配する時代——への回帰という幻想が漸次消滅していったことである。まず一方で、金融イノベーションがもたらしたアメリカの活力は、組織・制度・技術のイノベーションへと引き継がれるべきものである。しかしそのような移行は自動的に起きるものではない。他方、これまでのところ中国が、アメリカの「大景気後退」を世界不況や保護主義拡大に転じさせないための歯止めとなってきた。急激な信用緩和と大規模なインフラ投資計画が効果的であったことは明らかである……が、そのおかげで中国に固有な構造的危機要因は増幅されてしまった。すなわち過当競争が過剰な生産能力の温存をもたらすとともに、それに融資してきた銀行に対して大量の不良債権をもたらした。欧州連合〔EU〕では、ほとんどの加盟国において失業増加と公的債務の激増が記録された。公的債務の増加に関しては、国際金融業者たちはギリシャ政府の債務返済能力に不信をいだくとともに、ユーロの将来についても問題ありと見なすようになった。ドル・ユーロ・円の間の為替相場が不安定であることは、成長と相対的安定の回復を可能にする各国間の新しい特化を模索していくうえで不利な条件になっている。言い換えるならば、リーマンブラザーズが瓦解してからの二年間は、現代経済と国際関係における大転換の始まりでしかないのである。

4 前例なき国際的相互依存、しかし代替的な国際秩序を再建することの極度の困難

世界的な危機には、世界的な解決を。このスローガンは至極もっともであるが、残念なことに、グローバル規模の

金融的安定に関するルールを定義するとか、保護主義の不正な試みを阻止するとか、さらには地球規模の大エコロジー危機の発生可能性を抑えるとかに必要な国際協力を推進するには十分でない。現実には、各国の利害・ヴィジョン・特化は、これらグローバル公共財の制度的仕様や資金調達に関して一致を見るにはほど遠いものなのである。こうして各国の戦略が分立状態にあることは、地球温暖化に関するコペンハーゲン会議の失敗によって例証されている。当初われわれは、G8からG20への移行によって、国際規模での金融の統制や危機対処戦略の調整に関する合意がもっと容易になるだろうと考えることができた。しかし残念ながら、金融システムや世界経済の完全崩壊の恐れが遠ざかるにつれ、革新と改革の意思は弱まっていった。実際に見られるのは、国と同じ数だけある戦略である。アメリカは他国に先駆けて金融システム再編のための法律を制定したが、ヨーロッパの人々は共通ルールの策定に手間取っており、その一方でブラジルは投機資本の流入を抑制するためトービン税に類似するものの導入を決定した。こうした不協和音は、二〇〇八年九月に始まった危機からの短期間での迅速な脱出を疑わせるもう一つの理由である。

5 信用を失いはしたが従来とほとんど同じだけの力をもっている金融

諸国の政府による金融再規制の試みが困難に直面している理由の一つは、政府によって救済された国際金融業者たちが、今度は、公的債務の返済能力に関して突然疑いをいだきはじめたことにある。国際金融業者はかれら自身、救済プランを通じて直接的にか、または経済回復プランを通じて間接的に、公的債務の激増に一役かっている。金融業者やかれらのイノベーション——証券化やサブプライム・ローンなど——が現下の危機の原因となったことは今や明瞭に認められているわけだから、これは驚くべき事実である。二〇一〇年に入ってから、本書の諸章で提示されている所見は裏付けを増し、いっそう確たるものとなってきた。すなわち金融の権力は、その柔軟性と機会主義的行動、さらには経済政策に対するその影響行使能力に助けられて、ほとんど傷を負っていない。この点は大いに気がかりである。なぜなら、同じ原因は同じ結果を生み出すとすれば、危機の打撃が最も深刻だった諸国に見いだされる潤沢な流動性と準ゼロ金利は、新たなバブルの出現を促す要因でもあるからである。われわれはすでにその兆候を、一次産品と自然資源の価格動向に、また新興市場国通貨の増価に、そして自然資源の管理に関係する大企業の株価上昇に認めることができる。

6　諸国間の大きな非対称性によって阻害されている地域統合

グローバル・ガバナンスの出現を惹起するには世界経済はあまりに多様でありすぎるし、また、金融安定や環境というグローバル公共財の課題に応えるには国民国家はあまりに小さすぎる。そこで、地域統合が中間的な道を切り開くかのように見える。地域統合は、インド・中国・ブラジルという新しいアクターの参入によって変容した国際システムをめぐる今後の長い交渉過程のなかで、最初のステップとなるであろう。しかし、二年にわたる危機の推移から明確になってきたのは、この戦略の遂行が容易でないということである。EUは過去半世紀の間、あらゆる領域において超国家的な制度と手続きのネットワークを発達させてきたが、それでも、加盟国のなかで最も弱い国の公的債務に対して仕掛けられた投機アタックによって立往生してしまった。公的債務を保証する任務を負う欧州通貨基金〔EMF〕を設立しようとしても、それは困難である。その大きな原因は、リーダー国――すなわち世界市場においてパフォーマンスが特に良好なドイツ――と、安価な信用へのアクセスを享受してきた諸国経済との間の対立に求められる。逆説的なことに欧州通貨ユーロは、生産構造に関する諸国間の異質性を強めてしまったのであり、その結果、公的資金の大量移転が必要になってきている。しかし世論の反対によって、欧州財政への新たな主権移譲は阻止されている。必要な変更を加えることによって、われわれは他の大きな地域圏にも、同じ非対称性を見いだすことができる。NAFTA〔北米自由貿易協定〕の内部では、相変わらずアメリカが経済のダイナミクスを刺激しており、メキシコとカナダはアメリカが採る政策の諸帰結に対して適応を図るよう強いられている。メルコスール〔南米南部共同市場〕も同様の困難に直面している。というのも、ブラジル経済はアルゼンチン経済を圧倒しているし、そのアルゼンチン経済はウルグアイ経済やパラグアイ経済を凌駕しているからである。政治権力や経済力に関するこのような非対称性を前提にするとき、主権の諸要素を共通化することは難しい。

7　資本主義を救う民主主義！

以上のような大規模な転換を考慮するならば、二十一世紀の重要問題が、資本主義の――特に金融支配型資本主義の――ダイナミクスに対する公共体による管理を回復する点にあることは間違いない。実際、本書が明らかにしているように、アメリカの経済政策を構成する多くの領域においてウォール街の金融業者たちが権力を奪取したことによって、サブプライム危機の深刻さ・規模・持続性は最終的に説明される。逆に言えば、多様な利益団体が政治権力へのアクセス権をもっている経済のほうが、ずっと良好な経済パフォーマンスを示すし、また市民から見ての強い正統性を獲得する。同じように、欧州統合の深化について世論が守っている故意の沈黙は、共同的な手続きに不透明性が見られることや、民主主義の諸原理――主に国民国家のレベルで表明されつづけてきたところの――に則っていないことに一部起因している。この点に関連して掲げておきたいのは、カール・ポランニーが遺した次のメッセージである。すなわち、われわれが今いる大転換の時代にあっては、公共体が労働・貨幣・自然という三つの擬制商品にあらためて統制を課すことが重要なのだ、と。

二　二十一世紀の日本社会を浮上させるには比類なきチャンス

こうした画期的変化が日本に対しても影響を及ぼさないはずがない。ここではそのうちのいくつかに言及しておきたい。

疑いなく最も重要な点は、日本の将来を日本のアメリカ化――すなわち専門用語では金融支配型資本主義への収斂――に求める考え方を断固として却下することである。日本は先進国のなかではじめて、国際的な金融自由化の帰結である過剰投機から被害を受けた国である。そればかりでなく日本はまた、蓄積された金融の不均衡を清算するのには十年以上の時間が必要であることも示してきた。専門家たちの間ではアメリカの失われた十年の可能性について議論する機会が増えているが、これは皮肉なことではないだろうか。日本の当局者たちの側はアメリカ・モデルを理想に掲げつづけているわけだから、まさに逆説的である。

今なすべきことはむしろ、危機をうまく乗り切ったいくつかの国から着想を得ることであるように思われる。中国・ブラジル・インドの三国は、金融システムや信用に対する強い公的統制を維持してきた点で共通している。これと対照的に日本が規制緩和や民営化の過程を継続していることは、かなり危険と言える。なぜなら、これによって日本政府は経済政策の運営に際して決定的な手段を欠くことになるからだ。また、日本の公債の大半が居住者によって保有されているがゆえに、現在に至るまでギリシャ型のシナリオは起きずにすんできた。国際金融業者の不信から採用せざるをえなくなる引締めプランがあまりに厳格であるため、大きな社会的政治的危機が引き起こされるというのがギリシャ型のシナリオである。サブプライム危機によって明白になったのは、グローバリゼーションの魅力と危険を受け止める際に、国内的――ないし地域的――金融仲介が重要性をもつということである。

世界経済の激変の巨大さは、日本の経済政策選択をとりわけ困難なものにしている。一方で、国際金融業者がアメリカ経済の成長再開に関して表明している不信と、日本の安定性に対する相対的信頼は、対ドルでの急激な円高が進む新たなきっかけを与えた。この円高が日本産業の競争力にマイナスの影響を及ぼすことは必至である。他方で、中国の成長の活力は日本の輸出を、それゆえまた日本国内の経済活動を刺激しつづけている。ＯＥＣＤ加盟国のなかで日本は、ドイツとともに、中国経済との接合関係から最も大きな利益を得ている国である。ところが、このように国際的に広く経済を開放していることは、裏を返せば、世界貿易の干満がただちに国内経済活動に影響を及ぼすということでもあり、そこから内需拡大の要求が強まっているのである。

したがって、アジア近隣諸国に対する日本の関係は、日本の国内的発展様式の将来にとっても中心的な問題である。中国のＧＤＰが日本の水準に到達したことは、しばしば脅威として受け取られているが、実はアジア統合のためのチャンスにもなりうる。分業が深化し、事実上の補完性が生み出されるからである。ただし、すでに強調したように、相互依存の強まりが必ずしも協力の強まりを引き起こすとはかぎらない。なぜなら、協力の強化は信頼および共通ルールの確立を前提とするからである。この点について欧州統合は貴重な教訓を与えつづけている。共同市場や単一市場の建設に向けて出発点になったのは、フランスとドイツの間の公式和解であった。中国・日本・韓国の間で大いなる和解が成立するのはいつのことであろうか。

日本例外論は有利になりこそすれ、もはやハンディキャップにはなりえない。というのも、各国の経済が互いに同質化していくという考え方、そしてどの経済もやがては資本主義の同一の構図へと収斂するという考え方は、危機によって打ち砕かれたからである。すなわち、各国の軌道はかなり対照的であることが確認されたのである。その結果として有力となった経済分析法は、資本主義の制度やパフォーマンスの国際比較的な諸側面に力点を置く分析ではなく、いまやむしろ、多様な資本主義の歴史性に力点を置く分析である。また実際、研究者の任務および政府の責任とは、当の社会が直面している諸問題の現実に自らの分析や自らの政策を適応させることであるはずだ。日本は、人間主導型モデルの探索において先頭に立ってはいないだろうか。確かに、豊かでありかついまだ相対的に平等主義的なこの社会は、教育問題、技能形成の問題、医療アクセスの問題、文化の問題、高齢化問題といった重要な諸問題に対処していかなければならない。しかし諸問題への対処は新しい発展様式を導く原動力にもなりうるのであり、日本はそのための鉱脈をすでにいくつか掘り当てている。

また民主主義の新たな躍進は、日本にとって一大焦点である。レギュラシオン理論にもとづく経済分析が繰り返し示してきたように、経済政策の質や危機脱出戦略の妥当性を決定的に左右するのは、政治組織であり、また社会内部の交渉プロセスの性質である。日本については、次のような性格づけを免れることができない。すなわち、市民社会の大きな変容に対する政治部面の相対的無関心が、日本では長い間、より満足のいく発展様式の出現を妨げる障害となってきた、と。世界経済レベルにおける一九三〇年代の断絶に匹敵する今の現実は、日本の政治システムの時代適応《アジョルナマント》を駆り立てるのに十分な発奮材料となる可能性がある。

二〇一〇年九月三十日

ロベール・ボワイエ

金融資本主義の崩壊　目次

日本にとっての危機の教訓――まえがきにかえて……1
かつての軌道を再評価し、新しい世界の出現に対応して革新せよ

一　**危機の七つの教訓**　1
二　**二十一世紀の日本社会を浮上させるには比類なきチャンス**　7

序説　画期的変化の二〇〇八年……21

1　合理的で安定を生み出す金融の完全な力　21
2　サブプライムというシステミック危機がもたらす混沌　26
3　説明を要する急激な逆転　33

第1章　金融市場効率性理論の瓦解と他の伝統的アプローチ……41

1　市場の効率性への信頼――金融資産の増価における前例なき変調に直面して　42
2　リスクの評価・管理モデルの明らかな失敗――外生的でまったく例外的な事件としてのサブプライム危機　51
3　行動ファイナンス理論の利点と限界――非合理性、強欲、腐敗、パニックは危機の原因なのか結果なのか　60
4　ファイナンシャル・アクセルレーター――動学的なアプローチだが、システミックな危機の理論にあらず　63
5　中央銀行の責任――世界的貯蓄過剰の時代における永続的な低金利　65
6　金融における報酬システム――リスクの外部化は要するにリスクの最大化である　68
7　イデオロギーが分析に優先するとき　72

第2章　金融市場は完全か――危険な過ち……75
1　完全市場の体裁は見せかけにすぎない　75
2　金融商品――重大な不確実性を課された支払契約　76
3　株式相場の変動性はファンダメンタルズ変化の変動性よりも大きい　79
4　金融的評価は慣行である　81
5　ある逆説――リスクヘッジの新たな手段により危機の確率は高まりうる　87
6　金融市場が機能するための前提は規則・制度・組織の整合的総体にある　91
7　金融の逆説と危険性　94
第3章　金融脆弱性と経済危機――大経済学者への回帰……96
1　貨幣あっての市場だが、その貨幣ゆえに危機が起こる　97
2　マルクス――危機の理論家にして、擬制資本・本源的蓄積・グローバリゼーションの分析家　98
3　ミンスキーから見たケインズ――信用サイクルの内生性とポンツィ金融の可能性　102
4　ヴィクセルからフォン・ノイマンへ――中央銀行の利子率政策の責任　114
5　信用・イノベーション・長期サイクルの関係についての理論家シュンペーター――インターネットバブルから不動産バブルへ――　120
6　フィッシャーと債務過剰不況理論　126
7　ナイト――利潤とリスクテイクの激しい追求からシステミックな不確実性を前にした困惑へ　130
8　アメリカの金融危機から世界的経済危機へ――悪循環の蓄積　134

第4章　民間の金融イノベーションに一貫して遅れをとる各種規制……138

1　一九八七年十月十九日の株価大暴落——一九二九年十月二十四日の亡霊は早々と忘れられた　139
2　デリバティブ商品の危険性を教えた最初の危機は即座に克服された——LTCMの崩壊　142
3　エンロンのエピソード——第二のチャンスも失われた　145
4　金融監督当局における責任分担の曖昧さ——ノーザンロック　147
5　アメリカ住宅ローン市場のデリバティブ商品危機——規制当局の沈黙と遅れた全面的介入　150
6　一九九七年危機の犠牲者たるアジア諸国は危機が繰り返されないような装置を開発することを学んだ　152
7　各国政府は他国の危機からほとんど学ばない　154
8　抜本的な制度的イノベーションたるユーロは投機バブルの源泉となった　157
9　ある金融危機を急速に克服したからといって危機の反復を免れることはできない　159

第5章　アメリカ住宅ローン市場関連のデリバティブ商品危機は避けることができた……163

1　大危機後に規則によって枠付けされてこそイノベーションは画期的となる——商業銀行の例　164
2　リスクの評価や負担ができない経済主体にまでリスクの外部化を進めさせないこと　166
3　予見できた危機——多数の分析家が予見していたので回避できた危機　170
4　住宅ローン市場関連デリバティブと巨大なレバレッジ効果——危険な結合　173
5　最低限の集団的管理があればサブプライム危機は予防できたかもしれない　176

第6章　危機の展開——資産のデフレ・スパイラル……179
1　ウォール街の組織モデルの破綻とヘッジファンドの方向転換　180
2　ほとんどすべての金融アクターへの波及　181
3　内在的な脆弱性——資産価値評価の浮動性　対　価値創造の安定性　183
4　金融における分業の矛盾的性格——契約当事者の直接的責任の放棄に関連して起きたシステミック危機　186
5　金融業者の金銭欲と傲慢、次いでパニックと動揺　191

第7章　サブプライム危機——変わらないものと新しいもの……192
1　アービング・フィッシャーの金融的収縮モデル（一九三二年）への復帰——株価／信用のスパイラル　192
2　二〇〇八年における銀行の大量破綻・大量消滅は……　196
3　……一九三〇年代以来の類例なき公的介入を要求している　197
4　金融危機は相次いで起きたが、同じことの繰返しではなかった　201
5　金融危機の性質や結末を支配する四つのメカニズムの独特な組合せ　207
6　アメリカ当局の混乱——先行する諸危機の脱出戦略を繰り返すのでは十分でない　209
7　システミックな危機を克服する
——その源泉に対処すべきか、その連鎖を食い止めるべきか、それともその悪化を阻止すべきか——　214

第8章　金融主導型成長の終焉……219
1　金融主導型成長はアメリカで可能であったのだが……　219

2 ……だがそれはイギリス以外の諸国には一般化できない 224
3 金融化の成功自体によって経済は金融脆弱性の圏内に突入し…… 225
4 ……ますます深刻化してゆく危機の連鎖に至ることがある 226
5 二〇〇七年——アメリカの対家計信用主導型成長の終焉 229
6 独自の危機 大いなる岐路 233

第9章 金融イノベーションに枠付けをするなという謬論…… 236

1 成長理論のなかで金融の役割を位置づけなおす…… 237
2 ……そして危機 239
3 規制の過剰がサブプライム危機の原因ではない…… 242
4 歴史比較的なデータからは金融規制のプラスの影響が確証される 245
5 グローバル化と金融イノベーションの時代にあっても、住宅ローン市場の危機を回避してきた国があった 248
6 うまく枠付けされた商業銀行は危機においても生き残るであろう……しかしウォール街の投資銀行はそうはいかない 250
7 ウォール街の突出したヘゲモニーはその瓦解を導く——政治経済学の教え 255
8 藁と梁 259

第10章 金融の社会的統制のために——単一の要請 複数の道…… 265

1 神話的な透明性と完全競争に回帰しようとする誘惑 266

2　最小限の公的介入によって金融に固有な不安定性を補整すべし　268
3　不均衡の爆発的伝播を起こさないように金融内部の悪質な誘因を除去すべし　272
4　金融・企業・国際関係の法的諸形態の刷新　276
5　マクロ経済の安定を維持するために金融イノベーションを規制すべし　281
6　これらの戦略のうちどれを模索するかに関して政治的なものが演じる決定的役割　289
〈コラム1〉アメリカ金融の新しい規制に関するオバマ・レポート——その提案の長大なリスト　295
〈コラム2〉航空の安全に関するものと同じ手続きを金融システムに適用したらどうであろうか　296
〈コラム3〉医療イノベーションに対する統制の手続きは、金融改革のヒントを与えることができるか　298
〈コラム4〉金融危機の再発を抑制するための他の諸提案　300
〈コラム5〉二〇〇八年以降のウォール街の権力およびその持続性に関する諸兆候　302

第11章　構造的かつ世界的な危機だが、国民国家への復帰はあるのか……307

1　古くからの危機——フォーディズムの終焉から金融化へ　308
2　非対称的なグローバリゼーションの反転　317
3　ウォール街の魔法使いの弟子を救ったFedとアメリカ財務省——労多くして功少なし　324
4　前例なき相互依存であるが各国別進路は大きく異なる　337
5　国際的ニューディール——必要だがほとんど不可能　350
6　政治的なものの再確認ないし国民国家への復帰　360
7　国民経済とその諸関係の長い構造調節期に向かって　367

結論　転倒する世界　継続する危機…………374

1　サブプライム危機の不変性と新しさ　374
2　多くの予兆を無視したのちに混乱した積極的行動主義　376
3　金融によって生じたシステムの崩壊　379
4　四つのプロセスの交錯から生じた構造的かつ世界的な危機　381
5　金融の社会的統制に向けて　利益団体の妨害に抗して　384
6　危機脱出策の三つのジレンマ　389
7　アメリカ例外主義の終焉——長期的な再構築に向けて　394
8　世界経済の激変　396

〈コラム6〉二〇〇八年十二月にエコノミストの調査団が訪問した際に作成された、アメリカ経済の状況に関するＩＭＦの（秘密）報告書　402

監訳者あとがき　412

略語解説　419
参考文献　437
図表一覧　442

金融資本主義の崩壊

市場絶対主義を超えて

凡例

一　原文の（　）は（　）のままとした。
一　原文の《　》は「　」とした。
一　原文において語頭が大文字で強調されている語は〈　〉で括った。
一　原文においてイタリック体で強調されている部分には、傍点を付した。
一　語の右横に*を付し、段落末に配した注は、著者による原注である。
一　但し、図表中においては右に従わない場合もある。
一　訳者による補足、訳注は本文中に〔　〕で挿入した。

序説　画期的変化の二〇〇八年

金融自由化の流れは一九七〇年代末のアメリカで始まり、つづいて八〇年代中葉以降、多くのＯＥＣＤ諸国に広がっていった。こうした流れは、九〇年代以降にその成果をもたらした。それは、企業・銀行・政府の戦略ばかりでなく、経済学における従来のパラダイムをも変えてしまうほどのものだった。第二次世界大戦後に支配的であったケインズ的な考え方に代わって、一個の正統学説が生まれるまでになった。

1　合理的で安定を生み出す金融の完全な力

「個別にみた金融機関が潜在的リスク諸要因ゆえのショックに対して過敏性を低下させたばかりでなく、金融システム全体としても耐性がいっそう高まった。」

（アラン・グリーンスパン、二〇〇四年）

標記のような金融の完全な力は、インターネットバブルの崩壊に引きつづく経済回復過程で頂点に達した。それは以下の七つの基本的な特徴で示される（表1）。

・およそ現代のファイナンス理論は、効率的市場仮説――利用可能なあらゆる情報が市場価格に織り込まれているとされる――に立脚し、また、さまざまな金融手段の間で完全な裁定が行われるという仮説に立脚して、構築されている。完全裁定の仮説は、ポートフォリオ管理のモデルや新しい金融手段の価格評価において前提となっている。このような条件のもとでは、公権力が金融市場に枠をはめようとしても何の利点もない。それゆえ、市場の順調な運行を任されるのは金融業界である。もちろん市場は、情報開示、会計の調和、インサイダー取引防止に関する基本的で最低限のいくつかのルールによって、枠付けられているのではあるが。

・このパラダイムの第二の特徴は、情報的な観点から見て、伝統的に銀行が担ってきた金融仲介よりも、金融市場のほうが優れていると考える点にある。幾人かの論者は、銀行が消滅することを想像するまでになっている。実際、一九九〇年代以降、銀行は取引コストにおいて高くつき、情報処理において非効率と考えられてきた。とりわけ銀行は信用供与という不可逆的な関係に服しており、これが銀行を脆弱にし、とりわけ新興諸国では危機に陥りやすくする。反対に金融市場は、あらゆる長所を備えているとされる。金融市場は絶えず、株式相場や利子率の形成を通じて適切な情報の伝搬を実現する。金融市場は貸出活動にはない可逆性を備えており、各種の金融的および非金融的アクターの全体に幅広くリスクを伝播させる。最後にとりわけ、金融市場における資金調達コストは、銀行信用と比較して低くなるという。

・市場金融に対するこうした信頼は、それ自体、この時代に知的革命として示されたものの結果である。経済学者やファイナンス理論家が、資産・オプション・デリバティブ商品・スワップの価格形成に関する科学を作り上げたのである。こうした概念上の一大進歩は、ポートフォリオ管理の実践・ルーティン・コンピュータープログラムに変換されていった。その考案者たちは、きわめて洗練された統計手法――それは素人や古い教育を受けた金融業者に

表1　サブプライム危機――パラダイムの変化か

	2007年以前	2008年以降
1. 金融の特性	金融市場の効率性	市場の近視眼性と資本配分の非効率性
2. 国家の役割についての考え方	金融におけるレッセフェール	金融安定性をもたらす介入主義
3. 金融機関	直接金融の優位性 銀行の衰退	金融の不安定性 銀行の決定的役割
4. 管理手法	・過去の規則性にもとづいて推計されたモデルの能力 ・公正価値への依拠	・金融システムにおける評価と内部取引の機能停止 ・公正価値に起因するデフレ・スパイラル
5. 金融イノベーション	・ファイナンスとリスクテイクの分離における複雑性の増大 ・証券化によるデリバティブ商品の数と多様性の爆発的増加	・デリバティブ商品の価格形成におけるシステミック危機 ・基本的な金融商品への回帰，安全性と流動性を求める競争
6. 成長体制との関係	金融主導型成長モデル	成長の実体的要因への猛烈なカムバック
7. 金融化に関する国民的軌道の差異	ヨーロッパと日本の低成長は金融化の遅れによって説明される	アメリカやイギリス以外の国は同じタイプのシステミックな金融危機を経験していない

は理解不能である――を使って投資を合理的に管理することによって、リスクを制御するのだと主張した。要するに、経験的な手法、銀行や金融のパニック、そして最後に全金融史に見られる非合理性とはおさらばだ、というわけである。必要な変更を加えれば、それはニューエコノミーについてその信奉者が語っていたものと同じものである。いわく、過去から引き継いだ道具では危機のリスクを評価することができない。なぜなら、技術進歩――ニューエコノミーにおける情報通信技術〔ICT〕――であれ、金融イノベーション――デリバティブ商品――であれ、根本的に新しい時代が始まったからだ、と。

価値創造の考え方は変化してしまった。従来は、原価会計によって製造加工やサービスの活動における利潤の性質が明示されていたとすれば、現代経済にあっては、資産・負債の総体を巧みに管理すること〔資産負債管理（ALM）〕こそ、利潤の源泉だと考えられている。結果として金融界は、いわゆる市場価格による時価評価《マーク・トゥー・マーケット》あるいはモデルによる時価評価《マーク・トゥー・モデル》の会計制度——これは完全に投資銀行の支配的戦略の一環をなす——を要求し、それを手に入れもした。一方で、企業の財務ポジションが市場価格をもとにして絶え間なく評価されることで、投資家は透明性のある情報を利用でき、金融機関は収益性の悪化や金融脆弱性圏内への突入を早めに修正することができるのだと言われた。他方で、対応する市場が存在しない資産の価格については、新しい会計制度は、各企業に固有のモデルにもとづいて資産・負債の価格を評価する仕事をアクターたちに委ねた。こうした主張は、当該モデルの科学性という名のもとに、そして金融業界自身による金融情報の生産と制御の独占という名のもとに、公的当局によって受け入れられた。

・一九九〇年代と二〇〇〇年代におけるこうした主要な新しさは、金融活動の核心にかかわっている。その昔、金融イノベーションの大部分は、実物領域の経済活動を促進する機能をもっていた。具体的には、投資資金の調達、企業の資金繰り、耐久財の購入、住宅の取得、公債のファイナンス、最近ではスタートアップ企業〔ベンチャー企業〕への資金提供などである。これに対してファイナンス理論の発展によって現れたのは、一連の膨大で純粋な金融イノベーションである。これらのイノベーションは、金融活動それ自体を促進することしか目指していないという意味で、純粋である。大きな変化は、ますます高度化するデリバティブ商品を開発することによって、ファイナンス〔融資または資金調達〕とリスクテイクを切り離すという企図に由来している。「組成《オリジネート》と売却《ディストリビュート》」〔原債権のリスクを移転するいわゆるＯＴＤモデル〕が銀行の標準的な戦略となった。このように、金融内部の分業とも呼ばれるものが、最近二十年で前例のない発展をとげた。格付機関、年金基金、資産運用責任者《マネー・マネージャー》の潜在的な増加につれて、ますます複雑化する金融手段が生まれ、その複雑さの分だけ金融諸主体の専門化が進んだ。このような変化は、金融システムが成熟に達したことを示すものと解釈され、また当該システムのショック耐性《レジリヤンス》〔外的ショックをこうむったときの回復力の強さ〕に対して決定的な貢献を行うものと解釈された。というのも、格言によれば、リスクというものは、それを引き受けられる者、そしてそれを引き受けようとする者のところへ広がるからである。原則そのものによって、イノベーションは一つの金融機関により占有されるため、公的当局は利害関係者ではないということに注意しなければならない。また、金融機関は各種市場でとるネットのポジション〔売越し・買越しのこと〕を開示することを拒絶するということにも注意しなければならない。なぜなら、それは戦略情報であって、そこに金融機関の収益性や競争的位置がかかっているからである。

・これらの変容やイノベーションのすべては、金融界によって、新たな首尾一貫したシステムを定義するものとして示されている。それは、投資やイノベーションにかかわる資金調達やリスクの問題に関係するばかりでなく、むしろとりわけ、非金融企業のガバナンス・モデル、公的介入の性質、定年退職者にとっての再分配制度か年金基金かの選択、そして最後に、資本と金融手段の国際規模での自由な流通にまで関係している。したがって、アメリカ——そしてある程度はイギリス——の成長が、金融イノベーションの永続的な刷新によって主導され、とりわけ家計消費を刺激する金融イノベーションによって主導されてきたと考えるのは、大げさなことではない。それゆえ、これら二つの経済の制度的構図において、金融レジームが中心的位置をしめていると想定することは可能である。フォーディズム的成長体制《レジーム》では賃労働関係がその位置にあったのだが。イデオロギー的傾向のいかんを問わず、多くの理論家たちが、このモデルを参照すべきものとして、また大量生産・大量消費体制の後継者として提示した。一つの重要な帰結は金融政策に関係する。すなわち金融政策は、もはや単純にインフレーションと失業を裁定するものではなく、金融界の人々が決定を下す際のフォーカルポイント〔焦点〕となっているのである。

・一九七〇年代以降、自由主義の理論家たちは、経済成長や生活水準の改善のための条件として激しい競争の復権を力説したが、一九八〇年代中葉以降は、金融の躍進こそが資本配分の効率性を保証すると考えられ、それゆえ成長とイノベーションの原動力だと考えられるようになった。こうした考え方に立てば、他のあらゆる制度——労働法、国家……──は、効率性に有害な硬直性にすぎない。効率性は、金融市場を筆頭とする市場だけが担うものとされたのである。それ以来、アメリカ経済の制度的構図は国際比較において参照基準となり、ヨーロッパや日本がお粗末な成長となったのは、金融管理の現代的手法を採用するのが遅れたことに原因があるとされるのが普通になった。そこから国際機関は、これをできるかぎり早く導入するよう勧告した。こうして市場金融は、資本主義の現代性、そしてその効率性や頑強性を象徴する特徴となった。

二〇〇八年秋以降にこのように歴史的な回顧を行うと、奇妙に見える。それほどに、アメリカの金融危機とその世界への広がりは、専門家の分析、世論の期待、そして危機進行の阻止に向けた当局の意思決定を変化させてしまったのである。

2　サブプライムというシステミック危機がもたらす混沌

「かなりの規模のリスクは、特に貸出しにかかわるリスクは、一握りのアクターの手に集中している。一方の者たちの困難は瞬く間に他方の者たちへと伝染するだろう。」

（ウォーレン・バフェット、二〇〇三年）

デリバティブ商品は「金融における大量破壊兵器である。それはどれも、当面は潜在的であっても、おそらく致命的な危険をもたらす。」

（ウォーレン・バフェット、二〇〇三年）

金融主導型成長モデルの柱をなしていたものがいずれも突如として崩れ去り、それによって先の二十年間のものとは根本的に異なる構図が明らかになってきた。

・たとえ幾人かの市場原理主義者が、相変わらずサブプライム危機を、規制の行きすぎや以前の危機から抜け出す際の諸条件によって作り出されたモラルハザードのせいにしているとしても、かれらが市場の情報効率性という仮説を支持している点は疑問視されるようになった。金融ジャーナリズムは、以前のようにいくつかの投資ファンドが法外な収益を上げたことをほめそやす代わりに、損失額について必死にその現在価値をはじき出そうとしている。こうした評価は厳密とも決定的とも言えないが、その額は数千億ドルと算定された。自らの四〇一k〔確定拠出型年金制度の一つ〕口座を取り崩そうと思っていた年金生活者は、仕事を続けざるをえなかった。それほどに、かれらの資本は目減りしてしまったのである。最後に、そしてとりわけ、支払いができないであろうという人々に対して、大量に住宅を建てるのはあまり理にかなっていないことは、誰もが知っていた。異時点間の資金制約を不当に緩和することによって、金融界は、自らを破綻に追いやった危機の直接的な責任者となったのである。

・アラン・グリーンスパン〔米FRB前議長〕は、公的当局が民間主体自身よりも優れた情報をもつとは自ら思わない理由について、アメリカの行政機関や議会を納得させるべく、そのあらゆる権威を利用した。その結果、デリバティブ商品を規制によって枠付けしようとするのは、無益かつ危険なこととされた。二〇〇八年九月以降、きわめてリバタリアン的な――それどころかイデオロギー的でさえある――このヴィジョンは、ウォール街のすべての投資銀行が発した救援要請に取って代わられた。こうして中央銀行、FDIC〔連邦預金保険公社〕、SEC〔証券取引委員会〕、財務省が、投資銀行に援助の手を差しのべることになった。数ヵ月の間、アメリカの行政機関は、危機を乗り越えるべく金融界が自己調整を発揮するだろうと考えていた。しかし、〇八年九月末以降には、LTCM〔ロングターム・

キャピタル・マネージメント」やベアースターンズの破綻を解決するために用いられた戦略を繰り返しても効果のないことが判明した。それほど危機はシステミックなものであった。つまり金融界は、深刻な危機を引き起こす力を有してはいたのである。それは一九二九年恐慌とは異なるが、最終的にこれと同様に深刻な危機であった。しかし金融界にはそれを克服する力はまったくなかった。金融危機の歴史から得られる偉大な教訓をなおざりにしてしまったと言えよう。すなわち、政治権力によって指針を与えられた集団的行動のみが、金融危機のなかでも最も深刻な危機を克服することを可能にするのであって、市場の自己調整とか金融界の自己組織化とかがそうするわけではない、と。逆説的なことに、公共の恵み《マナ》から最初に恩恵を受けるのはウォール街や国際金融界であって、市民ではないのである。

・ウォール街の投資銀行の没落は、それが伝統的な銀行の地位を奪うとか、成長を方向づけその舵取りをする金融手段全体を支配するとかいうような、金融業者たちがもっていた幻想に終止符を打った。二〇〇八年十月には、ウォール街の組織モデルが持続性のないものであることが明らかになった。このモデルは、過大なリスクテイク、巨大なレバレッジ効果、そして晴れの日にテストされ嵐の日に沈没するような道具への素朴な信頼に立脚していたからである。現代的手法が金融の安定性を保証する、という考えは廃れてしまった。というのも、証券化やサブプライム・ローンを筆頭とする各種イノベーションは、システミックな不安定性に行きついたからである。対照的に商業銀行は、その経営モデルやプルーデンス〔健全性〕監視モデルについて長い期間にわたって習熟しており、投資銀行に比べてはるかに耐性があり、ついには投資銀行を買収したり、超安値で吸収したりした。さらに、唯一生き残った二つの投資銀行——ゴールドマンサックスとモルガンスタンレー——は、商業銀行と同じ規則に従う銀行持株会社の傘下に入ることを求めた。ウォール・ストリートが王手をかけられ、メイン・ストリートの銀行が勝利した。

・リスク管理の手法はその限界を露呈しており、その頑強性に対する過大な信頼は、アメリカ金融のシステミックな崩壊の一源泉である。ミクロ経済学的ならびにマクロ経済学的な無数の暗黙の仮説が、各種モデルによってデリバティブ商品を評価するときのそもそもの前提になっていた。とりわけそれらのモデルは、あらゆる金融市場が流動的であると仮定していた。また市場の厚みのおかげで、あらゆる金融商品は貨幣と同等であり、おまけにそれは利潤を生むことができると仮定していた。ところが、質の悪い住宅ローンの支払不能件数がはね上がると、アクターたちは、流動性を追い求める競争が金融資産や担保物件の価格を暴落させることに気づかされる。その結果、サブプライム市場は完全に作動停止し、すべての資産価格のデフレ・スパイラルが始まる。アクターたちが、自らのバランスシートを構成している各種金融商品を評価できないということから、他の金融主体の財務的な堅実性を疑うことになり、そこから銀行間《インター・バンク》信用はますます逼迫したものになる。金融手段の評価原理そのものが瓦解したため金融市場は自爆する。このときウォール街の擁護者は、これは自分たちの過ちではないと主張する。危機は確かに深刻だが、百年に一度しか生じないほど深刻な事態を予測することはできない、と。これはまったくの詭弁である。それというのも、デリバティブ商品の価格形成モデルは、事実上、数年単位というきわめて短い期間について推計されたものにすぎないからである。したがって、およそ投機的熱狂の後に間違いなく起こる緊張《ストレス》や危機の期間にまで、これらモデルを拡大適用するのは根拠がない。実際、このような期間においては、各種資産間の価格の相関関係はもはや、平穏な期間について推計されたそれとは何ら共通性がないのである。要するに、ポートフォリオをどのように多様化したとしても、ほとんどすべての資産が同時に暴落するのである。

こうした壊滅的事態のなかで、まさに核心をなす一個の市場は機能しつづけている。アメリカで言えばそれはウォール街の株式市場である。だから、満足しきった楽観主義から暗澹たる悲観主義へという、将来に対する見解の逆転による衝撃が〔株式市場に〕集約されるというのは驚くべきことでない。公正価値《フェア・バリュー》原則が市場の不安定化作用を感じさせるのは、まさにこうした文脈においてである。なぜなら株式の売却により負債比率を回復させようとする一歩ごとに、相場は下落するからである。このことは、最終的には自己資本を超える損失となって現れる。金融に利益をもたらし、景気を安定させると考えられていたこの会計制度は、金融を崩壊させ、部門から部門へ危機を広める一因となった。そしてついには、時価評価原則の厳格な適用を緩和することに公的当局が同意することとなった。この点、一九八〇年代のバブルが崩壊した後に、日本の金融システムが連鎖的に崩壊するのを避けるため、日本の当局が会計の誠実性という制約をゆるめたとき、ウォール街はその戦略を厳しく批判したのであったが、アメリカの当局はその同じ戦略を繰り返すことになったわけである。その同じとき、アメリカ財務省は危機脱出のために透明性の原則に訴えていたのだから、これは十分に皮肉なことである。ウォール街は自らの羅針盤を失ったのであり、これに付き従っていた当局も難破してしまった。なぜなら当局は、アクターたち自身よりも良質な情報をもっていたわけではないからである。それは、ウォール街が金融情報を完全に支配するのを許したことに対して支払うべきコストなのである。

・金融イノベーションをめぐる競争は、とりわけデリバティブのデリバティブや洗練されたスワップを対象としていたが、突如として停止してしまった。それらを自ら開発した者は、自分たちが他者に提供した金融手段の機能を完全には制御できないということを、苦悩のうちに悟った。他者が急いでそれを購入しようとするわけではないことは、ただちに明らかである。投資銀行はかなりのスピードでこれら新商品を開発していたので、危機の勃発によって、巨額な金融商品ストック――それをジャーナリズムは控えめながらも毒入りと形容している――をかかえて立ち往生した。こうして、最初の発行者から遠くに広がっていくと想定されていたリスクは、目ざましいブーメラン効果により、かれらのもとに戻ってきたのである。証券化の原理そのものに関していえば、サブプライム・ローンの急増とともに、信用や金融手段の発行者の無責任が一般化し、それはひとえに大危機に至りつくことになった。あのファイナンスとリスクの分離という原理そのものが、無効になってしまったのである。こうした点は、一九九七年以降の商品先物取引委員会、二〇〇三年のウォーレン・バフェット〔アメリカの著名な投資家・経営者〕、さらには同じ二〇〇三年の国際決済銀行など、いくつか別々に出されていた意見では早くから指摘されていたのだが、これに対してウォール街の金融界は、デリバティブ商品の規制を提案する者たちの無能を告発すべく一丸となって結集した。金融リベラリズムはアメリカ上下院で優位をしめ、議会はアラン・グリーンスパンに代表される指揮官の言説をうのみにせざるをえなかった。しかし歴史は反対者が正しいことを示した。そして実際、きわめて洗練された商品の多くは放棄された。ジョージ・ソロス〔ハンガリー生まれの著名な投機家・哲学者〕でさえその機能は理解できないと告白していた、そうした商品はいまや放棄されたのである。したがって、これは一つの時代の終焉である。たとえ、六～七年という多少とも長い期間の後、新世代の金融業者が同じ試みを繰り返そうとすることがあるとしても、やはり一時代の終わりである。いっそう根本的に言えば、できるだけ高い金融収益を求める競争は、安全性や流動性の過度な追求によって排除されてしまったのである。誰もが、株式市場は狭義の貨幣と同じ流動性を有するようになることは決してないと、納得することができた。以上のことから、商業銀行が勢力を盛り返すことになったのであり、そこでの流動性管理は一つの強みをなしているのである。

・これは、好ましい経済戦略のアルファでありオメガであるとされた金融主導型成長モデルからの脱却である。インターネットバブル崩壊後の経済回復につづく数年間に見られたきわめて好ましい特徴が、その見返りとして二〇〇八年以降の厳しい調整に直面したことを、世論は感じ取った。家を差し押さえられた恵まれないグループのみならず、融資に頼って成り立っている小企業や貯蓄を回復させなければならない中流階級もまた、金融制約は厳しいと感じることになった。マクロ経済の面では、経済活動や成長の実物的な決定要因が目ざましく回復してきた。すなわち、アメリカの景気後退の度合いは輸出のダイナミズムによって緩和され、このダイナミズム自体はユーロや円に対するドルの減価に起因していた。アメリカのエリートたちは、国際金融仲介におけるアメリカの役割や、大企業が保有している知的所有権の積極的な保護から引き出されるロイヤリティによって、成長を促進することができると考えていたが、ウォール街の瓦解により、これら二戦略のうち少なくとも第一のものにはストップがかかった。第二の戦略に関して言えば、外国人研究者のアメリカ入国に対する制約の好ましからざる帰結がすでに認識されている。この制約は、二〇〇一年九月十一日の後に決定されたが、日本や中国の国民的イノベーション・システムの台頭を考慮に入れていなかったのである。アメリカ経済の成長のエンジンとしての金融という神話は雲散霧消してしまった。

・二〇〇八年十月初め以来、各国で一個ないし数個の金融機関の破綻が記録されている。ルクセンブルグしかり、ドイツしかり、イギリスしかり、アイスランドしかり。影響をこうむった諸国のリストは長くなるばかりである。それは三重のメカニズムの直接的な帰結である。最初に、先進国および新興国が同時に成長したことで、原料とりわけ石油の価格が高騰し、インフレーションの再来と工業国の購買力低下を引き起こすまでになった。こうした景気後退の第一の源泉に加えて、サブプライムに直接に関連してであれ、アメリカの銀行の破綻や事業再構築《リストラクチャリング》に関連して間接にであれ、損失が広がっていった。これによって、もっぱら金融主導の成長軌道を歩んでいたわけではない諸国までもが影響を受けた。反対に、イギリス、アイルランド、アイスランドといったいくつかの国は、金融化に賭けていたのであり、多少の違いはあれ、アメリカとよく似た危機を経験した。サブプライム危機のこうした側面は、二〇〇七年以降に起こった変化を見えなくしてしまったようである。すなわち、金融化が遅れていると見なされていた国（日本や韓国）の銀行は、当初アメリカの投資銀行の一部資本を買い取る側になったのである。さらに驚くべきことに、政府系ファンドはつい最近まで地政学的戦略と金融的目的とを混同するものとして危惧されていたのだが、その政府系ファンドがアメリカの数々の企業を救済しに来ることを、アメリカ当局は受け入れたのである。これは確かに産油国の黒字を還流させる手段ではあるが、同時に新規資本を集める能力がないという意味で、アメリカ金融システムの機能停止の兆候でもある。

以上のように金融市場の危機は、新興諸国政府の戦略的な関心事に応じて管理される金融機関が大挙して返り咲くことに通じていく。これらのファンドが枯渇したり、アメリカ企業の財務状況の不透明さに出資を思いとどまったりしたとき、ベアースターンズ、ファニーメイ、フレディマック、AIG〔アメリカン・インターナショナル・グループ〕などはアメリカ財務省によって管理されるようになった。破綻の恐れがある金融機関の資本を取得することを発表することで、こうした方向転換が際立つことになる。すなわち、一時的に市場に代わって当局の手によって市場経済の諸条件を回復させるという、そういった状況が存在するのである。つい最近までは想像もつかないと思われていたことが、不意に起こりうることになる。しかし、このようなパラドクスに至る経緯を理解しなければならない。それこそが本書の主題なのである。

3　説明を要する急激な逆転

「これは、一世紀に一度しか来ないような破滅的なタイプの危機である。信頼にもとづく市場では、評判が確かな経済的価値をもつ。私は、評判の重要性が近年低下していることに愕然としている。」

（アラン・グリーンスパン、二〇〇八年十月）

投資銀行や保険会社の破綻が起きるごとにその場しのぎで解決策を見いだしたと思っていたウォール街の金融業者

や政治家たちの狼狽は、公的統制をいっさい受けない市場の効率性に関するそれまでの信頼が高かった分、それだけいっそう大きかった。したがって、サブプライム危機の起源を探ることが重要となる。危機の起源は、ウォール街やその他の金融的アクターの実践にばかりでなく、次第に複雑化する金融商品の価格形成を表すとされる理論やモデルにも見いだされる（**第1章**）。

大部分のファイナンス理論家は、結局、ある幻想の犠牲者である。すなわちどの資産市場も需要と供給の総体を即時に調整するという印象を与えるので、かれらは発展した財・サービス市場を模した市場の見方を採用した。問題は、たんに物質的生産と非物質的サービスの対立にあるのではなく、それに加えてとりわけ、もっぱら金融市場にしか見られない約束の取引が意味することが問題となる。事実、金融手段の価値は二つの重大な不確実性をこうむる。第一は、自然界のあらゆる事態を予見することは不可能だということにかかわる。例えば、核融合の原理にもとづく発電所の建設は可能であろうか、老化を遅らせる遺伝子治療は発見されるのか、エイズに対するワクチンはどうか、といったことである。第二は、他のアクターの戦略いかんが個々の意思決定から生まれる収益をきわめて大きく左右するという事実や、そうした戦略を予想することの難しさは時間的範囲が大きいほど増大するという事実に由来する。こうした特徴は、金融資産の価格形成に関する特殊な理論を要請する。それはケインズ的な直観の系譜を汲むものであり、金融資産価格は一つの共有信念《コンバンシオン》〔慣行〕に由来するというものである（**第2章**）。

こうして、標準的な理論が教えることに反して、市場価格は、ミクロ経済学者が支払いと受取りのフローを現在価値化することで推計しているような、ファンダメンタル価値へ収束するわけではない。市場価格は、金融的な共有信念〔慣行〕の変化を司る特定の論理に従うのである。ところで、過去に起こった金融危機にさかのぼって分析すると、投機の媒体は多様であるが、ほぼ不変の連鎖《シークエンス》が繰り返されていることが明らかになる。すなわち、資産価格の高騰、信用の爆発的増加、ますます目立つリスクテイク、景気の反転、一転してリスクの拒否とそれが引き起こす流動性への殺到、ついには資産価格のデフレーションへの突入。つまり、リスクの過小評価とこれに次ぐ過大評価が、金融的循環のなかで交互に起こるのである。追加してもう一つのパラドクスが強調に値する。すなわち、先物市場の創設はリスクを低下させ市場を安定させると考えられているのだが、それがいくつかのケースでは、不安定性の源泉を増大させるかもしれないのである。とりわけ投機戦略がリスクヘッジの戦略よりも支配的である場合は、そうである（**第3章**）。

既存の金融市場の推移と、実体経済を特徴づける蓄積体制における緊張とが組み合わさらないかぎりは、そこ〔金融市場の推移〕に見られる循環的特徴は一般に、必ずしもシステミックな危機に行きつくというわけではない。金融に固有の不安定性であれば、ブームと景気後退の継起を介して吸収される。しかし、金融イノベーションが現れ、その成功がそれに関連する手段を経済・金融システム全体に広めるときには、状況はまったく異なってくる。事実、潜在的には、急進的《ラディカル》なものと形容されるこうしたイノベーションは――経済を金融脆弱性の圏内に突入させるかもしれないという――外部効果を及ぼす。特定の条件のもとでは、イノベーションは金融と実体経済に同時に影響を与えつつ、構造的危機を早めることさえあるかもしれない。大きな金融危機を歴史的に一望すると、典型的な進化過程が存在することが確認される。すなわち、民間主体が金融イノベーションによってダイナミクスを開始させるが、やがて不均衡が累積し、危機へと至り、諸主体は従来の行動を引きつづき行なっても、これを乗り越えることができなくなる。新たなゲームのルールを定義し、信用と流動性を回復し、こうして満足できる経済的均衡に戻ることへの期待を集めるべく公権力が介入するのは、まさにこのような状況においてである。こうした図式は、サブプライム危機に見事に当てはまる（**第4章**）。

こうして本書の核心部分は、このサブプライム危機の分析に当てられる。この危機は、ウォール街のアクターやアメリカ政府にとっては思わぬこととして現れたが、危機を扱う歴史家や金融の規制・監督に関する専門家にとっては、多くの兆候や指標からすでに告知されていたのである。一九八七年十月の株価大暴落、ＬＴＣＭ破綻〔一九九八年〕、エンロン破綻〔二〇〇一年〕、インディマック銀行の破綻〔二〇〇八年〕というように危機が継起したが、そのたびに各種のメカニズムが一つ一つ浮かび上がっていたのであり、それらが結合してついにアメリカ金融システムを急速に崩壊寸前にまで追いやったのである（**第5章**）。

アメリカ不動産市場の急変は、二〇〇八年九月初めのリーマンブラザーズの破綻で最高潮に達する危機を引き起こした要因である。事実、ファイナンス活動とリスクテイクの分離が広がっており、挙句のはて、最近二十年にわたって極端な分業が進むなかで、返済不能が生じた場合のそれぞれの責任がほぼ完全に不明瞭になってしまった。住宅ローンの供与は暴走し、その品質は低下をつづけ、したがって金融界自体が危機のあらゆる萌芽をばらまいているという仮説を提起しても不当とは言えなくなってくる。このとき危機の萌芽は、予期せぬブーメラン効果によってアメリカの投資銀行自体に舞い戻ってくる。公的当局は、不動産市況の反転を示す最初の兆候やそれにつづく破綻を、純粋に産業部門単位の変調を修正するもの——マクロ経済次元には重大な影響がないもの——として解釈していたのであり、ことほど左様に金融市場の自己調整に対して信頼を寄せていたのである。ところが、二〇〇七年春から始まったものは、すでにアーヴィング・フィッシャーが一九二九年恐慌について明らかにした連鎖関係に従えば、金融資産デフレによる不況以外の何ものでもない。こうして、サブプライム危機のシステミックな性格をよりよく示すために、不動産信用、証券化、株式相場、銀行信用の相互連関効果が分析されていく（**第6章**）。

Ｆｅｄ〔連邦準備制度〕とアメリカ財務省は完全に周章狼狽した。それゆえかれらは、以前の危機やそこからの脱出を可能にした手段を参照しつつ、その場しのぎを行った。投機から危機への反転において鍵となるメカニズムは不変であるが、そのもとでも二〇〇七年春以降に始まった危機は斬新なものであり、その源泉を明らかにする必要がある。それは一九二九年の繰返しではない。なぜなら中央銀行家は、民間銀行——確かに流動性不足の状態にあったが同時におそらく支払不能状態にもあった――が流動性に大いにアクセスできるよう、きわめて迅速に対処したからである。だからといってしかし、二〇一〇年代が、不動産バブル崩壊後の日本の失われた十年と同じものになると予想すべきだろうか。一九八〇年代中葉にアメリカで起きた貯蓄貸付組合〔S&L〕危機を乗り越えるべく発案された金融的手続きや金融手段を復活させるべきだろうか。部分的なアナロジーがどうであろうと、それ以上に重要なのは、鍵となる四つのメカニズムの前例なき結合があったがゆえに、サブプライム危機の克服をめざす公的当局の独自なアプローチが必要になったということである（**第7章**）。

あらゆる危機の前例と同じように、サブプライム危機では、金融領域――住宅金融機関、証券化を担当する投資銀行、返済不履行のリスクをカバーする保険会社――と実体経済に同時に影響が及ぶ。売れ残りの住宅ストックが積み上がり、不動産価格が低下し、所有者が支払不能となって住宅の差押さえが増えるといった具合である。こうした要因は、危機のマクロ経済的性格を説明するのに十分であろう。マクロ経済的性格を示す中心的エピソードは、二〇〇八年十月第二週、アメリカばかりでなく他のほとんどの国においても株価が暴落したことである。実は一九八〇年代中葉以降ずっと、アメリカ経済の成長は家計消費に牽引されてきた。その原動力となったのは可処分所得の上昇ではなく、家計から金融的制約を取り除く金融イノベーションの増加であった。ウォール街モデルが崩壊し、それが銀行間信用の機能不全へと波及したことで、この歴史的な時期は終焉することとなった。したがって金融化の過程は、長い休憩をとることを余儀なくされた。それはアメリカにおける経済成長の主要な源泉の一つが尽きたことを意味する。だからこれは、レギュラシオン理論で言えば、構造的危機もしくは大危機である。制度諸形態の総体が多かれ少なかれ完全に再配置されることなしには、蓄積が内生的に回復することはないだろう。そしてそのために数四半期どころか、十年ないしそれ以上の時間がかかるだろう（**第8章**）。

この危機から引き出される教訓、これを克服するやり方、国際金融システムおよびアメリカ金融システムを再編成するための諸様式をめぐって、議論は、政府レベルでも専門家や経済学者のレベルでも熾烈をきわめている。アメリカのあらゆる問題が規制過多から来ていると考えるのは、依然として金融リベラリズムの信奉者たちである。すなわちかれらによれば、ファニーメイやフレディマックの破綻は、住宅ローン市場の要となるこれら両機関に認められた公的保証ゆえのモラルハザードに起因するとされる。他の経済学者は、金融イノベーションを枠付けすることは、そうしたケースがいかに少なくとも、イノベーションや成長の原動力を損なうことになるだろうと、物知り顔で断言する。というわけで、二〇〇九年の今日においてもなお、金融市場の野心的な再規制を禁止しようとするあらゆる議論に対して反論を加える必要がある（**第9章**）。

このように本書は、金融イノベーションの社会的な統制を擁護し、これに賛成の議論を展開する。最近の二十年間を通して、一連の一見すると小さな措置が実施された結果として金融は自由化され、金融イノベーションは科学・技術のイノベーションを優に凌駕し、そしてさらに社会保障・医療・教育の組織化にかかわるイノベーションをも凌駕したのである。それは、他のあらゆる制度諸形態を再編するうえで事実上の覇権を行使するまでになった。例えば労働契約に関しては、ＲＯＥ〔自己資本利益率または株主資本利益率〕の安定を保証すべく、労働のフレキシビリティが高められた。金融政策の運営に関しては、それが目指す重要な役目は金融市場の安定性を保証することとなった。そして税制に関しては、課税の累進性を放棄し、金融投資に対する多数の免税を行ったことが目立つ。ところが、このモデルは失敗に終わった。それゆえ、金融を民主的なコントロールが行われる通常のゲームに再び組み込むのがよい。そこでは金融は、金融業者の致富のためでなく、つねに社会的厚生の改善に役立つよう方向づけられる。要するに、耐久消費財、機械設備、農産物、食品、医薬品などに関する他のあらゆるイノベーションについては、公共体が民間のイノベーションの方向性や強度を方向づけつつ介入することが正当化されている。そしてこのような動きは、生活水準の前例なき上昇の源泉でさえあった。金融がまったく信用をなくしたことによって、金融的蓄積過程の核心にこのように公共体が復帰することが正当化されるようになったのである（**第10章**）。

金融危機はアメリカで生まれたものだとしても、それは間違いなくほとんどすべての国に広がることになる。だから、市場絶対主義への固執によって後押しされたグローバリゼーションの持続性と形態変化に関する問題が、投げかけられることになる。一方で、二十一世紀がなおアメリカの時代である可能性はますます小さくなる。というのも、二〇〇八年に始まった危機は、おそらくアメリカの絶頂を示しているからである。他方で、世界貿易の急落は危機を広めたが、危機の形態は、中国、インド、日本、ドイツ、そして地代経済諸国〔主に産油国〕できわめて対照的である。そうである以上、さまざまな国民国家の利害は大いに異なり、世界的規模で共通のルールを再び制度化することについて合意に達するにはほど遠い状態にある。正反対の国民的戦略が展開され対立しており、これが世界経済の再編に重くのしかかる不確実性のもう一つの兆候である。グローバルなものとなった危機が、現にここにあり、そして持続しようとしているのである（**第11章**）。

結論として、さまざまなメカニズムの統合を提示することができる。これらのメカニズムはサブプライム危機を招いたが、それらは決定的要素として――一方のファイナンスと他方のリスクテイクの関係がますます弱まってしまうという特徴のゆえに――ほとんどすべての金融手段の評価を妨げてもいる。こうした診断から、一方、二〇〇八年十月に始まった激しい危機を克服するための方策をいくつか提案することができるし、他方、金融システムの再建を方向づけるはずの少数の中心的な原理を引き出すこともできる。これによって、二〇〇八年秋に支配的であった金融システムが引き起こしたのと同じくらい劇的な出来事が反復されないようにするのである。もう一つ別の枢要な考えも展開されている。それによれば、転換期においては、短期の――あまり重要でないか可逆的と見なされる――選択が、実際は金融と経済の関係に関する新たな構図を出現させる軌道上で決定的な影響を与えるとされる。少なからぬ非合理性、金銭欲、金融教育の欠如があったから、サブプライム・ローンは事故を起こしたのだと考えることほど危険なことはないだろう。というのも、レッセフェールの教えが勝利してこのかた、サブプライム危機は資本主義経済の基本的な特質を表しているからである。

第1章　金融市場効率性理論の瓦解と他の伝統的アプローチ

「市場がつねに効率的であったなら、私は銭受けのお椀《わん》片手に街頭で物乞いをしていただろう。」
（ウォーレン・バフェット、『ニューヨーク・タイムズ』二〇〇八年）

二〇〇八年九月すなわちリーマンブラザーズの破綻以降の各国政府や各国中央銀行の戦略を観察していると、危機脱出戦略を導くはずの原理や理論において、道しるべとなるものが完全になくなったことがわかる。とりわけ金融においては、自由化の時代に作られた認知地図が古くなり、それによって、一見したところではわからないが、政府の行動に深刻な障害が発生している。おまけに政府は、とりわけアメリカで金融システムが凍結してしまっているのを克服すべく、どのようなメカニズムや手続きがあれば効果が上がるかよくわからないまま、かなりの額の資金をつぎ込もうとしている。それゆえ、ファイナンス理論のなかで出現したさまざまなパラダイムを検討し、その限界を示すことが必要となる。たとえそれが、経済危機の唯一の源泉ではなく、また危機の重大性――危機は二〇〇八年第４四半期以降に実体経済へと広がり、ほとんどすべての国へと広がった――の唯一の源泉ではないとしても、である。

1　市場の効率性への信頼──金融資産の増価における前例なき変調に直面して

高度安定成長をとげた一九六〇年代という黄金時代にあっては、ほとんどの先進諸国は混合経済体制に属していた。そこでは、強力な公的枠付けが民間諸戦略の活性化と補完しあっていた。その体制が危機に陥り、これとともに市場メカニズムへの回帰と国家介入の後退という考えが次第に広まっていった。金融に関しては、このことは多数の規制の撤廃、信用サイクルのボーダーレス化、直接金融の発展となって現れた。直接金融は、銀行制度によって仲介される金融よりも効率的でショックに強いと考えられたのである。経済学の研究は、金融市場の効率性という仮説を推し進めることによって、確かな役割を果たした（Fama 1991）。多くの実証研究がこの仮説を立証しようとしたが、これを確固たるものにする決定的な経験的証拠は得られなかった。中核となる直観は、不完全性が常則ではあるが、諸主体が不完全性から利益を得るなかでより高い効率性が回復していく、というものである。サブプライム問題は、市場の効率性仮説を粉砕してしまったが、それによって、サブプライム問題を問題たらしめた内在的な理由に有効に立ち戻ることが可能になった。

市場の情報効率性　対　新世代の金融イノベーション

現代ファイナンス理論の原点には、時価のなかにはいっさいの関連情報が織り込まれているという考えがあり、したがって、例えば株式市場では、相場がランダムウォークをたどるということになる（Walter 1996）。鍵となる議論は、相場の推移が独立した無数のランダムショックの結合の結果であるというものである。こうしたブレークスルーによって、市場金融への統計的手法の応用に関して前例なき発展が可能となった。そして研究者が、資産価値を評価しその変化を予測する手法を提起するのに決定的な役割を果たしたからこそ、こうした公準から現代金融システムの全体が生まれてきた（MacKenzie and Millo 2003）。これに対しては古くから、多くの異議や反論が主張されてきたのだが、サブプライム危機によってこうした異論の現実的重要性がよみがえってきた。

・第一に、市場に参加するすべてのアクターは、資産価値がどれくらいかについて各自独立した評価を行うものとされ、そうした評価にはコストがかからないものとされている。反対に、もし資産価値を評価する手続きにコストがかかるとされる場合には、アクターは自分自身の評価として市場価格を採用するほうがはるかに得策だということになる。こうした過程が極端にまで行くと、もはや誰も固有の評価をわざわざ行おうとしなくなるため、相場から関連情報はいっさい消え去ってしまうことになる（Grossman and Stiglitz 1980）。こうした議論が大いに力を発揮するのは、格付機関が、複雑なデリバティブ商品の評価を行うための通常の手続きを行う手段も時間ももはやないことがわかったときである（Crouhy 2008）。そうなると、資産価格はもはやリスクの程度について適切な情報を伝達しなくなる。

・市場の効率性に関する研究から時に受ける印象によれば、諸アクターは自然の摂理に反して経済の外部にいる主体を演じ、そこでかれらはどんな経済状態が支配的になるのかを先取りしようとしている。ところで、例えば株式市場では、基本的な会計情報を市場に流すのは企業の経営陣であり、とりわけ経理部長である。ところが、株式相場の動向が思わしくなければないほど、企業はすべての情報を開示しないのが得策となろう。経営陣がストックオプションで大部分の報酬を得ている場合は、なおさらである（Boyer 2005）。また、資産発行者から支払いを受けている格付機関は、関連情報に照らして理にかなっているとは思えないような、きわめて好意的な評価を与えるのが得策かもしれない。例えば、潜在的なリスクが実在し予期されていたはずであるのに、二〇〇〇年代はきわめて多くの毒入りデリバティブ商品が最上位の格付けを受けていたのである。要するに、こうした制度的な理由のために、リスクを隠蔽する方向で情報が一部削除されたり、バイアスをかけられたりした。

・いくつかの法的および制度的な装置の助けによって、関連する金融情報が流布しないようになることさえありうる。例えば、公平性という理由から、インサイダー取引――すなわち市場参加者のすべてが利用できるわけではない情報を用いて利殖すること――が禁止されるとき、相場評価にはバイアスがかかるし、情報効率性からの体系的な偏倚が生まれる。事実、各種の研究から、企業の高級幹部が売買を行うことによって市場には決定的な情報がもたらされることが知られている（Ertuk *et al.* 2008）。市場効率性の信奉者は、インサイダー取引の合法化のために活動したことがまったくないと言えるのだろうか。

・こうした問題点はまた、さらにいっそう恐るべき別の矛盾をかかえる。市場価格が妥当であるためには、これらの市場は、きわめて多くのアクターが参加しその誰もが決定的な重要性をもたないという意味で、厚みがあり流動的でなければならない。こうした条件のもとでは、市場には大いなる流動性が見られ、それにより諸主体は貨幣や信用なしですますことができると考えるようになる。なぜなら、かれらは、必要ならいつでも資産を現金化できると考えるからである。しかしこのような流動性は、諸主体を模倣主義へと走らせる。きわめて多数の評価が市場価格の形成に寄与してきたことを考慮するなら、ファンダメンタル価値の評価は何の影響力もないはずなのに、なぜわざわざ自らファンダメンタル価値を評価しようとするのか、と。というわけで、模倣行動や金融バブルが広がるだろうということがわかり、またこれを通じて、市場によって伝達される情報の質が劣化することがわかる（Orléan 1990）。こうして、当初は情報効率性を高めることを意図していた方策が、最終的にはこれを侵食し、意味のないものにしてしまうことになる（後述第2章参照）。言い換えれば、各種の評価はますます相互依存的になるので、効率性という基本仮説そのものが崩壊するのである。

・最後に、証券化の過程——この場合は住宅ローンのそれ——は、それが暗黙のうちに目的とされていたわけではないとしても、債券やこれに対応するスワップの買い手の足元にたまるリスクを隠蔽する効果があったようである。例えば、あるアンケートから確認できるように、いくつかのケースでは、住宅ローンの販売員は自らの職権によって当該ローンが簡単に認められるようにと、潜在的な買い手の所得データを削除することもあった（Der Hovanesian 2008）。デリバティブ商品の組成者は、各種のローンを組み合わせてこれをトランシェ〔特定条件で切り分けられたシニア、メザニン、ジュニアなどの部位〕に分け、第三者によるリスク評価をとんでもなく困難なものにした。そこから、主観的できわめてバイアスのかかった評価が、シンプルなデリバティブ商品に対して使われていた数学的手法に取って代わってしまったのである。今日、アクターのなかには、必要な情報が得られないので市場から身を引くとまで宣言する者もいる（Bouchaud 2009）。しかし、こうした行動が多数をしめるわけではない。その結果として、市場は、間違った評価——あるいはリスクはとられていないという評価——が生み出す過剰な信頼にあふれることになる。

サブプライム危機が勃発したことで、市場の情報効率性の仮説を支持するのが困難になった。しかしながら、間違いが判明した効率性はこれだけではない。

直接金融のオペレーション上の効率性——ウォール街の不祥事の増加後は疑わしい

直接金融への依存を促進すべく引合いに出されるもう一つの考えは、そのオペレーション〔取引操作〕・コストが、銀行信用によるコストよりもはるかに小さいという考えを展開するものであった。このような視点から見ると、経済諸主体はもっぱら金融市場に向かっていき、そうした競争過程それ自体をとおして、銀行は消え去ることを余儀なくされているという。振り返って考えてみるならば、このような見方は疑わしいどころか、大いに間違っていると思われる。

・第一に、市場で特権的に資金調達をすることができるのは、実際には大企業のみである。中小企業には当てはまらず、それ以上に家計が耐久財や住居を購入する場合にも当てはまらない。したがって、何人かの経済分析家がそうしていたように、商業銀行がそのうちに消え去ると予想するのは間違っている。結局、金融市場の流動性が枯渇するとき、投資銀行自身は、自らが生き残れるかどうかは中央銀行の流動性にアクセスできるかどうかにかかっているということに気づく。この流動性アクセスは、預金銀行〔商業銀行〕にとって決定的な競争優位となる。ウォール街の大手投資銀行は危機を乗り切ったが、その際、銀行持株会社という業態を採用せざるをえなかった。この事実によって、遅ればせながら結局、商業銀行のほうがショック耐性をもっており、またそれがＦｅｄ〔連邦準備制度〕、ＦＤＩＣ〔連邦預金保険公社〕、アメリカ財務省の支援を特権的に受けられることが称賛されているわけである。

・アメリカおよびイギリスの金融市場のこうした爆発的発展は、収益性のよい資金運用を求める流動性が大量に存在したことから説明できる。しかし、情勢が一変し、金融危機に典型的な流動性への殺到が始まるや否や、直接金融の脆弱性のほどがわかってくる。理論的には、銀行制度よりも直接金融のほうがショック耐性があるということは何ら保証されていない。銀行制度は長い間、規制や各種健全性装置《プルーデンス》――これらは以前のいくつかの危機で真価を発揮した――によって枠付けされてきたのである。だから株価高騰の局面を、直接金融の決定的優位性によって特徴づけられる時代の開始だと拡大解釈するのは、慎重さを欠いている。

・実践的な問題として、市場金融が銀行よりもオペレーション面で優位であるというのは、供与された融資の割には、そのオペレーション・コストが低いことによって測られるはずである。ところが多くの指標は、こうしたコストが最近二十年を通してきわめて高かったことを示している。実際、金融収益率はウォール街の投資銀行すべてにおいてとりわけ高く、このことは市場の競争的編成という仮説を否定する。同様に、格付機関が得る桁外れのマージン率は、この部門では透明性や競争がおよそルールとなっていないことを示している（Ertuk *et al.* 2008）。透明性を求める心臓部での不透明性！　なんと見事なパラドクスであることか。

・二〇〇九年には、金融における報酬制度が物議をかもした。企業の高級幹部やトレーダーは、大量の公的資金の注入がなかったら倒産を宣告されたはずだが、そのかれらがとてつもなく高いボーナスをもらいつづけるのはなぜなのか。もっとも、バブル期以降、即時的な活動水準に連動した報酬様式が行きすぎてしまい、長期のパフォーマンスに連動したそれ――これは返済不能や倒産のリスクを考慮するならば必要なことである――がなくなってしまったことは、容易に見てとることができる。こうして、経済分析家のなかには、危機の開始以前に、例えばディーリング・ルームでの活動からのトレーダーによるホールドアップ〔強奪〕という考えを述べる者もいた（Godechot 2007）。

・最後に、リーマンブラザーズの破綻、ゴールドマンサックスやメリルリンチやモルガンスタンレーの法的地位の変更、そしてメリルリンチの吸収とともに、巨大投資銀行の組織モデルは瓦解した。つまり商業銀行のモデルは、決して完璧ではないが、それでも投資銀行よりサブプライム危機への耐性が高かった。投資銀行は大きなレバレッジ効果を利用しかつ濫用し、それがやがて破綻へとつながったのである。

というわけで、仲介コストの低さに依拠して国民経済の競争優位を作り出すという直接金融の夢は、潰えてしまった。しかし、いっそう重大な第三の批判がある。というのもこの批判は、資本配分の非効率性にかかわるからである。

資本と才能の前例なき浪費

株価暴落、毒入り商品の総量、さらに金融市場の信用を回復させるべく投入された公的保証の規模を考慮に入れると、損失は何兆ドルにも達するのであるが、ここでその見積もりを通常見られるような形で行おうというわけではない。実際、ここで問題とする浪費はいわゆる実体経済部門――直接に有用な財・サービスを生産する部門――で資源が歪んで配分されることによる浪費である。金融レッセフェールを擁護する者は、イノベーションや成長を促進し社会の需要に応えるという金融の本質的性格を強調してこなかっただろうか。この物差しで見ると、二〇〇〇年代はユニークな時期と言える。それはある意味で、以前にインターネットバブルと関連して起きた出来事を強めたものであった。

・何よりもまず、今日明らかなのは、金融部門が資本、能力、利潤について大きすぎるほどの部分を吸収してしまったということである。証券化やデリバティブ商品の高度化によりスパイラル的に引き起こされたイノベーションは、金融システムの内部にある投機のループを活性化させた。二〇〇八年九月以降、ウォール街の銀行取引高や金融専門家の雇用が急速に縮小したことで、こうした不適当な配分の大きさのほどが明らかとなる。

・第二に、不動産投機はアメリカで空前の規模に達した。一九八〇年代の貯蓄貸付組合に関する出来事は、テキサス州を含むいくつかの州に及んだにすぎなかった。そして金融機関救済に必要な金額は数百億ドルであった。これに対してサブプライム・バブルでは住宅の過剰生産と価格高騰とが合わさって、アメリカの大部分の州と都市に打撃を与えている。

・こうした熱狂のわけは単純である。アメリカ社会全体が共和党政権の考えに与《くみ》したのである。その考えによれば、社会保障支出に回される公的支出の割合は小さいので、それでは貧困や排除の問題に対処できないが、しかし金融市場はこの問題を解決できるのだという。こうして、貧困層と金融機関はともども、厳密な意味での投機を始めることになる。すなわち、将来より高値で転売することを願って今日ある財を買うのである。新たな所有者候補たる人々の実質所得は十分でないうえ、ほとんど停滞していたので、返済が保証されるように誰もが資本の増価を当てにしていた。つまり、こうした過剰生産は金融部門自体によって意識的に作り出されたのであり、それは瓦解するほかなかった。

・まさにこの、急速でほとんど根拠のない富裕化の見通しという文脈のなかで、ポンツィ金融の戦略を活用したマドフ・ファンド〔ナスダック元会長バーナード・マドフの経営になる証券会社で、マドフはねずみ講的詐欺の罪で服役中〕のようなファンドが現れることができた。すなわち、きわめて高く信じられないほど安定した収益によって多くの新規出資者を引き付けるファンドが、これに対応するファンドの引出し要求への払戻しに奉仕していたのである〔マドフは、他のファンドから預かった新規出資金を自分のファンドの分配金に充てていた〕(Weitmann 2009)。ケインズが『一般理論』のなかで投機的熱狂を分析したことが、否応なく思い出される（後述第3章参照）。

・このように歪んだ資源配分は、すでに言及したように、金融資産の価格形成が変調をきたしていることの直接的な帰結である。投機的熱狂の局面では誰もが市場価格に追随する。ファンダメンタル価値という概念を考慮に入れているか否かにかかわらず、たとえ心中で、この市場価格が自分自身による資産価値評価に比べてばかげたものだとわかっていても、追随していくのである。おまけに近年、企業は公正価値会計を採用し原価会計を放棄せざるをえなくなったが、その結果、金融市場の将来に対する見解から帰結するある尺度を採用することになる。こうして企業は、好況期には実際以上に金があると自覚するが、反対にバブルがはじけると、自分たちの資本金が突然消え去ってしまうかもしれないので、倒産のリスクをかかえる。二つの局面のいずれにおいても、社会計画者——成長の安定や社会福祉的要求の充足に責任をもつところの——がいたら決まるであろう基金配分からは、ずいぶんとかけ離

表 2　標準的理論による各種説明――手詰まり状態

	金融市場効率性理論	ポートフォリオ選択理論／オプション価格理論	行動ファイナンス理論
起源	規制による混乱 最後の貸し手（LLR）	例外的な出来事 （LTCM）	心理的特徴，模倣行動，破綻への無理解
事例	LLR 公的救済	LTCM	チューリップ熱
メカニズム	規制ゆえの過剰なリスクテイク	科学的モデルへの信頼により生まれる過大なレバレッジ効果	盲従的行動の一般化
危機に対する解決策	あらゆる公的介入の放棄	・レバレッジ効果に対する上限設定 ・ヘッジファンドにプルーデンス比率を課す	・個人的で現実的な評価への回帰 ・金融教育
妥当性	・サブプライム市場に対する規制はなかったが，それでもやはり危機に陥った ・なぜ規制は永続するのか	ヘッジファンドにとっての妥当性は高いが，住宅ローン市場に対しては低い	・アクターの行動の合理性を過小評価 ・リーマンブラザーズのトレーダーたちは非合理的だったのか

れたものになる。

・最後に、とりわけ特定の売り手と買い手向けに設計された店頭（オーバー・ザ・カウンターつまりＯＴＣ）デリバティブが急増する際に、そうした変調は絶頂に達する。新しい会計制度にあっては、企業は自らに固有なモデルにもとづいてこうした資産の価値を評価する権利をもつ。それはいわば金融における価格システムの民営化である。こうした用語上の矛盾は間違いなく周知の危機に通じていくものである。すなわち、デリバティブ商品の開発者でさえ、流動性への殺到という文脈のなかでは、そうした商品に一定の価値を付与する〔値を付ける〕ことができないのであって、そこから金融市場の基礎的装置が機能不全となっていく。

過剰生産の後に過小生産が起こるとすれば、そのことは、現代の金融システムが資本配分においてお粗末な効率性しかもたないことの新たな証拠となる。しかし、亀裂が生じ瓦解してしまったものは、現代ファイナンス理論の唯一の柱であったわけではない。リスク評価モデルそのものが再検討に付される一方で、行動ファイナンス理論はあたかも従来の正統学説に取って代わるものを提供しているかのようである（表２）。

2　リスクの評価・管理モデルの明らかな失敗——外生的でまったく例外的な事件としてのサブプライム危機

効率性仮説の功績の一つは、市場のリスクをきわめてうまく管理できるモデルを生み出したということであった。中心的な考えは以下のようなものである。価格の過去の動きを観察することで、リスクを計測でき、結果として、リスクを移転し価格を付けることが可能な金融商品を考案することができる、と（Black and Scholes 1973）。こうした科学的進歩がもたらす意義は、多くの社会科学研究者によって強調された。というのも、オプション、スワップ、そしてごく最近ではデリバティブ商品というように、科学的進歩がこうも急速に金融産業の形成に通じるのは、きわめて稀だからである（MacKenzie and Millo 2003）。自己実現的な予言は伝統的なミクロ経済学やマクロ経済学ではめったにないが、金融に特有のそうした予言が力を発揮したのだろうか。われわれは長い間これを信じることができたが、二〇〇八年九月以降、白日のもとに爆発した世界的危機の激しさは、金融の傲慢を終わらせはしないとしても、弱めるはずである。なぜなら、問われているのは、金融のいくつかの土台そのものだからである（Bourguinat and Briys 2009）。

変動性、リスク、不確実性——きわめて有害な概念上の混乱

金融市況が効率性理論に沿って展開すると想定されるという、ランダムウォークの特徴を明確にすべく、モデル作成者たちは価格変動性《ボラティリティ》の尺度として標準偏差を用いる。標準偏差は、証券購入者がとるリスクの重要な部分をとらえ

ているものと想定されている。証券購入者はリスク回避的であるため、収益と変動性の最良の組合せを探さなければならないだろう。その単純さや直観的な特徴の奥で、こうした手順には二つの暗黙的な仮説が置かれている。まず、標準偏差は所与の資産市場に内在的な特徴であって時間を通じて不変であるという仮説があり、同時に他方で、経験的証拠からの要求に迫られてファイナンス研究者が展開したいくつかのモデルによれば、分散〔標準偏差の二乗〕それ自体が変化しその系列のうちにはジャンプする部分も含まれるという仮説がある（Cont and Tankov 2004）。しかし残念なことに、このジャンプは事後的にしか確認されず、したがってこうしたジャンプを先導する頻度の法則〔どれくらいの頻度で大きな変動が起きるかの規則性〕の安定性が、あらためて問題となる。

　金融モデル作成者はディレンマに直面しているのではないかと推測される。一方で、過去の〔変動性の〕系列から最大限の規則性を引き出すのはまっとうなことであるが、他方で、金融市場は支払いの約束が交わされる場――いわば将来への手形――であるから、これらの規則性が持続することがつねに想定されている。そこにリスクと不確実性を区別する利点がある（Knight 1921）。定常的な環境においては、反復的な出来事――それについてはきわめて多数の観察例がある――の発生を統御する確率法則を発見することができる。それは例えば、生命保険業者や自動車損害保険業者が行うことである。かれらは最終的に、自分たちが引き受ける全体的なリスクについて十分正確な近似値を得ることになる。おまけにかれらは、例外的なリスク（戦争、地震、自然災害）に関する契約については、それを保証対象から慎重に除外している。

　しかし、惨事《ドラマ》はまさしく以下の点にある。すなわち、企業は常時賭けに直面しており、いつも客観的な確率分布に頼ることなどできないという意味で、資本主義とはイノベーションと同義である。したがって企業は、主観的な確率分布を作り上げざるをえず、それは反復的なリスクの推定の類いとはまったく異なるものである。ところで金融市場は、まさしく根本的《ラディカル》な不確実性を取り扱う。すなわち、原子炉という第四世代の発電機は可能であるか。可能であるなら収益の上がるものであるか。幹細胞は老化を防ぐことができるか。バイオテクノロジーからきわめて効果が高く収益の上がる新世代の治療法が出てくるだろうか、などといった具合である。

実際、金融市場ではリスクと同じくらい不確実性が問題となるが、金融市場の分析用具はすべて前者の用語〔リスク〕しか対象としていない。こうして、ラディカルとされるイノベーションに直面すると、金融市場は善意の社会計画者とまったく同じ誤りを犯すということが、たやすく理解できる。

早々と忘れ去られてしまったが、重要なインターネットバブルとその破裂

情報通信技術によって開かれた展望は、これ〔価格変動性の規則性〕と同じ特性をもつ。すなわち諸主体は、この技術を導入したときの帰結について事前に考えをもたなければならないのだが、過去の変動性系列から抽出された規則性をもとにリスクを推定することができるほどの時間はない。このとき、時間的な見通しにも当該技術の収益性にもかかわる根本的な不確実性が存在するわけだが、これに直面してどう振舞うべきか。金融市場が、この場合はナスダック市場〔ニューヨーク証券取引所と競合する株式流通市場〕が、将来についての見方を社会化し、事後的にそれに客観性の外観を与えるわけである（Orléan 2004）。こうして、いわゆるインターネット・コンベンション〔共有信念・慣行〕が投機バブルを駆り立て、そのなかでは値上がり益への期待のほうが、ファンダメンタル価値を現実的に評価することよりもまさってしまう。こうして金融市場では、赤字続きのベンチャー企業が、確実な利益を得る成熟した企業よりも価値を高めてしまう。これはサブプライム危機ときわめて類似している。すなわち、必要な所得のない世帯に不動産融資がなされたが、そのときの希望的観測としては、キャピタルゲインによって返済の可能性が担保されるのだと考えられていた。ところが、通常のファイナンス理論はこうした現象を組み入れていない。それはファンダメンタル価値のランダムウォークを想定しているので、投機局面や危機局面で見られる市場価格の一定のトレンドについて

チャート主義者〔過去の相場系列のグラフから将来の相場の動きを予想しようとする投資家〕が利用するシナリオを排除してしまう（Walter 1996）。

インターネットバブルからの第二の教訓がある。金融危機の標準的な解釈では、アクターの目から見てきわめてありそうにない外生的な出来事が発生した、ということが強調される。思い出されるのは、例えばアラン・グリーンスパンが、サブプライム危機のような深刻な危機は百年に一度しか勃発しないという事実を引合いに出したことである〔前述序章参照〕。実際には、金融危機の歴史を振り返ると、一個の同じような時間的経過が展開しているのが見られる。すなわち、投機が始まり、そして広がり、最後に崩壊するのであるが、それはアクターたち自身の戦略の影響を受けて展開するのであって、何らかの外生的なショックを引合いに出す必要はないのである。インターネットバブルでは、ニューエコノミー〔部門〕に属する諸企業がベンチャーキャピタル型の投資家から託された資本をほとんど台無しにしてしまったとき、ブームが終わった（Boyer 2002a）。それに続くアメリカの不動産バブルは、返済不能なローンの増加――それ自体が価格高騰の停止を意味する――が明らかになった時点で、終焉を迎えたのである。

ファイナンス理論のこうした重大な欠点は宿命というわけではない。というのも古くから、数学者、統計学者、物理学者は、こうした基本的な仮説が観測データに対応しないものであることを強調してきたからである。一方で非線形システムにあっては、あるダイナミクスが内生的に急激な反転をとげる。他方ではその結果として、ガウスの法則〔正規分布〕による予想を上回ってきわめて頻繁に極端な事象が生じる（Mandelbrot 1997）。理論化と観測との間のこうした乖離が観察されることは、統計物理学の研究者たちの関心をよんだ。かれらは、金融市場のダイナミクスを理解するのに自分たちのツールを適用したのである。異質な主体が価格を介してばかりでなく、かれらの期待形成を通じても相互に作用する以上、臨界的《クリティカル》な閾値の存在によって特徴づけられる相場の展開が内生的な形で始まることがありうる。そうした閾値によって投機は反転するのである（Sornette 2003）。

リスク評価モデルの魅力と限界——何と多くの誤りがかくも長く過小評価されたことか

金融経済論におけるこうした研究潮流によれば、サブプライム危機は数学的手法に科学性が欠落していることを明らかにした。数学的手法は確かに複雑で、一見厳密ではあるが、市場金融の基本的な仮説が採用されて以来見いだされた数多くの変則《アノマリー》を考慮に入れることを拒絶してしまった（Bouchaud 2008）。この点、幾人かの経済学者による批判（Bourguinat and Briys 2009）と——物理学の手法を金融に移し替えたことの利点と危険性をめぐる——クウォントたち〔証券業界で数量分析を担当する専門家たち〕の告白（Derman 2004）とは、相通じるものがある。大手金融機関の経営陣はクウォントらに素朴な信頼を寄せていたが、その信頼によって以前は覆い隠されていた一連の不備が、目下の危機によって残酷にも暴き出されてしまったのである。

・株式相場のランダムウォーク仮説から多くの推論がなされ、過去の収益の標準偏差がリスクを測ると考えられたため、市場金融は、重大なリスクが破綻のリスク——すなわち当該金融機関の活動に終止符を打つほど重大な負のショック——であることを忘れてしまった。つまり、価格変動性と破綻リスクは同義ではないのである。

・実物的ないし金融的なイノベーションによって投機的熱狂の口火が切られるとき、こうした評価の相違は破滅的な結果を招くことになる。というのも、諸主体は自分たちが中期の傾向を見抜いていると思っており、当該金融資産の価格変動性は、経済のなかでいちばん伝統的な部門——この部門はランダムウォークに相当するものによって実際に特徴づけられる——が発行する資産の変動性よりも、最終的には小さいように思っている。ところが、こうした新しい資産の高騰過程が内生的に反転するとき、それに先立つ投機的熱狂に見合った低下が起こる。諸主体は、これまでにないほど収益とリスクの組合せが改善するという幻想をもっていたため、用心のための準備を蓄えてお

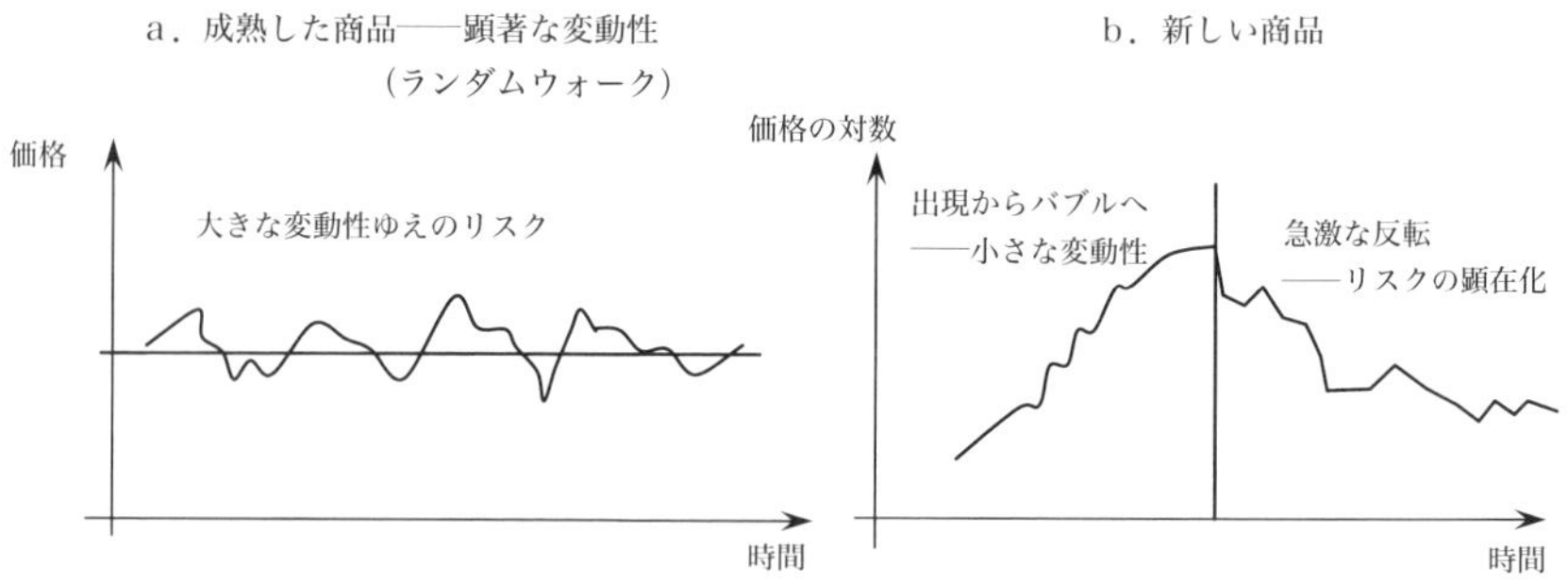

図1　諸モデルはなぜ新しい金融手段のリスク評価を間違うのか

らず、プルーデンス規制の側も、かれらにそうするよう仕向けなかった。規制はまったく反対に景気順応的《プロサイクリカル》なものだったからである。それはサブプライム危機の発端となる一メカニズムを、表面的にではあるがわかりやすく示している。二次的なリスクを最適化した代わりに、アクターたちは、システミックなものになる恐れのある危機を引き起こしてしまった。危機は、ほとんどの金融機関がほぼ破綻状態にあるという理由でシステミックであったが、それら金融機関は、サブプライムの核心にあった同一の共有信念――「返済能力よりも値上がり益を」――のうちに巻き込まれていた（図1）。

このような重大な方法論的誤謬に、技術的弱点が付け加わる。統計物理学が研究対象とするプロセスにあっては、研究者は膨大なデータを入手しており、それらデータから一定の安定性をもつ法則を実際に引き出すことができる。金融や経済の領域ではそうしたことはまったくできない。市場で新しい資産、例えば不動産ローンのデリバティブが売り出されるときに、当該価格の決定を任されたクウォントは、ごく少数の観測データしか利用できない。しかもそれは、市場が急発展する局面に限定され、相場のありうべき低下――さらには暴落――を組み入れたサイクル全体についてのものではない。このようにその構成によって、価格はリスクを過小評価している。なぜなら価格は、きわめて好都合な傾向――それはバブルに対応する——を外挿〔拡大適用〕することによって構成されているからである。

・こうした欠点は、金融危機の歴史を通じてずっと観察されるものであるが、サブプライムの悲劇は、リスクテイクの変遷にかかわるこうした様相はつねに見られるものだということが、モデル化の複雑さのせいで隠されてしまった点にある（Davis 1992）。現代的な科学技術を用いれば、そんな出来事など二度と起こらなくなる！　クウォントのこうした無邪気さは重大な結果をもたらす。この点、金融システムの中枢がほぼ機能停止状態にあることに対するきわめて重大な責任は金融数理にある、と幾人かの論者が明言するほどである。

・このような条件のもとでは、一金融機関がとるリスクを包括的に推定するバリュー・アット・リスクという概念〔VAR、保有資産のリスクを計測する手段〕はまったく不向きであることが判明する。一方ではすでに強調されたように、諸変数はガウスの法則に従うことを想定して評価がなされ、そのため極端なショックはほとんど起こらないとされる。こうして、ほぼ均衡した経路に沿ってリスクが評価される。ところが他方、例えば株式収益の統計分析が示すところによれば、このような評価方法は企業の存否にかかわるような諸事象が発生する頻度を過小評価することになる。例えば、「バリュー・アット・リスク」が同じであっても、その値は、ちょっとした不都合ではあるが相対的に頻度の高い一連の小さなショックに対応しているのかもしれないし、きわめて低い確率でしか起きないが甚大な——おまけに致命的な——損失に対応しているのかもしれない。ところが企業にとってはこれら二つの状態を区別することが死活問題であろう（**図2**）。

・いずれのリスク評価モデルも部分均衡のなかで構築されている。すなわち、金融機関を取り巻く環境総体は不変であり、ショックは当該機関に固有のものである、と想定したうえで構築されている。危機の時期、ショックは大部分の企業にとって共通となる傾向があるということが忘れられている。そのため、金融資産の多様化——互いにほとんど相関がない諸資産を用いてなされる——による最適ポートフォリオの選択は、まったく意味がない。なぜな

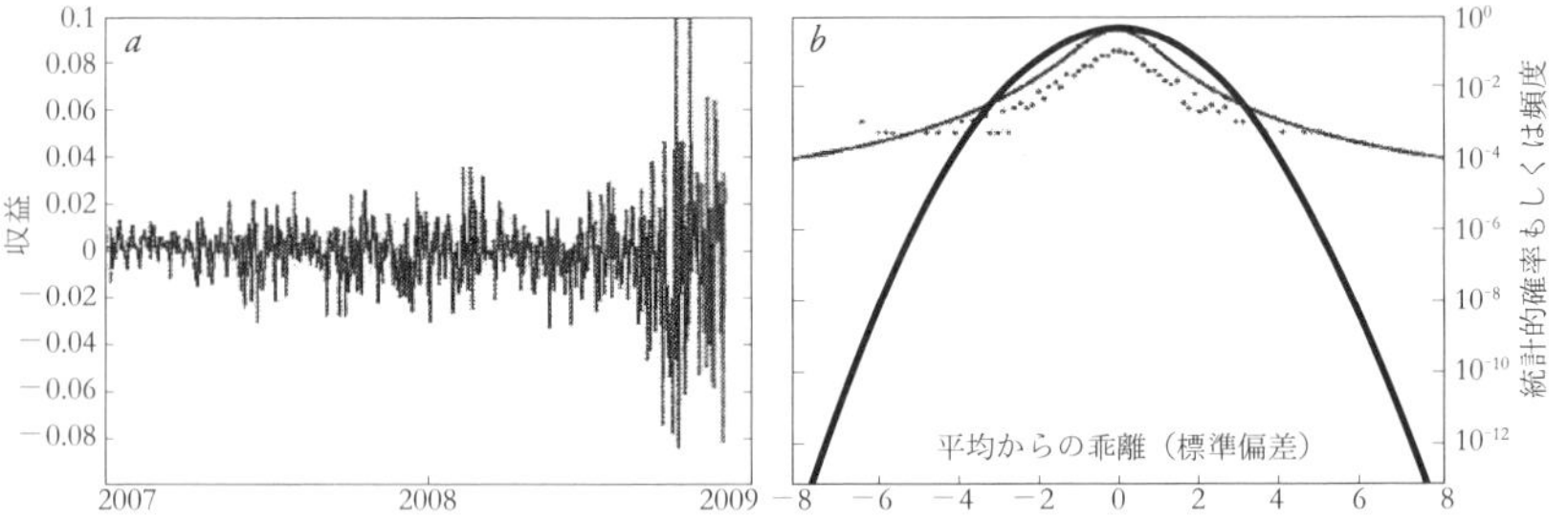

注：2007年および2008年のダウ・ジョーンズ指数でみた日々の収益（a）はある統計分布に従う（bの諸点）。これら諸点はガウスの法則〔太線〕よりも、パラメーター値が3のステューデントの法則のような「ファット・テール〔厚い裾野〕」の法則〔実線〕に近い。ここに見る3つの分布は標準偏差と平均の値が同じである。

図2　金融市場はガウスの法則に従わない――極端な変動を過小評価する危険性

出所：Cont（2009, p.25）

ら、すべての金融資産は1に近づく相関係数をもって、一致して変化する傾向にあるからである。こうしてアクターたちは、リスク管理の現代的手法は特異なリスクに対しては備えることができるが、システミック・リスクに対しては無力である、ということを忘れてしまっていたのである。ところで、例えば不動産物件を購入するべく、その手段をもたない世帯に融資するのは、特異リスクの誤った評価である。その誤った評価はシステミックな危機に至るかもしれないのであり、そうした危機時には、株式相場は暴落し、投資銀行は破綻し、金融機関の資本助成用の公的資金は尽きることになる。このことによって、危機へと通じる過程の内生性という問題や、金融システムの耐性に関する臨界的な閾値の存在という問題が再発見される。

・クウォントやトレーダーは、デリバティブ、株式、スワップの価格計算の有効性について暗々裏に前提されているマクロ経済的条件を意識的に無視した。明らかにこうした側面は、かれらの研修教育で取り上げられるわけでもないし、かれらの関心事の中心をしめるわけでもない。ところが、デリバティブ商品の評価が立ち行かなくなったことから、こうした金融資産選択の分散化を正当化していたマクロ経済的条件総体が残酷にも前面に出てきた。リスクの最適管理は

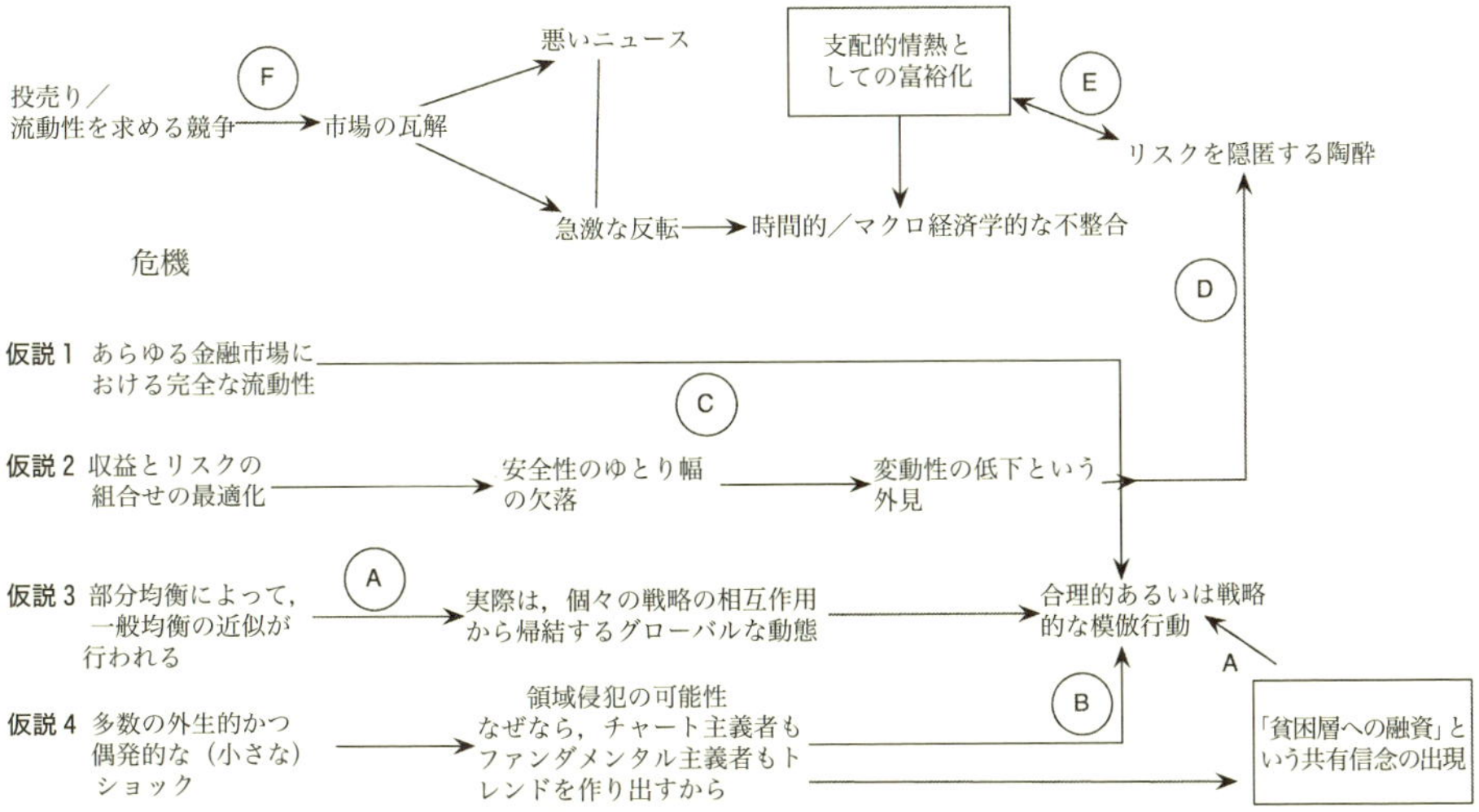

図 3　現代ファイナンスに関する四つの基本仮説からどのようにしてサブプライム危機が導かれるか

とりわけ、ポートフォリオを構成するあらゆる資産の完全な流動性を想定していた。投機的局面の陶酔状態《ユーフォリア》にあっては信用へのアクセスが容易なので、アクターたちは、自分たちが当該経済における流動性の豊富さに決定的に依存していることを忘れてしまう。投機バブルがはじけた時に、諸主体は流動的だと信じていた——が、もはやそうではない——証券を売ることで自らのポジションを立てなおそうとする。売り手が多数となり買い手が少数となるが、それというのも、流動性を求める広範な競争が始まるからである。ユーフォリアの局面ではデリバティブ商品の供給および投資を増やすのはきわめて容易であっただけに、それだけいっそう、流動性にアクセスするのは困難になる。商業銀行や中央銀行が再び鍵を握るアクターとなるのである。

収益を最適化したかったために、金融機関は流動性の欠如というリスクを完全に無視した。サブプライム危機の教訓の一つは、まさに各種限界の全体を考慮に入れたファイナンス研究を再開すべきだということである。そうした各種限界はいま明らかになったばかりであり（Markovitz 2005; Cont 2009; Bouchaud 2008）、また誰にとっても、そして傲慢きわまるクウォントやトレーダーにとってさえも、明白となったのである。それは、通常利用されているファイナンス理論の責任が——たとえそれが今次危機の唯一の源泉では全然ないとしても——深くかかわっているのを認めることである（Chemillier and Jouini 2008）。銀行家が良識や歴史的教訓の助けを求めるのを禁じるものは何もない。しかし残念ながら、トレーダーやほとんどすべての金融機関の高級管理職の報酬をさらに高めるために、こうした危険を故意に伏せておくのは大変に儲かる話であった。こうしてまた、金融に関する他のアプローチそのものについても議論が再び始まることになった。というのもサブプライム危機とともに、現代金融の四大原理が崩れ去ったからである（**図3**）。

3　行動ファイナンス理論の利点と限界——非合理性、強欲、腐敗、パニックは危機の原因なのか結果なのか

サブプライム金融危機とその経済的社会的——そして政治的——な影響の広がりを前にすると、金融アクターたちの側での何らかの非合理性のうちに説明を求めてみたくなる。すなわち、このようなコストは、投資家や金融市場参加者の思慮深く合理的な行動から生まれたのではないのかもしれない、と。

ずっと以前から行動ファイナンスの信奉者は、アクターたちの行動が標準的なミクロ経済学から多様に乖離することを示してきた。すなわち、個々人の能力に関する推定において模倣が一定の役割——惨禍に目を塞ぐこと——を果たすので、その分、いわゆる合理的な評価——つまり当該金融資産の期待収益を割り引くことによって計算されるファンダメンタル価値による評価——によって正当と見なされるものから乖離していくという。こうした行動が存在し、例えば株式相場の変化に影響を与えることは、ほとんど疑いがない。実際、そうした行動の変わりやすさは、配当や

利益の変動によって説明されるものよりもはるかに大きい（Shiller 2000）。

行動ファイナンスの知識は、サブプライム危機を解釈するのに十分であろうか。一方でそれは、ファンダメンタル主義者〔自らが算出したファンダメンタル価値を基準にして将来の価格動向を予想しようとする投資家〕の評価と市場価格の乖離が恒常的な現象であることを示す。そのような分岐はすでにインターネットバブルの際に現れていたのだが、不動産投機の局面で再び現れた（後掲図6参照）。しかし他方で、行動ファイナンスによる説明はまったく十分でない。というのも、行動ファイナンスの最も活動的な代表者の一人が推奨していることは、おめでたいにもほどがあるからだ。いわく、金融情報や金融メカニズムの知識を市民全体に――とりわけアメリカ社会の恵まれない層にまで――民主化する必要がある、と（Shiller 2008）。こうして危機の重圧が、ハイリスクの住宅ローン条件を受け入れたアメリカ家計の双肩にのしかかってくることになる。いくつかの条項に見られる獅子の分け前的な〔強い者のみが得をする〕特徴を故意に隠しつつ、ローン販売の急増によって金持ちになったローン・ブローカーについては、どう考えるべきか。

もっと根本的には、例えばリーマンブラザーズの破綻、ＡＩＧ金融部門の累積損失、ウォール街の大半の投資銀行の手元にある毒入りデリバティブ商品の規模は、トレーダーの養成教育の欠落に起因するとされる。デリバティブ商品が野放図に開発されるなかで中心にいた多数の統計学者、数学者、統計物理学研究者を職業的に再教育しておけばよかったのだろうか。加えて、危機を防止する戦略として、ローン申込者やデリバティブ商品の購入者に正気を求めても、チューリップ投機からデリバティブ投機まで、金融危機が次々と起こるという残酷な反証が待っている（Kindleberger 1978; Garber 2000）。それどころか、どの時期の新しい世代も、先達たちから学ぶことができないようである。おまけにこのような解釈は、投機的熱狂を支配する根本的な非対称性をなおざりにしている。すなわち、これら驚異的新商品のブローカーたちはその限界と危険性を完全に把握しているが、これを購入する者は、大損害をこうむったあとに事後的にしかそれを知ることができないのである。

そこから、危機を説明するもう一つの試みが出てくる。すなわち、投機的熱狂の過程を引き起こすのは、いくつかの有力な金融イノベーターの強欲なのだ、と。マドフ・ファンドがポンツィ金融戦略を採っていたことが遅ればせながら明らかになり——もっとも彼は二〇〇五年十一月以降嫌疑の対象となっていたが（Markopolos 2005）——、次いで、いったん危機が始まると何人かの銀行家は派手で臆面のない態度をとった（Cresus 2009）。こうしたことが、折よくこの解釈を勢いづかせることになった。つまり、金融システムは少しも破綻しておらず、散在する何人かの嫌われ者だけが大衆を悪用すべくその影響力と象徴資本を利用したのだ、と。これこそ、FRBの前議長アラン・グリーンスパンが危機に対して与えることになる最初の解釈ではなかろうか。すなわち彼は、ウォール街の大物が自分たちの評判をこんなにも軽視するとは考えたこともなかったのであろう。ところが実際には、それは原因と結果の混同である。株主価値の要請が通時的にきわめて高く安定した収益を強いる時代にあっては、ポンツィ戦略が発展する。なぜなら、ポンツィ戦略はこうした要請に対して、ほとんど奇跡的に——そして、きわめて有能ないし幸運なヘッジファンドよりもうまく——応えるように見えるからである。最後に、強欲説を極端に推し進めると、腐敗や不正の増加による外的ショックに原因があるということになる。金融危機の歴史を手短に見てみると、強欲や怪しげなポンツィ流戦略は、投機的熱狂の局面において豊穣の地を見いだすことがわかる。というのも大衆は、事情通の市場アクターに耳を傾けて、そうした収益には現実性と持続性があると信じるようになるからである。住宅ローン市場に関連したデリバティブ商品の爆発的増加が危険のないものだと見なしたのは、アラン・グリーンスパンやローレンス・サマーズ〔一九九九～二〇〇一年の米財務長官〕ではなかったか（New York Times 2008）。

これは理論のレベルでは、熱狂とこれに次ぐ金融危機という諸局面が継起するのは、強欲的な感情が支配し、次いで危機がいったん勃発するとパニックや恐怖が一般化することの結果だ、と想定することである。そこから実物的《リアル》景気循環論《ビジネスサイクル》との驚くべきアナロジーについて考えずにはいられない。いわく、当初は、生産性に対するポジティブなショックが好況を促進し、次いで第二期には、ネガティブなショックがその終焉を加速する。というのも、これらのショックがなければ、経済は長期均衡に向かって収束すると想定されるから、と。こうして、社会心理学による説明——利益欲とこれに次ぐパニック——の信奉者は、事実上、金融市場の効率性を想定している。このとき金融市場は、人々の行動に非合理性がなければファンダメンタル価値へと収斂するはずだという。

そういうわけで、行動ファイナンスは金融市場の機能を理解するにあたって興味深く有益な貢献を果したが、繰り返し起こり、時にはシステミックなものとなる危機を前にすると、ひどく期待はずれなものとなってしまった。

4　ファイナンシャル・アクセルレーター——動学的なアプローチだが、システミックな危機の理論にあらず

以上三つの説明には、金融変数やマクロ経済的規模についての長期安定均衡を基準にするという共通点がある。ところで明らかなことだが、投機と危機の諸局面は動学的《ダイナミック》な現象に対応しているのであって、これらを最適と均衡の乖離とか理想と観測の乖離とかでなく、そのようなダイナミックなものとして定式化してみるのがよい（**表3**）。

ファイナンシャル・アクセルレーター〔金融的加速因子〕による定式化の功績は、情報の非対称性の影響や、信用供与の意思決定における破綻リスクの影響を、標準的理論のうちに導入した点にある（**Bernanke, Gertler and Gilchrist 1999**）。例えば生産性の、さらにはまた資産のポジティブ・ショックに直面すると、企業の金融的業績が改善することで破綻の確率が低下し、銀行が当該企業に供与できる信用の量が増加する。このとき、企業の資産が増加するので、信用拡大にともなう生産活動の躍進を説明するメカニズムにおいて、リスク・プレミアムの新たな低下が正当化されるのである。そしてそれは、過剰となった債務形成を前にして、銀行の貸出能力が内生的に反転するまで続く（**図4**）。こうして、結局は多少とも深刻な金融危機に当たる反転局面が説明されうる。

表 3　他の理論的枠組みを求めて

	ファイナンシャル・アクセルレーター	マネタリー理論	インセンティブ理論
起源	情報の非対称性と破綻リスクの考慮	金融政策の失敗	報酬システムが過剰なリスクテイクを引き起こす
事例	リスクテイクのプロサイクリカル性	不動産バブルを引き起こしたグリーンスパン	格付機関とインターネットバブル
メカニズム	ブーム期の行きすぎた信頼，景気後退期の悲観主義	低金利が投機を引き起こした	若干の主体にとって，社会には有害なリスクテイクを行うことが得となる
危機の解決	公正価値適用のブラッシュアップ，新たなプルーデンス・ルール	金融政策の新たなパラダイム，金融安定性の保証	格付機関の独立，金融仲介への支払いを再検討，金融犯罪への罰則
妥当性	興味深い分析だが，デリバティブ商品を考慮に入れて現代化する必要がある	説明の一部にすぎない	サブプライムで機能したメカニズムだが，自由化ゆえの構造的要因を過小評価

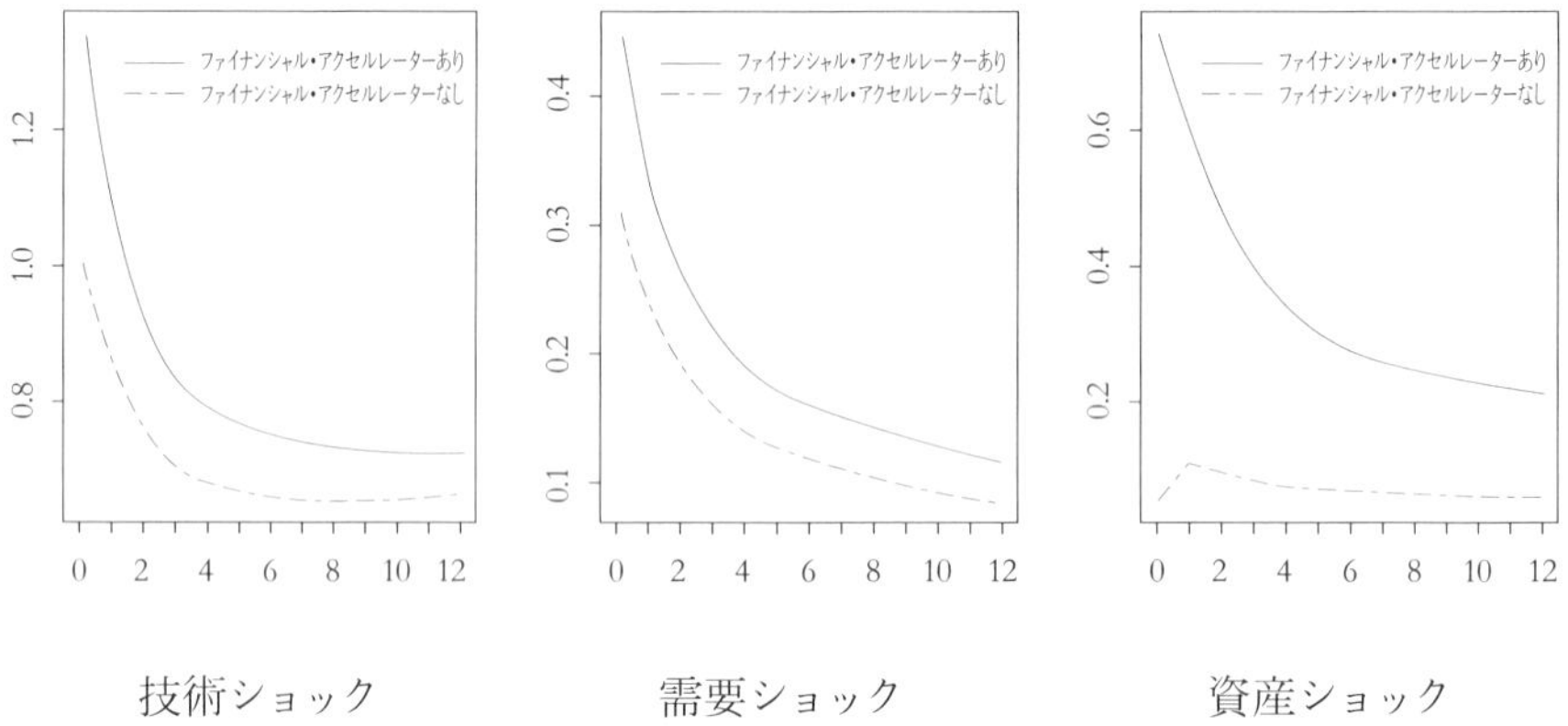

図 4　ファイナンシャル・アクセルレーターの諸モデル
――資産ショックの危険をはらんだ特徴

出所：Bernanke, Gertler and Gilchrist（1999）

ここには、ケインズ派理論に属するハイマン・ミンスキーのアプローチと酷似したものがある（Minsky 1975）。だからといってしかし、サブプライム危機の本質が把握されているのか。必ずしもそうではない。というのも、ファイナンシャル・アクセルレーターの問題設定はいくつかの限界にぶつかるからである。第一に、それは典型的な経済循環（通常のビジネスサイクル）を描写するものであり、せいぜい金融脆弱性の圏内への突入を説明するぐらいで、循環の下降局面における信用システムの機能不全までは説明していない。第二に、二〇〇八年九月に始まった危機の特殊性を理解すべく、株価の動態やデリバティブ商品の影響を組み込むことが肝要なのであるが、この問題設定は信用市場と生産資本形成の相互作用にしか関心がない。最後にとりわけ、ミンスキーが提起した枠組みとは異なって、それは投機的熱狂が起こる際に金融イノベーションが果たす決定的な役割を前面に押し出すことをしていない。さらに、循環の頂点で従来と同じように観測される金融脆弱性が危機や累積的不況に転換していくとき、信用供与や資本形成の内生的回復が見られないのはどうしてなのか、――その説明要因を明らかにする必要がある。

こうした欠陥は、標準的な理論が、その最も洗練された理論でさえも、金融危機の相異なる各種形態を区別していないという事実に起因する。すなわち、従来の調節不全のたんなる調整・清算期なのか、それともシステム全体の機能停止なのか、を区別していない。レギュラシオン理論はまさにそういった区別を導入するのである（Boyer 2004a）。

5　中央銀行の責任――世界的貯蓄過剰の時代における永続的な低金利

これまでの説明では、ミクロ経済的な次元で情報や貸借契約の不完全性が存在することのマクロ経済的帰結が強調されていた。その対極に、二〇〇七年に始まった危機を純粋にマクロ経済的に説明するものも存在する。大まかに言って以下の二大解釈があり、それは相互に結びつき合うであろう。

・第一の解釈の起源は、一九八〇年代日本のバブルに関する一分析にある。投機的現象の深刻さを認知し損ねたために、日本の中央銀行はあまりの長期にわたって超低金利を維持してしまった。それは投機ブームの増幅と長期化を助長した。同様に、銀行・金融危機の深刻さを認識するのに遅れたということで、一九九〇年代の日本経済が長きにわたってほぼ停滞状態にあったことが説明できよう。それゆえ、中央銀行の金融政策の運営ミスが危機の深刻化と長期化の主要原因だという。

同じ批判が、結局はアメリカの中央銀行についても表明されることになった。インターネットバブルにかかわる危機からできるだけ早く抜け出すため、アラン・グリーンスパンは迅速に利下げを実行し、利率をきわめて低い水準で維持し、こうして不動産価格と株価の高騰が引き起こされた。同様にリーマンブラザーズの破綻を放置したという事実と、プラグマティックな――しかし銀行救済に限定された――一連の措置に頼ったという事実は、アメリカ金融危機のシステミックな性格についての診断が遅れたことを立証している。

理論的に見れば、さまざまな理論家や実務家が中央銀行の役割に関するパラダイム・チェンジについて、ずいぶん早い時期に強調していた。最初、フォード的成長の黄金時代におけるケインジアンがそうであり、中央銀行は失業対インフレのディレンマを最適化することに狙いを定めていた。その後中央銀行は、ミルトン・フリードマン流のマネタリズムのテーゼに転向し、さらにはインフレ目標を唯一の目標にせよとする要求に屈したので、別の機能――広義の金融システムの安定性を含む経済全体の安定性を促進し保証すること――が出現したことを無視してしまった（Blinder 1997）。もちろんこの新しい役割を引き受けるのは容易でない。なぜなら一般的に、中央銀行は民間銀行や金融市場をコントロールする力をもたないからである。反対に、仮に中央銀行が金融安定性を保証せざるをえないのであれば、民間主体は――自分たちがどのような過失を犯そうとも――中央銀行によって救済されることを知ることになり、かれらが機会主義的行動をとるリスクは大きくなろう。イギリスの中央銀行がノーザンロック銀行の救済への協力を初期の段階で拒んだとき表明したのは、こうした不安ではなかったか。それはまた、リーマンブラザーズの破綻を放置すべくアメリカの財務長官が引合いに出した議論ではなかったか。

・マクロ経済的な第二の解釈は、むしろ中長期の金利決定におけるグローバリゼーションの影響を強調する。実際、資本移動が極端に激しくなると、大企業にとって主導的な役割を果たす金利は、もはや必ずしも国民的規模で形成されるとはかぎらなくなる。というのもアメリカでさえ、金利は世界的水準で作用する調節を反映する傾向にあるからである。アジア諸国とりわけ中国や日本の貯蓄が役割を果たすのは、こうした文脈においてである。中国の成長体制がもつアンバランスな性格は、対外貿易において大規模な黒字が持続的に存在することを含んでいる。このことは直接投資の大量流入と関連して、有利で相対的に安全な投資を求めるきわめて大規模な貯蓄があることを意味する。ウォール街が世界的な金融仲介において果たす決定的な役割を考慮すると、中国資本はアメリカに向かうのであり、そのことは従来の国民的規模における金利の決定要因からの断絶を意味する。

金利の低さが投機的熱狂の決定因の一つだったことは疑いない。とはいうものの経済分析家たちが金融の世界的な不均衡を強調したので、ミクロ経済的次元では、とりわけアメリカの金融システムのシステミックな危機の根底にあるメカニズムをめぐるかれらの責任が、結果として免除されてしまった。実際には、こうした要因〔金利の低さ〕だけでは、ここまで深刻な危機を引き起こすには十分でなかったはずだ。それに加えて、株主価値という至上命令が広まることで、金融企業も非金融企業もきわめて高い利益——しかもこの利益は先行研究によれば九パーセントから一六パーセントへと上昇した——を追い求めるようになったにちがいない。まことに、諸主体がその現実的な評価を行うインセンティブはおろか、評価の手段さえもちえないほどに過大なリスクテイクを引き受けたのを説明するのは、こうした側面である。さらに、金融自由化や金融イノベーション——その筆頭には証券化やますます複雑になるデリバティブ商品の開発がある——の増加なしには、あのような投機的熱狂が現れるチャンスはほとんどなかったであろう。

この点で注目すべきは、二〇〇八年九月の以前と以後では、レッセフェール信奉者と介入主義者の理論的立場が見事にひっくり返ってしまったということである。以前は、介入主義者はマクロ経済の役割を強調し、新しい古典派はミクロ経済的なインセンティブの決定的な影響を強調していた。リーマンブラザーズが破綻し、アメリカ金融システムの持続性に関する不信が実体経済に容赦なく伝わった後では、さしあたり金融部門自体の責任に強い疑問を呈することなしに、ケインズ的景気回復策を進めたのは共和党の大統領ではなかったか。そのうえ「今やわれわれはみなケインジアンである」というスローガンが再び現れたのは、意味深長なことだ（Wolf 2009a）。しかし、この格言はほとんどの場合、公共支出および／または減税を通じて有効需要を下支えする政策の採用ということに要約されてしまう。確かに、ケインズ的乗数のいちばん純粋な伝統が生かされているのではあるが、しかし、金融市場の潜在的な不安定性や非効率性に関するケインズの分析は、驚くほど忘れ去られてしまっているのである。

6　金融における報酬システム——リスクの外部化は要するにリスクの最大化である

現代の標準的理論——すなわち情報の非対称性の重要性を前面に押し出す理論——のうちには、第二のパラドクスが存在する。というのも、こうした研究とともに、経済学者たちは現存の経済では、消費者と生産者、勤労者と企業、銀行とローン債務者のそれぞれにおいて情報へのアクセスに不平等があることを考慮して、市場が自律的調整という特性を備えているわけではないという事実を自覚するようになったからである。この自律的調整は、シカゴ学派の理論家たちが市場に備わっていると見なしたものだが、かれらはすべてのアクターが完全かつ対称的な情報をもつという仮説を、いとも簡単に採用してしまっていた（Stiglitz 1987; Spence 1973; Akerlof 1984）。

このように分析が分かれていくことは、信用関係に関して大きな含意をもつ。非対称情報のミクロ経済学では、インセンティブ契約の研究が行われるようになった。そこでは、とりわけエージェント〔代理人〕のみが知りうる情報を隠蔽することを通じて、エージェントが機会主義的行動をとるのを、プリンシパル〔依頼人〕は最大限コントロールしようとする（Stiglitz 1988）。商業銀行の黄金時代、商業銀行が貸出しの返済不能リスクを常時評価し、結果として顧客を選別するような手続きを増大させたのは、右のような理由による。この時代、どの経済分析家も、間接的で集計的な情報しか利用できない金融市場に比べて、商業銀行に優位性があるとの結論を下す傾向にあった。返済延滞者たちの情報ファイルを作ることで、こうした情報が金融システム全体に行きわたることが可能になっていた。これにより、信用リスクを比較的効果的に管理することができていた。

金融が自由化され、株主価値が支配的になるなかで、二つの資金調達様式――直接的なそれと仲介されたそれ――の相対的な効率性の評価は逆転した。すなわち、金融市場は情報効率性を実現する媒体だと考えられるようになったのである。金融市場は売買の動きによって敏感に反応する力があり、商業銀行の活動につねに重くのしかかる破綻のリスクを回避すると見なされるようになった。サブプライム危機によって、金融業者自身が広めた自分たちに都合のよいイデオロギーとは言わないまでも、思い返すと純粋な信仰のように思えることの評価が劇的に変化することになったのである。

事実、証券化が考案され普及することによって、一群のローン――例えば住宅ローン――を再度グループ分けし、それらをリスク度合いの異なる各種の切れはし《トランシェ》に分割したうえで、これら各種の信用度を示す債券を発行することが可能になった。これら債券のそれぞれについて、そのリスク度合いを決めるのが格付機関の仕事であるが、格付機関は適切な情報をつねに手にしているわけではない。そこから多くの場合、その格付けは、当該金融手段のリスクの低さについての信用というより、発行者に対する信用の判断となってしまう。ＡＩＧ〔アメリカン・インターナショナル・グループ〕が発行したＣＤＳ〔クレジット・デフォルト・スワップ〕の格付けのことが思い起こされよう。ＣＤＳは以前はきわめて安全なものと格付けされていたが、二〇〇八年九月以降、次々と損失をこうむったことがわかり、今では極度にリスクの高いものとされるに至った。

こうしてリスクを外部化することで、リスクは過小評価されることになった。一方で、債券発行者である銀行はもはや自分の顧客の財務状態を知り、結果的に顧客を選別するインセンティブを、何らもたなくなってしまった。他方、債券購入者は事実上、自分が実際のところを評価できないようなリスクをかかえることになった。証券化が一般化するにつれて、こうした倒錯はますます深刻になる。ハイリスクのローンがバランスシートから消え失せることによって、ローン会社は新たなローンを供与することができ、典型的な商業銀行と比較してかつてない弾力性を示すことになった。その反面で当然ながら、ローン債権の平均的な質が劣化し、リスクのますますの過小評価が金融システム全体に広がっていく。しかし、そのことを価格形成システムが考慮に入れることはなかった。なぜなら、格付機関が信用度の高・中・低について選別をしてくれた、と思われていたからである。

それゆえ、信用供与についてもリスク評価についても、非対称情報のミクロ経済学から引き出される比較的頑健《ロバスト》な教えと金融界の実践との間に、大いなる乖離が存在するわけである（図５）。

金融仲介者やそのエージェントの報酬システム全体は、信用供与に関する意思決定とリスクテイクとのこのような乖離をさらに大きくする。住宅ローン・ブローカーは契約数に応じて報酬を受け取っており、投資ファンドは投資された資本の一部を報酬として得る。銀行は、例えば金融市場での各取引について請負一括払いを一般化させており、デリバティブ商品の開発者はそれら商品のパフォーマンスにまったく関係なく、一括の報酬を受け取る。トレーダーは一般に、かれらの活動量に応じたボーナスを受け取る、といった具合である。合併・買収・吸収のスペシャリスト

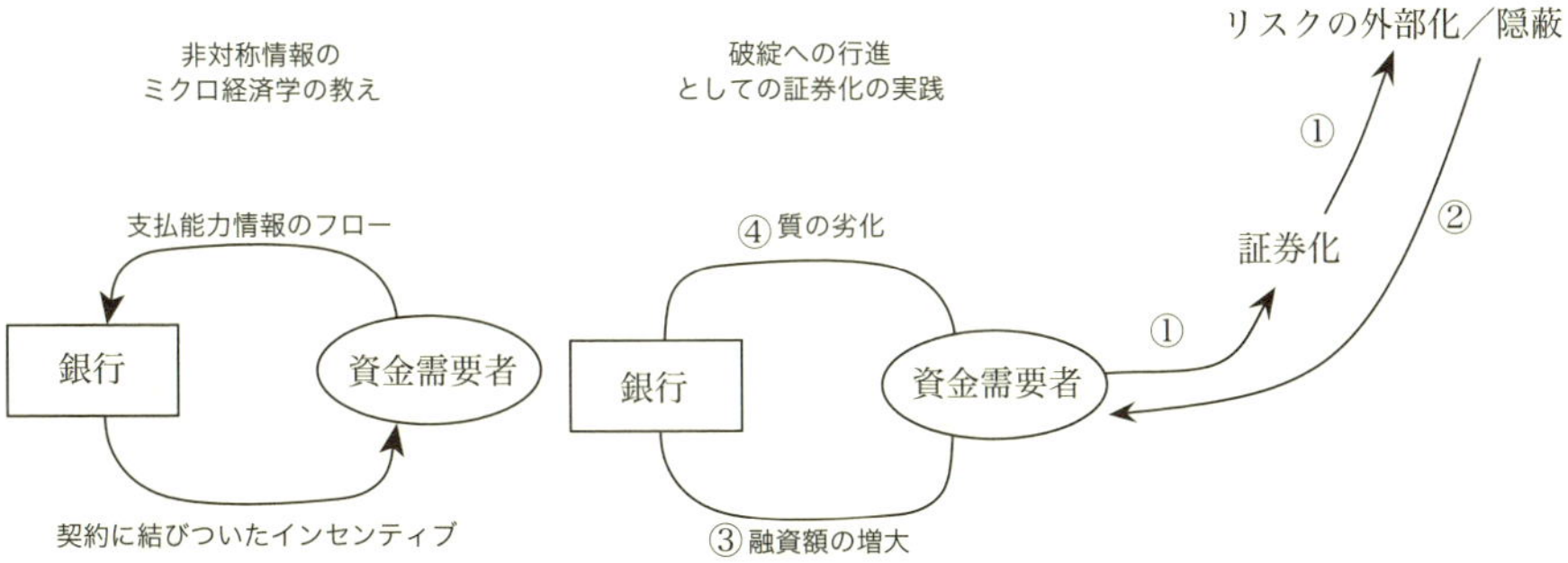

図5　証券化によるインセンティブの倒錯
――非対称情報のミクロ経済学は正しかった!!

も同様に、たとえ取引が惨憺たる結果となっても、資産価値に応じた支払いを受ける。要するに、金融アクターの全員ではないにせよ大部分は、かれらが他に移転させるリスクについて無感覚になっている。これらの行動の結合がサブプライム問題というシステミックな危機を生み出してはじめて、かれらはこの点に気づいた次第である。つまり、あたかも市場経済に固有のインセンティブが次第に取り除かれていったかのように、すべては過ぎていったのである。

しかしながら、サブプライム危機の規模の大きさを説明する仕事が残されている。実際、このような報酬方式の正統性は、政治権力によって認められたことに由来しており、また、金融を自由化して――報酬、リスク、パフォーマンスのつながりが機械的に消えてしまうほどに――洗練された商品の開発を完全なる自由に委ねよとする世論に由来している。これまでの展開をただ一つの命題にまとめよと言われれば、市場がこのように破綻状態にあることを説明するものは、金融市場の効率性に対する信頼と、ミクロ経済理論の見地から見てもやはり邪悪なインセンティブの正統化である。結局のところ、危機はサプライズではまったくない。というのも、前兆には事欠かなかったからである(後述第5章および第6章参照)。

7　イデオロギーが分析に優先するとき

このようにバブルは、たんに金融的なものというわけではなかった。なぜならバブルのうちには、市場金融の理論・実践・分析が含まれていたからである（表４）。

・金融市場効率性仮説を相対化し、さらには棄却することになる議論が多数あった。公的介入や世界的景気後退のコストが甚大であることから、これを再検討することの正しさが裏付けられる。

・契約理論や非対称情報を扱う新たな経済学は、証券化の過程がもつ危険や、きわめて複雑なデリバティブ商品がほぼ全世界へ拡散することに潜む危険について、金融業者たちに警告すべきであった。自分たちのリスク評価モデルを過大評価することによって、金融アクターたちは自分たちを襲う危機の原因を自ら作ったのである。

・「クウォントたち」の勝利とともに、市場金融は例えば統計物理学と同じような一科学分野になった、と世論が信じえたそのとき、公認の専門家たちは結局、危機を――致富および利益欲と、それにつづくパニック的な恐怖とが交互に起こるという――集団心理の欠点の結果として分析するに至った。

・勇気をふるって自らケインジアンであると公言する経済学者や政府は稀だというそのときに、いまやいちばん保守的な人々が、集団的コントロールなき金融自由化の失敗を巧妙に隠すため、世界的危機は中央銀行家の過失から生じたと見なし、景気回復プランを訴えている始末である。その際、景気回復プランは時に、根本的な不確実性によって麻痺した金融システムの秩序回復に代替しうるものと考えられている。

・資本主義の信奉者が――経済的アクターを規律づける手段として――競争や破綻リスクの有効性をほめそやしてい

表4　サブプライム危機で明らかになった標準的な金融技術の欠陥

	仮説	危機による無効化
1. 進化の源泉	外生的，ミクロ経済的，偶然的，独立的なショックの全体	・危機を引き起こす行動の内生性 ・マクロ経済的ショック ・市場から市場へとショックが強く相関
2. リスクの特性	標準偏差で測られる相場の変動性	・相場の累積的低下による破綻の脅威 ・そして根本的な不確実性――誰が誰に対してどれくらい借りているか？
3. 評価手法	過去の価格系列を統計的に分析	・あまりに短い期間の系列であるため，そこから誤りが生じる ・危機による規則性の中断
	ガウス法則の採用	・極端な変動がきわめて頻繁に生じる――ステューデントの法則
	市場の失敗，モデルによる評価	・誤った仮説のためモデルを利用できない
4. アクターの行動	収益とリスクの組合せを最適化する合理的な主体	・リスクなしに高い利益を追求しようとする機会主義的な組織内主体
5. 市場の機能	通時的な調整	CDO〔債務担保証券〕, CDS〔クレジット・デフォルト・スワップ〕, MBS〔住宅ローン担保証券〕についての取引凍結
	市場価格は同時に清算価格ともなるはずである	・ファンダメンタル価値に関係のないパニック（投売り）価格
	流動性への無制限アクセス	・銀行間，金融機関間での流動性の消失
6. 金融危機		
・起源	前例にない規模での外生的ショック	・市場のアクターたちの相互作用から内生的に帰結
・展開	公的当局の反応の迅速さに規定されている	・現下のシステミック危機にアクターたちは立ち往生しており，不確実性は根本的
・克服策	・中央銀行がもつ流動性へのアクセス ・不良債権整理回収機構	・伝統的手段と制度的イノベーションの間のよき配分を手探りで追求

るそのとき、アメリカの当局は以前よりも巨大な金融持株会社の設立を組織化しており、さらには、それら持株会社が自らの支払能力を証明することを当局は要求していないのである。あるいは二〇〇九年五月、こうした金融ストレステスト〔健全性審査〕がついに実施されたとき、その結果については破綻の淵にある金融機関と協議することになったのである。

・最後のパラドクスは、市場経済の防衛という名のもとに、熱狂期になされた利潤の私有化に対応するかたちで、政府が損失の社会化を事実上採用したということである（Stiglitz 2009b）。「国有化」という語はアメリカにとってきわめて恐ろしいものであったので、政府は見返りなき貸付けを行うことになる——その際、公共体はコントロールを一切行わない。不祥事が起こるのはもっぱら二次的な症状が明らかになったときであり、例えば、自社を準破綻状態に陥れたＡＩＧの金融部門関係者に相当額のボーナスがずっと渡されていたことが判明したときなどである。ＡＩＧのＣＥＯ〔最高経営責任者〕は、冗談抜きで以下のように明言した。すなわち、同社が結局はいちばん収益性があり安定的な基本業務つまり保険に専念するため、できるだけ早く金融部門を閉鎖しなければならないというのが筋であるが、同社は社内にこのような金融部門の独自的能力《コンピテンス》を保持しなければならない、と。

ここには、民間のみが金融を管理できるという考えが、あらためて引合いに出されていはしないだろうか。たとえそうした純民間による管理のコストが何兆ドルもの公的資金となり、成長・所得・雇用の大幅低下となって表れるとしても、やはりそう考えられているのではないか。結局、イデオロギーや利益擁護——たとえそれが不正な権益だったとしても——は、しぶとい命脈を保つのである。

第2章　金融市場は完全か——危険な過ち

「われわれが観測するのは、何らかの外生的なショックの結果ではない。市場が自動修正機能を備えていると考える慣例的パラダイムが想定するところでは、そうした外生的ショックが不均衡に陥らせたとされる。現実には、金融市場は均衡ではなく、時に不均衡へと向かう自動不安定化の特性を有している。」

（ジョージ・ソロス「グローバルな視点」二〇〇八年十月十九日付『ザ・デイリー・ヨミウリ』再掲）

1　完全市場の体裁は見せかけにすぎない

無数の需要と供給が相互作用を起こすことで、ほぼ二〇秒ごとにニューヨーク証券取引所やナスダック上場の大企業の相場が形成されている。それはまさに、ワルラスがイメージした社会を想起させるという意味で、完全なる市場のイメージではないだろうか。ワルラスの社会では、競売吏はもはやたんに株や債券の価格を叫ぶだけでなく、財やサービス全体の価格も告げることになる。このようにして、株式市場は他のすべての市場が参照する基準となるだろう。例えば現代の労働市場改革が行われようとするのは、株式市場のモデルにもとづいてである。

したがって一見したところでは、初級ミクロ経済学の教科書を開いて、その教えを実証分析に応用すれば十分であろうから、金融市場のダイナミクスを理解するには、理論研究はほとんど必要ないように見える。しかしこれは有害な幻想だろう。というのも、金融商品は将来の所得に対する引出権であり、他の商品とはまったく違うからである。ところで新しいミクロ経済学が成功を収めて以来、財の品質が共有知識になっていない市場は多くの機能不全――均衡の不在、不安定性、交換による効率性の喪失――に苦しむ可能性があるということを、われわれは知っている。それゆえ、金融市場がどのようなものであるかをもっと細かく検討する必要がある。そうすれば、サブプライムの投機バブルに異なる角度から照明を当てることができるだろう。すなわちそれは、予見できないアクシデントなどではまったくなく、厚みのある流動的な金融市場に見いだされる一連の典型的な機能連鎖を示す新たな事例なのである。

2　金融商品――重大な不確実性を課された支払契約

アロー＝ドブリュー（Arrow and Debreu 1954）流の完全情報の世界では、条件付市場や先物市場も含めてあらゆる市場が開設されており、諸主体は自らが直面する価格を与件として扱う。いかなる外部性も存在しない場合、選好や技術的な可能性に関する一定の条件下で、パレート最適となる市場均衡価格の体系が存在する。ところが、こうした仮説のどれ一つとして、現代経済においては満たされていない。情報は不完全で非対称的であるし、ほんの一握りの市場だけでしか先物取引は成功していない。寡占的競争が通例であるし、多くの外部性が市場の資源配分に関する効率性を揺るがしている。そこでは混雑効果が作用することもあれば、もしくは反対にイノベーションや基礎研究分野の進歩にかかわる正の外部効果が作用することもある。

こうして、金融市場が耐久財や日常消費財の市場とほとんど変わらないことをほのめかしながら、経済学者や世論が金融市場について議論するとき、驚くほど安易な一致が見られるかもしれない。ところが、金融手段の基本的な特徴はきわめて特殊な財カテゴリーに属していることにある（Spencer 2000）。それはまず、品質がわかっているのでいちばん低い価格を調べれば十分であるような財（探索財《サーチグッズ》）ではない。それはまた、レストランでの料理や中古車のように、購入後にその質がわかるサービス（経験財または嗜好財）でもない。実際、一度使った結果が見えたときでさえ、サービスの質がどのようなものであったかを確実に証明することは必ずしも可能でない（信用財《クリデンスグッズ》）。例えば、あるファンドマネージャーが良い結果を出したとき、運や才能あるいは単純に景気一般をどう考慮するかは、事後的にさえ困難である。さまざまなマネージャーのランクが時間とともに変化するのは、事前的にも事後的にも、金融サービスの質を評価するのがこのように難しいことを証明している。

専門家や銀行に勧められて個人が自らの貯蓄をある金融手段に投資するとき、彼は、患者が外科医に対するとき、または告訴人がその弁護士に対するときに生じるのと同じ問題に直面する。つまり、保険によってリスクをヘッジすることができなかったり、第三者（預金を管理する銀行家、株式投資における株式仲買人……）に委託することが必要であったりするのである。このことは、金融経済の顕著な特殊性を際立たせる。〔国際化の〕重要な帰結である商品の自由な移動は、一般的に厚生の改善をもたらす。しかし、金融の国際化は国際経済と同様の結果を享受するわけではない。というのも金融の国際化は、不確実性や「信用財」に見られる諸現象を強めるからである。

金融の特殊性に対してはもう一つのアプローチがあり、それは次の事実を強調する。すなわち金融市場は、ピエール＝ノエル・ジロー（Giraud 2001）の表現を借りれば、約束の取引が行われる場だという事実である。ある金融資産の価値は、将来の所得の流列を一主体がどのように評価するかにかかっている。このことによって、標準財の均衡価格が形成されるような理想状態と比較して、金融資産の評価には種々のバイアスがかけられる。何よりもまずそれは、イノベーションのインパクトを評価するための確実な方法ではない。イノベーションは、既知の商品や手続きを例えば別の空間で反復するといったこととは反対のことなのである。次に、収益は主体間の戦略的相互作用に依存するだけでなく、事後的に明らかになる特性の状態にも依存する。情報通信財の需要が長期的にどのような速度で成長するかは、誰も知らなかったのである。そのうえ、スタートアップ企業〔ベンチャー企業〕の収益性は競合他社の数にも大きく依存する。そして現代的なゲーム理論を学んだであろう最先端の企業でさえ、こうした外部性を考慮に入れるのは不可能である。最後に、個別的観点からなされた将来に対する賭けはどれも、マクロ経済的条件の変化によって、その成功の機会がかなりの程度まで条件づけられている。ここでマクロ経済的条件とは、金利、経済成長率、為替相場、税制の特徴などを指し、どの変数も各個人の力や行動の範囲を超えたものである。以上が、為替ディーラーが為替相場の突然の変化に対して毎回のように驚き、株式仲買人〔ブローカー〕が利益見通しを事後的にしか再評価できず、債券保有者がインフレに応じて要求する報酬を遅れてしか再調整できない理由である（Brender and Pisani 2001）。

　市場効率性の信奉者たち（Malkiel 2003）は、行動ファイナンスや実験ファイナンスの支持者（Shiller 2003a, 2003b）とまったく同様に、将来についての固有の不確実性が金融的評価の大きな可変性を引き起こし、そしてその結果として唐突な再調整が引き起こされうることを認める点で一致している。株価は、評価原理の慣行的な特徴を例示的によく示している。実際、主にその流動性によって特徴づけられる市場においてファンダメンタル価値が意味をもっていると考えられるとき、株価は、長期金利やリスク・プレミアム、そして成長予測をどのように評価するかに対して、きわめて敏感に反応する。株式相場の顕著な変化が引き起こされるには、これらの変数が限界的に変化するだけで十分である。このことは、ゴードン＝シャピーロの定式化〔株式評価で最も頻繁に用いられる定式化の一つで、配当が定率で成長することを仮定して、その割引現在価値を求めることで株価を評価する〕と一致している。こうした特徴は金融市場だけで観察されるわけではない。なぜなら、例えば銀行貸出市場でも、あるプロジェクトのリスクや成長見通しに関する評価はマクロ経済的文脈と無関係ではないからである。ただし同じ要因が介在するものの、予測の誤りは株式については相場の下方調整となって現れるのに対して、銀行貸出しについては返済不能や破綻のリスクとなって現れる。

3　株式相場の変動性はファンダメンタルズ変化の変動性よりも大きい

合理的な行動や裁定の存在という理由で市場の効率性を信奉する者や、行動ファイナンスを引合いに出す研究者は、金融的評価が独自なものであるという点で意見が一致している。この点で金融市場は、財やサービスの伝統的な市場とは区別される。

金融に固有の不確実性

バートン・G・マルキール（Malkiel 2003）が強調するように、株価は、金利やリスク・プレミアムの変化――どんなに小さいものでも――に対する純粋に合理的な主体の反応にきわめて感応的である。予想配当流列を割り引くことで株のファンダメンタル価値を評価できると仮定すると、長期保有者にとってのファンダメンタル価値 P は、単純に収益率 r　配当 D　長期の成長率 g で表され、式は以下のようになる。

$$r = D/P + g$$

もし収益率がリスクなしで九パーセント、リスク・プレミアムが二パーセント、期待成長率が七パーセント、そして最後に配当が一株あたり四ユーロであるなら、株価 P = 一〇〇ユーロとなるのは容易に確認できる。

もし公開株の収益率が一〇・五パーセントに上昇し、株式市場が二・五パーセントのリスク・プレミアムを求めるなら、ファンダメンタル価値は三分の一減価して、P＝六六・六七ユーロとなる。

こうして多くの著者が強調しているように、最終的にみると小さな変化に反応して、きわめて顕著な変動が株式相場で記録されるには、何らかの非合理性を引合いに出す必要はない。それは期待成長率 g の変化についても同じことが言えるだけになおさらそうである。これについて一例のみ挙げておくならば、ニューエコノミーの部門における売上見通しが、最初の数年当時の楽観主義を実際に維持できるようなものであったなら、スタートアップ企業の株価は過大評価ではなかったであろう。とりわけ新興《エマージング》市場諸経済の民間債や政府債については、リスク・プレミアムの評価もまた変動する。

心理的なバイアスはこうした変動性を強める可能性がある

先の計算は、成長見通しに関する完全予見を想定していた。ところが、イノベーションに直面した金融市場のアクターは、一度将来が知られるとファンダメンタル価値を計算できるという合理的な計算に相当するものの助けを借りて自分の位置を知ることができない。したがって、かれらは他の方法に力を注がなければならない。そうした方法は、当然不完全で印象主義的なものである。配当の独自変動があるだけでなく、将来に対する見方も調整し直されていく。つまり行動ファイナンスの信奉者によれば、このことこそ株式相場の変動性を説明しうる要因の一つなのである。それは、配当の変動よりもずっと重要である。ロバート・シラーの分析（Shiller 2003a）は、たとえ割引率の変動や、金利あるいは消費の異時点間限界代替率の影響を考慮に入れたとしても、観測される変動性を打ち消してしまうのは不可能であることを示唆している（図６）。

それゆえ、先物市場の特性は不完全なものであるから、アクターたちがリスクを認識したり受容したりする度合いの不均等を中立化することはできないのである。したがってアクターたちは、こうした困難を乗り越えるための方法

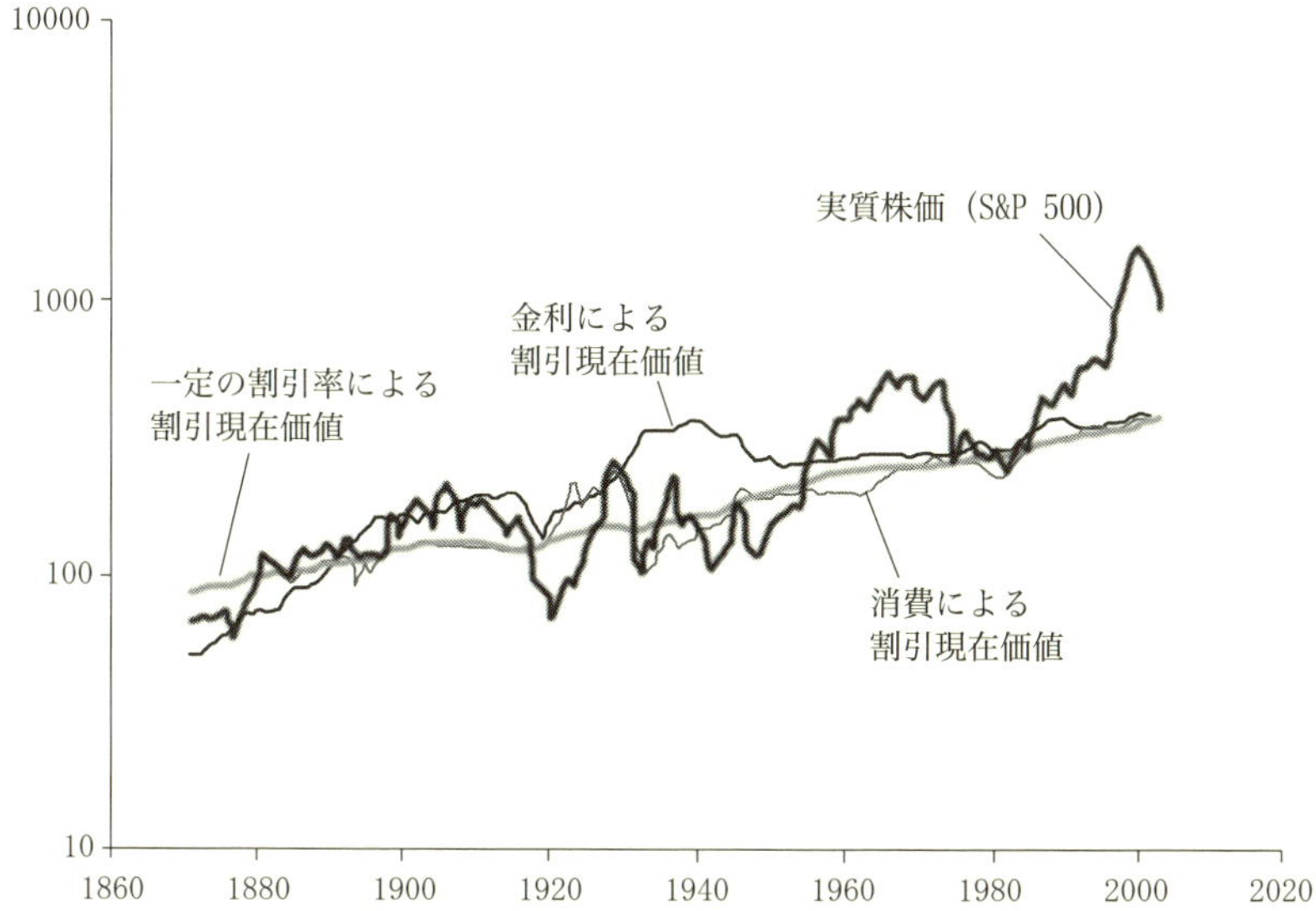

図 6　実質株式相場の評価の感応性――将来配当を既知のものとして想定

出所：Shiller（2003a, p.86）

を見つけなければならない。

4　金融的評価は慣行である

そうすると、不確実性に直面した際には、長期金利、期待成長率、リスク・プレミアム、企業業績の推移を評価する手続きを見つけなければならない。諸主体には自由に使える方法が少なくとも二つある。ファンダメンタル価値であれ否であれ、価値に関するかれら固有の分析――それは主体にとって一つのプロジェクトと見なされる――を進めるか、それとも、主体が自らの固有の評価を演繹すべく市場における他の発言者の評価を観察するか、そのどちらかである。ここで、株式市場においてファンダメンタル価値と市場価格を区別するケインズによる重要な対比を取り上げておきたい。ファンダメンタル価値は、対応する資産が当該プロジェクトのサイクル全体にわたって保有されることを想定し、市場価格は反対に、長期の価値からは独立に購買・販売の取引が行われる可能性を考慮に入れることを要請する。銀行貸出しのオペレーションは、とりわけ前者の手続きに訴える。少なくともさまざまなローンのグループ分けが行われたり、それらが金融市場で取引可能な証券に転換されたりする以前は、まったくそうである。直接金融は市場の裁定にもとづいており、当該資産市場が流動的で厚みがあればあるほど、価格の考慮が決定的に重要となる。

これら二つの戦略が突き合わされるとき、市場の効率性は保証されるだろうか。必ずしも保証されはしない。というのも、オペレーターは、たとえファンダメンタル主義者であったとしても、市場の価格を考慮に入れなければならないからであり、そしてオペレーターは、少なくとも市場の収益に匹敵する収益を上げようとするインセンティブのもとで行動するからである。したがって問題は、二つの戦略のそれぞれを用いているオペレーターの相対的な数に依存することになる。また、このように伝染が起こる可能性によって、評価の慣行《コンバンシオン》に相当するものを組み込んだ均衡価格が作り出されることになる。相場の推移についていくつかのシナリオ――これについて市場の見解が一致したり、これが過去の相場の動きを妥当なものと認めたりする――を描くことで、いつでもこうした評価を事後的には合理化することが可能である。金融の専門家のなかに投機バブルを証拠立てる可能性を否定しつづける者がいるのは、そうした理由による。

模倣行動は合理的かもしれない

理論的な研究によって、投機バブルが、戦略も期待も合理的である一つの均衡にどのようにして一致しうるのかが示された（Blanchard and Watson 1984）。しかしこのようなバブルはどのようにして現れるのか。きわめてシンプルなあるモデルが（Orléan 1990）、以下のことについて理解するのを手助けしてくれる。すなわち、なぜ模倣行動が合理的となりえるのか、そして、金融市場が強気の評価と弱気の評価の間を揺れ動く――ほとんど偶然に時たまにしかファンダメンタル価値へと収束しない――のは模倣行動によってどう説明されるのか、についてである。

市場価値 $V(t)$ を決定しなければならないオペレーターが $2N$ 人だけいるとしよう。かれらはファンダメンタル分析によって、証券が二つの値、すなわち V_1 と V_2 しかとらないことを知っている。すべてのオペレーターが当初は同じだけの富、そして同じフォン・ノイマン＝モルゲンシュテルン型の効用関数〔諸事象の効用を確率を用いて加重平均したもので、不確実性下で期待効用を計算するのに用いられる〕をもっているとする。また、$n(t)$ は値 V_1 を選好するオペレーターの数から N を引いたものであり、$x(t)$ は変数 $n(t)/N$ を示しているとする。そこから容易に以下のようになる。

$V(t) = x(t) \cdot (V_1 - V_2)/2 + V_m$　ただし、$V_m = (V_1 + V_2)/2$　とする。

オペレーターの見解が真二つに分かれているときには、V_m がそのままファンダメンタル価値である。記述しなければならないのは、初期状態から出発して、オペレーターがどのように自らの見解を修正するかである。つまり見解1から見解2への移行を記述する確率 p_{12} や見解2から見解1への移行を記述する確率 p_{21} について、その評価を記述しなければならない。アンドレ・オルレアンは、対称的なケース $p_{12} = p_{21} = p_0$ に限定し、遷移確率が次のようになるとしている〔P_2 は初期状態においてオペレーターの見解が V_2 になる確率〕。

$$p_{21}(x) = \frac{(1-x)^2}{s+(1-x)^2} \times \frac{1-x}{2} + \frac{s}{s+(1-x)^2} P_2$$

この遷移確率は、比較的単純に言えばパラメーター s に依存していると解釈できる。このときパラメーター s はおおよそ平均してみると、市場の見解がファンダメンタルな評価に比較的正確に対応していることを表している。s が大きいときには、オペレーターは主に、ファンダメンタル価値について下す自らの評価を信じる。s が小さければ、オペレーターは市場の動きに追随し、市場で見解1と2のどちらが優勢かに応じて二つの戦略の組合せが見られる。いくつかの概算を平均化し、定式化を続けると、意見が偏って分布した場合の計算も可能であるし、キーパラメーター

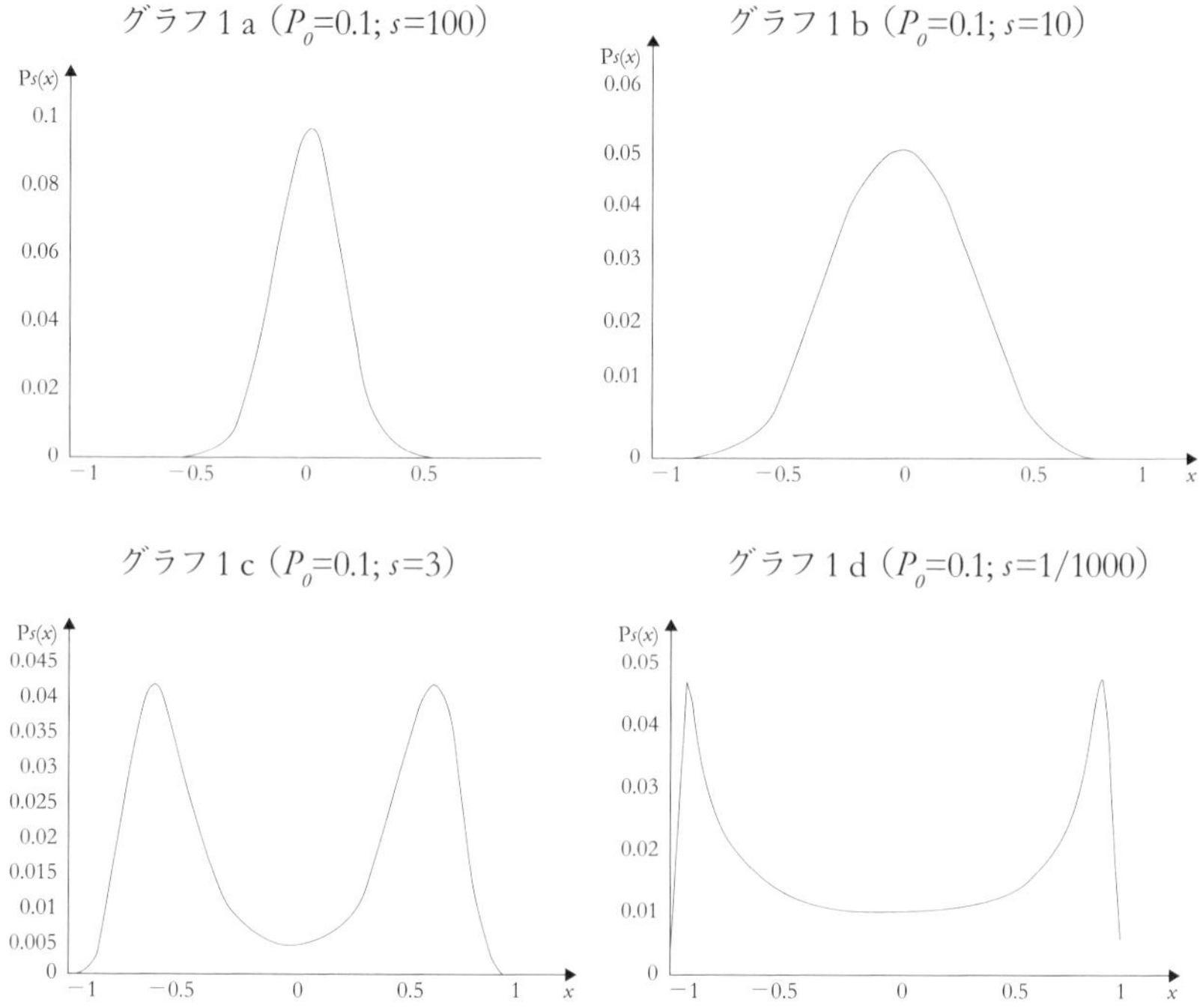

グラフ１（a–d）

であるsの値に応じてその特性について議論することも可能である。オルレアンが分析した特殊なケースでは、漸近的な確率分布$p(x)$の形状がsに強く依存していることが見て取れる。

各人がファンダメンタル価値についての自分の評価を信じる場合、オペレーターの見解の均等分布に関して一つの頂点が見いだされる。オペレーターの期待は均衡において検証されることになる（**グラフ１a**）。

こうした信頼が低下するならば（sが100から10へ）、この分布の分散は大きくなるが、標準的な法則は維持される（**グラフ１b**）。

これに対して、［sが低下して］閾値s_mを下回ると、当該分布に、二つの評価の一方がそれぞれ支配的となる二つの局所的な極大値が現れる（**グラフ１c**）。こうした二極的な分布という現象は、オペレーターが完全に自分固有の評価への信頼を失うと、いっそう顕著になる（s＝1/1000）（**グラフ１d**）。

このモデルの利点は、不確実性を考慮に入れることに対する反応として、ケインズ的な意味で、どうして慣行《コンベンション》が出現するのかを説明することにある。このとき、個別にとらえられた個人は不確実性に対して無力な存在である。しかし、かれらの相互作用から市場価格が生み出され、その市場価格は合理性のあらゆる外観をまとっているだろう。すなわちそれは収益率の形成に一役買うし、期待と実現値の収斂に対応している。さまざまなオペレーターがファンダメンタル価値について自らの見解を作り上げることができる既存の市場では、株式相場は情報効率性の特徴をよく示している。反対に、伝統的な評価手法を動揺させるイノベーションに直面すると、オペレーターは、市場がかれら自身よりもすぐれた情報をもっていると考えてしまうかもしれない。それで、模倣行動が一般化してファンダメンタル価値からの乖離が大きくなることがある。市場価格を観察することが、固有の評価を導き出す分析研究に専心することよりもコストが低ければそれだけ、個々の合理的な意思決定の継起が投機バブルに通じる可能性が高くなる。

投機バブルから危機への転換

こうして現代の諸研究（Orléan 1990, 1999, 2004）は、金融的バブルが繰り返されることを説明すべく頻繁にもち出される非合理性仮説（Kindleberger 1978）を大いに相対化する。実際、ある成熟産業で活動する企業の評価に関して言えば、オペレーターたちは、証券を買おうとするときのファンダメンタル価値を計算すべく、情報や解釈モデルを過去に十分蓄積してきている。これらのそれぞれ独立した評価を集約したものは、ファンダメンタル価値を中心とする分布をなし、当該経済に広まった共通の情報を最大限に利用しているのである。しかし根本的に新しいものとして現れるプロジェクトに直面する場合、こうした方法は不適切なことが判明する。というのもとりわけ、こうした方法では、過去に観測された分布の分析を通じて収益確率を評価するが、この場合にはそうしたものに頼ることができないからである。評価は、次の二つのメカニズムのいずれかをもとにして行われるほかない。

すなわち一つは、オペレーターたちが次回の個別的意思決定に対して適用する新たな評価基準について、市場の外で合意するというものである。*

＊例えば携帯電話産業について、金融界は、一九九〇年代終わりに評価の基本的な基準として、観察される利潤額ではなく、契約者数を用いた。したがっていくつかのキャリアが買収される際、契約者数に平均支払価格を掛けることで、評価は得られた（*cf.* Boyer 2004b）。

もう一つは、これらのオペレーターたちが、次第に市場価格に信頼を置くようになり、反対に各人独自の評価は信頼しないようになるというものである。この場合、こうした伝染が支配的な現象になれば、最も大きな確率をもつのはもはや、ファンダメンタル価値ではなくなる。なぜなら、ファンダメンタル価値を枠付けする安定した二つの構図に対応する二つの評価――低い評価と高い評価――が現れるからである。

こうした慣行がいったん確立すると、諸主体は、評価コストを負担しないでいいように、市場価格を、それがどのような水準であっても信じるほうが得になる。こうしたやり方が極端に推し進められると、つまりすべてのアクターによって採用されると、グロスマン＝スティグリッツが明らかにした逆説が現れる（Grossman and Stiglitz 1980）。すなわち、相場はもはやいかなる情報も含んでいないという逆説である。ファンダメンタル価値についての自らの評価との乖離が蓄積していることを自覚しているオペレーターにとっては、この現象は明白なものである。しかも、不確実性が大きければ、また市場が流動的であれば、すなわち金融的バブルがはじける前に必ず有利に売抜け可能だという事実を信じることが一般的になっていれば、こうした現象はいっそう際立つことになる。

この分析枠組みは、ある意味では、金融市場で楽観的評価から悲観的評価への交代が見られることについて、示唆にとむ解釈を提供する。それは、結局は合理的な模倣行動の伝染の帰結かもしれないのであって、必ずしも何らかの無分別で不規則な行動の帰結というわけではないだろう。これはインターネットバブルだけでなく、それにつづいた不動産バブルを読み解くときにも鍵となる教訓である。こうして、たとえ各種企業の株の比較評価が効率性を示す傾向にあるとしても、株価総額が表す集計値について同じことが言えるわけではない。そこからポール・サミュエルソンは、相場はミクロ的には効率的だがマクロ的には非効率的だと結論することになる（Shiller（2003a, p.89）から再引）。必要とあらば、サブプライム問題に関連する経済変調の規模から、厚みがある流動的な金融市場のあまり望ましからぬこうした特徴を想起してよいであろう。

5　ある逆説——リスクヘッジの新たな手段により危機の確率は高まりうる

金融市場に関するこのような考え方は、金融イノベーションの影響についてもう一つの重大な帰結をもたらす。ここで言う金融イノベーションとは、新しい先物市場を開設し、最もリスクを負うことができるとされる主体へとリスクを拡散する手続きを開拓することである。実際、こうした先物市場の数が増えるならば、さまざまな特性状態に関連するリスクを完全にヘッジする異時点間の一般均衡モデルに準拠することで、以下のことが示唆される。すなわち、こうして長期安定均衡に近づくことによって金融危機の頻度が減少するにちがいないということである。もっとわかりやすく言えば、各現物市場がそのパートナーとして先物市場を有するならば、ショックは二つの市場に分配されることになり、投機家の戦略が、考察されている経済の不安定性に関するショックの影響を小さくするかもしれないということである。

見かけ以上に金融不安定性が深刻化する可能性

こうした見方は、ファイナンス理論に関する最良の専門家の幾人かが表明したものである。ロバート・シラーの場合、市場の根拠なき熱狂を暴いた著作に続く本のなかで、リスクヘッジのための新たな市場は、それを導入する社会の厚生を大いに高めるだろうとしている。彼は例えば次のように書いている。「われわれを脅かす根本的なリスクは例えば、保険がかけられ、ヘッジされ、分散されるだろう。このことは、より確実な世界に通じていくだろう。リスクの負荷を和らげることで、民主的な新しい金融はいっそう冒険的になるようわれわれを駆り立てることになる」(Shiller 2003b)。別の論者たちはずっと以前から、金融脆弱性が高まる可能性があることを強調してきた。われわれは、投機に関するニコラス・カルドアの名高い論文にまで遡ることができる(Kaldor 1940)。諸市場において、ある主体がリスクをヘッジしようとするとき、かれらの取引相手は技術的な意味で投機家である。なぜなら、取引相手となる諸主体は、資産や商品をそれら固有の価値や効用のために保持する意図をもたずに、利潤を得ることを期待してそれらを売り買いするからである。したがって、投機行動の動機が二次的なものであるなら、金融的な安定性が高まることになる。しかし反対に投機が優勢になると、循環や、さらには危機へと通じるかもしれぬ不安定性が現れる。

　現代の理論家たちは、リスクヘッジを拡大しようとする金融イノベーションの影響があるもとで、不安定化の可能性があることを説明する別の議論やメカニズムを示した。雑駁に言えば、そのアイデアはきわめてシンプルである。つまり、リスクテイクが所与の水準にあれば、リスクを負うことができるアクターに向けてリスクテイクを拡散していくことは、効率性や金融安定性に有利である。しかし、いったんそうしたリスク移転の可能性が確立すると、モラルハザードのモデルに合致して、諸主体はさらにリスクをとるように駆り立てられるだろう。したがって一定の条件のもとでは、危機の可能性が高まることになる。

　通常の見解にとらわれない何人かの分析者によって早くから見抜かれていた不安定性のこうしたリスクは、他のメカニズムによってさらに強められる可能性がある。例えば裁定業者が流動性制約に直面する場合、あるいは諸主体が間違った期待を形成したり、徐々にしか学習できなかったりする場合に、先物市場の開設はシステム全体の不安定性を高めるかもしれない。さらにまた、先物相場が不完全なシグナルを作り出す場合には、より大きな不安定性が起きる確率が高まることになる（Artus 1990）。

別の論者は別の連関を明らかにすることで、似たような結論に到達した。すなわち、新たな先物市場の導入によって、より大きな金融脆弱性が起こりうるが、それは必然ではないとされる。例えば、金融市場のアクターが多様な戦略や期待をもっていると考えることができる。ファンダメンタル主義者もいれば、チャート主義者〔過去の相場系列のグラフから将来の相場の動きを予想しようとする投資家〕もいる。後者は、かれらが過去の相場系列のなかに探り当てたと考えるトレンドに反応する。各々の局面において、二つの戦略は異なる成績をもたらすし、アクターたちは自らの経験から学び、いちばんうまく成功した戦略をまねる。こうした文脈において、もし金融手段が追加的に導入されるなら、成功する者の利益は拡大することになる。こうしてアクターたちはさらにリスクをとるようになる。実際、一定の条件のもとでは、経済がより早く金融脆弱性の圏内に突入することが示される（Brock *et al.* 2006）。部分均衡モデルを離れるとき、われわれは行為主体の異質性や学習現象を取り入れた世代重複モデルにおいて、金融手段の追加的導入が、所与の経済の構造的安定性の圏域を狭めうることを示すことができる（Li and Barkley 2001）。

もちろん例えば主体の時間的視野が広がったり、割引率がそれほど高すぎない状態であったりするときには、別のメカニズムによってこうした不安定性を低めることができる。極端にいうと、金融証券が流通市場の取引対象とならないならば、どのアクターも、例えばかれらが株を買う際に、ファンダメンタル価値を参照するほうが得になるだろう。反対に、市場の値付けの頻度や、市場の流動性や厚みが大きくなる場合、前述のモデルが示すように、市場につきまとう不安定性として重きをなしてくるのは、まさにケインズの美人投票のイメージである〔美人コンテストでは審査員は自分の審美眼にもとづいて投票するのでなく、大衆の順位づけを予想して投票するように、株価形成において専門的投資家は企業の長期的予想収益にもとづくのでなく、一般投資家の態度を考慮して株式売買をする〕。

したがって、金融イノベーションが安定化の特徴をもつかどうかは、経験的な問題となる。それは、ミクロ経済理論やそれをワルラスの考え方に沿って拡張したものから得られる公理のうちに、結論として含まれているものではないのである。市場経済の本来的安定性への信仰を投射するのであれば、話は別であるが！

証券化にともなうリスクを予見できたのではないか

したがって、ロバート・シラーがどんなに標準的ファイナンス理論への的確な批判者であったとしても、彼が提示した楽観主義を保証するものは何もないのである。標準的理論が正当ではないのと同様、現代金融の発明者たちの幾人かによる次のような主張は不遜である。その主張とはすなわち、経済的あるいは制度的な問題はすべて、意図的に設計されたデリバティブ商品のなかにその解決を見いだすことができるとするものである。例えば貧困層の人々は、かれらの子どもたちが大学へ行くための学費を調達することができるだろう。繰り返す金融危機に襲われた国々は、何とかそれを回避することができるだろう。注意深く設計されたオプションは、労働市場の制度改革に取って代わることができるだろう、と。要するに金融は、世界経済の諸問題だけでなく、現代社会の諸問題をも解決すると見なされたのだった。

サブプライム危機や一連のローン証券化の発端となったスローガンをわれわれは再び見いだす。それは実際は疑わしいものだが、ファイナンス理論はこれをほとんどリスクがないものと考えていた。なぜならリスクの移転は、無数の新しいデリバティブ商品を作り出す余地を与えるからである。そうしたデリバティブ商品のなかでは、本質的に投機的な戦略が展開され、これがヘッジという目的よりも優先されることになる。それゆえ、金融脆弱性の増大が懸念されることになる。このことは、さまざまな分析者が診たてていることである（Buffett 2003; BRI 2003; Rajan 2005）。かれら分析者たちは多くの支持を得ることはなかったが、アメリカ社会が直面する貧困や社会的排除といった問題全体に対して、金融化を解決策と見なすという、金融に関する集団的信念《コンバンシオン》はきわめて強固だったのである。

このようにして証券化は、サブプライム危機の深刻性において決定的な役割を果たした。このような結論は、重大な異論にぶつかるかもしれない。すなわち一九九〇年代、多くのラテンアメリカ諸国でソブリン債務の危機が発生したが、証券化が発明されたことによって、この危機に対する比較的有効な解決策を見いだすことができたのではなかったか、と。両者の相違はすぐれて学習現象に起因するものである。支払不能リスクが顕在化した後には、証券化は公債の価格を見いだすための解決策であった。これに反して、諸主体が証券化を通じたリスク移転の利点を最終的に学んだときには、かれらはリスク評価に織り込まれていないより大きなリスクを負う行動をとることになる。いわば、金融アクターの漸進的な学習こそが、より大きな危機の原因となるのである。すなわち、保護を与えると見なされたものが、危機の発生確率を高めるのである。

これらの条件のもとで、以下のように考えるのは危険である。すなわち、金融市場は現代社会を象徴する図像であり、それは自動均衡化機能を備えており、金融市場の出現によって利益を得るすべての者たちの自発的な行動によって構築されている、と。

6 金融市場が機能するための前提は規則・制度・組織の整合的総体にある

実際には、市場に関する現代の経済学研究を活性化しようとする大きな野心が継続している。アクターたちの諸々の合理的戦略が突き合わされることからいかにして市場が「自然に」生まれるかを示したり――アクターたちの利害が収斂することで市場の創出に至る――、一度創出されれば市場には自律的な執行力が与えられる（自己強化的である）ことを示したりしようというのである。市場は間違いなく制度であるが、それらは第三者の介入なしに維持され、機能することができるにちがいないとされる。個々人の選択と社会のレベルで決められた目的の実現とを合致させるように導くメカニズムについて、その構想と実行に関する研究（メカニズムデザイン）（Hurvicz 1997）は、一九九〇年代に力強い復活をとげた（Maskin 2008）。創始者の——少々誤解されてきた——研究においては、実際は、諸制度はさまざまなタイプのゲームであるという考えが見いだされる（Hurvicz 1996）。このアイデアは、社会的な行動の規則性をゲームの均衡ととらえる研究につながっていく（Aoki 2006）。「メカニズムデザイン」の経済学者（Maskin 2008; Hurvicz 2008; Myerson 2008）が暗黙に意図しているのは、市場を支えるためには外的な権威が必要であるとされるケースを最小化することのようである。というのも、誰もが次のようなショッターの標準的定義に準拠しているからである（Schotter 1982, p.11）。

「社会的制度とは、社会的行動がもつ規則性である。ここでの社会的行動は、社会の構成メンバー全員が合意している行動であり、そして繰り返し課される特殊な条件のもとでかれら全員がこの行動を決定するのである。制度は、自律的に秩序づけられる（自己管理される）か、あるいは外的な権威によって維持されるかのいずれかである。」

経済学者は、市場の自律的な執行の理由を説明するために、数多くの創意工夫をこらすが、社会学においては、一見してあまりに明らかなこうした制度——すなわち市場——でさえも、たいていの場合、他のさまざまな審級に訴えているということを示すのが目的となっている。市場は対抗勢力を生み出すのであり、この対抗勢力がないと、自己利益のみを追求する主体の機会主義的行動によって、市場の正統性や効率性が解体してしまうのである。この代替的アプローチは二つの命題によって要約できそうである。

・市場は、そのコントロールと持続性を保証しようとする一そろいの他審級の制度的構図に組み込まれている。製品市場（品質の定義、安全の基準、標準化……）や労働市場（権利、国際的諸規範、公正の概念、労働協約、良き行動の規準……）がその例である。しかし、象徴的な金融市場を見るとき、論証はさらに説得力を増す。例えば、ニューヨーク証券取引所〔ＮＹＳＥ〕という株式市場である。というのも、そこには驚くべき錯綜が見られるからである。すなわちＮＹＳＥは、一つの連合体であると同時に、株式取引を社会的に組織化することを目的とした営利企業でもある。それはもちろん、他の取引所との競争に服しているが、そうしたものはＮＹＳＥに影響を及ぼす最も重要な統制ではない。というのも、大企業のグループがＮＹＳＥの経営に参加していることは、値付けの透明性と公正性に対する預金者や投資家の信頼を——事後的に——大きく損なう実践行為が横行する原因となるからである。だからこそ、株式市場は古くから、コントロールと制裁についての一定の権限をもった独立の公的機関、すなわち証券取引委員会〔ＳＥＣ〕によって監督されてきたのである。しかしこの機関はこの機関でまた、最も勢力のある利害、すなわち証券や株式を発行している企業の利害によって影響を受けるかもしれない。インターネットバブルの最中に見られたのがまさにそのことであったが、そのお返しにインターネットバブルの破裂はショックをもたらした。年金基金の持分保有者すなわち受取人たちは、「創造的会計」すなわち不誠実な会計の推進者たちに重い制裁を課す法案を通すべく、共和党の政府や省庁に圧力をかけた。要するに以上のことは、金融規制緩和で際立った期間の後に、連邦国家があらためてこうした複雑な制度的アーキテクチャー（**図7**）の一構成要素となるということを示している。

・市場ばかりでなく、金融業者たちさえもカール・ポランニー（**Polanyi 1946**）の中心的メッセージが言うとおり、社会に埋め込まれている。しかしまたかれらは、憲法分析から借りた表現を使えば、諸々の「チェック・アンド・バランス」の複雑な一全体をとおしてしか自らの活動を維持できない。こうした考察は、二〇〇九年春にはほとんどありふれたものとなった。というのも、アメリカ金融システムの中核がいまだに活動停止しているのに直面して、当局はついに金融市場の集団的な枠付けがもつ決定的な性質を認識するに至ったからである。

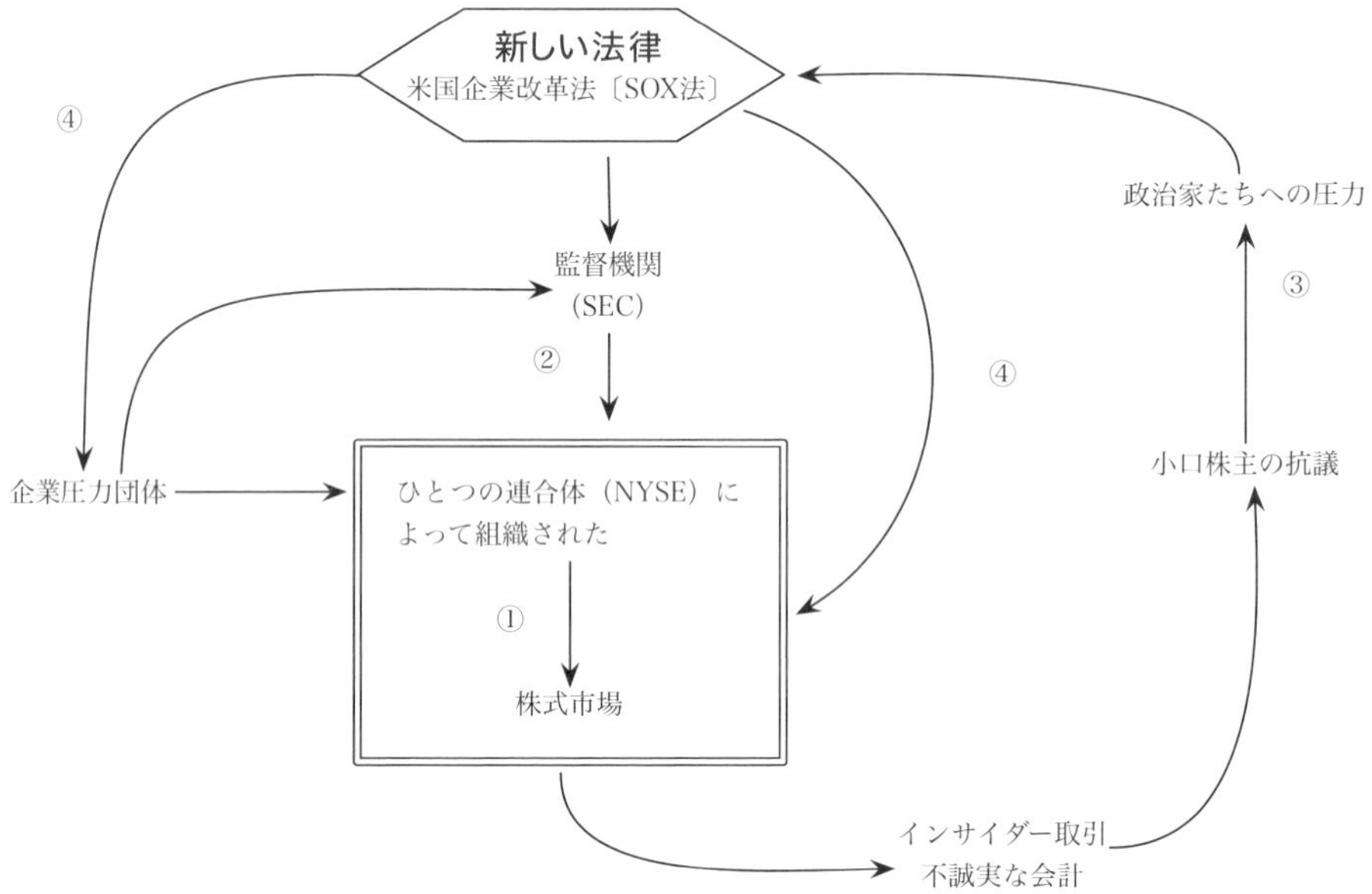

図7　市場は制度的配置全体のなかに組み込まれている——ニューヨーク株式市場のケース

7　金融の逆説と危険性

外観は人を欺く。一見したところ金融市場は、市場経済を象徴する図像ではなかろうか。公衆のこうした素朴な見方が、政府の規制緩和戦略と結びつくとき、金融脆弱性が高まったり危機が繰り返されたりするのは、驚くべきことでない。それは、約束が取引される市場の特性である。この市場においては、資産の質は根本的に不確実で、事後的にしか明らかにならない。

典型的市場のモデルからのさらなる逸脱は、対応する資産の市場流動性が組織化されているまさにそのことによって、諸評価が本来的に模倣にもとづいており、ファンダメンタル価値には決して収斂しないという事実に起因するものである。結果として、市場が流動的であればあるほど、ファンダメンタル価値から、あるいはケインズの用語を借りれば企業価値から、相場を持続的に引き離すバブルの出現可能性がいっそう高まる。

根本的に不確実な状況においては、別の逆説が存在する。それは、アクターたちが自らの評価に次第に信頼を置かなくなり、政府が市場に追随する傾向にあるという逆説である。というのも、政府は、市場が経済再編成のための適切な情報を伝えており、そうした情報は国家が入手しえないものであると考えるからである。実際は反対なのであり、そのような時期には、どう見ても金融市場はそのあらゆる限界を露呈しているのである。例えば二〇〇八年九月から二〇〇九年夏までの株式相場の不安定な推移が示しているのは、そうした出来事が起きたときには情報の喪失が生じていたという現実である。

リスクヘッジの市場が開設されるとき、直観的には、それに対応して出現する諸々の手段が金融脆弱性のリスクを低減させるだろうと考えられる。ところが、ヘッジ〔の範囲〕の拡張とリスクテイク増大とが互いに強めあいながら追求されていくとき、対応する金融イノベーションに関連して新たな形態の危機が頻繁に発生するようになる。これにより、アメリカ住宅ローン市場に発する危機の最も重要な特徴の一つが見いだされるだろう。

最後に、金融市場はひとりでに維持されるわけではない。それは正確には、これまで述べてきた諸メカニズムの全体に拠っている。その結果として、金融市場は規則、制度、規範《ノルム》のネットワークに組み込まれており、それらなしでは崩れ去ってしまうのである。金融システムのボーダレス化や規制緩和が、二〇〇八年秋、どのようにしてアメリカの金融システムを、そして広くグローバルな金融システムをほとんど機能停止に追いこんだか、その様子をあらためて心に浮かべてほしい。

第3章　金融脆弱性と経済危機——大経済学者への回帰

「株式市場がカジノの様相を呈するようになると、効率的な資本配分はまずありえなくなる。」

（ジョン・メイナード・ケインズ、一九三六年）

金融市場や金融評価に内在する脆弱性が明らかにされたので、次は、金融がいわゆる「実物」経済にいかに反作用するかということを理解しなければならない。ところが、金融プロパーを対象とする研究領域が専門化したことによって、金融とマクロ経済との関係についてこれまで経済学者が行ってきた分析とのかなり根源的な断絶が生じてしまった。

・職業柄、デリバティブ商品の設計者は、ごく特殊な金融商品の特性に注意を向けているが、自分たちの計算を正当化するマクロ経済的条件、ならびに、それらのデリバティブ商品が金融の安定性やマクロ経済の推移に与える影響といった問題を考慮することはほとんどない。

・同様に、実物的景気循環理論が勝利してからというもの、標準的マクロ経済モデルは、金融部門の機能を考慮に入れなくなってしまった。それゆえ、こうした標準的モデルはその構造によって、二〇〇八年九月に勃発した金融危機を予測することができなかったのであり、それを乗り越える方法を提示することもなおいっそうできなかった。

というわけで、ほとんどの経済分析家たちが思考停止に陥ったことが理解される。かれらにとって、アメリカの不動産市場の反転以降つづいた多くの出来事や、さらにまたリーマンブラザーズの破綻は、まったく不可解な半ば自然的な惨事として現れた。サブプライム危機が重大であることにより、金融諸理論のニューディールが（第1章参照）、さらにまたパングロス的マクロ経済学〔パングロスはヴォルテール『カンディード』に出てくる過度の楽観主義者で、自分は最善の可能世界に住んでいると考えている〕――これによって誰もが、金融に完全な自由が付与された最善の世界ではすべてがうまくいく、と最終的に信じてしまった――のニューディールが促されている。しかし、新しい適切な金融マクロ経済学を作り上げるためには、経済学説や経済理論の歴史における大いなる伝統のいくつかを再訪する必要がある。本章の目的は、こうした伝統に立ち戻ることにある。すなわち、資本主義において危機は内生的であり動態プロセスの帰結として生じるのであって、外生的でまったく予想外の出来事によって経済的均衡が攪乱されることから例外的に生じるのでは決してない、と考えるような伝統に立ち戻ることである。

1　貨幣あっての市場だが、その貨幣ゆえに危機が起こる

一般均衡モデルにおいては、諸取引の総体について一つの均衡が存在することによって、危機の可能性ははじめから退けられる。しかし、このモデルでは商品交換の過程が表象されることはなく、事実上そこで想定されているのは集権的計画である。この想定のもとでは商品は商品と交換される。貨幣はたんなる計算単位であり固有の価値をもたないから、貨幣のストックは交換が実現すると消失する。つまり、物々交換を基本的経済関係とするという作り話を

経済全体のレベルにまで拡張することによって、危機の可能性は退けられる。

実際のところ、現代の理論は、基本的に分権的な交換に必要な媒介としての貨幣の存在と受領可能性のうえに市場が成り立っていることを説得的に示している。貨幣が組み入れられることは、経済に対して二つの効果を及ぼす。一方で、取引費用の減少により交換が促進され、その交換が今度は分業や専門化を可能にする。アダム・スミス以降、多くの人々が一致して、この点にこそ成長の源泉があるのだと考えてきた。しかし他方において、貨幣によって購買行為と販売行為が分離することで、需要と供給の自動的な一致は不確実なものとなる。生産者はあらかじめ、自らに向けられるであろう需要を予想しなければならず、そして、経済が定常的でないがゆえにその予想は当たらないかもしれない。このように、いわゆる外生的なショック（不作や戦争）を原因として危機が生じていた昔の経済体制とは対照的に、商品経済に固有な特徴たる経済危機〔恐慌〕が起こる可能性が開かれるのである。

2 マルクス——危機の理論家にして、擬制資本・本源的蓄積・グローバリゼーションの分析家

かつてマルクスが『資本論』（一八六七年）で示したように、いったん貨幣が存在するようになると、商品交換の動機が一変するようになる。仮に最初のうち貨幣が使用価値の交換によって厚生の改善を促進するとしても、貨幣はまた、交換価値を目的とした生産という、まったく別の論理を出現させうる。

貨幣的かつ資本主義的な経済に固有の危機

こうして、仲介者としての商人にあっても、のちの資本主義的企業家にあっても、貨幣形態で蓄積することが目的となる。かれらにとって交換や生産は、自らの資本の価値増殖における中間段階でしかないのである。商品供給の反応に

は柔軟性があるが、その代償として、需要との関係が切断される可能性は大きくなる。したがって、商業恐慌さらには産業恐慌が生じるのであり、それは経済システムに内生的な性質として現れるのであって、外部からの一見外生的な攪乱として現れるのではない。経済の歴史を振り返ると、旧式調整《レギュラシオン》〔十八世紀〕における欠乏による危機は、産業資本主義の第一段階〔十九世紀〕における競争的調整《レギュラシオン》による過剰生産恐慌へと引き継がれていったことが確認される。

危機に至る典型的連鎖は不変である――サブプライム危機も然り

マルクスは――レギュラシオン研究による分類で言えば――競争的調整《レギュラシオン》における金融危機という枠組みのうちに位置するにもかかわらず、投機が反転した後に生じる一連の諸事象について鮮烈な叙述を残している。

「再生産過程の全関連が信用を基礎としているような生産体制のなかでは、急に信用が停止されて現金払しか通用しなくなれば、明らかに、恐慌が、つまり支払手段を求めての殺到が、起こらざるをえない。だから、一見したところでは、全恐慌がただ信用恐慌および貨幣恐慌としてのみ現われるのである。そして、じっさい、問題はただ手形の貨幣への転換の可能性だけなのである。しかし、これらの手形の多くは現実の売買を表わしているのであって、この売買が社会的な必要をはるかに越えて膨張することが結局は全恐慌の基礎になっているのである。しかしまた、それと並んで、これらの手形の大きな量がただの思惑取引を表わしていて、それが今では明るみに出てきて破裂する。これらの手形は、さらに、他人の資本でやってみたが失敗に終った思惑を表わしており、また最後に、減価したり全然売れなくなった商品資本や、もはやはいってくるはずのない還流を表わしている。そこで、ある銀行、たとえばイングランド銀行が、その紙券ですべての山師に不足な資本を供給し、減価した商品をすべて元どおりの名目価値で買い取るということによって、再生産過程の強行的な拡張の人為的体制の全体を救うというようなことは、もちろんできない。とにかく、ここではすべてがゆがんで現われるのである。なぜならば、この紙の世界ではどこにも実在の価格やその実在の諸契機は現われないのであって、ただ、地金や硬貨や銀行券や手形や有価証券が現われるだけだからである。ことに、国内の貨幣取引の全部が集中する中心地、たとえばロンドンでは、このような転倒が現われる。」（マルクス『資本論』第三部第五篇第三〇章〔大内兵衛・細川嘉六監訳、岡崎次郎訳『マルクス・エンゲルス全集』第二五巻第二分冊、大月書店、六二七ページ。訳文は邦訳書による、以下同じ〕）

手形をデリバティブ商品や証券に置き換えるならば、競争的資本主義と金融市場支配型資本主義との間には大きな相違があるにもかかわらず、金融危機の輪郭は驚くほど変わりがないことが浮かび上がってくる。第一に、われわれは二〇〇八年から二〇〇九年にかけての秋冬を特徴づけた流動性獲得のための競争について知っている。もっとも今回は、重要なのはもはや〔マルクスの時代のように〕貨幣へのアクセスではなく、中央銀行の流動性へのアクセスであったが。第二に、過去に形成された評価が擬制的性質のものだったことが明確となったが、このことはデリバティブ商品のトレーダーや設計者にとって大きな驚きとなっている。マルクスの時代と同じように、投機の破裂によって多くの悪徳商売が明るみに出たが、それらは危機の原因ではなく、危機突入の兆候でしかなかった。すなわち、マドフ・ファンド〔本書第1章1参照〕の崩壊は、決して特異なものではなく、金融危機の過程そのものの一部をなすものである。右の引用文の最後の部分はまた、現在のアメリカ財務省の事務官たちにとって耳の痛いものである。かれらは、毒入り商品を——名目価格と比べて大きく値を下げずに——一気に買い上げるだけで危機から脱出できる、という幻想をかなりの長期にわたっていだいてきた。第三に、マルクスのもう一つの直観——すなわち、一つあるいはいくつかの特定の場所に金融が集中する傾向——が意味をなすためには、ロンドンをニューヨークに置き換えればよい。正統派の経済学者たちにとってマルクスは経済を見誤った者であるとしても、金融危機に関するマルクスの分析は、かれらの分析よりもはるかに優れていると言わざるをえない。市場金融の精鋭とともに聡明であるよりも、マルクスとともに愚鈍であるほうがよいのではなかろうか。

信用が危機を促進し、危機が組織諸形態の変容を活発にする

例えば、『資本論』第三巻において、次のような分析を目にすることができる。

「信用制度が過剰生産や商業での過度な投機の主要な槓杆《こうかん》として現われるとすれば、それは、ただ、その性質上弾力的な再生産過程がここでは極限まで強行されるからである。そして、これが強行されるのは、社会的資本の大きな部分がその所有者ではない人々によって充用されるからである。すなわち、これらの人々は、所有者自身が機能するかぎり自分の私的資本の限界を小心に考えながらやるのとはまったく違ったやり方で仕事に熱中するからである。こうして、ただ次のことが明らかになるだけである。すなわち、資本主義的生産の対立的な性格にもとづいて行なわれる資本の価値増殖は、現実の自由な発展をある点までしか許さず、したがって実際には生産の内在的な束縛と制限とをなしているのであって、この制限は絶えず信用制度によって破られるということである。それゆえ、信用制度は生産力の物質的発展と世界市場の形成とを促進するのであるが、これらのものを新たな生産形態の物質的基礎としてある程度の高さに達するまでつくり上げるということは、資本主義的生産様式の歴史的任務なのである。それと同時に、信用は、この矛盾の暴力的爆発、恐慌を促進し、したがってまた古い生産様式の解体の諸要素を促進するのである。」（同第五篇第二七章『マルクス・エンゲルス全集』第二五巻第一分冊、五六二〜五六三ページ）

次の引用文は、現在の危機に十分な照明を当ててくれる。

「信用制度に内在する二面的な性格、すなわち、一面では、資本主義的生産のばねである他人の労働の搾取による致富を最も純粋で最も巨大な賭博・詐欺制度にまで発展させて、社会的富を搾取する少数者の数をますます制限するという性格、しかし、他面では、新たな生産様式への過渡形態をなすという性格、――この二面性こそは、ローからイザーク・ペレールに至るまでの信用の主要な告知者に山師と預言者との愉快な雑種性格を与えるものである。」(同第五篇第二七章〔同前、五六三ページ〕)

実際、いまでは二〇〇〇年代初頭の構図に戻ることは不可能であると認められている。というのは危機によって、構造的不均衡が明らかにされたからである。つまり、この十年、そしておそらく次の十年にもっぱら争点となるのは、持続性ある国際秩序の再構築、政治・金融・経済の間の関係の再定義、各国――とりわけアメリカ――の新たな特化の模索にほかならないのである。マルクスの直観に見るように、大危機は資本主義の歴史における根本的に重要な出来事である。

3 ミンスキーから見たケインズ――信用サイクルの内生性とポンツィ金融の可能性

市場絶対主義パラダイムが崩壊し、二〇〇八年から二〇〇九年にかけて景気後退が深化するとともに、多くの分析家たちはケインズの遺産に関する自分たちの評価を再考せざるをえなくなった。こうして、『フィナンシャル・タイムズ』のいちばん著名なコラムニストの一人は、三重の理由からケインズへの回帰を見いだした(Wolf 2009a)。まず、金融市場は経済的繁栄に対して危険な不安定性を含んでいることが十分に明らかとなった。次に、公的介入は効率性に対する敵であるどころか、反対に効率性を促進する可能性がある。最後に、不況の状態にあって、しかも金融緩和のための方策をすべて出し尽くした後で、公共支出や減税といった政策が効率性に寄与するものと期待されている。しかし、これらの考え方のいくつかを超えていかねばならない。ケインズを基点として再構築することが重要なのは、金融や金融–経済関係についてのパラダイムであるからである。

金融市場に関する現実主義的理論の基礎

本書の第1章で強調したように、現代の金融は、過去の相場動向が資産やデリバティブ商品の値付けに必要とされる関連情報を含んでいるという前提のうえに成り立っている。逆説的なことだが、合理的期待革命に完全に支配された時代においては、金融業者たちはそのようにしてバックミラーのなかに未来を見ていた。ところで、ケインズは、未来を探ることが重要であるという考え、おそらく過去を参照することが有効であるという考え、しかしながら分析と数学化の手段は限定されているという考えを、経済理論のなかにおよそ初めてもち込んだ人物である。彼は次のように書いている。

「われわれはただ以下のことを再確認しようとしているだけである。すなわち、将来に影響を及ぼす人間の決意は、それが個人的な決意であれ、政治的・経済的な決意であれ、厳密な数学的期待値に依拠することはありえない。なぜならこのような計算を行うための根本原理は存在しないからである。もっといえば、車輪を回転させ続けるのは人間生得の活動衝動であって、われわれの理性的自己は選択肢間でできるだけうまく選択を行い、可能な場合、計算を行うが、しかしそれも、その動機をたずねてみると、気まぐれ、感情、あるいは偶然に行き当たるのがしばしばだということ、これである。」（ケインズ『雇用、利子および貨幣の一般理論』第一二章、一九三六年〔間宮陽介訳（上）、岩波文庫、二〇〇八年、二二五〜二二六ページ〕）

期待というものをもち出すことによって、彼は市場原理主義者の反論に対して一つの応答をする。つまり、期待が存在する場合、将来の経路についての関連情報を懸命に得ようとする諸行為主体は、自分たちの見方――金融における価格体系の媒介によって広められていくところの――を徐々に押し出すようなことはしないのではないか、と。

「期待収益を予測するにあたって依拠しなければならない知識の根拠が極度にあやふやなのは際立った事実である。数年先の投資収益を左右する要因についてわれわれがもっている知識はふつうはごくわずかであり、たいていの場合、それは無視できるほどのものである。鉄道、銅山、織物工場、特許薬品ののれん、大西洋航路の定期船、ロンドンのシティに建つビルディング――ありていに言えば、これらの一〇年後の収益を予測するための知識の基礎はごくわずかか、時によっては皆無であることを認めざるをえない。一〇年先はおろか、五年先ですら、そうなのである。実を言うと、このような予測を真剣に試みようとする人さえごく一握りであるのがしばしばであって、そのため、彼らの行動が市場を左右することはないのである。」（同書第一二章〔同訳二〇五〜二〇六ページ〕）

例として、あのウォーレン・バフェットの戦略について考えてみよう。彼は、長期的ポートフォリオのなかに、ファンダメンタル価値〔配当や利子などの将来収益の予想にもとづいた金融資産の評価〕が著しく過小評価されていると考えられる金融資産を組み入れる。それによって彼は、市場全体の価格動態に影響を与えることなしに、市場原理主義者だったら市場の不完全性と呼ぶであろうものをうまく利用して儲けることができるのである。そのためには、彼の視野と目的が、市場における他のアクターのそれと異なっていることが必要である。しかし、他のアクターたちはバフェットとは対照的に、かれらが売買する証券の背後にある経済的価値がどうであれ、証券価格の反転を期待して市場の流動性に賭けるのである。

「平均的な個人投資家には及びもつかない判断力と知識をもった熟達した職業投資家たちの競争は、無知な個人に見られる気まぐれをあるいは正すやに思われるかもしれない。ところが如何せん、玄人筋の投資家や投機家の精力と技能は主に他の事柄に使われているのが実情なのである。すなわち、彼らのたいていの者は、実際には、投資対象のその耐用期間全体にわたる期待収益に関して、すぐれた長期期待を形成することに意を用いるのではなく、たいていの場合は、評価の慣習的基礎の変化を、一般大衆にわずかばかり先んじて予測しようとするにすぎない。」(同書第一二章〔同訳一一三ページ〕)

ケインズの言葉によれば、まさに企業と投機との相互作用から、株式市場のダイナミクスが生み出されるのである。市場原理主義者たちの信条は、合理性によっていつも企業は投機よりも優勢になるということである。ケインズの分析は、それとは反対に「厚みがある流動的な金融市場」を追求していくと、投機が促進される、というものである。金融手段の洗練化――それにより投機の媒体《ベクトル》が増える――が進むにつれて、投機はますます活発になるということである(本書第2章、新たな先物市場やデリバティブ商品の創設の影響に充てられた節を参照)。

「投機という言葉を市場心理を予測する活動に、企業という言葉を資産の全耐用期間にわたる期待収益を予測する活動に当てていいとしたら、投機がいつも企業より優勢だというのは全く事実に反している。しかし、資本

市場の組織化が進むにつれて、投機が優勢となる危険性が高まっている。」（同書第一二章〔同訳二一九ページ〕）

金融の社会学の大きなテーマの一つを先取りして、ケインズは、所与の経済において企業が優越したり投機が優越したりすることの社会的性質を強調する。振り返ってみれば、彼はシティと対照しながらウォール街について特徴づけているが、その特徴づけが正確であることに驚かされる。今日なお、彼の特徴づけは、デリバティブ商品の危機が国際間で顕著に異なっていることに照明を当て、また、原理主義者たちの議論への皮肉をこめた異議申し立てに通じている。原理主義者たちによれば、資本配分の効率性が阻害されないように、金融市場の自律性を絶対に妨げてはならないのである。インターネット株とこれにつづく不動産市場という二度の危機の経過において、ポートフォリオの名目面での損失、ならびに、資本や労働の配分で見た実質面での損失が起きたことは、この問題が決して末梢的なものではないことを示唆している。

「アメリカ人は、多くのイギリス人がいまでもそうしているように「所得のため」に投資するということはめったにないという話である。アメリカ人は、資本価値が上昇するという期待がなければ、容易に投資物件を購入しようとはしないだろう。これは単に、アメリカ人は投資物件を購入するさい、その期待収益よりはむしろ慣習的評価の基礎が都合よく変化してくれることに期待をかける、すなわち彼は上述した意味での投機家だということを言い換えたにすぎない。投機家は企業活動の堅実な流れに浮かぶ泡沫としてならばあるいは無害かもしれない。しかし企業活動が投機の渦巻きに翻弄される泡沫になってしまうと、事は重大な局面を迎える。一国の資本の発展が賭博場《カジノ》での賭け事の副産物となってしまったら、何もかも始末に負えなくなってしまうだろう。ウォール街の勝ち得た大きな成功は、それが本来、新投資を期待収益の点で最も有利な水路に引き入れることを社会的目的とする制度であったことにかんがみるならば、自由放任資本主義の傑出した勝利の一つだと胸を張るわけにもいかない。ウォール街の最良の頭脳は実際には異なった目的に向けられてきたという私の考えが正しいなら、このことを奇異に思う人はいないだろう。」（同書第一二章〔同訳二一九～二二〇ページ〕）

ひとたび大危機が勃発したとき、どのようにすれば乗り越えられるだろうか。アメリカおよび国際当局の困惑は、非定型的な文脈における経済政策運営の困難を示している。この点においてもまた、ケインズは、中央銀行の政策金利をほぼゼロに引き下げる金融政策が弱い影響力しか発揮しないことについて、ありうる一つの解釈を示している。実際、将来に対する悲観的見解が強い場合、投資のうち一定部分の長期収益評価を公共体が引き受けることによってのみ、パニック・不安・待機主義によって麻痺した経済システムに首尾一貫性や持続性を取り戻すことができるであろう。

「私についていえば、いまの私はいささか懐疑的で、利子率に影響を及ぼすことを目的とした金融政策がただそれだけで成功を収めうるとは考えていない。これからは、長期的視野に立ち社会の一般的利益を基礎にして資本財の限界効率を計算できる国家こそが、投資を直接組織化するのに、ますます大きな責任を負う、と私は見ている。というのも、各種各様の資本の限界効率を市場の評価――先に述べた原理にもとづいて計算される――に委ねた場合、その変動はあまりにも大きく、そのため、利子率を多少変化させたくらいでは限界効率の変動を相殺することはできそうにもないからである。」（同書第一二章〔同訳二二七～二二八ページ〕）

市場絶対主義を減刑《ア・ミニマ》する方向で再評価するか、それともケインズ理論を刷新するか。以上のいくつかの引用文は、二つの戦略のうちの前者が陥った窮地について読者を説得するに十分なはずなのだが、前者の戦略はアメリカや国際機関における諸論議においていまだによく登場する。いわく、「規制はイノベーションを窒息させ、資本主義を死に至らしめる!」、と。

なぜケインズの貨幣的・金融的マクロ経済学を捨てたのか

著者ケインズの知的発展の道筋においても、彼の同時代人の諸研究との関係においても、『一般理論』が示している断絶を過小評価することはできなかろう。実際、『貨幣論』(一九三〇年)では、ケインズはまだ古典派的概念〔ケインズのいう「古典派」は今でいう新古典派のこと〕にとらわれていた。すなわち、まず実物経済モデルによって相対価格体系が与えられ、次に、経済循環を生み出すような均衡からの偏倚を説明するために、そこに貨幣の役割が付け加えられていた。これに対して『一般理論』の出発点は、貨幣の優位性であり、また貨幣の金融――それゆえ投資・有効需要・雇用――への影響がもつ優位性であった。したがって、ケインズによる生産の貨幣的経済学は、ワルラス的交換モデルにおける貨幣の事後的導入に対する根源的《ラディカル》なオルタナティブである。

商品経済の基礎としての貨幣という考えはまた、供給はそれ自らの需要を作り出すと素朴な形で定式化されるセー法則から、構造的に乖離していくことの出発点をなしている。事実、貨幣は例えば、過去の販売収入の蓄蔵を可能にするし、さらには他の生産物や生産者へと需要を方向づけることも可能にする。というようにして、不確実性は貨幣経済の核心をなす。したがって、諸企業が自らの生産や投資を決定するのは、まさに将来に向けて自己を投企しながらのことである。すなわち、企業は自らに振り向けられるであろう需要を予測しなければならない。有効需要の原理とはそういうことなのである。そのために、すべての経済アクターは将来に対する見方を練り上げなければならないが、以前の節で示したように、定常的世界という新古典派のフィクション――そこにおける諸個人は、若干の偶然は別として、自分たちの相互作用を規定しているメカニズムを最終的には完全に知ることになる——から遠ざかるにつれ、かれらはそれ〔将来に対する見方〕を獲得しえなくなる。

成熟した資本主義経済においては、金融システムは、異質な諸期待が突き合わされる反響室として存在しているのであり、その突き合わせの結果として、行為主体に押し付けられる価格や表象が決まり、それらにもとづいて生産、投資、消費、貯蓄の選択がなされていく〔反響効果については第7章5参照〕。ケインズは、慣習《コンベンション》〔慣行〕という概念を提出し、当時の金融市場を観察しながら、この概念に特別の意味内容を与えている。

「現実には、ふつうわれわれは意識せずとも、その実誰しも慣習を頼んで事に処している。この慣習の本質は——といってももちろん物事はそう単純には行かないが——現在の事態は変化を期待することさらの理由がないかぎり、これから先どこまでも、このまま続いていくと想定するところにある。このことは、現在の事態がいつまでも続くとわれわれが本当に信じているということではない。そのようなことが起こり得べくもないことは、誰もが宏大な経験から知っている。」〔同書第一二章〔同訳二〇九ページ〕〕

このように慣習〔慣行〕を定義づけることによって、ケインズは非自発的失業の持続性を説明できている。すなわち慣習は、経済の将来展望に関する好ましくない見方から帰結するものでありながら、そうした悲観主義が例えば株式市場の評価に織り込まれるという事実によって、事後的に妥当化される。こうして、金融機構は、失業の説明をするのに必要な構成要素の一つとなっている。このことは古典派的伝統——以前のケインズの研究もその内にあった——に対する相当な理論的革新である。そこから直接的に、貨幣や金融は中立的ではないと結論づけることができる。というのも、それらの管理の仕方によって、経済活動は決定づけられているからである。

したがって、大危機に際しては、国家の役割はたんに利子率〔金利〕や公共支出に働きかけることだけにはとどまらない。私的行為主体の行動を一点に集中させうるような戦略を明示しつつ、信用の回復に努めること、これもまた国家の役割なのである。私的諸主体は自由のままに委ねられているとき、自らの意思決定を妨げている根本的な不確実性をあえて克服しようとしないからである。こうした考えと、市場競争を自由に働かせることに国家の役割を限定するのが好ましいとする新古典派的市場絶対主義との間には、隔たりがある。

『一般理論』は、サブプライム危機を繰り返させないようにする改革について、もう一つの直観を提供している。金融市場の透明性や流動性を最善の仕方で組織化することという、よくある提案は単純でもあり有害でもある。ケインズは、投機バブルの繰返しや悪化を回避したいのであれば、金融市場の利用コストをむしろ高める必要があるだろうと考えていた。

「以上の傾向はわれわれが「流動的な」資本市場の組織化に成功したことのほとんど不可避の結果である。賭博場は公共の利益のためには近づきにくく、高価につくのがいい、とふつうは認められている。おそらく同じことが証券取引所についても言えるだろう。……合衆国における投機の企業活動に対する優勢を緩和しようとするなら、政府がすべての取引に対して相当額の移転税を導入するのがさしあたり考えられる最善の策ということになるかもしれない。」(同書第一二章〔同訳二一〇~二一一ページ〕)

これは、投機の抑制を目的にしたトービン税の提案——もっと軽いものだが——の起源ではないだろうか。現代の著名なエコノミストのいったい誰が、こうした大胆な——しかもきわめて論理的な——提言をするであろうか。おそらく、ラリー・サマーズ〔アメリカの元財務長官〕にはできないであろう！

金融資本主義における信用・景気循環・不況——ハイマン・ミンスキーへの遅ればせの称賛

この理論〔ケインズ『一般理論』〕はしかしながら、忠実なケインジアンがそう信じえたほどには一般的ではなかった。ジョン・メイナード・ケインズは、ピグー流の古典派理論に完全に打ち勝つためにきわめて多くの手がかりを残し、あらゆる手段を用いた。概念上の革新は見事であるが、再構築の作業は不完全にとどまっている。というのはその再構築作業は、一九二九〜三二年アメリカの劇的な不況ではなく、多分に、長期失業と準不況のイギリス経済という、きわめて特殊な文脈にもとづいてなされているからである。おまけに、自らが古典的モデルの継承者であることをよりよく示すために、ケインズは不完全雇用均衡の安定性に問題を限定することを受け入れている。

ケインズの先駆的成果を継承し現代化したのは、ハイマン・ミンスキー（Minsky 1975, 1982a）の大いなる功績である。彼は『一般理論』について、経済に次のような特徴づけをしたものとして再解釈する。すなわち経済のなかでは、大きな経済・金融グループが可能なかぎり高い金融的収益率を得るために、自らの信用アクセスを活用しようとしているのだ、と。キャッシュフローの形成、信用の獲得、そして信用の返済、——これらのダイナミックな動きが短期的な定常的均衡という参照基準から乖離することによって、金融資本主義におけるマクロ経済的推移の様相がはっきりしてくる。加えて、ハイマン・ミンスキーの研究において明示的な参照基準とされているのは、主としてアメリカ経済であり、それはイギリス経済とは著しく異なる特徴をもつ。それゆえ次の問いが重要になってくる。どのような状況のとき、〔理論上の〕対応する景気循環は大不況に相当するものをもたらしうるのだろうか。二〇〇七年から始まったアメリカの危機に直面して、この問いが現実的に重要なものとなったことをわれわれは容易に見てとることができる。

好況の始まりにおいて、企業は慎重な借入行動をする。というのも企業は、元本および利子の返済を可能とする利潤期待をいだくかぎりでのみ信用を需要するからである〔ヘッジ金融の局面〕。しかしながら、成長の力強さが明確になるにつれて、企業は自信をもつようになり、より高い債務比率を受け入れるようになる。その結果ついには、企業は文字どおり投機家となってしまい、こうなると借金の安易な借換えを当てにし、利子費用さえ支払っていればよいと考えるようになる。ある場合には、企業は、たとえ融資の返済手段がないとしても、値上がり益があるので問題なくねずみ講戦略あるいはまたピラミッド戦略——ポンツィの名のもとに後世に伝わっているところの——を続けることができると考えて、さらに多くのリスクをとることもある（図8）。

第二局面〔投機的金融の局面〕以降、期間内に引き出される正味のキャッシュフローではもはや利子の支払いができないという可能性が出てくる。つまり、企業が投資をやめ、銀行が安易な貸出態度を見直すのであるから、そして金融資産や生産的資産の投売りによって流動性を求める動きが始まりうるのであるから、景気は必然的に逆転する（アーヴィング・フィッシャーが先駆的に示したメカニズム、後述参照）。この説明を見ると、インターネットバブルの崩壊を思い起こさずにはいられない。ニューエコノミーの企業の大部分が自らに委ねられている資本をすべて破壊した結果、経済は急激に反転した。

好景気がポンツィ金融の局面〔第三局面〕まで続くとき、そこから生ずる危機がさらに深刻になることは容易に理解できる。投機の対象となった財および資産の価格の上昇が減速し、さらには逆転するようになると、景気反転がやってくる。アメリカの不動産市場で二〇〇七年以降に生じたのはこのことであり、二〇〇八年九月以降、部門から部門へ、資産から資産へと反転が広まった。そのようななかで、リーマンブラザーズという老舗企業の破綻を理解することに関心が向けられているが、それと同時にまた、大いに尊敬されている経営者たちが実は長らくポンツィ戦略を実践してきたという事実にかかわる金融スキャンダルを発見することにも関心が向けられている。マドフ・ファンドは、競合他社と比較して高く安定的な収益をもたらすという全体的な満足のために、新規出資者からの収入でその基金の

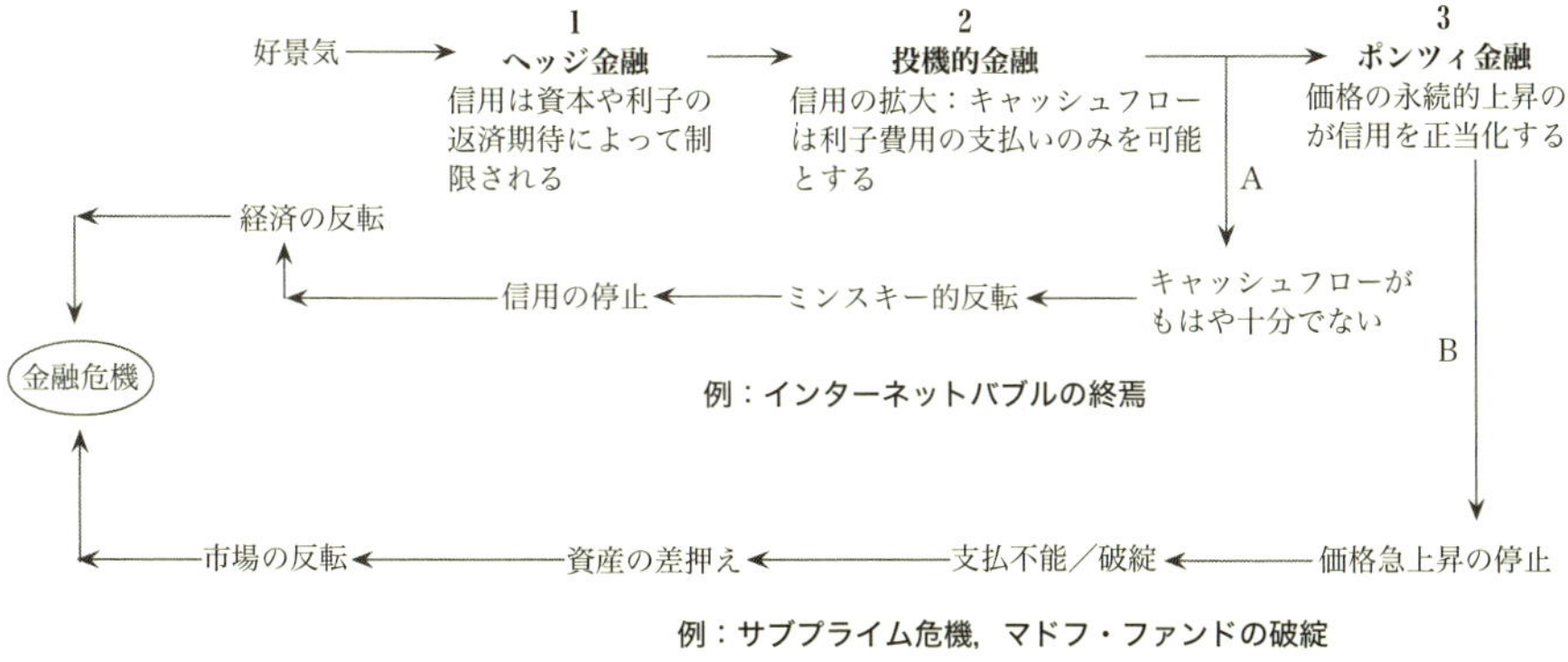

図8 「ミンスキー・モーメント」としての現代の金融危機

流出分を支払ってきたではないか。

この時期においては、「投機によって富裕になる」という金融慣行が規範になっていたので、金融機関は――有名で歴史をもつ金融機関であっても――、この慣行を信頼して、現代版ポンツィにかなりの資金を託すようになっている。このように、標準的理論が、常軌の逸脱《アベラシオン》、非合理性、自らの評判保持のための思慮の欠如として分析しているものは、投機的熱狂の時代に典型的な現象なのである。これらが歴史において繰り返されるということが、その何よりの証拠である。賄賂や公金横領は、したがって危機の原因ではなく、むしろ富裕化の論理が極端まで推し進められたことの帰結である。

ここに、景気循環が金融システム全体の安定性の喪失をもたらす可能性が開かれる。これは、こうした行動が経済活動のほぼ全体に広まり、またデリバティブ商品の複雑性が増すことによって、金融アクターであろうとなかろうと、全アクター間で前例のない相互依存が作り出されたからである。注目されるのは、バブル期の所得の爆発的増加によって、国家の側もキャピタルゲイン・ボーナス・大企業利潤・不動産売却に関連する税収を捕捉できたことである。学校、慈善基金、大学は、ヘッジファンドやいちばんリスクが高い商品に、自らの貯蓄を投資した。社会保障というもののないアメリカ市民は入院費をまかなうためにクレジットに頼っており、中流階層の家族は子どもたちの大学教育費をクレジットで支払っている。……忘れてならないのは、誰もが各種クレジットカードを巧みに操る技にたけた専門家と見なされるようになったということである。

このように投機は、いちばん貧しい者さえも参加する国民的スポーツとなってしまった。アメリカの景気反転の激しさは、アメリカの社会や政治において金融が全権を獲得したことによって説明される。ハイマン・ミンスキーは一九九六年に亡くなったので、危機に関する分析が彼自身の手からわれわれに提供されないのは残念なことである。……しかし、こうした危機に関する診断を下すための手助けとして、彼の著作は現に存在する。金融界でさえ結局はミンスキーの長所を発見するに至ったのだが、これまではごくわずかのポスト・ケインジアンやネオ・ケインジアンのみが、二〇〇八年に生じた危機に先立つ数十年にわたる研究において、彼の長所に言及しつづけていたにすぎない。

4　ヴィクセルからフォン・ノイマンへ——中央銀行の利子率政策の責任

現代の新しい古典派理論は二重の仮説のうえに成り立っている。第一に、合理的期待仮説により、貨幣供給は経済活動水準に一時的な影響しか与えないものとされている。というのも、その基礎をなすワルラス型モデルにおいては、貨幣は長期的に中立的であるからである。第二に、期待の合理性というこの同じ仮説は、私的主体に対して、公共支出や課税に関して公権力が決定することを完全に無効化する力を与える。ブッシュやその後のオバマのプランが減税をし公共投資プログラムを拡大するものであるとしても、それにともなう赤字は、民間経済——自らの消費を異時点間で均等化することをめざしている——によって完全に予見される。結果として、景気下支え政策は無意味かつ無効である。というわけで、この理論によって、中央銀行もアメリカ財務省も、現在の危機の全責任を免れることになる。

このように、あらゆる公共政策は基本的に無効であると仮定する、いわゆる「リカード等価」〔財政支出を課税で賄おうと国債で賄おうと国民の厚生に変化はないという命題で、近年、合理的期待学派によって再定式化された〕の理論が示される。

この二重の仮説は間違っており、経済政策が推移していくメカニズムについて直観を得るために、いくつかの基本的論文に立ち戻る必要がある。信用の増加と金融資産・不動産資産のインフレが激化しているのに、中央銀行は名目および実質の金利をきわめて低く維持してきたわけだから、明らかにその中央銀行の責任は重い。金融政策は成長経路にどう作用するかを理解する手助けとして、二つの理論が役立ちうるだろう。

ヴィクセル――好景気の運動状態としての利子率と資本収益率とのギャップ

第一は、十九世紀末にクヌート・ヴィクセルによって提示された理論である。彼の説明は、すでに貨幣数量説――それによれば、貨幣供給は物価水準にしか影響を及ぼさない――に対するオルタナティブを提出していた。実際のところ、経済の動態は二つの過程の相互作用の帰結であり、一つは信用創造、もう一つは生産資本の形成である。所与の時点においてそれぞれの収益が異なっていることによって、累積的運動が始まる。すなわち、貨幣利子率が実質資本収益率よりも低い場合にはインフレーションをともなう成長が、反対の場合には収縮およびデフレーションが生じる。ヴィクセルによって特別に重視されたメカニズムは、したがって資本形成のメカニズムであり、こうした動態を起動させるのはまさに信用貨幣の存在そのものなのである。彼は『利子と物価』(一八九八年)〔第八章冒頭〕で以下のようにきわめて簡潔に表現している。

「物価に対してまったく中立的な態度をとり、それを吊り上げまたは引き下げる傾向を持たないところの貸付利率というものは、実際人々がまったくなんの貨幣取引も利用することなく、実物資本が実物のまま貸し付けられる場合に、需要と供給とによって決定されるはずの利子率――またはおそらく同じことになるであろうが、自然的資本利子のその時どきの高さ――以外のなにものでもありえない。」〔北野熊喜男・服部新一訳『〈近代経済学古典選集7〉ウィクセル 利子と物価』日本経済評論社、一九八四年、一二五ページ〕

さて、二つの利子率が持続的に一致する理由はない。貸付けに適用される利子率〔金利〕は、銀行の行動しだいであり、その銀行自体は、中央銀行や金融システムの規制機関の指導に服している。例えば金融政策の影響のもと、この利子率〔金利〕は裁量的に変更されるかもしれない。他方、資本の自然利子率は、諸企業による無数の意思決定や諸企業の資本利用の効率性に応じて、はるかに緩慢に変化する。ヴィクセルによれば、この動態は信用の変化と資本財価格形成との相互作用から生じる。貸付利子率〔金利〕が低ければ、資本形成が促進される。このメカニズムが一連の期間にわたって展開する結果として、ついには二つの利子率の再均衡化という現象が生ずる。

いまの時代を理解するためには、これに金融資産市場を加えれば十分である。それによって、金融バブルの繰返しについて示唆に富む説明が得られる。アメリカの中央銀行によってきわめて低く維持された金利は、まずは新技術部門の、続いて家計向け不動産部門の蓄積に有利に働いたが、さらにまた、それはきわめて大きなレバレッジ効果の持続に立脚した金融戦略の発達を可能にした。例えばヘッジファンドは、非常に高い債務比率を採用することによって、かつてないほどに自己資本利益率〔ROE〕を引き上げることに長けていた。いまの時代、金融資産のインフレが、財やサービスに関するインフレに広く取って代わっている。ヴィクセル・モデルのこうした拡張に従うと、住宅の過剰生産が表面化し、デリバティブ商品に対する投機が停止するときに、反転が生じる。統計データからは、とりわけアメリカ、そしてそれほどではなくともヨーロッパにおいて、こうした中央銀行の政策金利と経済成長率との持続的ギャップの存在が確認されている（**図9**）。

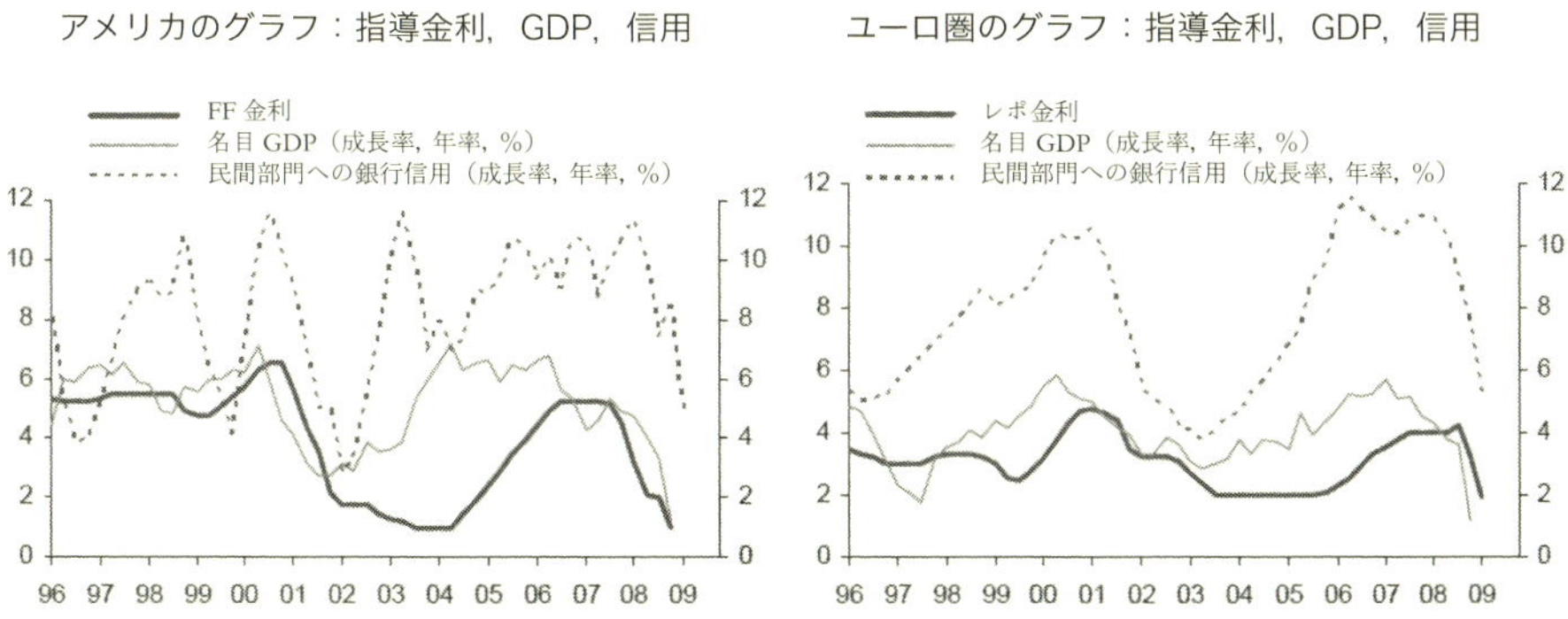

図 9　サブプライム金融危機の源泉としての低金利の持続

出所：Artus（2009d，p.9）

フォン・ノイマンの成長モデル――金融バブルは探知できる

ある意味で、フォン・ノイマンのほとんど真価が認められていない最適成長モデル（Von Neumann 1945）は、ヴィクセルが提起した資本の自然収益率に対して正確な意味づけを与えるものだといってよい。実際、財および生産過程が複数存在する経済にあってわれわれが見いだすのは、前期の産出が今期の生産の投入となっていくような経済の枠組みである。このとき、いくつかの技術的仮定を置くと、最大の均衡成長率が存在することが示されうる。すなわち、当該経済が生産的でありさえすれば、つまり生産過程で消費される投入物よりも生産される産出物のほうが多ければ、あらゆる生産過程が一定の率で成長することが示されうる。このモデルに見られるように、全剰余が生産的に再投資されるとき、利潤率は成長率に等しいのである。

・したがって、最初の教訓の一つは、技術革命はその生産効率に比例してしか利潤率を上昇させないということである。ところが情報通信技術は、一九六〇年代当時に普通であった五パーセントのＲＯＥ〔自己資本利益率〕を九ないし一二パーセントへと、

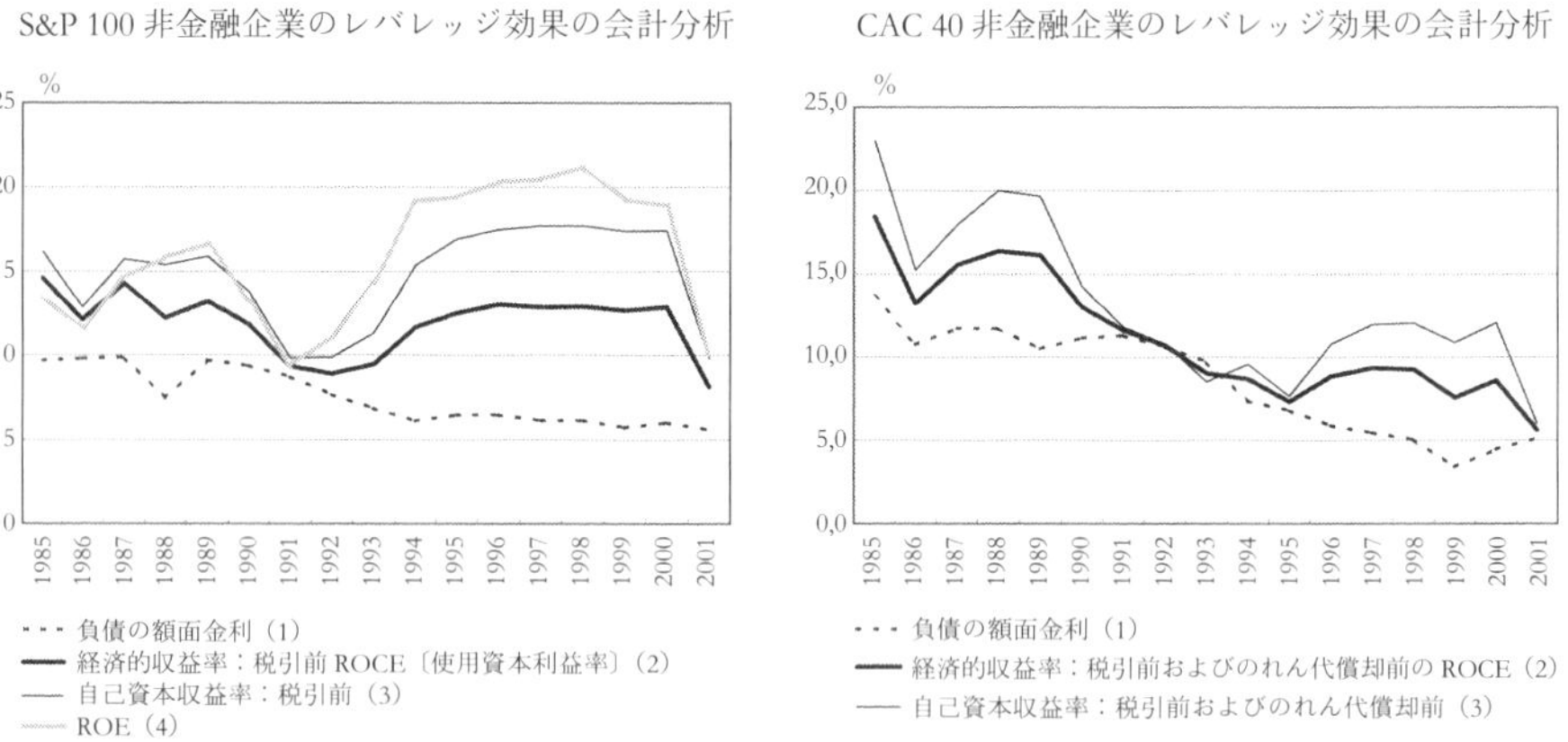

図 10　インターネットバブル当時，上場企業の業績拡大の基礎となったのは生産管理よりもむしろ財務管理であった

出所：Plihon（2002）

さらにそれ以上に上昇させるものと見なされていた。最終的にはほぼ一五〜一六パーセントの率のＲＯＥが要求されていたのである。このように、情報通信技術が自己資本利益率（Return on Equity あるいはＲＯＥ）の上昇に寄与するという点を疑うのはあまりに容易なことだった。

事実、株式市場に上場している大企業にとってＲＯＥ上昇の源泉は、短期金利の低さのうちに、また自己資本に対する負債比率の増大をとおしてますます大きくなるレバレッジ効果の追求のうちに、見いだされていた。つまりＲＯＥの上昇は、情報通信技術の衝撃のもと、資本の経済的収益率が大きく上昇したから起きたのではないのである。この現象は、金融化の選ばれし地たるアメリカにおいてきわめて顕著であるが、しかしフランスのような国においても見られるのである（**図10**）。

・均衡成長率を追求するプログラムが二重であるということは、あらゆる生産過程に均等な利潤率が二重に追求されること以外の何ものでもない。超単純化されたこのモデルにおいて、われわれはそれゆえ、貨幣・信用レジームによってもたらされた投機現象がない場合に支配的であったであろう競争的金利を計算することができる。それは利潤率とちょうど等しく、その利潤率自体は成長率に等しい。こうした結論の利点は、それによって持続可能性のないマクロ経済的推移を認知するための一個の判定基準が与えられるということである。

実質金利が収益率や成長率と比べてとても低く保たれている場合、それに対応する〔マクロ経済的〕構図は持続可能性をもたない。というのも、このときの構図は当初のモデルのうちでは生産的資本の過剰蓄積を、そして金融化の時代には金融資産の過剰蓄積を引き起こすであろうからである。こうした動きは当然ながら、資本の経済的収益性や投機熱がつまずくことによって、逆転することになるだろう。このようにして、アラン・グリーンスパンその人によって広められた見解に反して、われわれは、金融バブルを認知する道具をもっているのである。公的機関は、たとえ私的行為主体が意思決定を行う基礎についての完全な情報をもたなくても、不安定なマクロ経済的変化を認知することができる。例えば株式相場が事実上、まったく現実的でない無限先の時点の成長率を織り込んでいる場合など、マクロ経済面でも変化を認知することができる。すなわち、株式市場に新規上場されたいくつかのスタートアップ企業〔ベンチャー企業〕の相場は、その企業の売上げが無限先まで倍増していくという前提に立っていた（**Perkins and Perkins 1999**）。同様に、一九八〇年代の日本における不動産バブルもおそらく認知できたであろう。なぜなら、平均的サラリーマンが日本の大都市圏で住宅を手に入れるために、全生涯所得の何倍も必要であったのだから。必要な変更を加えれば、金融仲介者が住宅ローンを、取得した不動産の価格が持続的に上昇することによる以外支払う手段をもたない世帯に供与するとき、バブルが形成されつつあることはほとんど疑いえない。したがって、バブルを認知することはできないと明言している標準的経済学者など無視したらよいのであり、アメリカのバブル華やかなりし頃、このことはマイアミのタクシー運転手にでも簡単に知りえたことなのだ！

逆に、もし実質金利が成長率を大きく上回るならば、経済は資本形成を犠牲にして債務削減へと向かう。この現象は、信用過熱への対応としてのあらゆる金融引締政策の局面で見られるものである。こうした状況は、一九八〇年代において、フランスを含む多くのＯＥＣＤ諸国で広く見られた。アメリカおよびヨーロッパの中央銀行による急激な金利引下げにもかかわらず、生産が大きく落ち込んだことによって、インフレからデフレへの急変が生じ、……ついには、過剰債務をかかえた家計、銀行、企業が大量かつ継続的に債務を削減したことによって、成長への復帰が阻害されるに至った。

5　信用・イノベーション・長期サイクルの関係についての理論家シュンペーター
——インターネットバブルから不動産バブルへ——

第二の説明は〔第４節第２パラグラフの「二つの理論」に対応するものと思われる〕、ヨゼフ・シュンペーター（Schumpeter 1911）の後を継ぐものであり、この説明はチャールズ・キンドルバーガー（Kindleberger 1978, 1994）に至って、急進的《ラディカル》と見なされるイノベーションが大金融危機の可能性に対してもつ役割を主張することになる。

技術的・組織的イノベーションに必要な構成要素としての信用

資本主義が技術的ないし組織的なイノベーションを永続的に誘発するかぎり、そのなかから、市場や利潤に関して見通しがとりわけ有望なイノベーションが周期的に現れる。このことを信じて他の企業は、革新的企業に追随し、そして、より迅速に新生産技術を用いるため、および／あるいは、新製品の販売を行うために、資金を借り入れる。そうすることでかれらが引き起こす拡張局面は、金融投機によって増幅され、ついには過剰生産能力を生じさせるに至る。そこから収益〔利潤〕見通しの再評価、不良債権の出現、そして景気の反転が生じることになる。

このモデルは金融イノベーションにも当てはまる

現代の多くの金融危機の根源に存在するのは、そうした図式である。第一次石油危機後、メキシコに信用を供与した銀行の性急な行動は、大危機へと行きついた。アジアやラテンアメリカの経済において資本取引が開放され、国内金融が自由化されるとともに、多くの危機が引き起こされた。一九九七年のアジア危機、一九九八年のロシア危機、二〇〇一年のアルゼンチン危機がそれである。この図式はいわゆる先進諸国にも関係するのであり、そのことは、二〇〇〇年アメリカにおけるインターネットバブルの崩壊や二〇〇七年以降のアメリカ住宅ローン市場におけるデリバティブ商品の危機によって証し立てられている。こうして、生産的イノベーションと同様に金融的イノベーションも大危機に行きつくことがありえ、現代はそうした大危機に満ち満ちているのである。

金融市場では、参加者たちは、企業の決算、短期金利の動向、為替相場の推移、技術変化の展望、税制の動向などに関する最新データによって提供される情報の分析にもとづいて、将来収益を評価しようとする。そのメカニズムは、期待とか、また将来に投影されるような「前向き《フォワードルッキング》」な分析によって支配されている。しかしながら、金融市場における参加者は、回顧的で「後向き《バックワードルッキング》」な分析のみで満足することがある。それは例えば株式相場について株価チャート信奉者がやることであり、……あるいは、過去の価格時系列の分析からオプション価格を算定するすべての金融エンジニアが行っていることである。いくつかのモデルは以下のことを示している。すなわちまず、ある企業、ある部門、さらには経済全体の自己資本利益率を持続的に引き上げうるイノベーションのインパクトについて、その分析のためにいちばん良質な情報と装備をもっている主体がいる。この主体が行う分析によって上昇運動が始まるとき、チャート信奉者や追随者の行動はその上昇運動を強める。

すべての金融手段に固有な不確実性にかかわる問題は、新しい金融商品の登場とともに悪化していく。アクターたちは、何らかの見解をもたねばならないが、過去についての観察を欠いているので、信念に依拠せざるをえない。一つだけ例を挙げれば、自己資本利益率がほぼ二倍になることを正当化しうるような要素がほとんどないときでさえも、金融界はニューエコノミーを信じていた。そのうえ、金融手段の新奇性それ自体によって、以前の規則性が消滅するという前代未聞の時代が切り開かれたと考えられるに至った。ところが、技術的ならびに金融的なイノベーションの進行について、金融史は示唆に富む仮説を与えることができるのである。

しかしながら、アクターたちの視野は数年を超えることはなく、情報収集や分析の努力はもっぱら直近の変化に集中している。こうして、この市場のアクターたちは、遠い過去にあった同様の出来事について、研究しようとするインセンティブをほとんどもたない。事実、市場価格の形成をとおして、収益の前例なき水準および／あるいは安定性によって画される新時代が到来したのだという世論が広まっていった。投機熱の同じ連鎖が繰り返されていることを探り当てたことは、金融史の大きな功績である。そうした研究は今日では数多く存在する。すなわち、当初は孤立していたが（Kindleberger 1978）、一九八〇年代半ば以降、危機の頻度が高まったことにより、こうした研究が数多く現れた（Eichengreen 2003; Garber 2000）。新しい点は、ファイナンス理論家たち自身が、合理性仮説に関して（Shiller 2000）または市場の組織化に関して（Shleifer 2000）、多かれ少なかれ重要な修正を加えつつ、市場の非効率性を説明しようとするモデルを構築するために、投機熱の相次ぐ諸段階を参照している点である。

こうした観点は現代の状況を照射する。技術的イノベーションがラディカルであり、それが収益を永続的に引き上げるものと考えられたことは、今回がはじめてではない。同様の現象は一九二〇年代のアメリカで観察されていた。当時は科学的労働編成の進展ということが、今日の情報通信技術の影響による部門間境界や企業の再構築に相当するものであった。株式市場における流動性の飛躍的発展は、それ自身、合併買収〔M&A〕の波を引き起こしたが、それはある意味で、一九六〇年代のアメリカで観察されたことの複製である（表5）。

これらの出来事のすべてにおいて、同様の連鎖が見られることは注目すべきである。

1．はじめに、ある衝撃が生じる。それには、いわゆる技術的イノベーションに関係するもの（チューリップを生産する新しい方法……あるいは大量生産方式の発明）、新たな金融手段に関係するもの（海運会社の株式）、戦争の終結に関係するもの（南北戦争後の鉄道の飛躍的発達）、新サービスを求める顧客集団の出現に関係するもの（集合住宅の賃貸や購入によるフロリダでの休暇）、さらには新たな金融情勢によって開かれた可能性に関係するもの（株式市場への流動性の流入によって可能になる株式公開買付け〔TOB〕の増加）がある。

2．情報をもった経済主体は、イノベーションが約束する収益を現実のものとするために、選択的な戦略を採る。かれらは慎重な購入を行い、その際、自分たちによる技術的評価（どのようにこれらの新しいチューリップを栽培するべきか、フロリダにどのような建物を建築するべきか）を利用したり、自分たちだけが手にしうる特殊情報を利用したりすることで利益を得る。そのようなことは金融イノベーションとの関連においても、ごく普通にあることである。かれらの行動はまったく合理的であり、これだけでは投機熱は引き起こされない。

3．情報をもった経済主体の戦略は、いくつかの製品の価格上昇となって現れ、そこから波及して、その生産に関与する企業の金融資産の価格上昇となって現れる。まさにこうした価格シグナルに反応して次のような主体が参入してくる。すなわちその主体とは、イノベーションの性質をほとんど知らないかまったく知らないのに、価格高騰が一般化することを信ずる者たちである。人生でかつて一度も株を購入したこともなく、また株式市場の動きについてほとんど知らない個人が、その資産の大部分をこの金融手段に移転することになる。この第三段階においては、追随的主体や信用が投機の活発化において決定的な役割を演ずる。

4．少額預金者やより一般的には追随的主体に対してなされた約束について、権威者がその現実性を認証すればするほど、

表 5　有名なバブル――金融・信用の機能を開示するもの

イノベーション	情報をもった行為主体の反応	伝播メカニズム	当局による認知	大暴落	政策的反応／改革
オランダのチューリップ投機（1630–1636 年）					
ウイルスにより魅力あるチューリップの生産が可能となる；同国の繁栄	チューリップの選別方法の研究と市場での購入	チューリップ公証人の立会いによる契約の飛躍的増加, 取引の拡大	？	1637 年	？
南海泡沫事件（1710–1720 年）					
公債の切替えから引き出される利潤；対スペイン領貿易の独占への期待	切替え前の債券の購入，および交換入手した証券を譲渡することによる利潤	居酒屋のネットワークを通じた投機の拡大	政府の認可，王室権力の関与	1720 年	理事に対する制裁，会社形態の使用に対する制限
ミシシッピ・バブル（1717–1720 年）					
新世界との貿易の急発展；財政家としてのローの成功	フランス国債の切替えを通じて金を儲け権力を拡大しようとするローの計画	政府の支援，購入の盛上りを維持するためのロー銀行による大幅な信用拡大	オルレアン公の支持表明，ロー批判に対する制裁	1720 年	ローの失脚；フランス財政の改革を目的とする取組みの停止（1787 年まで）
イギリスの第一次鉄道ブーム（1845–1848 年）					
不況の終焉；鉄道という新輸送手段に対する熱狂	鉄道建設計画の増加	ポンツィ流の資金調達方式（配当金支払いのための資本利用）の展開	政府の認可を示唆するところの，各鉄道網のための法律	急激な下落ではなく，漸進的な調整	会計基準の改革；資本からではなく所得からのみ配当金を支払うよう強制する規則
アメリカの鉄道ブーム（1868–1873 年）					
南北戦争の終結；西部アメリカの植民地化	政府からの補助金を受けた鉄道網の建設	鉄道契約の増加；補助金継続への期待	ヘンリー・バーナム・プアとチャールズ・フランシス・アダムズ	1873 年, ジェイ・クック商会の破綻	？
アルゼンチンへの投資（1880 年）					
アルゼンチンの農産物に対する世界からの大きな需要；初期投資家における相当な利潤	イギリスからアルゼンチンへの投資フロー；鉄道網の拡張	ロンドンの市場における新規の証券発行；土地価格投機を行う会社の創設	アルゼンチン大統領の発言；状況の改善や返済の可能に関するベアリング社の楽観主義	ベアリング社の破綻（1890 年 11 月）	アルゼンチンでのクーデター；外国投資に不利な法律
フロリダの不動産ブーム（1920–1925 年）					
冬の気候の穏やかさ；アメリカの大人口密集地への近さ；経済的繁栄	鉄道建設；マイアミの発展；不動産プロジェクト	フロリダの土地を売る不動産業者ネットワークの創設	ウィリアム・ジェニングス・ブライアンのフロリダ称賛；市長と開発業者の親密な関係	1926 年	詐欺行為への訴追
アメリカの株式市場バブル（1920–1928 年）					
大量生産の急速な拡大；急速な成長；デフレ不安の終焉	株券供給の拡大；新規投資基金の創設	金融仲介業者の利潤マージンの拡大；信用の飛躍的発達	クーリッジ，フーバー, メロン, アーヴィング・フィッシャーによる称賛	1929 年 10 月およびその後の数年	巨大会社の細分化；金融・銀行に関する規制；政府によるさまざまな介入

アメリカにおける合併の波（1960–1969 年）					
20 年にわたる株式相場の上昇によって高い株式収益が実現	専門家によって経営されるコングロマリットの出現：ITT〔インターナショナル・テレフォン・アンド・テレグラフ社〕，テクストロン，テレダイン……	利益増大の見せかけを与えるための株取引	ハーバードの投資資金が市場でポジションをとる；マックジョージ・バンディが金融機関に積極的に投資するように推奨する	1970-1971 年	会計慣行の改革，ウィリアムズ法
インターネットバブルと合併の波（1999–2000 年）					
高成長諸国の金融市場への開放；情報通信技術によって開かれた展望	新しい金融手段の創造；国際規模でのポートフォリオの再編成；市場の不完全性を利用した企業買収	年金基金の増大とポートフォリオ投資の飛躍的増加による豊富な貯蓄；新しい行為主体の市場への参入	アラン・グリーンスパンははじめ根拠なき熱狂を告発していたが，やがて市場の声に同調するようになった	2003 年 3 月 — 2003 年 6 月	米国企業改革〔SOX〕法によって会計・社長責任・決算報告書が枠付けられた；金融グローバル化に反対する運動の高まり

出所：Shleifer（2000, pp. 170-171）にもとづき，適宜変更を加えつつ作成

ほど、それだけ熱狂は激しさを増す。ミシシッピ・バブルにおいて、フランス政府はローに対して公的支援を行った。一九二〇年代のアメリカにおいて、アーヴィング・フィッシャーという有名な経済学者が、株価の上昇や経済の繁栄は永続するようにできていると明言し、彼はその見解を危機勃発の前日まで保持していた。現代において、インターネットバブルの転機は、根拠なき熱狂についてはじめは告発していたアラン・グリーンスパンがやがて市場の声に同調し、株式相場はどうあらねばならないかについて私的主体は中央銀行よりもよく知っていると述べたときに生じた。

5．この動きが頂点に達すると、ほどなく突然の反転が起こる。それによって、実現収益が期待収益をかなり下回っているという事実が判明する。この事実は、過剰蓄積による収益の内生的侵食のゆえであることもあれば、あるいは、一見したところ些細ではあるが、将来の見方を再調整させる引き金になる悪いニュースに対する反応のゆえであることもある。もう一つ別の可能性としては、いちばん情報をもっている主体が、資産価格の到達水準を考慮に入れて、自らの資産を売却して身を引くのが賢明だと考えるためであることもある。

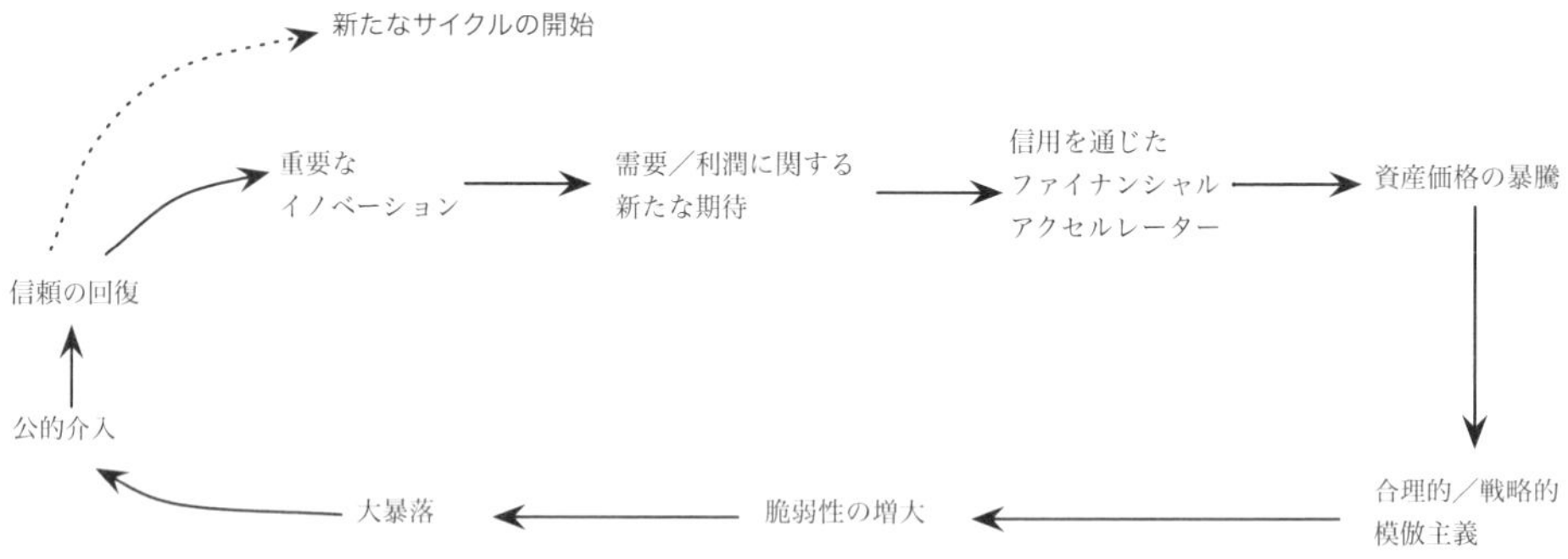

図11　重大と見なされるイノベーションから，金融脆弱性をもたらす模倣主義へ

6．最後に、政策当局は、大暴落の社会的政治的帰結の重大さに直面して、犯人捜し*のためよりもむしろ、こうした事件の再発を避け、信頼――これなしには市場はうまく機能しえない――を回復させるべく、規則や改革を導入するために介入せざるをえない。多くの場合、こうした方策は過去の危機を忘れさせることになり、ついには新たなサイクルが始まることになる。すなわち、およそ注目を引くイノベーションならどれも、新たな拡張局面を開始させることができ、それが次には投機の熱狂局面をもたらしうる（図11）。

＊いつアメリカの当局はサブプライム危機の犯人を特定するための取調べを始めるのだろうか。

われわれは、まさにこうした図式に照らして、金融イノベーションに関する過去十年――主としてアメリカにおける――を分析するつもりである（後述の第4章参照）。

6　フィッシャーと債務過剰不況理論

アーヴィング・フィッシャーは、典型的に新古典派的な視点からする異時点間均衡の偉大な理論家として知られている。実際、彼のおかげで利子率理論や資本計測法が練り上げられた。しかし、ここで言及したいのは、フィッシャーの仕事のうちのこうした構成要素ではなく、むしろ不況とデフレに関する彼の分析である（Fisher 1933）。それによれば、不況およびデフレは、潤沢な信用によりきわめて良好であったそれまでの景気情勢からの突然の反転によって打撃を受けた経済主体が債務返済を試みることで、引き起こされるとされる。

金融危機を克服する市場メカニズムの力を信じることに対する解毒剤

この分析は、アーヴィング・フィッシャーの予想における重大な誤りを正す狙いをもつだけに、いっそう興味深い。すなわち、株式相場は企業の実効的な価値の計測であるという事実を信じて、彼は株価高騰の持続についてまったく楽観的な予測を表明していたが、一九二九年十月の暗黒の木曜日によって、悲しいかな、株価高騰は中断した。これによって彼は打撃を受け、自身の名誉のためにも、金融市場の自己調整への信念を再検討することになった。*

＊サブプライム瓦解のアクターたちが個人的破産を経験しなかったことは残念である！　それどころか、最高権力者たちは法外な報酬を保持している。これは市場絶対主義へのかれらの執拗な信奉を説明しているだろうか（後述第10章参照）。

現代の経済学者たちはきわめて低い評価しか与えていないが、このテキストの現代性は明らかである。あくまでも安定均衡の分析しか行わない新古典派の理論家たちにおいては、危機の説明は二つしかない。すなわち、大規模な外生的ショックの発生によるとするか——しかしウォール街に隕石は一つとして落下しなかった——、あるいは、市場参加者をとらえる一時的な非合理性によるとするかである。そしてマドフ・ファンドの崩壊は、この後者の逆説的仮説にわずかばかりの本当らしさを与えると言われている。だが現代の金融は、合理性仮説の全面的活用のうえに打ち立てられているのではなかったのか。アーヴィング・フィッシャーは、均衡への自動的回復という仮説をあえて再検討に付した。すなわち、債務削減の意思によって投売りが起こり、それが価格下落を加速させ、それがまた実質ター

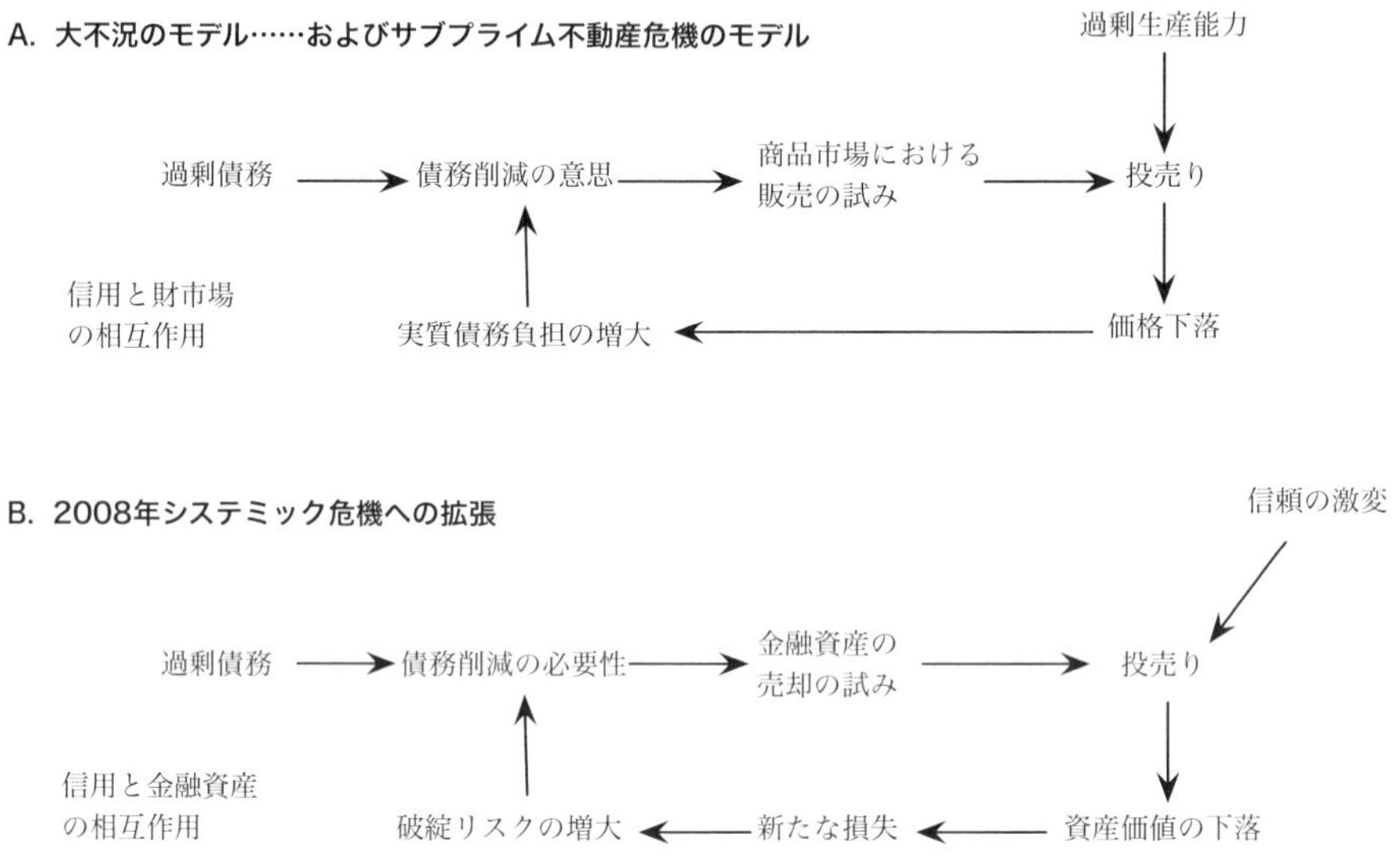

図12　アーヴィング・フィッシャー
――市場の自動的均衡からデフレをともなう累積的不況の可能性へ

ムでの債務負担を増大させると言う。一定の状況のもとでは、悪循環が始まりうるのであり、それについて示唆に富む例を提供するのが、一九二九年から三二年までのアメリカの不況だとされる。こうして不況に関するフィッシャー・モデルは、スウェーデン学派の直観やケインズ理論の直観に合致している。

　このことは理論的には、流動性制約の存在がワルラス的価格形成モデルを無効にすることを意味している。

サブプライム危機の突発性と規模についての示唆に富む説明

　この分析枠組みは、アメリカの一九三〇年代大不況を説明するために考案されたのだが、事実上、不動産市場の反転を端緒とする突然の景気反転の理由を明らかにしている。一方で、不動産市場とそれにかかわる住宅ローンは、必要な変更を加えれば、戦間期の推移を再現するものである。しかし他方、当時は存在しなかった金融資産が増加していることを考慮する必要がある。すなわち、大量の投売りは、流動性が不足するようになった市場でデリバティブ商品を現金化しようとする試みから生じている。そこから資産価格の劇的な下落

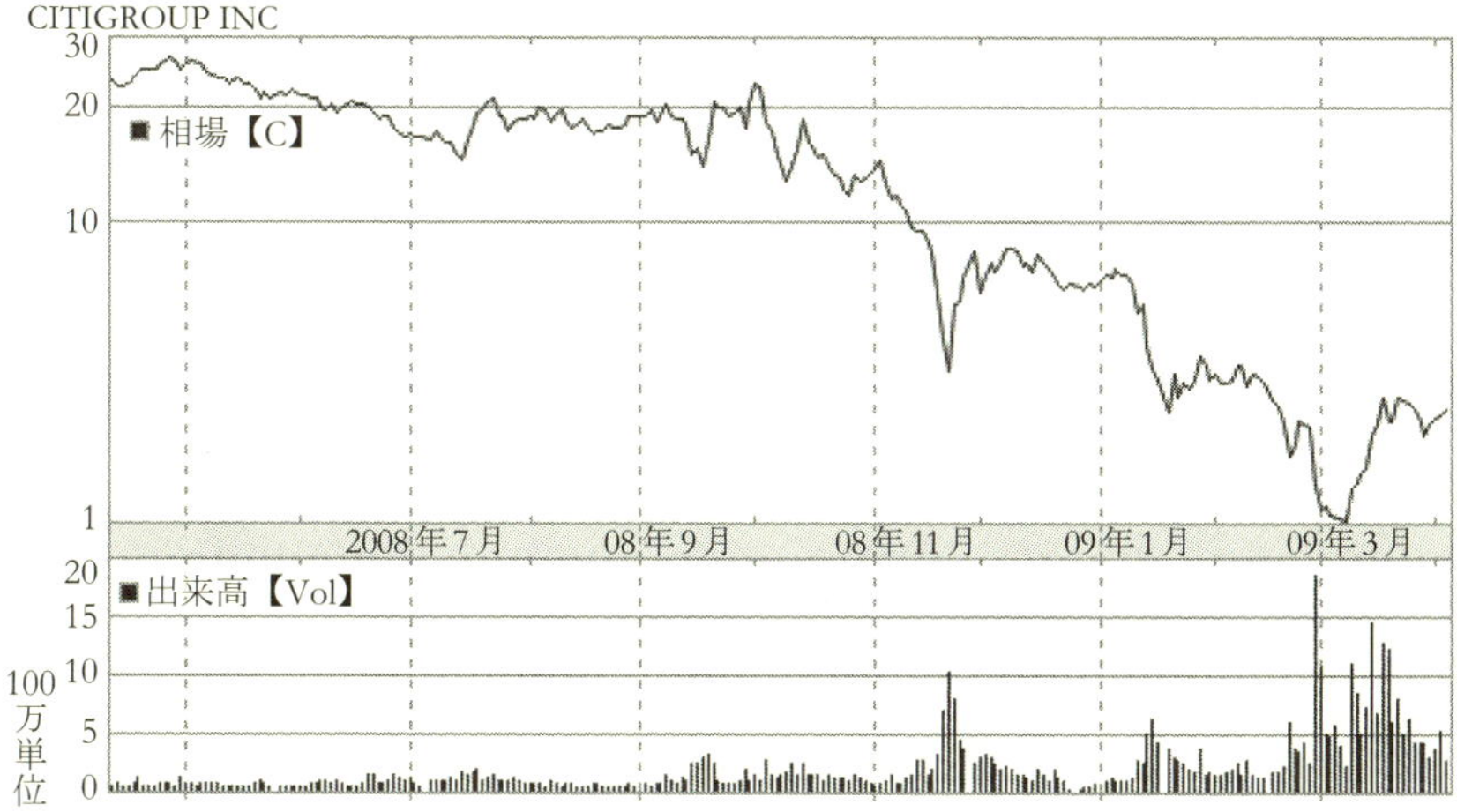

図 13　シティグループの株式相場の崩落例

出所：http://uk.finance.yahoo.com/q/bc?s=C，2009 年 4 月 4 日

が起こり、その下落は株式相場によってさらに加速される（図12）。

痛みを伴う不況的調整のリスク

以上二つの悪循環は相互に強化し合いさえする。というのも、信用の麻痺は最初に不動産部門へと、それから経済全体へと遡及作用を及ぼしていくからである。アメリカでインフレが減速し、ついには二〇〇九年一月に物価が安定するまでに至ったのは、意味深いではないか。また流動性を求める競争は銀行にまでも及んでおり、おまけに銀行は、株式相場の形成を通じて金融界からの不断の評価に服している。損失が蓄積しているので、アメリカ大銀行の評価はほぼ垂直的な下落を示し、これに資本注入するための大規模な公的介入によっても、この下落を阻止するには至らなかった。シティグループの瓦解はその好例をなす（図13）。

したがって、『フィナンシャル・タイムズ』や『エコノミスト』の分析家たちが、フィッシャーによって示されたメカニズムは、自己調整的市場を信じるかぎりありえない突然の瓦解を説明する際の一つの核心である、と考えるに至ったのは意外なことではない。

7 ナイト――利潤とリスクテイクの激しい追求からシステミックな不確実性を前にした困惑へ

デリバティブ商品のトレーダーや設計者に対して、かれらの実践を正当化できる理論経済学者はいるのかと問うてみるならば、かれらの多くはそれはまともな質問なのかと反問することだろう。このとき、かれらはむしろマーコウィッツ（Markowitz 1952）やブラック／ショールズ（Black and Scholes 1973）といった市場金融創設の父たちを引合いに出すことだろう。しかし、オプション、スワップ、その他デリバティブ商品を計算するときに想定されている暗黙の価値理論とはどのようなものであろうか。

リスクヘッジから新たなリスクの創造へ

実は、フランク・ナイト（Knight 1921）は、利潤の源泉がリスクテイクに関連しており、利潤はリスクテイクの報酬だということを明確にしたおそらく最初の経済学者である。この考えは現代の金融に完全に適合するものであり、現代金融の主題はリスクヘッジ〔リスクの補償〕および／あるいはリスク移転にある。

実際、ナイトによれば、リスクを負わない経済主体は誰も、利潤によって形成される報酬を受け取る権利をもたない。これはしかし、資本主義経済において利潤に寄与するメカニズムが複数あることとの関係でいえば、一定の抽象化にほかならない。例えば、繊維産業における中国企業の利潤は、リスクテイクに対する報酬なのだろうか、それとも本質的に、生産組織の効率性や賃金労働者の弱さにもとづく利得に由来するのだろうか。〔後者が正しいとすれば〕利潤に関する古典派的、さらにはマルクス的な概念が認められよう。同様に、コカ・コーラ社の目ざましい利潤は、恒常的なリスクテイクに由来すると考えるべきなのだろうか。明らかなことだが、この場合に重要な点は、コカ・コーラ社が自社に寡占的利潤をもたらすようなブランド・イメージを構築しているということだ。イノベーション戦略もブランド・イメージ創造戦略も、シュンペーター的と形容できるものとは別の利潤創造源泉である。もちろん、ナイトの概念はマルクス的ならびにシュンペーター的なメカニズムのうえに重ねられているものである。……しかし、ナイトの概念は利潤や利潤変化の源泉の分析を汲み尽くすことはできなかろう。

ここに、金融活動の爆発的増加とその後二〇〇八年九月以降のその半停止状態を説明するものがある。金融業者にとってリスクはその活動の原料である。当初は、報酬を支払ってリスクをヘッジすることで満足できる。すなわち、これはヘッジ市場の機能である。しかし次の段階では、リスクから報酬を引き出すために特殊なリスクを創り出すことが大いに魅力的になる。そういうわけで、一九九〇年代以来、オプション・スワップ・証券化からデリバティブ商品まで、金融関係者たちは無数の金融商品を創り出したが、これは事実上、同じ数だけの未来への賭けなのである。投機の動機がヘッジの動機にまさってしまい、その結果――ますます制御困難なリスクの連結のうえに立脚しているがゆえに――ますます複雑化した金融手段の前例なき爆発的増加が見られることになった。この複雑性増大の各段階において、金融のアクターたちがリスクテイクを補償すると見なされる報酬を得ているとしても、それが何になるのか。……それと同時に利得というエサが軽率と傲慢を後押しするかぎり、リスクテイクが過剰であることは明らかであろう。

ナイトの概念の勝利――危機の一起源

こうして、フランク・ナイトの概念は、投機熱の核心について理解するための助けとなる。そうした投機熱のさなかで、ウォール街は自分以外のアメリカ経済に対して、利潤はリスクテイク以外のものではないという考えを徐々に

A．GDPに占める金融部門の利潤の割合（%）
（1948―2007年）

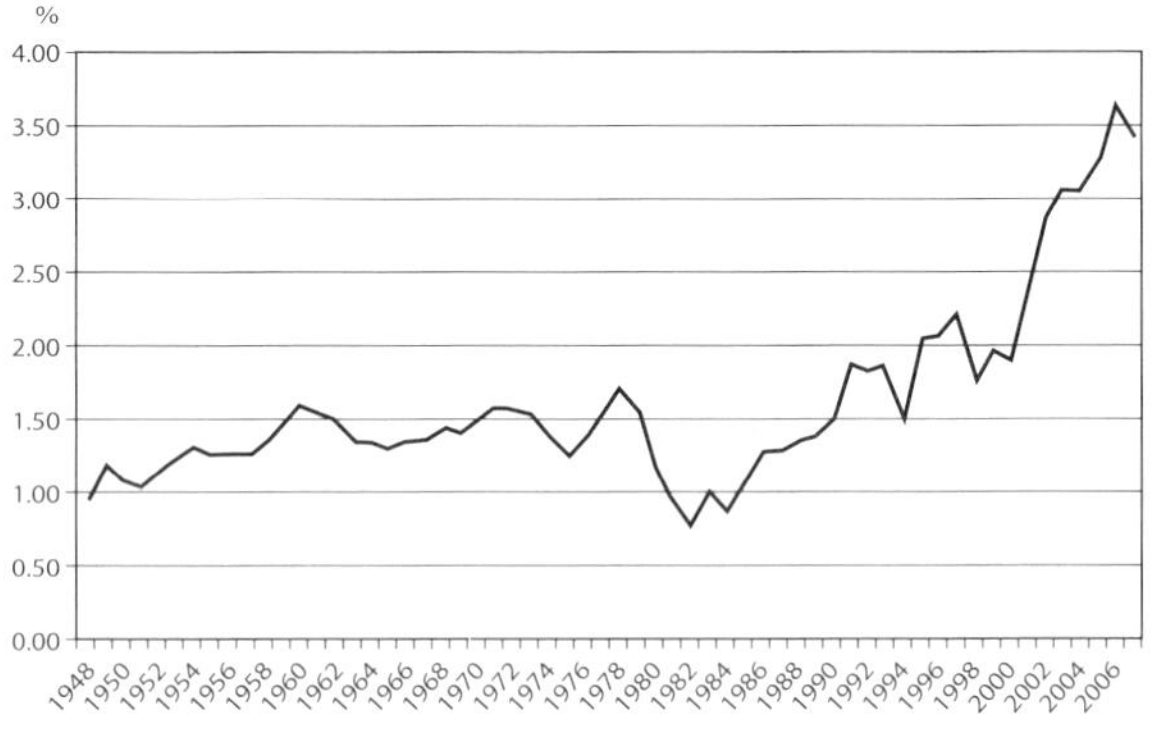

出所：NIPA 表6.15，表1.1.5　企業利潤は在庫評価と資本消費を調整したもの
1998年以降については，金融部門の定義は金融，保険，銀行，その他の特殊会社を含む

B．GDPに占める金融資産総額の割合（%）

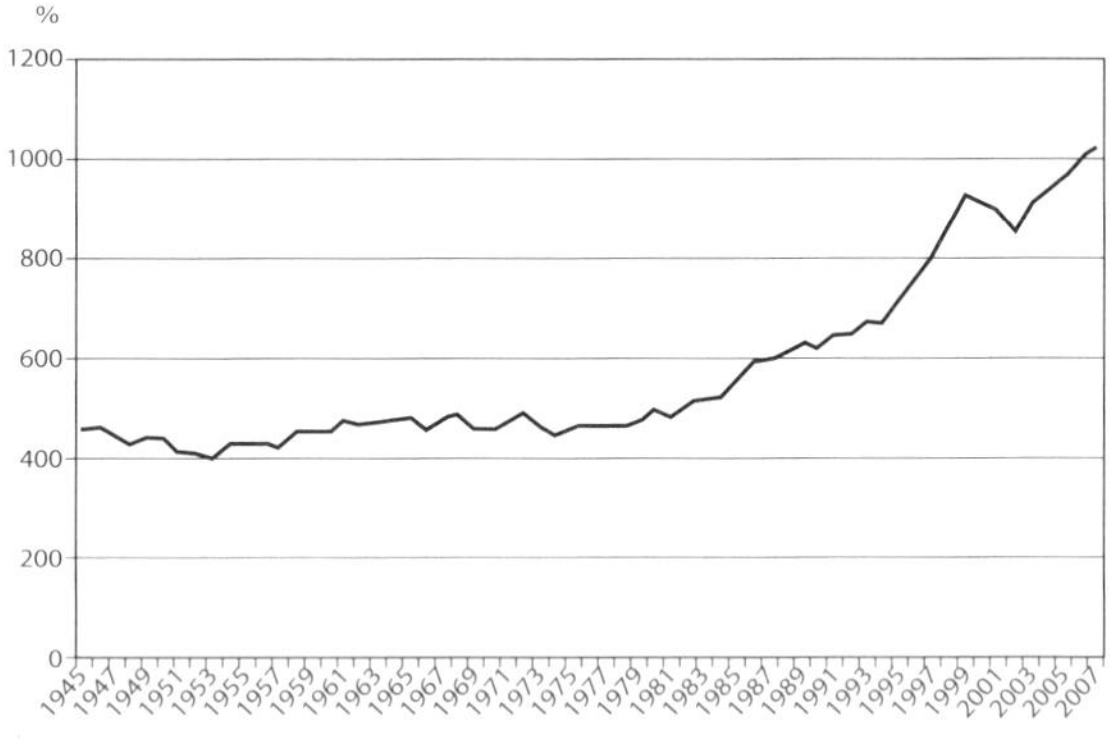

出所：Flow of Funds 表L5，NIPA 表1.1.5

図14　金融化の二つの指標

出所：Crotty and Epstein（2008）

押し付けていった。……その結果ついに、専門家や資本が――古臭い利潤形成の場と考えられていた――生産活動から離れていき、金融部門の肥大化を促進するようになった（図14）。

しかし、当初は既存のリスクのヘッジであったものが、新しい金融諸手段の創造プロセスへと変容するのであり、新しい金融手段がもたらすリスクは、互いに結び合ってシステミックな相互依存へと至るのである。これらのリスク全体が表面化し、多数のアメリカ金融機関において流動性や支払能力を脅かす損失となって現れるためには、不動産価格の上昇が逆転すればそれで十分である。損失の規模は、金融イノベーションから引き出される利潤増大の強さに照応している。

リスクがシステミックな不確実性へと変容するときの金融の麻痺

こうしてフランク・ナイトは、以上のことに由来するアメリカ金融システムの凍結を理解するのにきわめて有効な、第二の理論的解釈を提供している。実際、例えばシステミックな金融危機のときには、統計的手法がリスクの評価を可能にしていた時代とは異なって、過去から得られた経験はもはやまったく役に立たず、経済主体は投資や信用について自ら意思決定するときの指針を失っている。この場合にはもはや、リスクでなく不確実性という概念に訴えるのがよい。二〇〇八年九月以降、金融・経済・政治のアクターたちは、最良の情報をもつ者でさえも、信用の状態がどうなるのか、需要見通しがどうなるのか、さらには政府の戦略的指針がどうなるのかについて、予見することができなかった。したがって、標準的経済学の問題構成——それによれば、完全情報のもとでは、諸主体がそれぞれ最適戦略を採ることができ、諸々の最適戦略が作用し合うことによって市場均衡が達成される——は崩壊している。待機主義、流動性の追求、リスク回避は、そうした時期に典型的な特徴である。*

＊二〇〇八〜〇九年冬のダボス・サミットにおいて、この会議に集まった企業の重役たちによる声明は、次のような無力さを告白するしかなかった。「私はあまりにも大きな不確実性に直面しているので、二〇〇九年のわが社の活動目標がどのようなものになるのかを予見することができずにいる。」これは、リスクと不確実性の対比の妥当性を、また、いわゆるサブプライムと呼ばれる危機のシステミックな性格の妥当性を暗に認めることである。

その特徴をいささか誇張することになるかもしれないが、フランク・ナイトは現代の危機を分析する者たちにとって鍵を握る参照基準の一つとなりうる、という考えを提出することができよう（図15）。リスクの報酬としての利潤

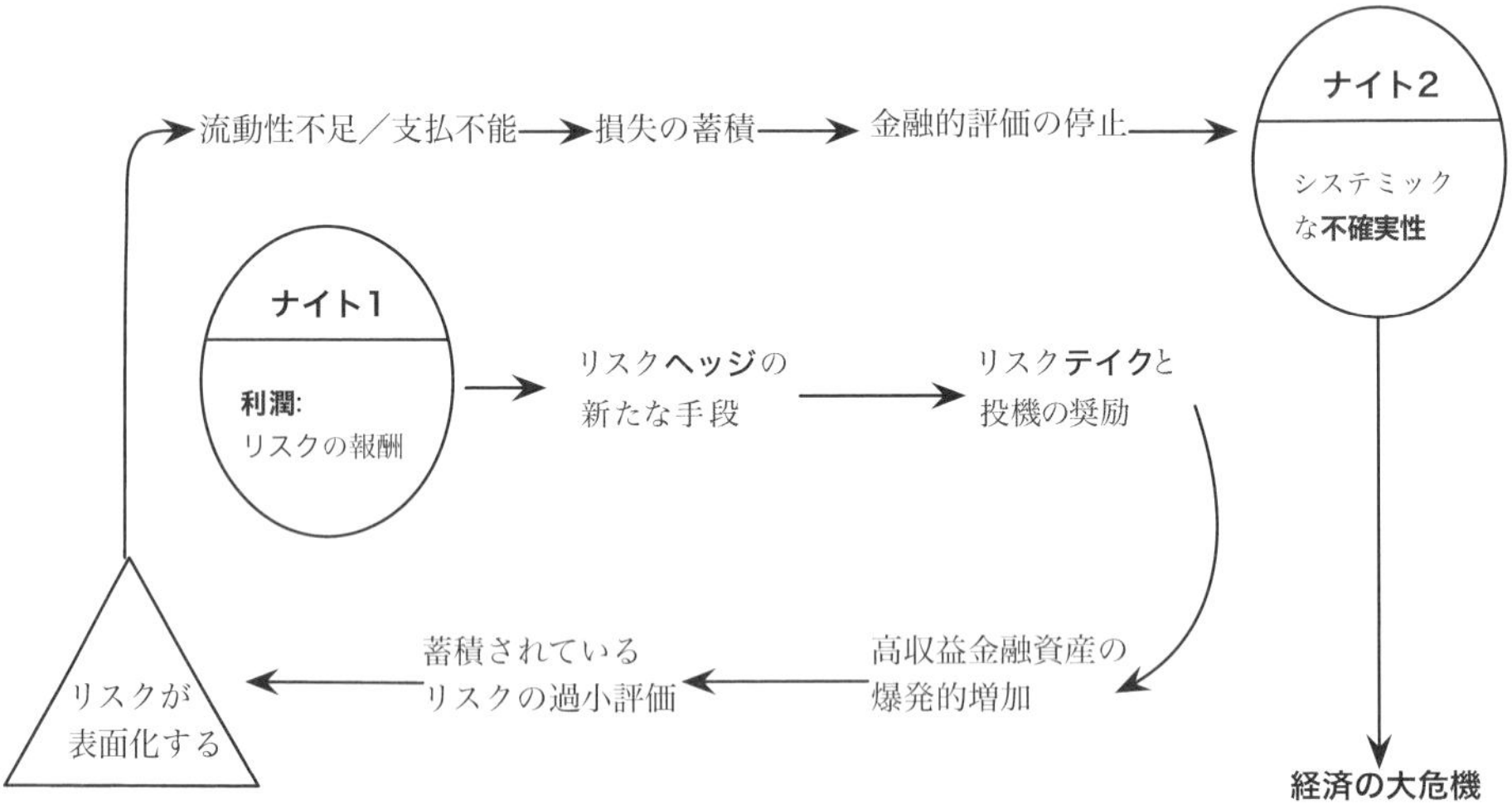

図 15　フランク・ナイトの理論に照らしてみたサブプライム危機
——リスク・利潤・不確実性

を何が何でも追求することは、過剰な信頼と債務へとつながり、最終的には、照応するバブルが崩壊することで、またバブルの無害性を正当化していたパラダイムが崩壊することで終わる（Soros 2008）。

8　アメリカの金融危機から世界的経済危機へ——悪循環の蓄積

上掲の諸文献に依拠することにより、実は、ポスト・サブプライム期に関する二つの疑問に対する答えを示すことができる。

・過去五年間に出版された論文や著作は、二世紀にわたる経済学者たちの研究によって蓄積された知識を十分に要約したものであるのか。答は否である。なぜなら、市場絶対主義が幅を利かせていたからである。市場絶対主義は金融危機を理解することを禁じる。

・この市場絶対主義のパラダイムや、それと関連していた技術、ならびにそれが正当化していた政策が崩壊したが、このことは、現実の危機を分析し克服するうえで、われわれが何らの手段をももちあわせていないことを意味するのだろうか。答は否である。なぜなら、たとえ完璧に確固とした答えはもちあわせていないとしても、何人かの偉大な論者のものを再読すれば、代替的パラダイムを再構築するのに有効な多数の仮説が提供されるからである。

たとえ、経済学者の世界ではもはやほとんど注意が払われていないとしても、カール・マルクスはこれまでにもまして現実的意味をもっている（Marx 2009）。危機は外生的なものではなく、資本主義によって推進された動態の直接的帰結なのである。信用は生産力に活力を与えると同時に、金融危機の可能性や深刻性を高める。この金融危機は――たとえそれが社会主義に向かう不可逆的運動を意味しないとしても――経済的社会的組織形態の変容における大いなるエピソードをなす。最後に、経済諸空間の間に新たな相互依存を創り出していく資本主義の力は、グローバリゼーションや国民国家の超越を促進していく。

ジョン・メイナード・ケインズは、金融化した資本主義、また完全雇用や社会的需要の充足を恒久的に保証できなくなった資本主義についての、偉大な理論家である。現代の金融市場は、資本の効率的配分を保証するにはほど遠く、したがって公的介入は現代資本主義に本質的な構成要素となっていることをケインズは示した。ハイマン・ミンスキーのおかげで、ケインズの教えは信用拡張に始まる景気循環の分析へと、したがって大危機の可能性の分析へと拡張された。また、ポンツィ戦略を理解可能にしたのも彼でなかったか。無統制な投機の時代において、このポンツィ金融が広く行われていることは、二〇〇八〜〇九年のスキャンダルによって示されている。

クヌート・ヴィクセルは、貨幣はなぜ中立的ではないかの理由――貨幣は信用にかかわることによって資本形成過程の決定に貢献する――を示した、まさに先駆者の一人である。例えば、熱狂の局面は、資本収益率より低い金利〔利子率〕が持続的に維持されることから生ずることがある。このことは必ずしも、アラン・グリーンスパンに対して多数の経済学者が批判するように、中央銀行が明らかな失敗を犯したことの結果ではない。もっとも、経済学者がそう主張したのは、サブプライム危機が勃発した後のことであったが。実際には、金融危機――この場合はインターネットバブル危機――から抜け出すため銀行を支援するという至上命令は、マクロ経済的成長経路を最適化させることと矛盾する可能性がある。最後に、公的当局には金融バブルを認知することはできないと宣言するのは、あまりに安直すぎる。すなわち、フォン・ノイマンのモデルは、資本の実質収益を正確に評価することを可能にする。資本の実質収益は、忍耐力のない金融界や株主価値信奉者が願っているよりも、はるかに動きの小さいものなのである。

ヨゼフ・シュンペーターは、資本主義経済の動態における二つの大きな特性を関連づけたことに大きな功績がある。すなわち、信用の不断の発展と組織的ならびに技術的なイノベーションとの関連である。したがって、経済がワルラス的均衡にあることはない。なぜというに、経済は拡張局面とそれにつづく景気後退あるいは不況による調整局面との交替によって特徴づけられるからである。規制緩和の結果として金融イノベーションが増加したが、そのことによって引き起こされた経済の運動についての新しい点および変わらない点について特徴づけを得るためには、例えば証券化といった画期的な金融イノベーションに〔シュンペーターの〕分析を拡張すれば十分である。

アーヴィング・フィッシャーは、標準的理論の信奉者たちに対し、調整過程の構造的安定性という仮説を棄てるよう、そして、危機の時代においては、流動性を求める競争はたんなる景気後退を大危機へと変容させる要因の一つとなりうることを承認するよう、提案した。彼のモデルは、信用と財デフレの関係に適用されたものだが、容易に現代にも拡張されうる。つまり、不動産市場、信用、金融資産価格形成の三者間の交差した関係を考慮に入れれば事足りるのである。これにより、とりわけ二〇〇八年九月以降におけるアメリカの経済活動の収縮の突発性および規模は、簡潔に説明されうる。

最後に、フランク・ナイトは、金融業者たちを象徴する人物となったといってよい。彼はリスクテイクなしに利潤を得ることはできないということを証明したのではなかったか。となると彼は、一連の新金融商品の創出の支持者なのである。そうした新金融商品は、当初は、リスクをヘッジし、確実に利潤を取得するために考案されたのであったが、やがて判明したのは、それが文字通り金融それ自体によって創り出されたリスクを増大させることによって、無統制な利潤獲得競争を引き起こしたということである。ところが対応する資産〔原資産〕の価値が突然に下落したことによって、新金融商品とは、実体経済の領域で生み出された利潤の分け前に関する予想以外のものではないということが思い起こされるようになった。リスクからシステミックな不確実性への急激な移行によって、アクターたちの麻痺や金融活動の停止が説明される。それはあたかも、公的当局が信頼できる危機脱出戦略を考案することが困難であるのと同じである。それほどに、金融イノベーションによってつくられた相互依存性やそこから生じる不確実性は複雑すぎるのである。

これは危機のハイエク的な構成要素である。意図的にリスクを隠し、資産価格体系の統合性を歪めたことによって、金融はそれ自身で、自らの基礎をなす制度――関連情報の提供者としての市場――の危機を引き起こしてしまった(第6章**図34**参照)。

というわけで、もしファイナンスの理論家やマクロ経済学者が経済理論――とりわけ危機の起源や動態を最重視する理論――の歴史に立ち戻ることを受け入れるならば、かれらの壮大な建造物――しかし悲しいかな、欠陥だらけの建造物――にまったく居場所をもたない出来事に直面して、かれらは現在そうであるほどには無防備ではなくなるだろう。終わりに、最高の皮肉だが、標準的理論はワルラス的均衡、合理的期待、最適性の永続的追求に準拠することによって、袋小路のうちへととらわれてしまったのではなかろうか。むしろ、アクターたちの不完全で誤解に満ちた世界における情報システムとしての価格についての理論を踏まえて、市場経済についての最良の分析――および正当化――を追求すべきではないだろうか。

第4章　民間の金融イノベーションに一貫して遅れをとる各種規制

「十月は株に手を出すには格別に危険な月の一つだ。……七月、一月、九月、四月、十一月、五月、三月、六月、十二月、八月、それに二月についても同じことが言える。」

（マーク・トウェイン、一八九四年）

国内外における金融自由化の動きは、金融イノベーションをはるかに容易なものにする効果をもった。数多くの金融イノベーションが起こったので、二〇〇九年現在、われわれは金融イノベーションと危機に関する十分な事例を手にしており、全体的な判断を下すことができる。つまり、適切な公的規制や統制がないと、金融イノベーションによって局地的、部門的、金融的な危機が、そして場合によってはマクロ経済的な危機が生じるリスクが大きいのである。ここ十年は、ウサギとカメのかけくらべによって解釈されうる。すなわち、ウサギの役割を担う金融諸主体のイノベーションによってこの競走プロセスが始まり、カメの役割を担う公権力がそれに起因する金融危機のコストを調節し、適切な規制や時にはプルーデンス〔健全性〕装置の刷新によって、金融危機の繰返しを避けようとする。実際、自己調整的なものと見なされていた金融市場は、事実上、当該の経済や社会にとってしばしば劇的な危機が起こる場となる。

1　一九八七年十月十九日の株価大暴落——一九二九年十月二十四日の亡霊は早々と忘れられた

一九八七年危機の年代記は、ニューヨーク株式市場でのダウ＝ジョーンズ平均株価の崩落に始まる。その下落幅は一九二九年恐慌への突入時のそれに匹敵するものであった。それ以来、経済分析家はみな、一九八二年出版のミンスキーの有名な著作の題名たる『それは再び起こりうるか？』〔邦訳題名『投資と金融』〕という問いを自らに課してきた。均衡の観念や基礎的な経済メカニズムの時間的不変性という観念が支配する経済学の考え方のなかにあって、一九三〇年代に匹敵する不況が待ち構えているという予想が提出された。しかしながら、このような見通しは、二つの基本的な理由によって完全に否定された（表6）。

・この二つの危機の原因は大きく異なる。一方の場合、株式投機は蓄積体制の不均衡を拡大させたのであり、これによって、一九三〇年代アメリカの経済的社会的コストの大きさが説明できる。一九八七年危機の場合には、成長は為替相場とその推移の不確実性によって攪乱をこうむる国際的文脈のなかにあったものの、持続的成長が支配的であった。不均衡は本質的に金融領域内部のものであった。

・アメリカの中央銀行家は、一九三〇年代におけるかれらの前任者たちの誤りから学習した。金融市場参加者の連鎖的な倒産拡大を放っておくのではなく、アラン・グリーンスパン〔当時のＦＲＢ議長〕は、危機にさらされたトレーダーたちに十分な流動性を供給した。それゆえ事後的に、不況とデフレーションではなく、成長の継続と緩やかなインフレーションが見られた。

このように株式市場危機は次々と起こるものの、それらは互いに似てはいない。そして一九八七年危機の原因を説明するのは、一九八〇年代初頭に起きた金融イノベーションである。実際、この時期以降、株式ポートフォリオの新しい管理方法が発展した。これはあらゆる取引に対応して、予想の誤りに備えようとするオプションを組むものであった。同時に、市場のアクター全員がコンピューター・ソフトによって、最適化プログラムに示される注文を直接に出すことができるようになった。このとき、株価が下落するならば、資産価格のデフレ・スパイラルが始まる。つまり誰もが売りたがり、ほとんど誰も買いたがらない。この遠い過去のエピソードから、さらに三つの教訓を引き出すことができる。

・この場合、ミクロ経済面での諸主体が用心していたリスクの現実化を早めたのは、リスクヘッジ〔リスク埋合わせ〕戦略の拡大である。いわばまったく合理的なミクロ経済的戦略のめぐり合わせによって、市場の機能が停止したのである。こうした特質は、サブプライム危機を含めて他の多くの危機にも見られる（後掲の図19参照）。

・このエピソードによって、Ｆｅｄ〔連邦準備制度〕の中心的役割が確認された。すなわち、流動性危機に直面したときには、アクターの責任やモラルハザードの危険性がどんなにあろうとも、中央銀行は、支払システムの継続性を回復させうる最後の貸し手なのである。こうした特徴は、一九二九年以来、過去のほとんどの危機において見られる。

・市場メカニズムにまかせておくべきだと考えるプロたちの要求ではなく、政治権力の要求により、サーキットブレーカー制度が制定された。これは、異常な高騰や暴落が生じた場合、取引所の取引が停止されるというものである。このように金融市場には、以前の危機を避けるために制定された各種規則が堆積している。このほか、政治権力が、商業銀行と投資銀行の分離など、いくつかの規則を廃止する場合には、サブプライム危機のいくつかの展開が示す

表6　アメリカの四大危機と現代日本の危機との比較——銀行の決定的役割

	アメリカ 1929-1939	アメリカ 1987	日本 1991-2003	アメリカ 2000-2002	アメリカ 2003 - ….
バブルの「実物的」源泉	大量生産方式	成長の回復 金融バブルはなかった	独自の生産モデル	情報通信技術の躍進とニューエコノミー	居住用不動産市場の投機ブームと信用へのアクセスの容易化
危機以前の経済情勢	力強い成長	構造的調整の時期	減速傾向にある成長体制	インフレなき力強い成長	ややインフレ気味の持続的成長
危機の型					
§株式危機	あり	あり	あり	あり	当初はなかったが，その後サブプライムにより伝染
§銀行危機	あり	なし	あり	なし，証券化による驚異的な耐性	投資銀行にとってはあり
§不動産危機	なし	なし	あり	弱くかつ局所的	あり，かつ深刻
危機の現れ					
§不況とデフレからゆっくりとした回復へ	あり				
§成長とインフレ		あり			
§準停滞からデフレへ			あり		
§デフレなき景気後退				あり	あり
政策	**正統派経済理論に従って** §当初はレッセフェール §次に制度的再編の試み（ニューディール）	**1929年を繰り返さないよう** §Fedの迅速な対応 §金融市場への流動性供給	**自然の成り行きに任せて** §日本銀行と財務省の対応の遅れ §銀行の早急なリストラクチャリングはなかった	**デフレを予防しようとして** §金利の急速な引下げ §2001年9月11日の結果も踏まえた，財政緩和	**システミック危機を予防しようとして** §投資銀行に対してまでも，金利の急速な引下げや最後の貸し手となる §財政緩和 §多くの金融機関を公的管理下におく §不良債権処理機構の創設と新しい規制プロジェクト
関連性					
§危機の深刻さ／銀行の脆弱性	あり	なし	あり	なし	商業銀行は耐性あり 投資銀行は崩壊
§危機の欠如／銀行の耐性	なし	あり	なし	あり	システミックかつ構造的な金融危機

ように、旧来の危機形態の再来もありうる。

これらの教訓のうち第二、第三のものではなく、第一のものが次に示すアメリカの危機において再現した。

2 デリバティブ商品の危険性を教えた最初の危機は即座に克服された――ＬＴＣＭの崩壊

市場金融の理論〔ファイナンス理論〕は、自由化の開始以来、大きく発展してきた。統計的および数学的な技法は高度化し、理論家たちはリスクを評価する新しい方法を、したがってデリバティブ商品に価格付けをする方法を提案した。ブラック／ショールズ（Black and Scholes 1973）やマートン（Merton 1973）の貢献によって、新しいデリバティブ商品の開発に大いなる領野が開かれた。その際かれらは、市場の機能がもたらす規則性を観察することなく評価方法を開発し、それを金融業界に対して売り込んだ。金融業界はそれを採用し、ついには理論モデルが想定する規則性が市場価格に現れるまでになった。こうしたファイナンス理論の性能は、標準的なマクロ経済学やミクロ経済学の理論と比較して斬新なものであった（McKenzie and Millo 2003）。

そこで、大金融危機のリスクはすべて除去されるのだという、この驚くべきリスク管理の用具と技法について論じてみることができよう。ロングターム・キャピタル・マネージメント（ＬＴＣＭ）の破綻において興味深いのは、それがまさに、金融危機は情報不足の主体の非合理性による失敗や大衆の模倣行動に必ずしも起因するわけではなく（Kindleberger 1978, 1994; Shefrin 2000）、金融収益の最適化という新しいロジックの活用から生じうるということを示している点にある。この新しいロジックは、マクロ経済的規則性を不安定化させるほどにきわめて強力なものである。この点、少なくとも過去の分析に照らしてみれば、百年に一度しか起こりえないと見なされた事件が突発しただ

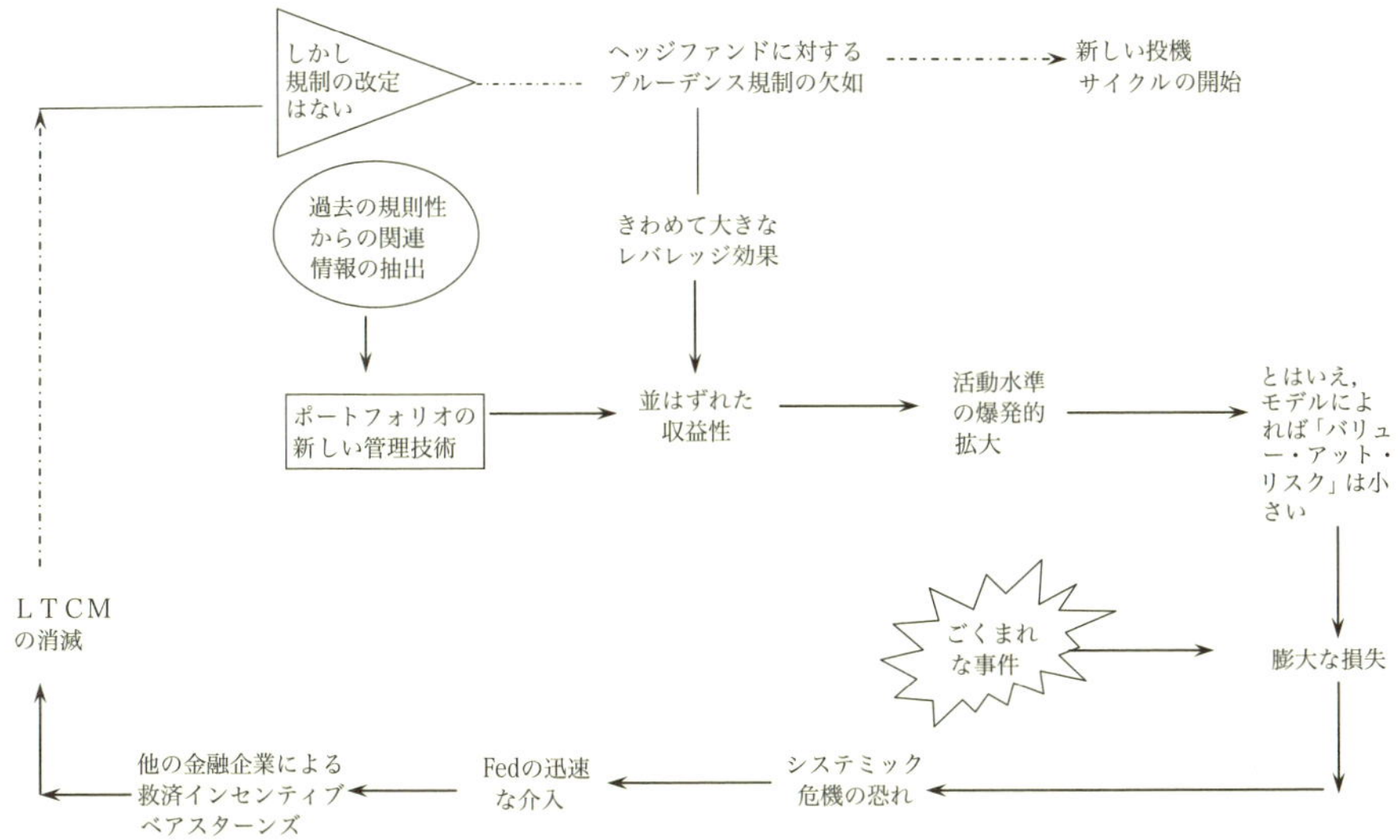

図16　ロングターム・キャピタル・マネージメントの崩壊——Fedの庇護のもと，公的規制の改定がないままの危機からのアドホックな脱却

けに、ますます特筆に値する（図16）。

当初は小規模であった一つの金融機関が最終的に莫大な損失を記録したということは、金融安定化の役割を担う公的当局に対して事実上、二つの問題を投げかけることになった。

・高度なデリバティブ商品は、若干の主体のリスクをヘッジ〔防止・回避〕すると見なされていた。しかし、それは実際には、かれらがこの種の商品の——独占的ではないが——専門的な供給者となった分、他の主体をいっそう大きなリスクにさらすことになった。LTCM危機の観察から得られるこうした結果もまた、金融市場の現在の組織化の特殊性を考慮に入れた各種のモデル化によって確認される。例えば、現存する市場の特徴としてありうる諸条件のもとでは、先物市場やデリバティブ商品が創出されると、経済は金融脆弱性の圏内に入っていくことがある（Artus 1990; Li and Barkley 2001; Brock *et al.* 2006）。このことは、ジェラール・ドブリュー『価値の理論』（Debreu 1959）の最終章から導かれる直観――しかも誤った直観――と矛盾する。それによると、すべての先物市場が開かれているならば、通常の条件のもとで均衡が存在しうる。そしてこの理想に近づくとき、金融安定性に向かっているはずだという。近年のファイナンス理論は、こうした――相当に重要な――推測を否定している。というのも、近年のファイナンス理論はデリバティブ商品の創出と増加の戦略を根拠づけているのだからである（前出第2章参照）。

・数百億ドルとも見積もられる損失が突如発生したのは、およそ三〇～五〇倍という極端に高いレバレッジ効果を効かせたことの直接的帰結である。それゆえ、三・三パーセントの価格下落があれば、あるいは二パーセントの下落でさえも、損失が会社の投下資本を上回ってしまうには十分である。これこそはヘッジファンドの問題点であり、あるいはリーマンブラザーズのような機関でなされていた経営の問題点である。三〇〇億ドルを超える資産を保証しようにも、この機関は一〇億ドルの自己資本しかもっていなかったのである。

想像できたことではあろうが、各種の規制《レギュレーション》機関――といってもレギュラシオンの語のアメリカ的意味（規制の意味）においてであるが――はこうしたリスクに注意を向け、規制をかけようとし、そしてウォール街の最も強力な経営者たちと対立した。ところで、アラン・グリーンスパンは市場参加者の自己組織化による解決を好むようになった。彼は他の健全な投資銀行によるＬＴＣＭの再建を組織したのである。財政的観点からすれば、これは巧妙かつ金のかからない解決策であり、デリバティブ商品やヘッジファンドの戦略がもつ危険性を覆い隠すのに貢献した。その一方では、まさに数量ファイナンスの創始者たちはそれについて自問しはじめていた（Scholes 2000; Markovitz 2005）。もっと深刻だったのはやがて生じた危機である。

3　エンロンのエピソード――第二のチャンスも失われた

デリバティブ商品の細かな特徴はさておき、必要な変更を加えれば、エンロン社が提案したエネルギーのデリバティブ商品についても同じ経緯が見てとれる。ニューエコノミーと経済活動の非物質化が期待された時代のことである。エネルギーを生産し輸送するための設備に、わざわざ不可逆的な形で投資をする必要はないだろう。わずかな資本投下でしかもきわめて弾力的なエネルギー配分を保証しつつ、莫大な利潤を引き出すためには、エネルギー契約の先物市場を組織化すれば十分であろう。LTCMのケースとまったく同じく、エンロンはあまりに大きな成功を収めたので、多くの企業が模倣を試みようとする象徴的企業になった。それほどに、公表される利益は桁はずれに大きかった。

ところで二〇〇〇年、エンロンの利益は本質的に会計操作から生じたものだったことがわかった。その会計操作は合法的なものではあるが、きわめて疑わしいものであった。というのも、親会社の勘定と連結していない子会社の勘定に〔損失の〕費用を隠しながら、現存の契約から得られる収入をすべて今日時点で現在価値化することが行われていたからである（**Mistral *et al.* 2003**）。それゆえ――本質的に言えば――ここで提起された問題は、金融市場における情報の問題である。そこから透明性や、CEO〔最高経営責任者〕やCFO〔最高財務責任者〕の――刑事責任を含む――責任が問われ、こうしたことがサーベンス＝オクスリー法〔二〇〇二年制定の「上場企業会計改革および投資家保護法」でSOX法と略される〕のきっかけをなした（**図17**）。

しかしながら、ほかにも多くの問題が生じていた。

・まず、エンロンの経営陣は政界とのコネを利用し、金融監督当局にデリバティブ商品に対する規制やコントロール

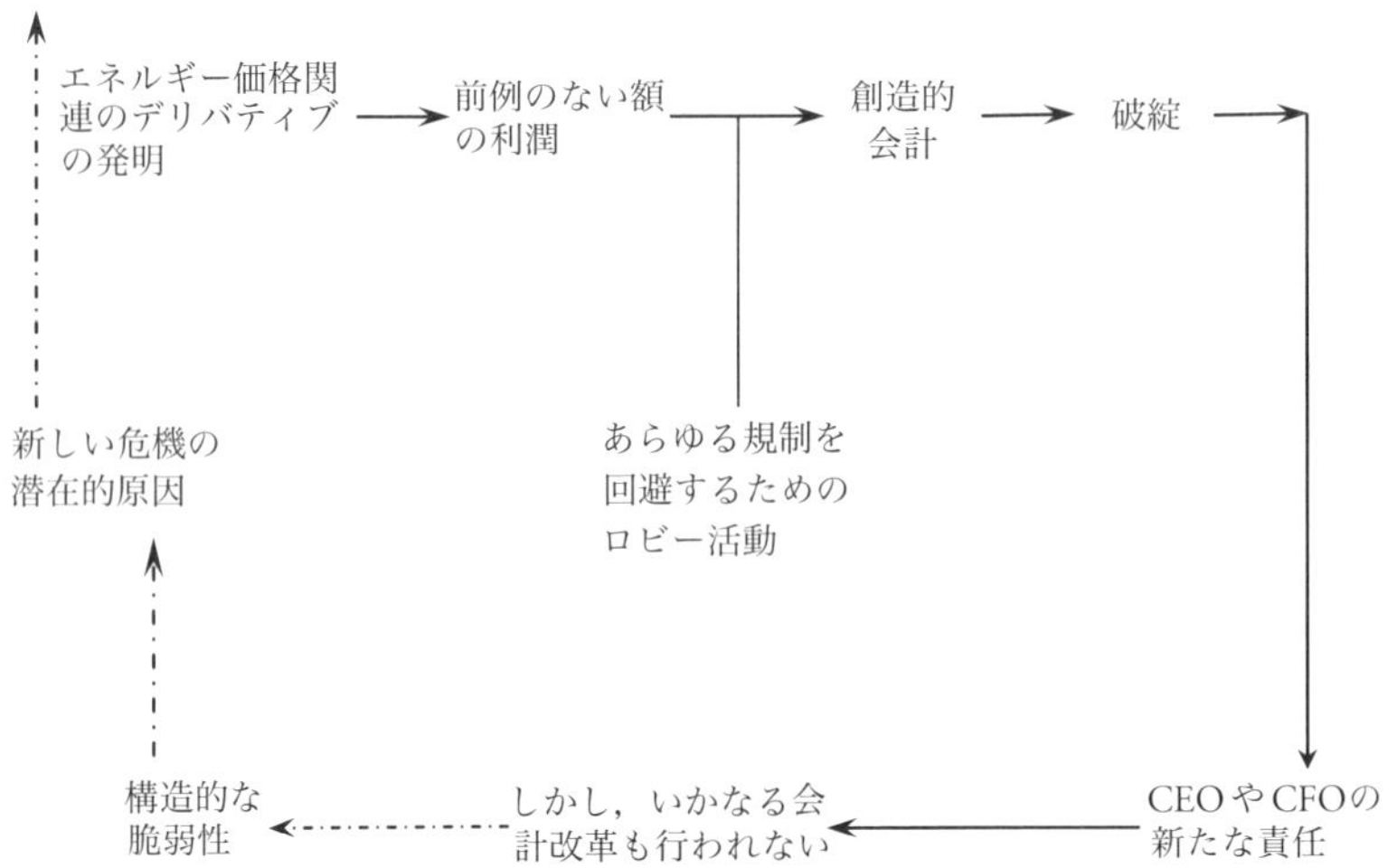

図 17　エンロンの崩壊——会計についても新しいデリバティブ商品の監視についても改革がないままに企業経営陣の責任が強化された

を最小限にするよう説得していた。説得の口実は二つあって、デリバティブ商品は複雑なので自分たちにしかコントロールできないということと、企業活動の自由という原則であった。二〇〇〇年代後半のサブプライム危機にも、同様の構図を見ることになる。

・次に何よりも、もっぱら金融界に差し向けられた公正価値原則の適用という会計によって、金融の安定性に大きなリスクがのしかかってきた。実際、この会計原則によって、公表される業績——しかしヴァーチャルなものである——が強く景気順応的《プロサイクリカル》なものになった（Boyer 2007a）。投機的熱狂期において金融アクターたちがそれに満足すればするほど、下方への調整期において、かれらはそれだけ大きな破綻リスクをこうむることになる。まさにこの理由によって、リーマンブラザーズが破綻し、バンクオブアメリカによってメリルリンチが吸収合併された。絶え間ない商品の洗練化とその取引規模の拡大によって、二〇〇〇年代後半には投下資金総額は莫大になり、アメリカのシステム全体の金融的安定性を脅かすほどになった。

・最後に、証券化はリスクを分散すると想定されていた。部分的には確かにそうであったが、証券化にともなってまた、いくつかの投資銀行や保険会社は若干の部門に特化していった。これは最高のパラドクスである。そこから帰結するリスクの集中によって、金融危機が発生する確率とその深刻さが増す。この危機は、民間企業が金融市場で自らの損失規模――典型的にプライベートな情報としてできるだけ長く保持される情報――を開示することを強いられたときに起きる。それゆえ公的当局は動揺し、管理下に置こうとする機関の会計状態を明らかにするためには、他の民間金融機関に助けを求めざるをえなくなる。ベアスターンズ〔二〇〇八年三月、JPモルガンに買収されたアメリカの投資銀行〕の場合がこれに当たる。規制監督当局が専門的評価能力を喪失したことは、金融レッセフェールの直接的帰結である。ところでこのことは、サブプライム危機後の金融システムの機能停止に対応するために有効な戦略を構想しようとするときには、拘束となるであろう。

4　金融監督当局における責任分担の曖昧さ――ノーザンロック

ここでは、イギリスで起こった銀行パニックを手短に分析しよう。このパニックは、もう一つの中心的な論点を例示しているからである。金融監督を担当する諸組織間の分業と、長い歴史にわたる組織の堆積作用のせいで、当初、公的当局はノーザンロック崩壊の激烈さに当惑していた（図18）。

まずは、大きな成功をもたらすイノベーションが起きる。住宅ローンに特化したこの銀行は、その活動をいっそう拡大し市場シェアを奪おうとして、債券による大量借入れに頼ることにした。イギリスの不動産バブルが続いていたかぎりではあったが、数年間でノーザンロックはこの部門における象徴的企業となった。各種の規制当局（イングランド銀行、金融庁、大蔵省、シティ〔イギリスでは自主規制が重要な役割を果たす〕）は、この戦略がノーザンロック、さらにはイギリスの金融システムにとって新たなリスクとなるにもかかわらず、沈黙を守った。不動産市場の風向きが

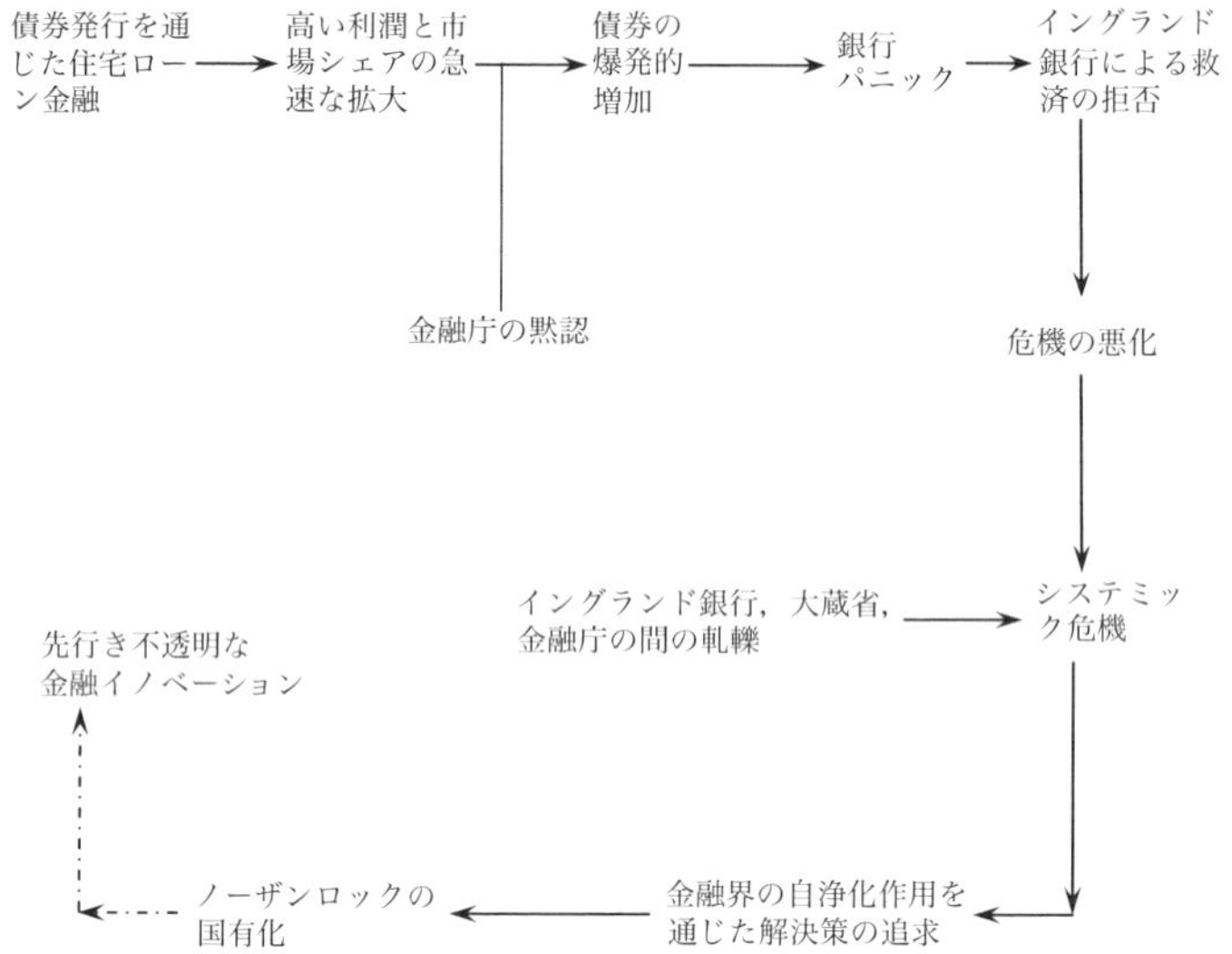

図 18　1866 年以来初のイギリス銀行パニックをもたらした金融イノベーション——ノーザンロック

変わるや否や、不良債権と銀行株下落によって資産価値下落のスパイラルが始まった。ノーザンロックの顧客は外部の当局〔シティ以外の監督当局〕の警告に気付き、あわてて預金の払戻しを要求した。

イングランド銀行は、ノーザンロックの救済が引き起こしうるモラルハザード問題を十分に認識していた専門的エコノミストによって運営されており、当初、その支援を断った。規制監督を担う各種当局間の責任分担には曖昧さがつきまとっていた。イギリスの伝統に従って、シティ自体が公的介入なしに解決策を発見することを、政府は望んでいた。しかし、パニックはイギリス銀行システム全体に広がり、その結果、政府は最終的にこの企業を国有化せざるをえなくなった。だが、こうした政策は新しい労働党《ニューレイバー》の政策プログラムにはなかった。それゆえ、アメリカ中央銀行の議長であるベン・バーナンキは二〇〇八年、「金融危機にあっては、もはやイデオローグなど存在しない」と宣言したのである。

この新しいエピソードによって、これまでの危機の教訓を確認でき、そしていくつか補足することができる。

・第一に、金融の可塑性を考えると、二流銀行によるイノベーションの利用でさえ、銀行それ自体を、さらには金融システム全体までをも危険にさらすに十分な動きを引き起こしうる。これによってわれわれは、なぜ金融システム全体をカバーする規制および規制当局をもつことが重要なのかを理解することができる。

・第二に、現代のイノベーションにあっては多くの金融手段（貸出し、デリバティブ商品、債券、スワップ、保険、オプション）が関係づけられるために、危機が勃発したとき所轄の監督当局はどこかが曖昧であり、そのことが、危機からの秩序ある脱却を阻害することがわかった。加えて、それぞれの当局は金融危機への対処法について異なった考え方をもっていることがある。ある監督当局は、へまで慎重を欠く投機家を公的に救済することを拒否し、現在の危機の悪化を覚悟してまでも、次なる危機を回避することを優先する。また別の監督当局は、市場経済において貨幣金融秩序の安定性ほど重要なものはないと考え、危機が勃発するや否やアクターを保護しようとする。

・最後に、急激な景気の反転、各種市場間の相互連関性の強まりなど、あらゆる資産の累積的なデフレ・スパイラルが発生しやすい状況では、一般に、当該政府の政策プログラムとか、エコノミストや反対政党の抗議とかと関係なく、公的救済に賛同する議論が力をもってくる。

二〇〇七年三月以来のアメリカがたどった道は、システミックな金融危機の管理を取り仕切るその場しのぎの好例である。まず、破綻投資銀行に対する現実追随的《プラグマティック》な支援（ベアスターンズの吸収合併）がなされ、次いで、強い公的支援要求があったにもかかわらず、ヘンリー・ポールソン財務長官は、リーマンブラザーズの救済をしないことを決めた。しかし、彼はパニックの到来を早め、財務省もＦｅｄも大規模なプランを公表せざるをえなくなった。かれらが再認識したのは、金融安定性は一種の公共財であり、そこにはできが悪くへまな銀行家とその巨額のボーナスを支えることが含まれるということであった。

5 アメリカ住宅ローン市場のデリバティブ商品危機――規制当局の沈黙と遅れた全面的介入

表題の件からは、金融イノベーションにともなうバブルの発生に関するもう一つの要因が、すなわち低金利維持における中央銀行の役割が問題として登場する。インターネットバブル破裂後のアメリカがこれに当たり、金融機関や債務者家計の負担を軽減するため、減税や低金利維持による景気刺激策が打ち出された。このほかに共和党政権は、アメリカ国民のうちのマイノリティや不遇な層が住宅所有できるようなプログラムを発表した。まさにこうして開かれた利潤機会へと、住宅ローン会社が突進しはじめた。つまり、住宅ローン会社は次第に、不動産価格の継続的高騰が最良の保証材料であることを期待しながら、所得の情報や信用供与の担保に関する通例の基準を捨てていった。また、とりわけ活発なロビー活動によって、関係する金融商品やその証券化はいかなる規制をも免れることができたことも、注記しておく。かくして、リスクある金融イノベーションの典型的な推移の様相を特徴づけるのに必要な成分がすべて出そろうことになる（図19）。

二〇〇七年三月以降、住宅価格の下落が始まってローン焦付《こげつ》き率の上昇が顕在化するや否や、市場の風向きは急激に逆転し、これまでのローンのトランシェ〔特定条件で切り分けられたシニア、メザニン、ジュニアなどの部位〕に応じた格付けはとんでもなく楽観的だったことがわかった。それゆえ、投機のこの反転について、明敏な分析家らはその潜在的に劇的な帰結を予想することができた（Roubini 2007）。サブプライム市場は消滅したけれども、サブプライム商品は各種銀行のバランスシートに計上されていたので、流動性危機が生じた。これに対してＦｅｄは、当初、流動性へのアクセスを容易化することで対処したが、額としては控えめであった。およそ三兆ドルにものぼる関連資産の規模

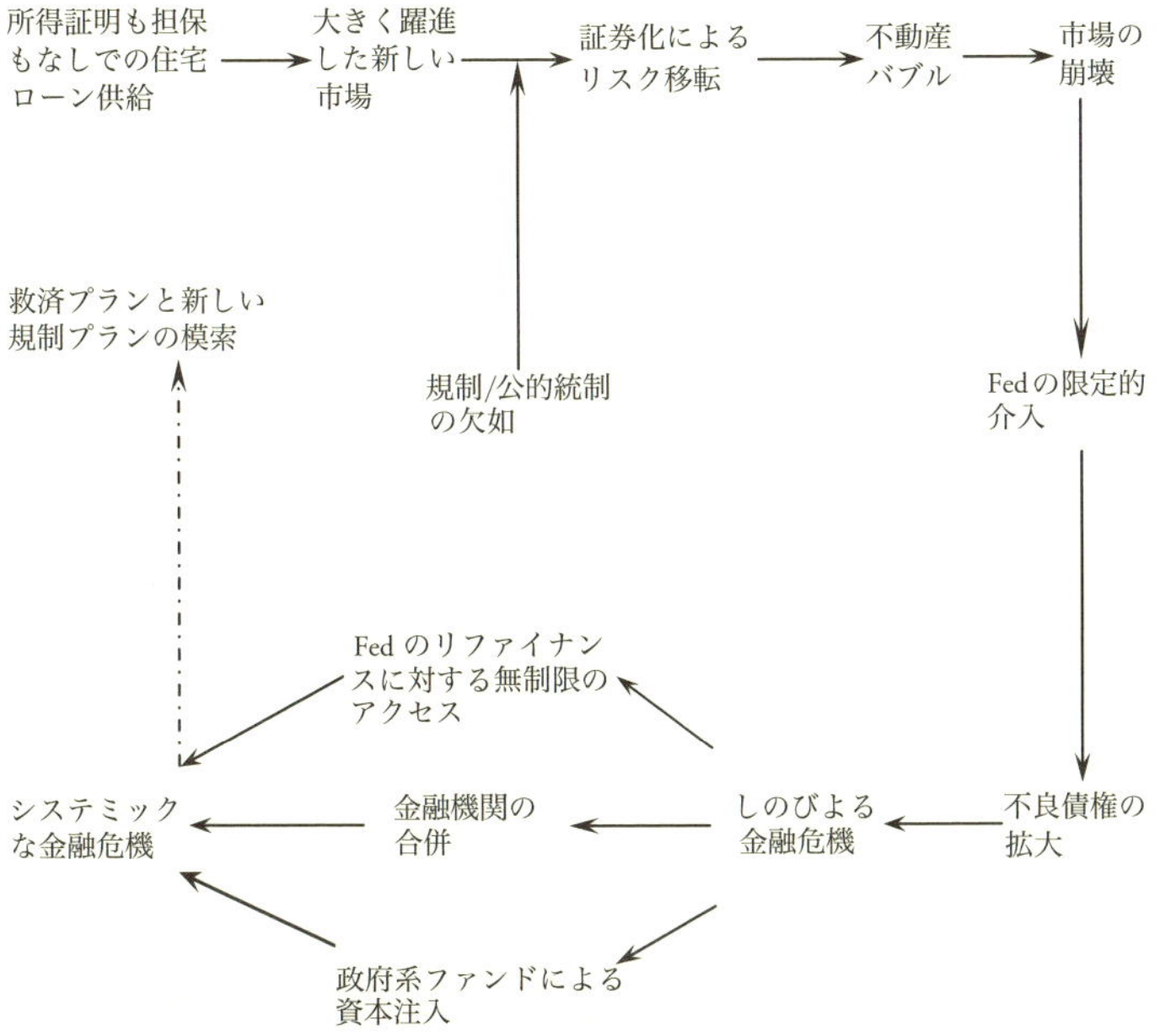

図19　一見すると危険ではあるが，住宅取得促進政策の一環をなしたイノベーション

を考慮に入れると、返済不履行や銀行がその価格を評価できない資産が増加しつづけていくことが、ただちにわかる。実際、サブプライム市場が閉鎖されてしまうと、それぞれの銀行が作成した場当たり的《アドホック》なモデルは、流動性への恒久的なアクセスと各種資産間の小さなリスク相関を前提としていたものだったので、もはや適切な情報を提供しなくなった。これはシステミックな危機ということができる。というのも、もはや合意を形成できないのは資産の価値評価の原理自体であり、その結果、銀行間信用が干し上がってしまったからである。

そこに二〇〇八年夏、危機の新たな局面が訪れた。それは、Ｆｅｄが流動性への無制限なアクセスを保証した時であり、これによって金融機関の再編が引き起こされた。このとき、政府系ファンドによる資本注入が受け入れられたのだが、これは少し前には、世界金融システムの透明性と安定性を害するものと評されたものだ。最も注目すべき現象は、おそらく、アメリカの政策が手探り状態にあったことだ。というのも、財務長官はつねに危機の規模を最小化しようとし、Ｆｅｄは信用へのアクセスの容易化に同意し、そして両者ともウォール街の責任に訴えたからである。だがこれは、危機の原因とその深刻さを真に評価することなく行われた。つまり、資産・負債の評価システム全体に機能不全が生じたのである。こうした条件のもとでは、多分に新型のこの危機を克服するには、金融政策はまことに間接的かつお粗末な道具なのである。

このように、アメリカのサブプライム危機にあっては、以前のいくつかの危機においてすでに検出されていた諸特質の総体が結びついていた。第三者によるコントロールが難しい特殊なイノベーションの増加、比較的短い投機的熱狂の時期について推定されたモデルに対する信頼、流動性への恒久的なアクセスへの確信、つねにより高い自己資本利益率を得るためのレバレッジ効果の追求競争、格別に収益性のある市場に対する規制当局の口出しを一切回避するようなロビー活動などがそれである。このようにして、この危機が前例のない規模のものであったことがわかる。というのも一九九〇年代以降、たえず否定されたり先送りされたりしてきたすべての問題点や不均衡が折り重なったからである。

6　一九九七年危機の犠牲者たるアジア諸国は危機が繰り返されないような装置を開発することを学んだ

システミック危機への歩みは避けられないものだったのだろうか。そして、長期的にみると結局は、経済的効率・成長・厚生にとって好ましいはずの金融イノベーションが発展するために払うべき対価として、危機を受け入れざるをえないのだろうか。一九九七年のアジア危機の帰結に立ち戻ってみることで、アメリカの道が示唆するものよりももっと含蓄のある解答が得られる。実際、韓国、日本、そしてもちろん中国を筆頭とするアジア諸国は、国際資本移

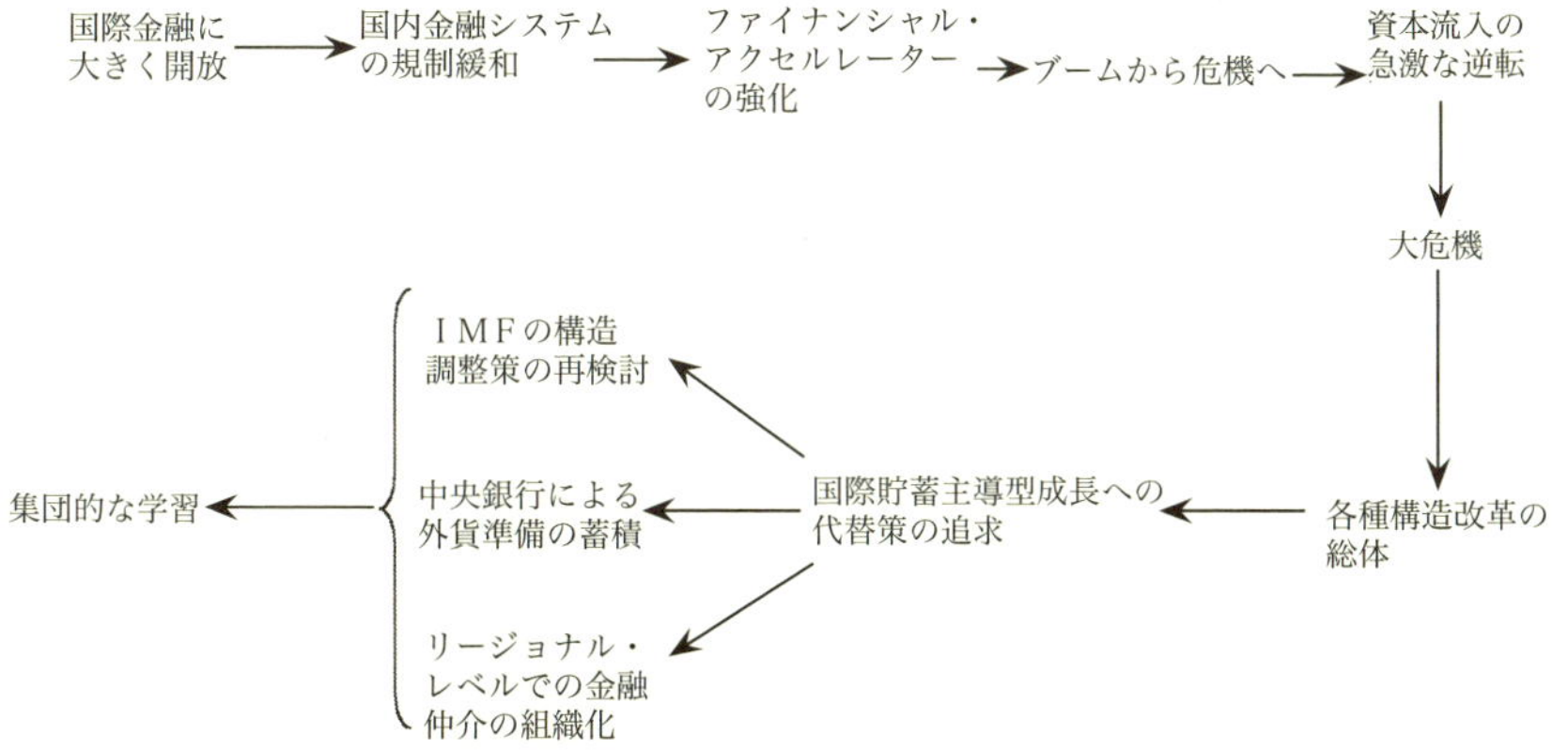

図 20　国際金融への編入を背景にした新しい管理手法を求めて——アジア諸国のケース

動への全面的な開放や自国金融システムの性急な自由化のもつ危険性を明確に感知していた。十分な外国資本は一見すると有益に見えるが、実のところ、それが豊富であるほど、中期的にはマイナスの影響が生じる。例えば、国内における過剰流動性の発生、不動産や株式に対する投機的な活動、自由化部門と保護部門の間の歪んだ資本配分がそれであり、外国資本フローの急激な反転がもたらす破壊的な効果については言うまでもない。

一九九七年危機の経済的・社会的・政治的なコストの大きさを踏まえて、公的当局や政府は従来とは別の戦略を追求してきた。従来の戦略は、金融化・外国貯蓄主導型の成長として特徴づけられる。これに対してアジア諸国は、現実追随的な政策を定義するに至った。その政策は、まずもってワシントン・コンセンサスを放棄し、IMF〔国際通貨基金〕の構造調整プログラムを拒否することのうえに成り立っている。暫定的な為替体制《レジーム》を採用することによって、中央銀行は、為替危機を回避するのに十分な外貨準備を蓄積していった。最後に、アジア・レベルにおける金融仲介の緊密化によって、長期的には、北アメリカの銀行や金融機関からのドルによる資金調達に頼るのとは別のものが形成されている（**図20**）。

アジア諸国の経済政策のこうした新しい潮流は、国内面のみならず国際面でもマクロ経済運営における新しい緊張をもたらさずにはおかなかった。国内的には、過剰流動性がインフレと投機の危険性をもたらすからであり、国際的には、国際流動性が著しく増加し、世界レベルでの貯蓄と投資の均衡に深刻な問題が生じるからである。とはいえ、アジアの経験は貴重である。というのもそれは、危機の深刻さを学ぶことによって危機再発を回避する取組みを促すことができることを示唆しているからである。

この点に関して、二〇〇七年三月に始まった危機の中心が、アメリカと——程度は低かったが——イギリスであって、新興《エマージング》市場諸国ではなかったことは注目に値する。このことは一九八〇年代および九〇年代の危機との断絶を示している。ある意味で、高度化した金融手段の採用に遅れたがゆえに、これら諸国はアメリカなみの危機の勃発を免れたのである。皮肉ではあるが、ガーシェンクロン（Gerschenkron 1962）の理論〔開発における後発性の利益を主張〕を金融にまで拡張し、金融手段における遅れがもつ利益を弁護してみたくなろう。その遅れによって、金融イノベーションの最前線にいる諸国が経験した危機に陥らなくてすんだのである。

7　各国政府は他国の危機からほとんど学ばない

一九九七年のアジア危機の劇的な性格は、金融グローバル化の魅力に取りつかれそうになった他のすべての国々にとって教訓的な価値がある。金融グローバル化は、国際通貨——この場合はドル——建ての信用の急激な拡大を可能にする。だが実際には、いくつかの新興市場経済に対して資本が流入した分、ひとたび都合の悪い出来事が生じるや否や、それだけ多くの資本がそこから逃避していく。こういう場合には、銀行危機と為替危機が同時に勃発する。銀行危機というのは、信用の爆発的増加がその経済の吸収能力を超え、投機バブル——不動産バブルが多いが株式バブルもある——をもたらすからである。為替危機というのは、国際通貨建ての信用を返済することができないことで、

表7　2009年に類似の危機が起きる可能性を示唆する三つの比率

	全体にしめる外国通貨建て貸出しの比率	非居住者向け債権の対GDP比率	うち1年未満の短期契約の割合
韓国	9.5	119	-
インド	1.4	81	-
ブラジル	2	61	-
チェコ	8	97.3	8.8
ポーランド	24	58.3	5.6
ハンガリー	55	106.7	18.2
スロバキア	35	107.2	13.2
ブルガリア	53	90.3	28.2
ルーマニア	54	66.7	19.6
リトアニア	61	94.7	14.8
エストニア	82	161	25.7
ラトビア	86	134.2	33.6
トルコ	29	23.8	9.1
ウクライナ	49	31.3	10.2

BIS, Banques Centrales, Calculs Natixis による

出所：Artus（2009d, p. 7）

自国通貨に対する不信が急速に広がるからである。金融危機に関する研究はすべて一致した診断を下している。すなわち、規制やプルーデンス〔健全性〕監視についての十分な注意を欠いたままで資本市場を開放したり、国内経済主体に国際通貨建ての借入れを許可したりすることは、きわめて危険だということである（Boyer, Dehove and Plihon 2004）。

しかしながら二〇〇〇年代後半、新たに国際システムに加わったいくつかの国々は、一九九〇年代のアジア諸国と同様のリスキーな戦略を採用していった。その国々とは主として、欧州連合〔EU〕に段階的に加盟した東欧諸国を指す。とりわけ軽率だったのがハンガリー、ブルガリア、エストニア、ラトビアである。これら諸国は、GDPに対する信用の爆発的な増大を記録しただけでなく、国際通貨建て——この場合ほとんどがユーロ建て——で負債契約を結んだのである（表7）。国際金融業者が好んでそのポートフォリオを多様化させ、直接投資を推し進めていったかぎりでは、公的当局は自国経済のダイナミズムに満足することができた。

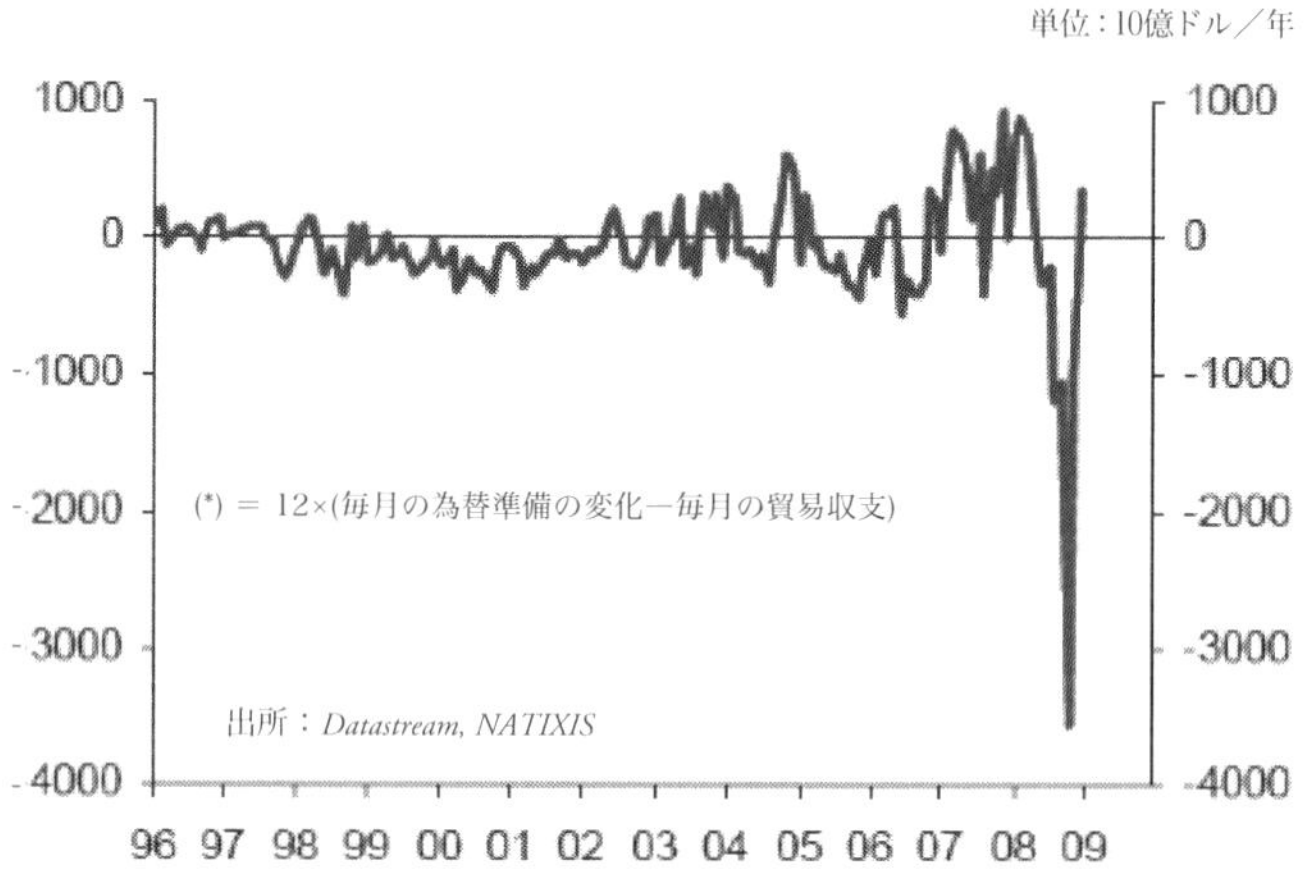

図21　新興諸国へ向かう資本フローはますます不安定化

出所：Artus（2009d，p.5）

残念なことに、アメリカの危機が世界の国々へと次第に波及していくにともない、資本移動の方向は急激に逆転した。というのも危機の最中でさえ、いくつかの巨大金融センターは新興市場経済よりも上質の保証を与えているように見えたからである（図21）。それゆえ金融グローバル化に新たに加わった国々は、二重の金融危機〔銀行危機と為替危機〕の再現を経験することになった。つまりアジア危機の教訓は、その犠牲になった国々だけには有益であったが、他の新興市場国グループにはそうでなかったようだ。だから韓国とブラジルという一組と、東欧諸国との間のコントラストは驚くべきものであった。前者は一つあるいは複数の大危機を経験してきたが、後者はそうではない。この二分法において唯一の例外をなすのはインドである。インドは二重の危機の犠牲者ではなかったものの、主に自国通貨建てで債務を形成するという、プルーデンス政策を追求しえていた。もちろん、大陸経済〔中国・インド・ブラジルなど〕は、小国開放経済に比べて大きな操作の幅を手にしているが、これはそれだけ対照的な戦略の存在を説明するものである。ソビエト連邦の崩壊からアジアおよび日本の危機に至るまで危機は相継いだが、その危機の全教訓に学んだように見える第二の大陸経済が存在する。中国である。中国は資本市場の開放を拒んできたのであり、それによって、国内の景気をうまくコントロールでき、アメリカの危機の影響はもっぱら世界貿易の大幅な低下を通じて受けたにすぎなかった。

8　抜本的な制度的イノベーションたるユーロは投機バブルの源泉となった

これまで考察してきた危機は民間のイノベーションから生じたものであり、潜在的に経済全体の不安定化をもたらすものであった。ますます多くのＥＵ諸国がユーロを採用することにより、イノベーションとは政治的かつ制度的なものでありうることがわかってきた。しかし、本章で導きの糸として役立った一般的図式との連続性を踏まえて言うと、いくつかの加盟国レベルでの制度的構図の遺産との一貫性が欠如することによって、新しい形態の危機が突発することがありうる。

実際、同じ金融政策や同一の為替相場はすべての国々にとっての足かせとなる。これによって各国は、自ら追求する目標と両立しうる経済政策の形成について、自由度を二つ失うことになるからである（Boyer 2007b）。当初は、この構造的欠陥は認識されない。なぜかと言うと、通貨の弱い諸国は為替リスクを相殺するために高い金利を維持せざるをえないが、そうした諸国はユーロへの移行にともなう金利の大幅な引下げから利益を得るからである。スペインとアイルランドの場合がそうであり、これら諸国は、ＥＵ平均と比べて急速な信用と経済活動水準の拡大を記録した。スペインでは、この信用が土木建設部門に大量に流入し、かくして、この部門はスペイン経済成長の原動力の一つとなった。アイルランドも同様であるが、この国は情報通信技術の採用によって成長を促進した後、二〇〇〇年代からは金融による成長戦略を採った。これによって、信用の膨張と投機バブルは、ことのほか顕著なものになった（図22）。

こうした推移を予測できた経済分析家はほとんどいなかった。なぜならば、経済全般のメカニズムが新たな制度的

（年変化率：%）

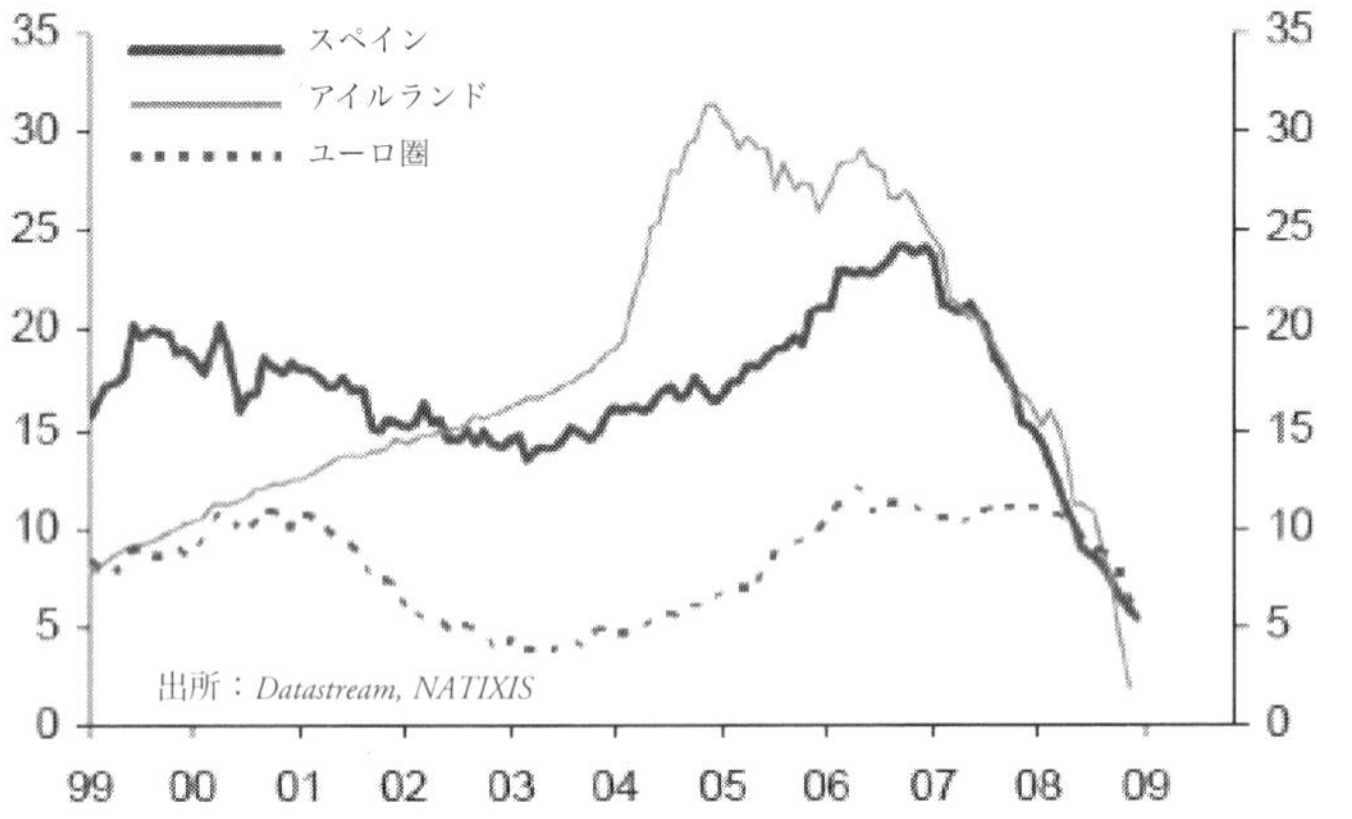

図22　ユーロ導入後の信用の爆発的増大——スペインとアイルランドのバブル

出所：Artus（2009b, p.5）

装置によって隠蔽されていたからである。ここに経済全般のメカニズムとは、国内経済情勢が要求する水準よりもずっと低い金利の維持であり、また新たな制度的装置とは、独立した欧州中央銀行を指し、その使命はユーロ圏全体でのゆるやかなインフレの推進と、ユーロの信頼性の漸進的構築にあった。注意を怠っていた観察者たちはそれに驚いた。というのも、欧州中央銀行の政策を正当化するのは、それが金融の安定化に寄与することであったからである。しかもそれは、金融的バブルの可能性を考慮することを通じてではなく、インフレのコントロールを通じてなされるとされたからである。実際のところは、金融的バブルの現象は国によってまったく異質なのであり、例えばドイツではそれはほとんど不在であった。率直に言って、このような異質性を考慮に入れるための補完的手法は、一国レベルでもヨーロッパ・レベルでも欠如していると思われる（Boyer 2007b）。したがって、サブプライム危機の世界的伝播に直面したとき、EU加盟諸国の政府がヨーロッパ・レベルでのアプローチに同意するのがいささか困難であったことは、さほど驚くべきことではない。

9　ある金融危機を急速に克服したからといって危機の反復を免れることはできない

金融危機の継続期間、その財政的コストおよびその成長損失コストに関する比較分析においては（Laeven and Valencia 2008）、一九九二年危機の後にスウェーデンの当局が金融システムを救済したことが模範例として挙げられている。ＧＤＰの四パーセントに相当する銀行への財政支援によって、一九九四年以降、成長が再び見られた。そして、銀行への政府の資本参加がもたらした含み益によって、最終的なコストはＧＤＰの二パーセント程度に収まった（Cherny and Ergungor 2009）。そのプランは、互いに補強しあう四つの相互依存的構成要素を利用するものであった。

・スウェーデン政府は全銀行に対して、三年間にわたるストレステスト〔健全性審査〕の結果を提出し、その自己資本ポジションを開示するように命じた。八パーセントを超える自己資本比率を有していたスヴェンスカ・ハンデルスバンケンといった銀行は、自主経営権を維持した。その対極として、もはや自己資本をもっていなかったノルドバンケンには、当然ながら徹底的な再編が行われた。また中間的ケースとして、民間の株主たちが国家管理下に置かれることを望まない場合には、かれらは自分たちが犠牲者にならざるをえないことを理解した。

・財務省や中央銀行から独立した組織である金融機関支援委員会に、優良資産と不良資産の選別を行う任務がまかされた。その目的は、事実上倒産状態にあるのにそのことを公表しないという、銀行の機会主義的行動を避ける点にある。この状況は、失われた十年において日本が採った戦略とはまったく別のものである。日本の場合、大蔵省〔二〇〇〇年より財務省〕は大半の銀行が倒産状況にあったことを知っていたので、銀行に対してその明確な状況を開示するよう求めることを拒んだのである。

・こうしてひとたび銀行の状態が落ちつくと、民間株主たちも時として銀行に追加出資するようになった。それを見て国家も躊躇することなく資本を注入し、場合によっては国家は倒産状態にある銀行を完全に国有化し、なるべく早く金融システムが自らの信頼性と公衆の信用を取り戻すように努めた。こうした出資の連携は、金融システムの救済にかかる最終的なコストの削減に寄与した。

・最後に、この過程はきわめて透明であったので、政治的反対があってもこのプランの実行の妨げにはならなかった。それゆえこのプランは、スウェーデン市民の全般的利益に貢献したように見える。金融システムに資本注入をする際に日本政府が直面した多大な困難とは、何と対照的なことか。日本の手続きはそれだけ不透明であり、腐敗が存在するのではないかと強く疑われたのである。同様にアメリカでの銀行救済プランも、上下両院議員の反対を惹き起こさざるをえなかった。このため、アメリカの危機脱出戦略は迅速さと整合性を欠いた。

このエピソードで興味深い点は三つある。第一に、政策当局が直面する三つの問題を同時に解決することの困難さが示唆されている。三つの問題とは、懸念される累積的な不況の阻止、信用活力の回復、そして――可能ならば――同種の危機の再来を避けるために規制措置やプルーデンス措置を講じることである。スウェーデンはこれら三つのうち最初の二つの問題を効果的に克服したが、その分、政策責任者は金融自由化と金融グローバル化――これによってかつて危機が生じ、また十年後に再来することになる――にかかわる問題に対する措置を講じなかった。このように、ある戦略はその成功ゆえに、もっと広い学習プロセスを阻害することがある。事実、金融危機は最小のコストで克服できればそれで十分だから、金融危機を避けることは無駄――おまけに不可能――だという見方に当局が立っているかのように、すべては進行した（**図23**）。アラン・グリーンスパンのような中央銀行家が長年採ってきたのは、この立場である。しかし、サブプライム危機がもたらした断絶によって、今日、この原則には疑問が付されている。

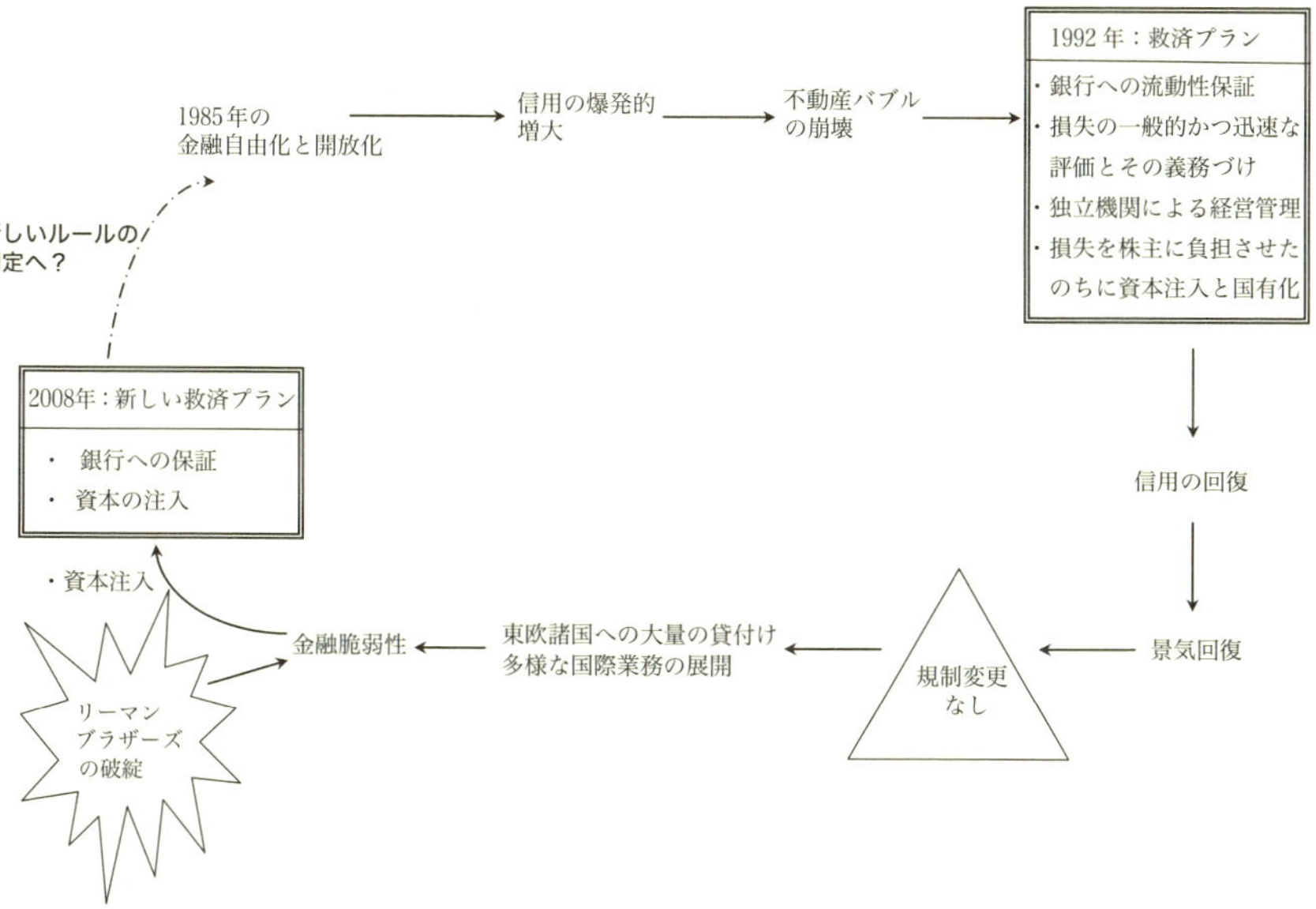

図 23　効果的な救済プランだが，同様の金融危機の再発を避ける政策を欠いていた——1992 ～ 2008 年のスウェーデン

第二の教訓は、危機管理に関しては最良のやり方を一国から他国に移植するのは難しいということである。代々のアメリカ財務長官が苦労して暗中模索していたのに対して、二〇〇九年春、金融ジャーナリズムはほぼ一致して、スウェーデンの政策がいちばん効果的だとして賞賛した（Thal Larsen and Giles 2009）。こうして確認されたのは、制度経済学における主要な教訓であり、すなわち、公的当局は他国経済の成功からよりも、自分たち自身の過ちからいっそう多くを学ぶということである。

最後に、金融に対する非介入主義の信奉者たちの有無を言わせぬ議論は、こうした疑問がどんなにあっても超然としている。現在の危機から脱するために大規模な公的介入が必要であると認められるとしても、それを実行すれば次の危機のときモラルハザードが生まれてしまい、経済諸主体は公的権力による救済を当てにしてさらに大きなリスクをとることになろう。だから結局、危機は深刻化し、投機家たちは大損害を受け、将来かれらの後継者たちは大きなリスクをとることに消極的になるというわけだ。すでに論じたように、ノーザンロック救済を一時阻止しようとしたイギリスの中央銀行総裁の議論がこれに当たる。同様に、アメリカの当局がリーマンブラザーズの倒産を許容したのも、当初、金融界が財務省やＦｅｄによる救済を期待したことへの歯止めとして示されたのである。振り返ってみると、分析が誤っていたことは明らかである。つまり、不動産デリバティブ商品の管理におけるリーマンブラザーズの位置からして、その倒産の影響はきわめて大きかったはずである。

これら若干の例から、民間の金融イノベーション、公的当局による学習、そして貨幣・金融の管理において自らが獲得した決定的役割を民間主体が御都合主義的に利用すること、――これら三つの事柄を支配する諸関係の複合体が浮かび上がってくる。

第5章　アメリカ住宅ローン市場関連のデリバティブ商品危機は避けることができた

「システムにおいてバブルが慢性的なときには、バブルの過大な膨張を避けるために、公的規制当局は介入しなければならない。市場は自己修正的ではないという事実を政府は考慮しなければならない。したがって、危機が炸裂した後に、破片を集めるというのでは不十分である。」

（ジョージ・ソロス「グローバルな視点」二〇〇八年十月十九日付『ザ・デイリー・ヨミウリ』再掲）

前章までの回顧的分析から、次のような、現代のための重要な教えが引き出される。金融の仕組みや手段の大部分の起源となっている民間のイノベーションは、貨幣金融秩序の不安定化という壁にぶつかった。この不安定化が強まると、ついには、そのイノベーションが利用される様式に関して、民間の代わりに公共体によるコントロール〔統制〕が必要とされるようになる。このコントロールの目的は、商業秩序の安定性すなわち金融・貨幣の安定性と、そうしたイノベーションとを両立させることにある。サブプライム危機の深刻さは、まさに、最近二十年間に積み重ねられた金融イノベーションの持続的かつ効率的な利用を可能にする規制とコントロールという問題を提起している。

1　大危機後に規則によって枠付けされてこそイノベーションは画期的となる
――商業銀行の例――

すでにとりあげた幾人かの分析家にとっては、金融市場の自由化は商業銀行の不可逆的な衰退をもたらすはずのものであった。すべての投資銀行やウォール街のビジネスがほぼ破綻に追い込まれたことは、このシステムが、そのままの状態では長期的な持続可能性をもっていないことを示している。民間イノベーションの最大限の発展は金融システムをシステミック危機に追いやり、また、この民間イノベーションは金融の安定性という至上命令と整合しないことも示された。逆に、驚くべきことに、商業銀行はインターネット危機や二〇〇九年の危機を生き抜いた。なかでも新金融商品への投機をしなかった商業銀行は、システミックな危機に対して、比較的強い抵抗力を示した。

以上から言えるのは、民間イニシアティブと公的コントロールとをあわせもつ、一貫性のあるモデルの構築と普及を導いた長期の歴史的プロセスを再検討することが、いま求められているということである。商業銀行の最初の歩みを画したのは、預金者が資産の現金化を要求するなかで起きた一連の銀行取付け騒ぎであった。少なくとも一世紀をかけて、銀行界、専門家、公的当局がこの現象を阻止する手段を探し求めた。例えば、金融危機に対応するための銀行間市場の組織化といったような、多くの解決策は袋小路に陥っていることが判明した。実際には、銀行総体が流動性不足に陥っていたのであり、したがって銀行が互いに他の銀行を救い合うことはできなかったのである。一九二九年危機の発生後かなり遅ればせながら、預金保険の原理を制度化し、普及させることが解決策となった。

次に起きたのは、商業銀行を脅かす資産危機であった。この危機は、預金を元に行われた貸出しを債務者が返済できないことから生じた。短期・中期・長期それぞれの貸出しに転換できる預金の割合を決めるための原則や技術を銀行が開発するまでには、長い学習期間を要したことだろう。しかし、預金保険は不健全な貸出しのリスクを悪化させ

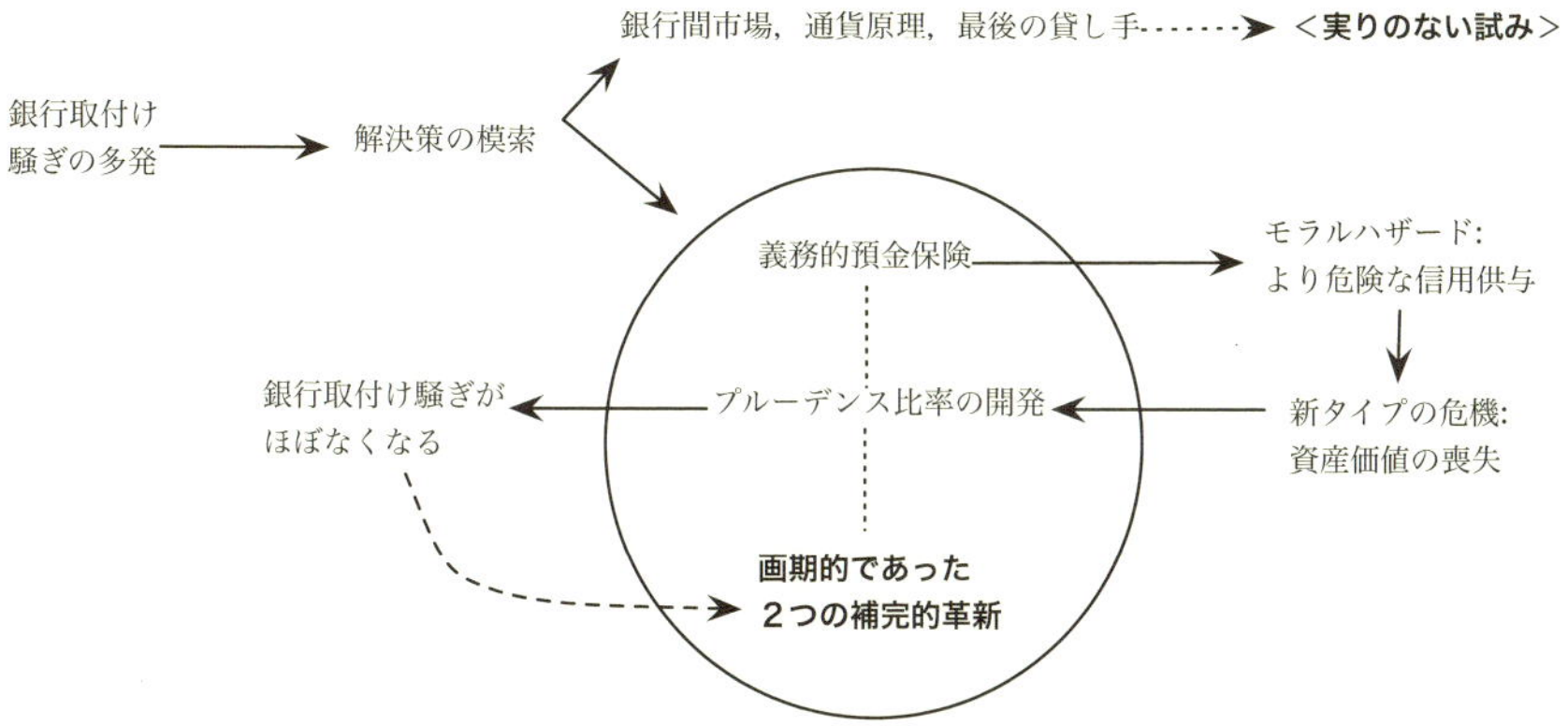

図24　一世紀以上にわたる，危機および銀行取付け騒ぎ防止規制の模索

たので、一九七〇年代から、銀行の損失リスクに比例した自己資本を求める自己資本比率が一般化した。こうして、長い金融の伝統をもつ諸国では、銀行取付け騒ぎは次第に消え失せていった（**図24**参照）。

しかし一九八〇年代半ばから、銀行経営は金融市場との競争にさらされた。大企業は直接に金融市場へと向かっていった。その結果、銀行はより大きなリスクをとらざるをえなくなり、最終的に資産運用に関与せざるをえなくなった。しかし、アメリカで主に見られた現象は、証券化にほかならなかった。資産のリスクを減らすために、銀行は、貸出しをその質に応じてグループ分けし、証券に変換し、それを他の金融仲介機関に売った。インターネットバブル崩壊後のアメリカにおける銀行の驚くべき回復力は、まさにこのメカニズムのおかげである。

二〇〇八年にバンクオブアメリカという一大預金銀行が、失速した投資銀行メリルリンチの支配権を握ったのは驚くべきことでない。要するに、預金の安定性や家計・小企業向け営業活動の安定性は、ウォール街の投資銀行の資産価格の極端な浮動性《ボラティリティ》と比べると、一つの切り札なのである。有り体にいえば、商業銀行の監督の質や営業方法の質が、金融システム全体の再構築のなかで競争優位となっているのである。こうして預金保険、プルーデンス〔健全性〕比率、証券化は、銀行にとってのほぼ整合的なモデルを構成する。しかしながら証券化は、金融システムの

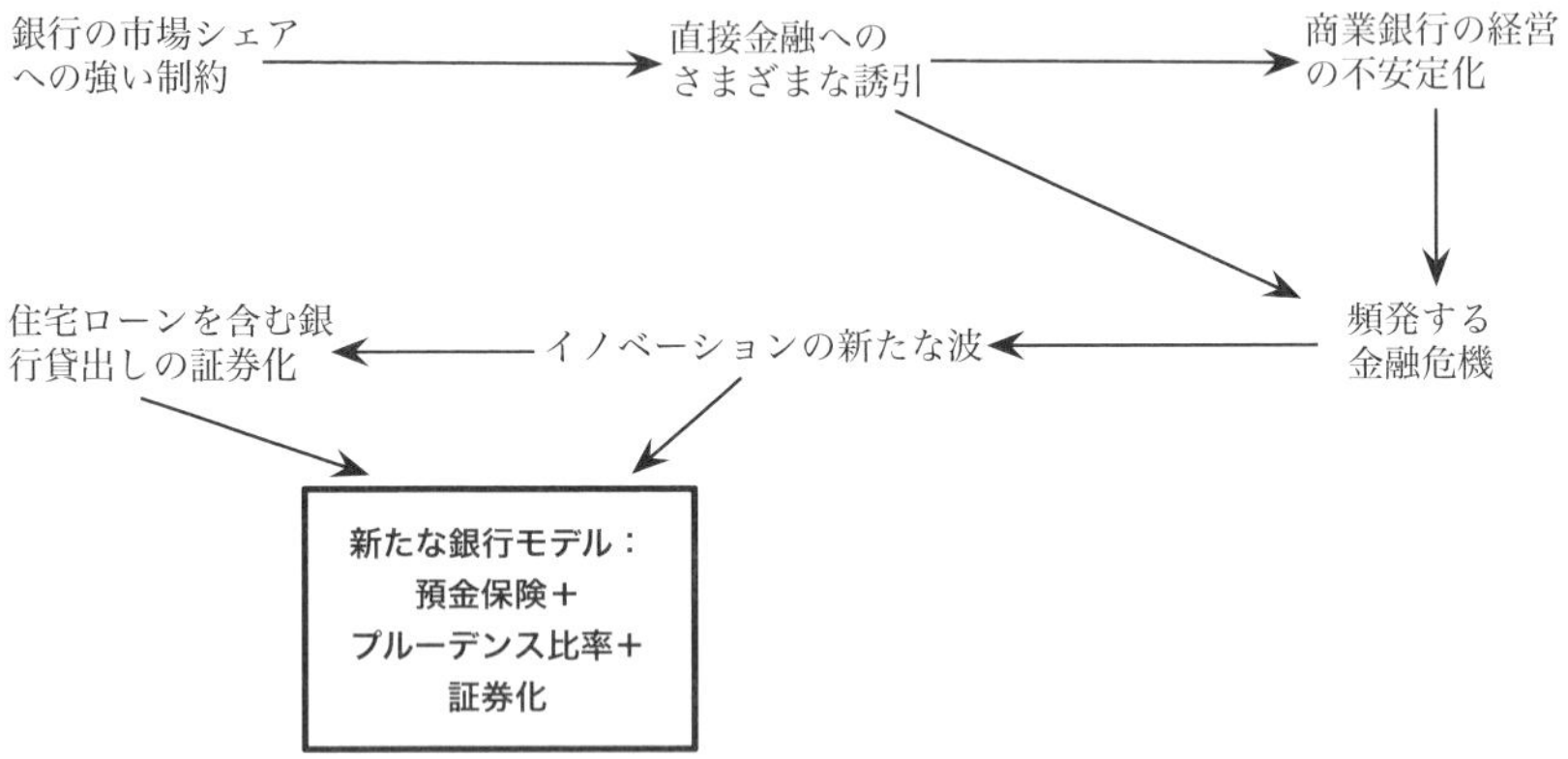

図 25　直接金融の圧力が第三のイノベーションをもたらし，これによって銀行は安定化したが金融システムは不安定化した

他のアクターにとっては、リスクを拡散し増大させる作用をもつ（図25参照）。サブプライム危機が発生したとき、収益性を上げるためにデリバティブ商品を購入していた商業銀行が、ブーメラン効果――すなわち差出人への返送の効果――によって莫大な損失をこうむった。これはまさにパラドクスである。商業銀行は、金融のシステミック危機の受取人となったのである。証券化の蛇は自らの尻尾にかみついたのである。

民間イノベーションと公的コントロールとの間のこのような弁証法は、アメリカ住宅ローン市場の危機を乗り越えるための示唆を与えるかもしれない。それは以下に述べるような三つの主要な方向をもつ。

2　リスクの評価や負担ができない経済主体にまでリスクの外部化を進めさせないこと

リーマンブラザーズやメリルリンチの経営者や、ジョージ・ブッシュのもとで財務長官を務めたウォール街の実業家ヘンリー・ポールソンにとって、この危機の広がりは驚きであったようだ。他方、一九二九年恐慌の専門家であるベン・バーナンキのような大学教授や研究者にとっては、また国際決済銀行のような国際機関にとっては、この危機はそれほど驚きではなかったようだ。

・実際、二〇〇〇年代初めから、この国際機関はデリバティブ商品の爆発的増加を危惧していた。デリバティブ商品はますます多様化、複雑化し、通常のプルーデンス規制が及んでいない経済諸主体が保持するようになり、そしてこれら諸主体は極端に大きなレバレッジ効果を利用していたからである（BRI 2002, 2003）。こうして、アメリカで一九九六年に〇・六八五兆ドルであった証券化は、一九九九年に一・三五五兆ドルとなり、二〇〇六年には三・一八七兆ドルに達した。このような爆発的拡大の継続は持続可能なものかどうかが問題となった（Erturk *et al.* 2008）。

・また、当初から幾人かの独立系の専門家はリスク資産を評価したり、リスクが表面化した時にそれに対処したりする十分な能力をもたない組織や個人に、リスク資産を売ることの危険性を指摘していた。というのも、それとは対称的に、住宅ローン取扱銀行の側は、支払不能リスク〔貸倒れリスク〕を転嫁するためにそれ〔リスクの外部化〕を利用して、ますますリスクの高い貸出しによって活動を拡大していったからである。このプロセスは、金融機関が、返済不可能であることがほぼ確実な世帯に貸出しを認めるところまで達した。

この二つのメカニズムの結びつきによって、サブプライム危機の広がりと深刻さが説明される。実際、支払不能や延滞の拡大が現れ、不動産価格の急騰が失速し、さらにかつての好循環は、資産価値の下落スパイラルに転化してしまった（図26参照）。

ますます多様化するデリバティブ商品の爆発的拡大のなかで、デリバティブのデリバティブが登場したことは注目すべきである。これは発行者にとってさえ、そのリスク評価が非常に難しい商品である。何によってリスクが現実化するのかをまったく理解することなくこうした商品を買う人たちについて、何を語ればいいというのか。このような

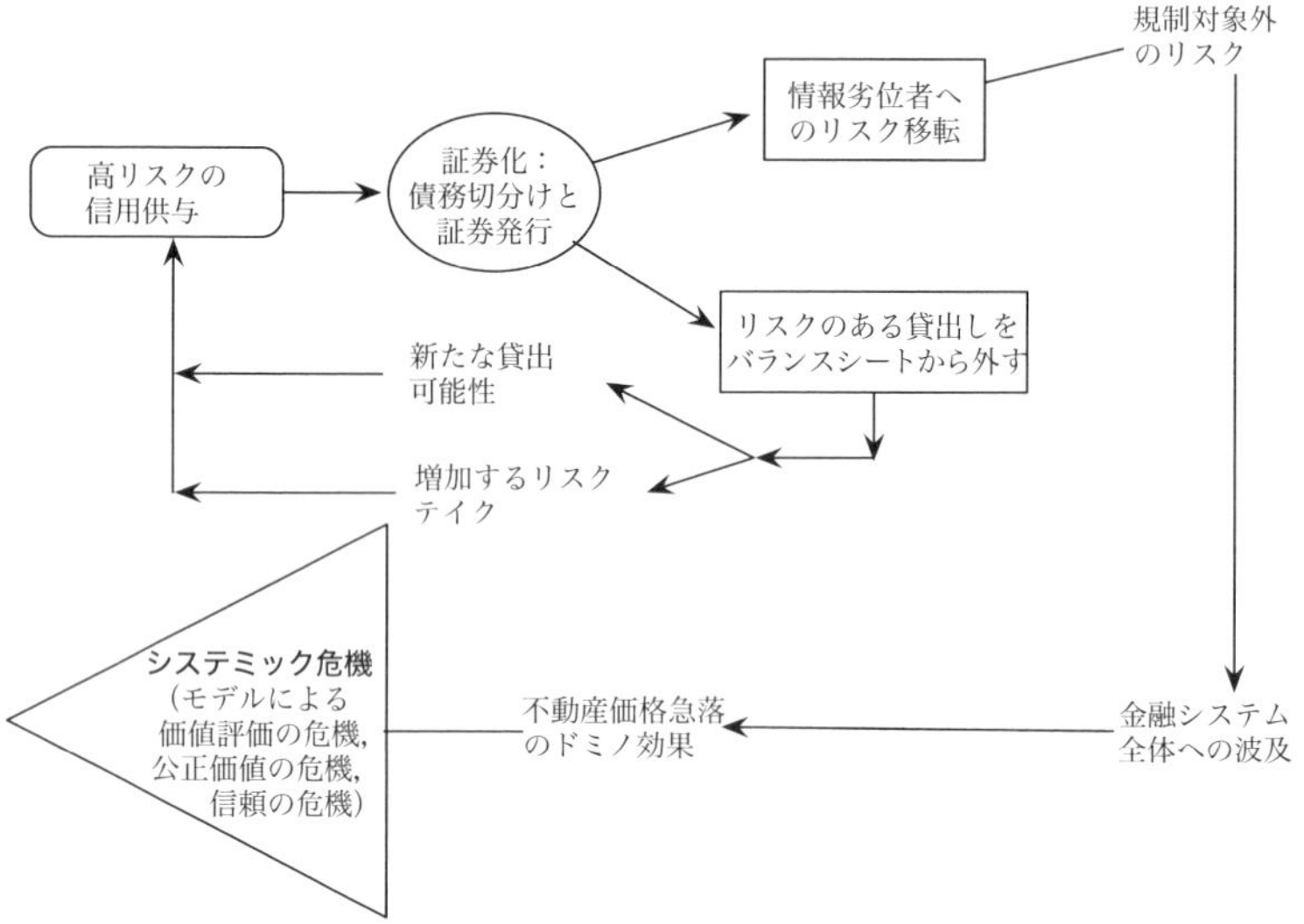

図26　いわゆるサブプライム危機の展開

リスクの外部化は特に危険であり、次の二つの効果を有するので持続可能なシステムをもたらしえない。

・第一に、支払不能リスクから解放されることがこのように容易になると、多くのアクターは、その住宅ローンの供与を最大化しようとする。こうして、二〇〇六年から二〇〇七年にかけて、この貸出量は約四〇パーセント増加し、同時に他のデリバティブ商品はそれ以上に急増した（図27参照）。

・第二に、最も憂慮すべきことであるが、時がたつにつれて、市場に供給される債券の質がますます低くなる。そのため、危機が起きるリスクは、住宅ローンの総量よりもずっと急速に増大する。債務者と債権者の間の相対《あいたい》関係というのは不完全情報下のエージェンシー問題に関する新古典派理論の中核をなすものだが、その関係の弛緩は不可避的に無責任をもたらす。また、株主価値の普及によって経営者の利害と株主の利害が一致する――ただし、これが実現されることはない（Boyer 2005）――と仮定される時代に、無責任が普及するシステムを金融イ

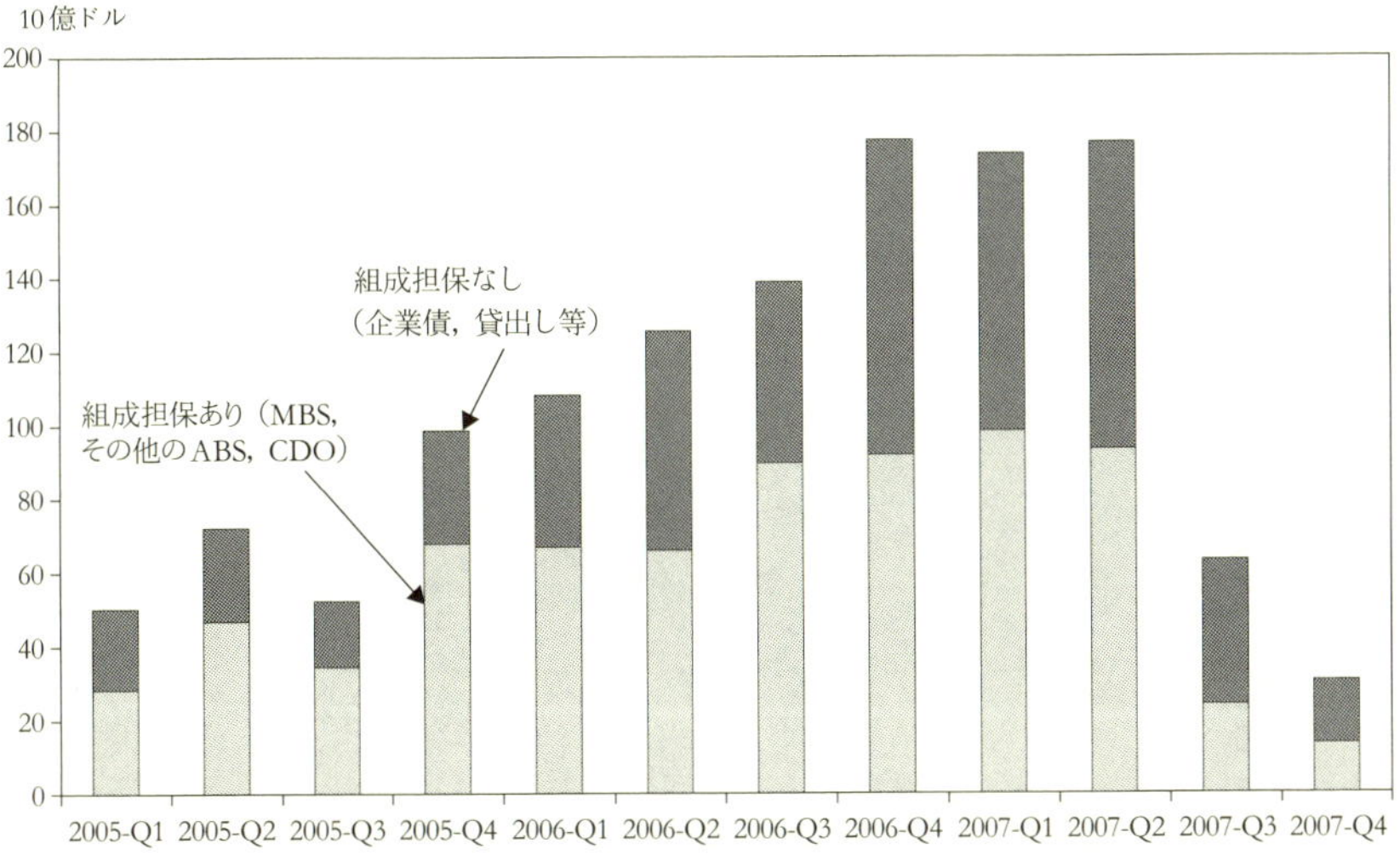

図 27　デリバティブ商品――特に住宅ローン関連のもの――の急成長

出所：証券業・金融市場協会（SIFMA）

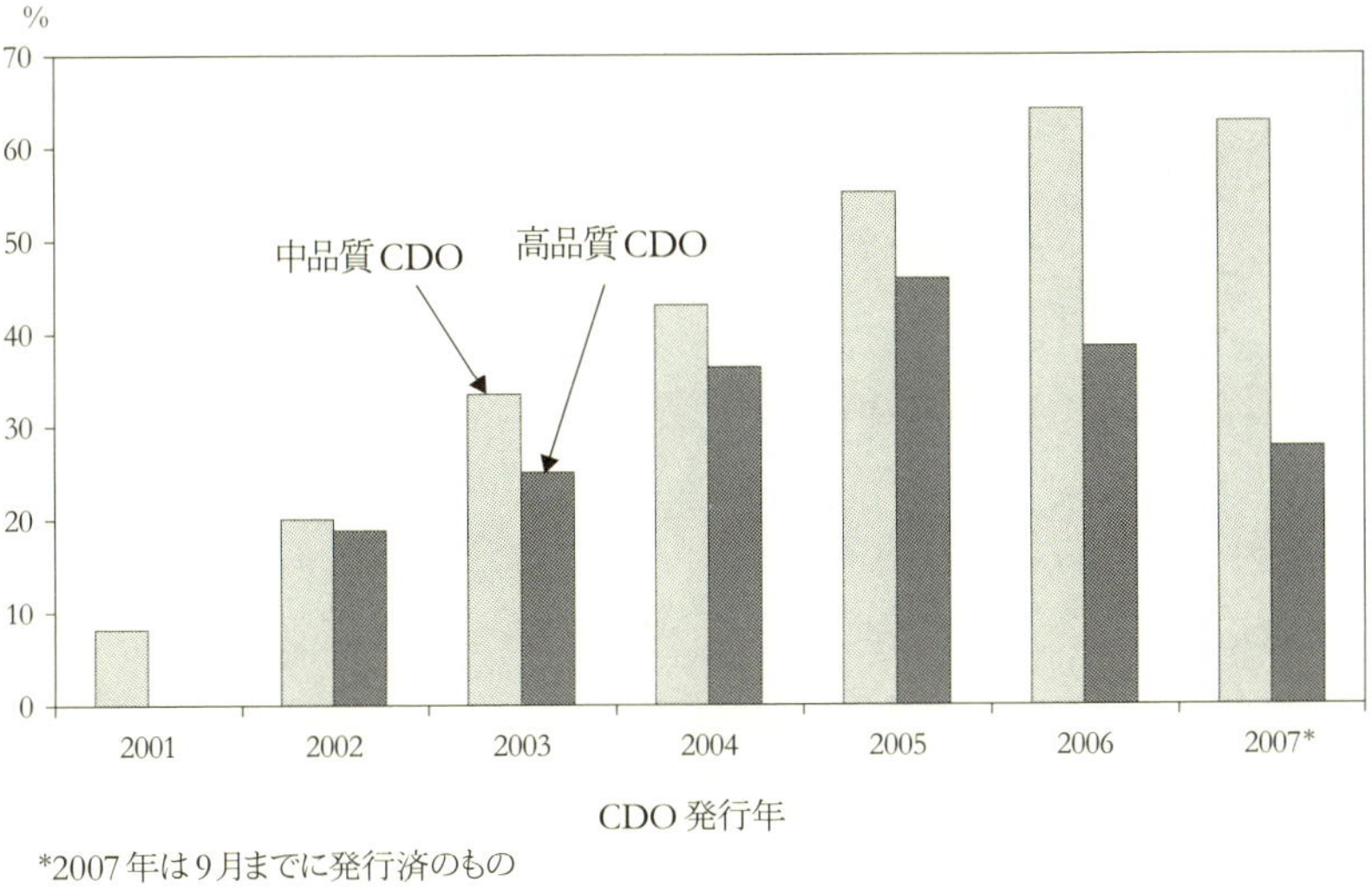

図 28　リスクの分散は住宅ローンの質の低下をもたらす

出所：スタンダード＆プアーズ

ノベーションが広めたのは、なんと逆説的なことか（図28参照）。

以上から、このような事態の繰返しを避けるための一つの教訓が引き出される。監督当局は、リスク移転がなされる場合、発行者と少なくとも同程度の情報をもったアクターに向かって移転されるよう、注視しなければならない。この原則が厳密に適用されれば、根本的に非対称的な情報の破廉恥な利用にもとづくデリバティブ商品の量は急減するだろう。だが、金融界はただちに次のような反対意見を主張した。金融イノベーションを枠付けすると、成長のダイナミズムを危うくし、また資本主義のかなめである企業活動の自由を侵害することになる、と。だがこのような反対意見には次のような反論もありうる。一方で、他の多くのイノベーションは成長の源泉であったが、他方で、金融イノベーションが成長の形に及ぼす役割は曖昧である、と（第9章参照）。

3 予見できた危機――多数の分析家が予見していたので回避できた危機

当初は、サブプライム危機は、外来の異変としてとらえられた。それは、百年に一度しか起こりえないというほどに、まずありえないことだった。このようなとらえ方は、危機のゆっくりとした熟成を示す多くの実証的証拠に照らすと、維持できない。住宅ローン関連デリバティブのビジネスにのめり込んだすべてのアクターは、十分な利潤を引き出すことを許すであろう投機熱について明確に意識していた。

最初は、証券化の盛行以前の過去の観測値に合致した返済率を前提として、住宅ローンの評価が行われた。しかし、住宅ローン債務者の個人データを分析すると、二〇〇三年以降、焦付《こげつ》き率は標準から持続的に乖離している。そして現在に最も近い期間では、残存期間一年のローンの焦付き率は、以前の住宅ローン体制のもとでの焦付き率の四倍と

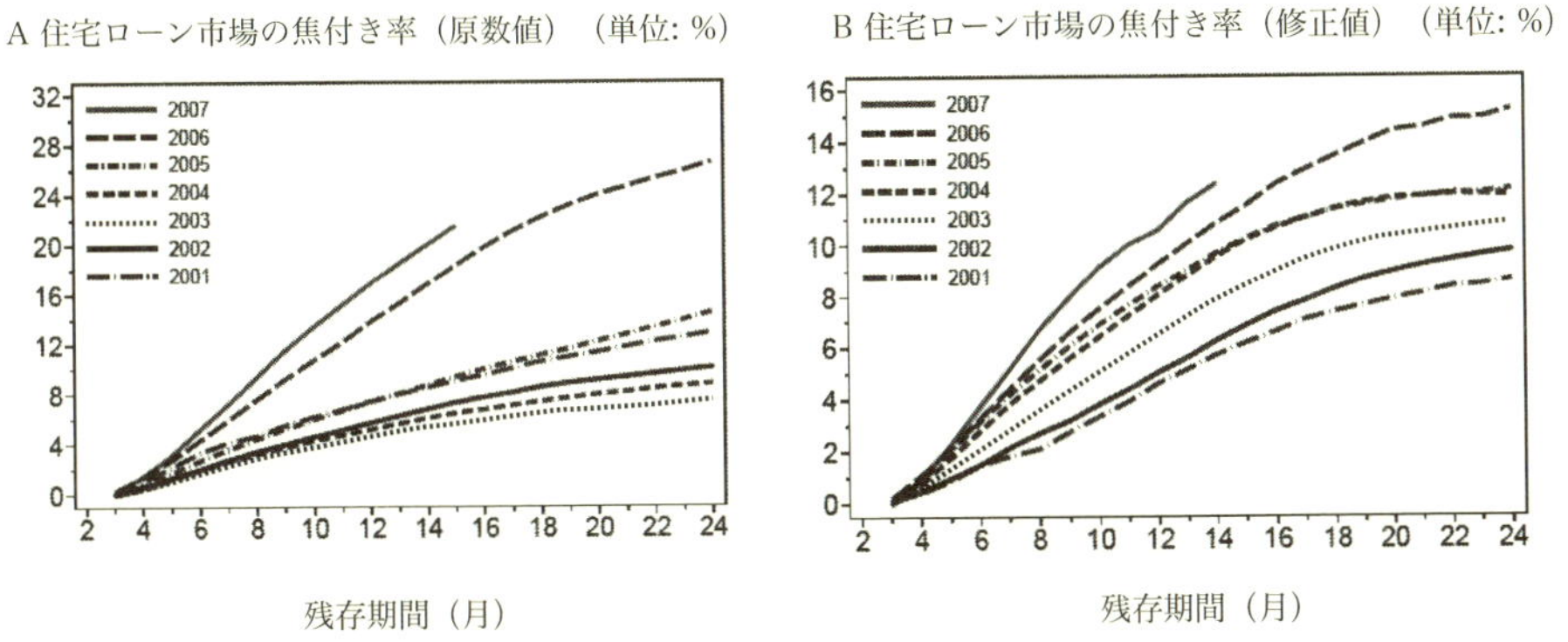

図 29　2003 年以降，住宅ローンの質は標準から持続的に乖離している

出所：Demyanyk and Van Hemert（2008，p.1）

なっている（図29Ａ）。住宅ローンに対応するデリバティブ商品の価値が暴落するのも当然である。しかし、報道機関や司法機関の調査によると、住宅ローン・ブローカーの報酬は貸出量にもとづいて決められているので、貸出量を最大化するためにブローカーは故意に個人データを偽造していた。このような投機的雰囲気はさらに、優良品質の住宅ローンにまで波及していき、その焦付き率も上昇した。実際、住宅ローンのトランシェ〔特定条件で切り分けられた償還条件や信用リスクなどの異なる部位のこと〕ごとの焦付き率の不均等性を考慮して補正を施しても、二〇〇一年以降焦付き率は全般的に一方向への偏倚を示していることがわかる（図29Ｂ）。

　これらのデータはサブプライム危機の内生性を示している。なぜなら、これらのローンの借り手の大多数が支払不能に陥るプロセスにおいて、何らかの外生的ショックを引合いに出す必要はないからである。これこそ、アメリカの家計へのポンツィ型プロセスの適用にほかならない。当初、七〇〇〇億ドルと見積もられた損失の大きさは、ＭＢＳ〔住宅ローン担保証券〕の価格が実際のリスク増大を織り込んでいないという事実に起因するものであった。当然、その後不動産価格が反転すると、不況のなかでこの損失はさらに悪化した。

　ここで格付機関の重大な責任が問題となってくる。実際、同じ格付システムを採用することによって、特に複雑なデリバティブ新商品――住宅ローンを多くのトランシェに切り分けて再構成した商品――のリスク管理は、株式・債券・オプションといった標準的商品にともなうリスク管理と同じであると、格付機関はその顧客に信じ込ませた。実際には、デリバティブ商品は必ずしも、対応するリスク計算を可能にする情報をともなっていない。その結果、しばしば非常に楽観的であった最終的な格付けは、無知の所有者に対し、これらの商品が無リスクであることを保証した。加えてしばしば、格付機関としての役割と企業向けサービスの提供者としての役割という二重の役割を考慮すると、ＭＢＳやＣＤＳ〔クレジット・デフォルト・スワップ〕の格付けは実際には顧客〔企業〕がでっち上げたものであった。同じようにして、ＡＩＧ〔アメリカン・インターナショナル・グループ〕は、発行する商品の品質にもとづいてではなく、社名の品質だけにもとづいて、ＣＤＳの営業を爆発的に拡大することができたのである。

もっと技術的な面について言えば、市場金融の専門家が今日明らかにしたところでは、こうして市場に出される商品の複雑性は、その商品のリスク分析能力を完全に超えてしまったのである（Crouhy 2008）。さらに、この商品の買い手も売り手も、景気の反転が波及するとき、デリバティブ商品の価値がきわめて非線形的な変動をするのを認識していなかった。つまり、「シニア」〔優先〕とされたトランシェでさえ、急激にトリプルＢの格付けに転落することもある。標準的金融商品とのこうした根本的相違によって、不動産市場の反転以来、増えつづける損失の急激さや莫大さが説明される。その結果、金融の数学化のある支持者は、正当にも次のように主張しえた。すなわち、高収益を求める投機活動が正当化されたのは、モデルが間違っていたことによるよりも、むしろ非常に不完全なモデルを破廉恥に崇拝したことによるのだ、と（**Bouchaud 2008; Briys 2009**）。

市場のアクターたちは、これらのリスクを明確に知り、デリバティブ商品の熱狂的購入には関与しなくなった。金融ジャーナリズムは、サブプライム・ローンの失敗に賭けて一財産を築いたことについて、ジョン・ポールソン〔ニューヨークに本拠を置く著名ヘッジファンドの創業者〕を責めた。また、アメリカの金融界を象徴する人物であるウォーレン・バフェットは、二〇〇三年から、証券化がアメリカ経済の安定性それ自体に対してもたらす危険性を指摘していた。同様に、元トレーダーやヘッジファンド経営者たちも、アメリカが陥っている投機スパイラルを告発した（Soros 2008; Jorion 2007; Taleb 2007)。

4 住宅ローン市場関連デリバティブと巨大なレバレッジ効果——危険な結合

プルーデンス規制のメカニズムを調整する責任をもつ国際および国内の金融規制当局は、二〇〇三年以降、証券化の危険性を認識していた。国際決済銀行が出した二つの報告書、すなわちリスクの大量移転がもたらす結果に関して証券化の危険性を予示した報告書（BRI 2003）と、危機の最初の勃発に関連してその現状を述べた報告書（BIS 2008）がそれに当たる。他方、個人の金融投資の安全性を配慮することを義務とするアメリカの規制当局は、証券化後に起きた好ましくない兆候を憂慮し、二〇〇三年には上下両院に対して、デリバティブ商品を何らかの形で規制することを要請した。この要請は、権力者に一喝されて拒否された。すなわち、「デリバティブ商品は金融危機のリスクを低下させる」と、アラン・グリーンスパンとラリー・サマーズはそろって断言したのであった。

金融自由化は次の二つの特徴をもつことがわかる。最初は金融活動や経済成長にとって好都合である。しかし、次にはシステミックな危機に寄与する。

・金融イノベーションの増加は、経済政策上の諸決定からの直接的結果である。住宅ローン市場のデリバティブ商品は金融のこうした新潮流の象徴である。われわれがすでに強調したように、先物市場の開設は資産市場の機能を安

表8　デリバティブ商品はなぜ金融の安定性に対して特殊なリスクをもたらすのか

デリバティブ商品の普及理由	デリバティブ商品がもたらす諸問題
1. より容易なリスク移転	1.1. より大きなリスクテイク（例：サブプライム・ローン）
	1.2. 活動量の並外れた伸び
2. より多くのアクターへのリスク分散	2.1. 対応するリスクを自力で評価できないアクターの参入
	2.2. 格付機関に寄せられる不当な信頼．格付機関の評価はデリバティブ商品に対してではなく，しばしば原商品に対して行われている
	2.3. デリバティブのデリバティブの複雑性は，情報優位者の分析能力を脅かす
3. 最適化モデルの利用によるリスクの価格形成	3.1. イノベーションの増加を考慮すると，データ期間の短さはリスク評価を問題のあるものにしてしまう
	3.2. モデルは平穏時の資産価格の相関関係にもとづいており，（不動産価格の暴落のような）最も劇的な時期の動きにもとづいていない
4. 流動的で透明な市場	4.1. デリバティブ商品は個々のリスクの管理を可能にするが，（サブプライム市場の消滅のような）非流動性の管理は対象外である
	4.2. 透明性は，「将来への約束」の市場においては幻想である（サブプライム危機の出口はどこか）

出所：BIS（2008）による

定化する結果を必ずしももたらさなかった（前出第2章参照）。さまざまなモデル化から引き出される証明に加えて、われわれは、発行主体から他の主体へのリスクの移転がもたらす結果に関して、より一般的な推論を示すことができる。二〇〇〇年代におけるデリバティブ商品の爆発的増加の危険性を指摘した国際決済銀行の仕事（**BRI 2003**）や、この分析を二〇〇七年までに生じた出来事に照らして実証した仕事を挙げることができる（**表8**）。

・第一に、リスクの移転はもともと両刃の剣である。一面では、それをとりたいと望むアクターにリスクは分散される。しかし他面では、移転元の金融アクターを、より大きなリスクをとることに駆り立てる。これはまさに二〇〇〇年代半ば以降に起きたことである（**図27**および**図28**参照）。第二に、デリバティブ商品の評価は問題なしではすまない。なぜなら、この評価は、従来は標準的な金融商品の評価に特化していた機関の格付けにもとづくからである。しかもこの格付機関は、私的な助言と公的な格付けとを兼業することによって大きな利益相反に陥っているし、さらに比較的短期間にテストされたモデルをもっぱら使用しているからである。このモデルは、原則として、金融危機や金融ストレスの期間に見られる非典型的な相関関係を排除している。したがって、サブプライム型のデリバティブ商品市場の凍結は驚くべきことではなく、二〇〇七年三月から始まった危機の本質的原動力である。第三に、デリバティブ商品は、個々のリスクの管理を可能にするが、流動性へのアクセスが阻止されるというリスクについてはその対象外である。厚みがあり流動的であると考えられていた市場が急激に枯渇する。これはサブプライム危機の新しさの一つである。

・同時に、金融市場の自己調整機能への信頼によって、またイノベーションが投資銀行の独創性から生まれたという事実によって、公的当局は関連金融手段に対してはプルーデンス管理を免除した。プルーデンス管理は、商業銀行に関しては、大部分の取付け騒ぎをなくすために有効なことがわかっていた。金融市場の諸アクターは、自分たちこそ関連金融商品とその複雑性を管理しうる唯一のアクターだという事実によって、また、破綻リスクを大幅に小さくする統計的手法を開発した——とかれらは信じていた——ことによって、自らの自律性の防御に関して力を与えられた。また、インターネットバブル後のアメリカ経済を刺激するために、Ｆｅｄ〔連邦準備制度〕の低金利政策が、アメリカおよび世界の経済に過剰な流動性を供給する役割を果たしたことについても、強調する必要がある。この過剰な流動性が、たとえ高リスクであっても高収益の投資に向かったのである。

金融資産や不動産の価格が上昇しているかぎり、このリスクテイクによって、非常に高い利潤がもたらされ、この高利潤は他の金融機関の投資を引きつける。こうして、金融化の好循環が始まる。しかし、動きが逆転し、リスクのある投資の収益率と金利の間の差に賭けていた金融機関において損失が累積するには、一部のリスク——この場合は不動産価格の鈍化や低下——が現れるだけで十分である。こうして、二〇〇〇年代初めには主役であったヘッジファ

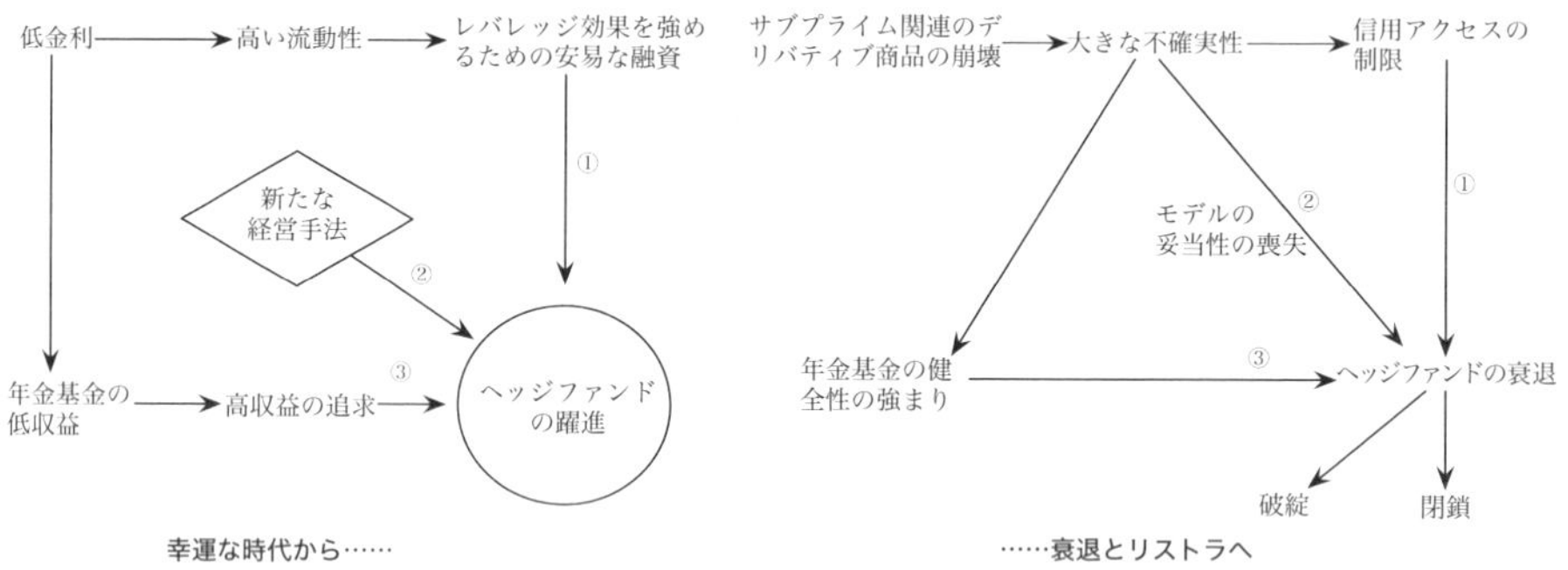

図30　レバレッジ効果乱用の危機でもあり，ヘッジファンドの危機でもある

ンドは、損失を発表し、その一部の口座を閉鎖せざるをえなくなった。このシグナルは金融システム全体に伝搬していった（図30参照）。

5　最低限の集団的管理があればサブプライム危機は予防できたかもしれない

実際に、大規模な証券化を容認しなかった諸国では、アメリカほどの金融システムの麻痺は起きなかった。すでに述べたように、その例として、一九九七年の危機を再発させないことに専念していたアジア諸国が挙げられる。大陸ヨーロッパでは、確かに銀行はアメリカのデリバティブ商品を購入したが、自らは大々的な証券化には着手しなかった。例えばドイツとフランスでは、アメリカの危機の影響を思い知らされたが、アメリカほど大規模な、経済への信用供給の凍結は起きなかった。

住宅ローン市場関連デリバティブがもつ固有の有害性については、スペインが例証している。第4章で示したように、金利の大幅な低下は、かつてない規模の不動産バブルをつくり出した。しかしスペインの中央銀行は、民間銀行がその住宅ローンを証券化することを阻止した。スペイン中央銀行は民間銀行に対し、もしアメリカ型の戦略に突き進むならば支援しないと警告した。その結果、不動産市場の反転は不動産関連のローンの返済不能を激化させ、不動産価格の急落を引き起こしたけれども、デリバティブ商品の支払不能が全般化することによる民間銀行の破綻は起きなかった。ある意味でスペインの危機は、一方で住宅の過剰、他方で不良債権の過剰という、よく知られた形態をとった。このタイプの危機の解決策もよく知られており、該当する住宅の価値の回復に専念する整理回収機構を設立することである。この解決策は、毒入りデリバティブ商品の市場を組織するという、ティム・ガイトナー〔アメリカの新財務長官〕のプロジェクト〔第11章参照〕ほど骨の折れる仕事ではない。

ここで、現在の危機の再発を阻止するための最小限の公的介入とはどのようなものかが研究課題となる。

・スペインにならうと、マクロ経済の安定性を危険に陥れるデリバティブ商品の事前認可制が第一の選択肢である。これはヨーロッパでは理解されるが、アメリカでは多くの人々の考え方と正面からぶつかるだろう。

・もう一つのやり方は、デリバティブ商品の発行者に、その最も高リスクの部分、あるいは全体のうちのかなりの部分を、発行者自身でもちつづけるよう義務づけることである。これによって、市場が反転したとき、発行者が最初に損失リスクをこうむることになる。しかしこれは最後の手段であり、一時しのぎである。

・見かけ上簡単な改革としては、金融機関の報酬制度の改革がある。取引の即時的な量にインデックスされた報酬に代えて、報酬を事後的な実際のパフォーマンスに関連づけるだけでよい。例えば、不動産市場のアクターについて言えば、認められる手数料は、投資に貢献したローンの返済量にインデックスされることになる。また、金融機関の高級幹部の報酬も、同様の原則によって規定されるべきである。高級幹部のつくった戦略に関連した数年間の利潤の事後的な観測値にもとづいて、遅れて報酬が決められるべきである。次のようないくつかの証拠を挙げることができる。不動産バブルの最中に、斡旋したローンの返済額に比例した報酬を受け取っていた不動産関連のローン・ブローカーは、金融機関によって定められた彼の割当を使い果たすことはなかった。この提案の困難は、金融関係者が自らにかくも有利な報酬制度を、身を守る手段として擁護することからくる。ＡＩＧをほぼ倒産に追いやったトレーダーたちは二〇〇八年分のボーナスの合法性を二〇〇九年に擁護しようとし、有利な決定を獲得したのではなかったか。だからアメリカでさえ、金融業者の報酬を制限しようとする政治的動きがある。重要なことは、報酬の裁量的な上限を定めることよりも、私的なインセンティブと――社会的経済的結果をともなう――リスクテイクとの両立性を保証するルールを制定することである。

・格付機関を規律づけることも不可欠である。その利潤の巨額さは、格付機関が寡占力を使って、評価手法の不明瞭さから利益を得ているということの証である。格付機関は自分たち以外の経済社会に向けては透明性原則をスローガンにしているが、その原則を今やかれら自身に課すときではないのか。このことが明らかに達成不可能な目標であるとすれば、現在の三つの格付機関の地位は、利益に関する共謀を断ち切り競争を導入する方向に、なぜ変更されないのか。次のような提案をしたい。三社のうち一社が金融証券の発行者から報酬をもらうとすれば、他の一社は、この同じ証券をその買い手の観点から格付けする。この場合、最も重要な買い手は年金基金である。残りの一社は、国際公共機関から報酬をもらって、金融安定性と社会的責任という要請にもとづいてこの同じ証券を格付けする任務をもつようにする、と。

これらの諸改革のうちどれに重点を置くかは、各国固有の目標に応じて決めればよい。そのプロセスは簡単であるとは言えないが、銀行法制の前例は次のことを示している。すなわち第一に、このプロセスは長期の歴史のうちに刻み込まれており、第二に、このプロセスは金融システムの目ざましい安定化に到達しうる、ということである。金融システムの耐性《レジリエンス》〔外的ショックをこうむったときの回復力の強さ〕および政治的社会的責任を強める方向に、金融システムを再編することは、この十年と次の十年に賭けられている事柄の一つである。

第6章　危機の展開——資産のデフレ・スパイラル

「CDSは、銀行に対して、借り手との関係を断ち切る不透明な手段を提供し、銀行は借り手を選別しコントロールするインセンティブを弱める。」

（ニューヨーク連邦準備銀行『リサーチ・ペーパー』二〇〇八年十月）

しかしながら、政治や経済の責任者たちにとって差し迫った課題は、不況のリスクを封じ込めることであった。不況は世界経済全体に広がり、さらに危機の源泉であり中心であるアメリカ経済に逆流していた。経済分析家にとって、金融と経済の総体が下降していく連鎖は、危機の源泉をなす諸要因を浮かび上がらせ、また、前章までの診断を明確にする一助となる。金融化の象徴であった多くのヘッジファンドがなぜその活動を停止し、また残ったヘッジファンドも、委託される資金の大幅減少になぜ見舞われたのか。どうして世界的な巨大保険会社が、連邦準備制度の前例なき支援を求めるほどに、金融的竜巻の渦中にいるのか。金融化とともに発展した最高度の分業が、なぜ危機のデフレ的連鎖にまともに巻き込まれたのか。サブプライム危機のこのようなさまざまなパラドクスはことごとく、そのシステミックな性格の現れである。誰が支払能力を有し、誰が有さないかは誰にもわからない。二〇〇八年九月には、アメリカのシステムは技術的に破綻しているという見方が密かに広まった。[*]

＊メキシコの銀行協会に招かれたジョージ・ソロスは、アメリカ経済の状況はこのようなものだという彼の考えをためらうことなく公表した（『エル・エコノミスタ』二〇〇九年四月二日付）。

1　ウォール街の組織モデルの破綻とヘッジファンドの方向転換

この危機のシステミックな性格のシンボルとして最もふさわしい事柄は、過去二十年間、支配的役割を果たしてきた組織形態の、つまりウォール街巨大投資銀行の消滅である。投資銀行は、金融システムを支配し、アメリカの金融政策と国際金融関係を主導することにより一時代を築いたが、リーマンブラザーズの倒産に続き、ゴールドマンサックスとモルガンスタンレーの銀行持株会社への業態転換、さらにメリルリンチの吸収合併が起きた。それだけではなく、ゴールドマンサックスを除いて、これらの会社の株価はがらくた証券（ジャンクボンド）の水準まで急落し、多くのトレーダーが解雇された。また、これら会社の専門能力は劇的な信頼喪失に見舞われた。

投資銀行は商業銀行に取って代わると見られていたが、商業銀行と同列なものに戻った。なぜなら、投資銀行は、個人向け銀行業務およびその預金の安定性を当てにし、また流動性の危機の場合におけるＦｅｄ〔連邦準備制度〕や財務省による非常に貴重な保護を当てにしたいからである。リスクを最小化すると見なされていた「科学的」テクニックについては、逆に、複雑な商品の発行者自身が価値を評価することができなくなっている現状を隠蔽するのに役立つことが判明した。そして、それらの価値を見いだすことを可能とする市場を組織化するよう、財務省に対してしきりに要請するほどになった。しかし、その価値は、発行価格と比べて非常に低いものだろう。以上のようなことから、シティグループやバンクオブアメリカのような巨大な新組織に対する多くの公的支援にもかかわらず、破綻リスクは持続するのである。

幾人かのジャーナリストが述べた危惧とは異なり、今回の危機は大手ヘッジファンドの破綻の後に起きたのではなかった。つまり、ＬＴＣＭ倒産の後に起きたかつての危機とは異なる。にもかかわらず、このヘッジファンドもあのヘッジファンドもという形で、その経営は、顧客からの資金の引揚げ要求に見舞われた。その結果、ヘッジファンドが運用する資本量は大幅に減少した。ヘッジファンドは、価格の変動性《ボラティリティ》リスクに対する比較的強固な砦とはほど遠いものであり、他の市場に金融的不均衡を広めた。また、ヘッジファンドは、新興市場《エマージング》と昨日まで呼ばれていた市場から撤退し、さらに一次産品市場からも撤退した。国際貿易の縮小は、二〇〇九年春から起きた世界的な生産縮小を増幅させた。その波及効果によって、マクロ経済の動きは低下傾向に陥った（図31）。

言い換えると、かつて、多くの経済の成長率を大幅に上昇させた金融メカニズムが、逆に、成長率を低下させる方向に作用している。しかも低下を加速する形で作用しているのである。

2　ほとんどすべての金融アクターへの波及

実際、サブプライム危機の伝播は、次の二つの主要ルートをたどった。第一に、金融関連企業の株価に対するマイナスの影響は、保険会社のような非金融企業など、他の企業のポートフォリオの収益を低下させた。第二に、この古典的な効果に、次の効果がさらに付け加わる。新金融商品の収益性が約束されたということは、非金融企業自らが金融仲介主体の役割を演じたようなものであった。この金融商品はＦＤＩＣ〔連邦預金保険公社〕の保証も専門家の鑑定も受けていないし、資金運用は、その非金融企業がその本来業務に関して日々行っていたほどには洗練されていなかった。世界最大の保険グループが公的当局の管理下に入ることを正当化するほどに、危機の連鎖に巻き込まれた理由はここにある。

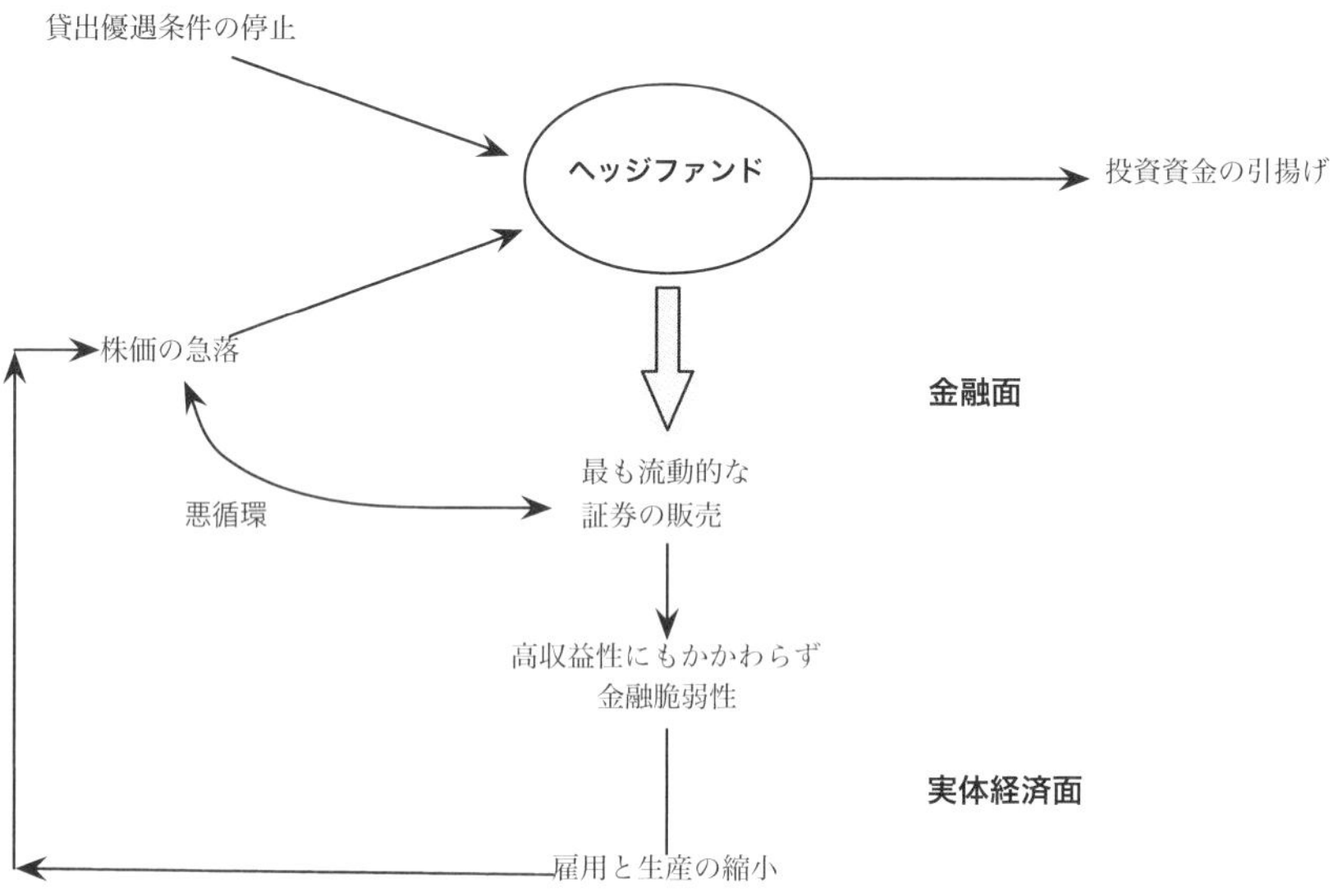

図 31　実体経済に危機が広がる例

リスク外部化の一般的なプロセスにおいて、デリバティブ商品、特にサブプライム関連のデリバティブ商品の買い手は、原ローン債権の支払不能のために起きる価値喪失のリスクをヘッジしようとする。アメリカン・インターナショナル・グループ（ＡＩＧ）は、事業多角化戦略として、従来は他社がヘッジしなかったリスクを保証することを考えた。そして、好機を得て、ロンドンに小さな会社をつくり、保険と金融手段を混合した商品であるクレジット・デフォルト・スワップ（ＣＤＳ）を売り出した。不動産業が高成長する局面ではリスクはほとんどないので、この新会社の社員報酬や利潤は急増した。その結果、ＡＩＧはサブプライムの保証に関して支配的地位をしめるに至った。しかし、無数のアクターにリスクが分散されるのではなく、焦《こげ》付《つ》きリスクはこの会社に集中した。アメリカの不動産相場が反転したとき、ただちに資本損失は数百億ドルに達した。この損失はＡＩＧの他の事業部門全体の収益を帳消しにするほどであった。

四〇〇名足らずのトレーダーが、世界全体で十万人以上の労働者を雇用し、何度も危機を経験した有名企業を倒産

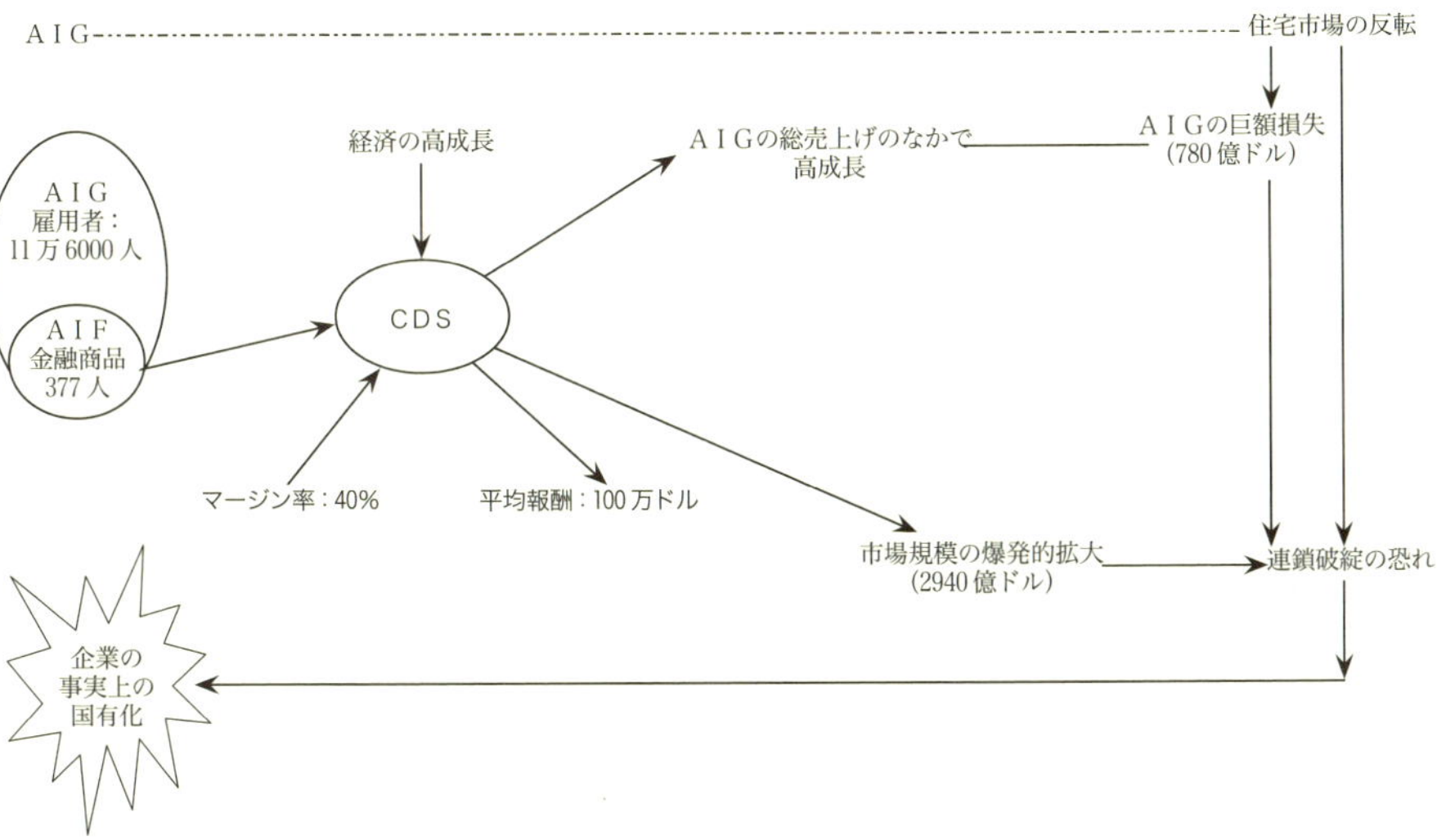

図32　いかにして小さな一金融組織が，保険会社全体さらに金融システム全体を危機に陥れたか

に追いやってしまったのは、驚くべき快挙である。新たな金融商品の供給の極端な弾力性と、そのことによって当該企業の持続可能性にのしかかるリスクが、ここでもう一度、確認される。この巨大なリスクテイクの論理的帰結であるに違いないＡＩＧの倒産は、サブプライム市場のほとんどすべてのアクターに影響が及ぶ効果をもつので、アメリカの当局はＡＩＧを管理下に置かざるをえないと判断したのである（図32）。

3　内在的な脆弱性

――資産価値評価の浮動性　対　価値創造の安定性

ＡＩＧの破綻はまた、保険業務と金融業務との間の対立についての考察へ誘う。これらの業務は、ずっと以前からなじんできた手段・手法の利用にもとづいてもいるし、逆にイノベーションにともなう高リスク高収益にもとづく手段・手法の利用にもとづいてもいる。実際、昔から、保険会社はさまざまなリスクを限定し分類することを学び、その結果、大きな誤差のリスクを最小化するために、十分な観測値を使った確率計算を応用してきた（死亡率表、交通事故や火災の頻度など）。しかし、例外的なリスク（台風、地震、洪水、内乱など）もそれなりに認められるので、再保険会社が例外的リスクのカバーに特化している。とはいえ、ローンの返済不能をカバーするスワップに関しては、このような経験はまったく活用されなかった。こうして、典型的な保険活動による価値創造の安定性は、金融と保険の狭間にある新市場の崩壊を阻止するには十分でなかった。破綻は、以上の二つの論理の対立から直接的に発生した。

必要な変更を加えると、商業銀行と投資銀行との間にも同様の対立がある。商業銀行は一世紀近くの経験を通じて、預金の安定化と信用需要の選別のためのさまざまな仕組みを開発した。また、商業銀行は資金の動きや貸出金の返済を通じて、顧客の財務状態の変化を知ることができるので、金融市場に関して、確かな情報的優位をもつ。そのうえ、預金銀行は、全国的すなわち連邦レベルの保険制度によってカバーされているし、十分な自己資本を求めるプルーデンス比率に従っている。逆に、投資銀行は新しい金融商品の開発とさまざまな資産の売買に特化している。その利潤は大部分、さまざまな市場の相対的な変動性から利得を得るという、ポートフォリオの積極的運用にもとづく。投機とそれにつづく急激な調整という金融市場の局面交替を考慮すると、この生産モデル（ビジネスモデル）の直接的帰結は、投資銀行の金融業績の極端な変動であると言える。また、投資銀行は商業銀行ほど束縛的な規制を受けていないので、並外れた信用やレバレッジ効果を利用する。こうして、その構造それ自体によって、直接金融モデルは、金融脆弱性の強い潜在性をともなうのである。

もう一つの制度的特徴によって、この脆弱性はさらに強まる。金融業者自身の要求にもとづいて、公的当局はついに、公正価値《フェア・バリュー》型の会計を合法化した。市場が存在する場合は市場価格に応じて、市場が存在しない場合はその企業自身のモデルによって推定された価値に応じて、〔バランスシートの〕貸方と借方を常時、再評価しなければならない。投機バブルの時期には、現代の理論的文献ではよく知られているファイナンシャル・アクセルレーターに、会計アクセルレーターが付け加わることによって、関係するアクターすべてが満足を得る（Boyer 2007a）。逆に投機バブルが崩壊するときには、会計的利益の調整は従来の会計制度の場合よりも急激であり、不利益をもたらすものとなる。他方で、各企業に固有のモデルは完全に意味を失い、いかなる外部のアクターも、資産の、特にデリバティブ商品の価格がどれくらいかを評価する能力を失うことになる。デリバティブ商品のほぼ八〇パーセントは各企業に特有のものであるので、いかなる市場でも売買対象にはなっていなかった（Crotty and Epstein 2008）。

こうして、ウォール街の金融界は、自らが仕掛けた罠にはまってしまった。金融界は利益の資産負債アプローチ〔資産・負債の全面的時価評価にもとづく損益認識〕を擁護し、それを獲得した。しかし、いったん危機が始まると、このアプローチは主要投資銀行の株価急落を加速させる。投資銀行は、証券をもたずに他人の証券を売るメカニズム（空売り）を活用していたが、このメカニズムは投資銀行自身の株式にも適用され、株価の低下は加速され、ついには、空売りの一時停止という――結局ＳＥＣ〔証券取引委員会〕を喜ばせる――要求を投資銀行は正当化するに至った。最終的に、投資銀行内部の評価システムが崩壊したので、各投資銀行は、どのくらいの負債があるのか、誰に対して負債があるのかもわからなくなった。そしてウォール街は、公的管理とデリバティブ商品の買取りを自ら願い出た。それは、サブプライム危機には耐えられなかったとはいえ、一世紀近く、あらゆる金融危機に耐えてきた、押しも押されぬ有名企業の完全な消滅を避けるためであった。

このメカニズムは〔アメリカ以外の〕さまざまな国のさまざまな企業でも見られるのであり、投資銀行固有のものではない。すでに述べたＡＩＧのケースのほかに、フランスの主要銀行の一つであるソシエテ・ジェネラルは、一人のトレーダーが数週間のうちに五〇億ユーロの損失を出したことにより、危うく倒産するところであった。このように、金融自由化によって解き放たれた諸戦略は、優良経営の商業銀行を危機に陥れる可能性をもつ。同様の展開によって、ノーザンロック銀行も破綻した。証券による直接金融に急速に依存したことによって、ごく伝統的な住宅ローン運営という従来モデルが完全に不安定化した。サブプライム危機の、いくつもあるうちの一つの教訓はここから引き出せ

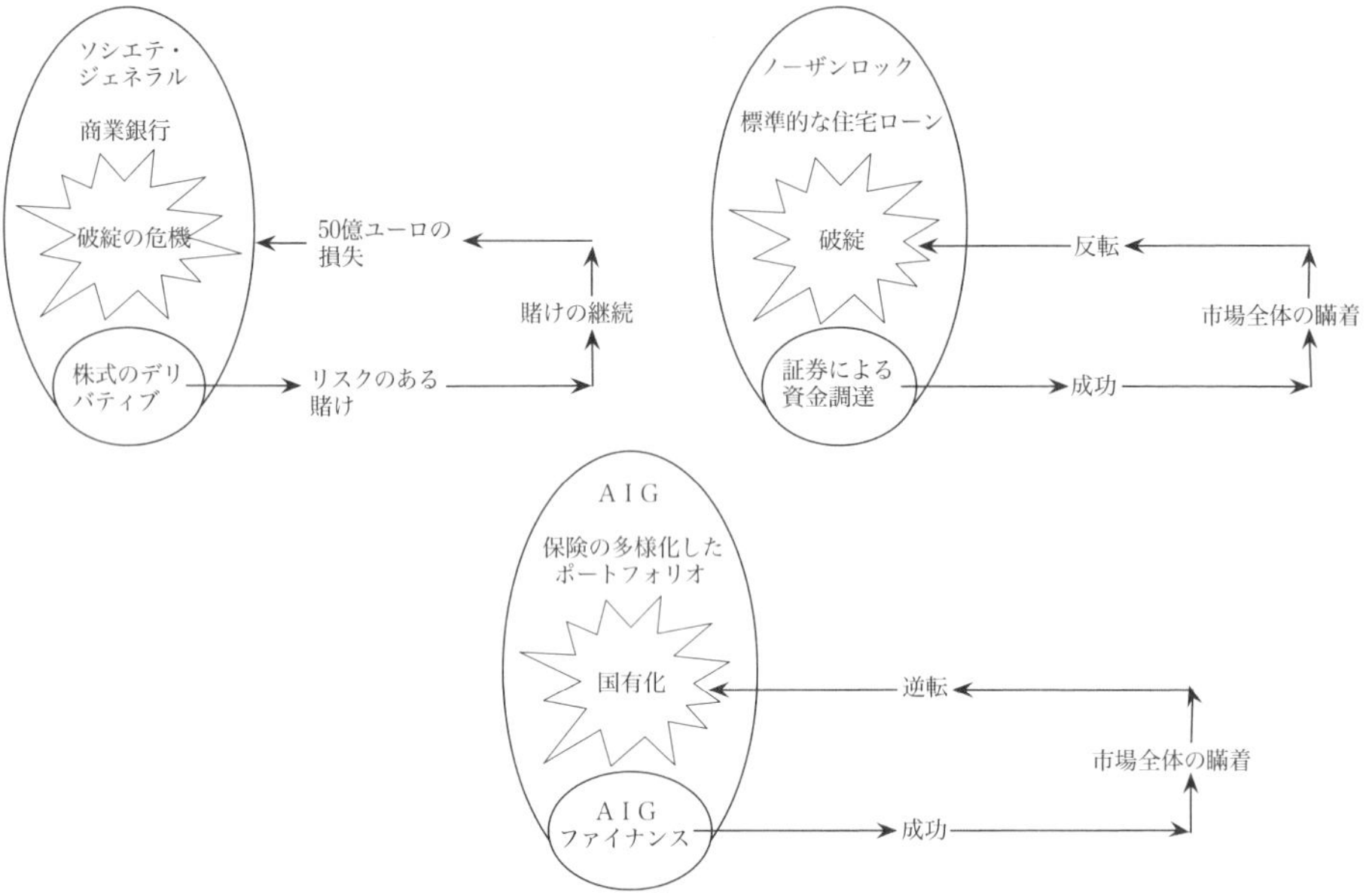

図 33　速い市場型金融と遅い商業銀行——三つの例

る。市場型金融というダビデは、商業銀行のより伝統的でルーティン化された金融活動という巨人ゴリアテを不安定化するのである（図33）。

4　金融における分業の矛盾的性格
——契約当事者の直接的責任の放棄に関連して起きたシステミック危機——

だが、以上述べた特徴づけは、サブプライム危機についての最も根本的な説明を与えるものではない。したがって、金融業者と多くの専門家が共有していた次のような信念の源泉を探らなければならない。この信念によれば、現代の金融は、リスク移転の技術を使って、伝統的生産部門における分業に匹敵するものを達成した。つまり証券化はリスク管理の深化における新段階を画した。そしてリスクはそれを評価し引き受ける高い能力をもつアクターに移転される（Brender and Pisani 2001）。したがって、それは、資本配分の効率性に大いに貢献し、その結果、近代社会の成長と厚生に寄与する。資金調達とリスクとの分離は、まさに危機の広がりと頻度を減らすうえでの決定的な一段階として、この時代に現れた、と。

二〇〇七年三月から始まる出来事の連鎖によって、この楽観主義は明確に否定された。しかし分析家たちは証券化の崩壊について、いささか表面的な解釈を展開した。それによると、すべての原因は透明性の欠如と、アメリカの貧困層の教育不足にある。アメリカの貧困層は財力がないのに、住宅を買うために貸付けを受けたのである、と。また、この表面的な解釈によると、幾人かの金融業者と政治権力との腐敗と共謀も原因である。実際には、失敗の原因はもっと根底的なものであり、自由主義の理論家たちを背後から襲いかれら自身の仕掛けた罠に突き落とすものだった。シカゴ学派は、所有権の明確な定義の必要性、したがってまた契約の明確な定義の必要性を座右の銘としていなかったか。情報の非対称性の理論家たちは、依頼人が最大の情報を獲得し適切な契約をつくることで利益を得るのを示すために、多くのモデルを開発したのでなかったか。その際の依頼人の目的は、非効率性さらには市場の崩壊をもたらす機会主義的行動を回避することであった。

サブプライム市場の創設は、この二つの対立する有名学派の勧告にまったく反するものである。実際、証券化の発明は、次のような金融証券をつくりその買い手に支払不能リスクを移転する可能性を開いた。まずこの金融証券は、ローン全体をグループ分けしてつくられ、格付機関の評価に照らして同質と見なされている〔格付けを獲得している〕ものである。しかし、この格付機関に報酬を支払うのは証券の発行者である。次に金融仲介業者が当該商品の一部または全体を販売し、これを銀行や保険会社が購入する。この銀行や保険会社は、自身でこの証券の価値やその支払不能リスクを評価する必要はないと判断している。このことは、とりわけ、ＡＩＧのような保険会社がＣＤＳを銀行や保険会社に提供している場合にはなおさら当てはまる。ユーフォリア〔多幸症〕の最中では、住宅ローンの焦付きはほとんどなく、こうした契約は特に高報酬である。こうして、金融システムのアクターの間で、無責任が普及する循環が始まる（図34参照）。

透明性の追求とは逆に、アクターたちは、自身の投資収益を左右する諸要素への認識を次第に失っていった。とり

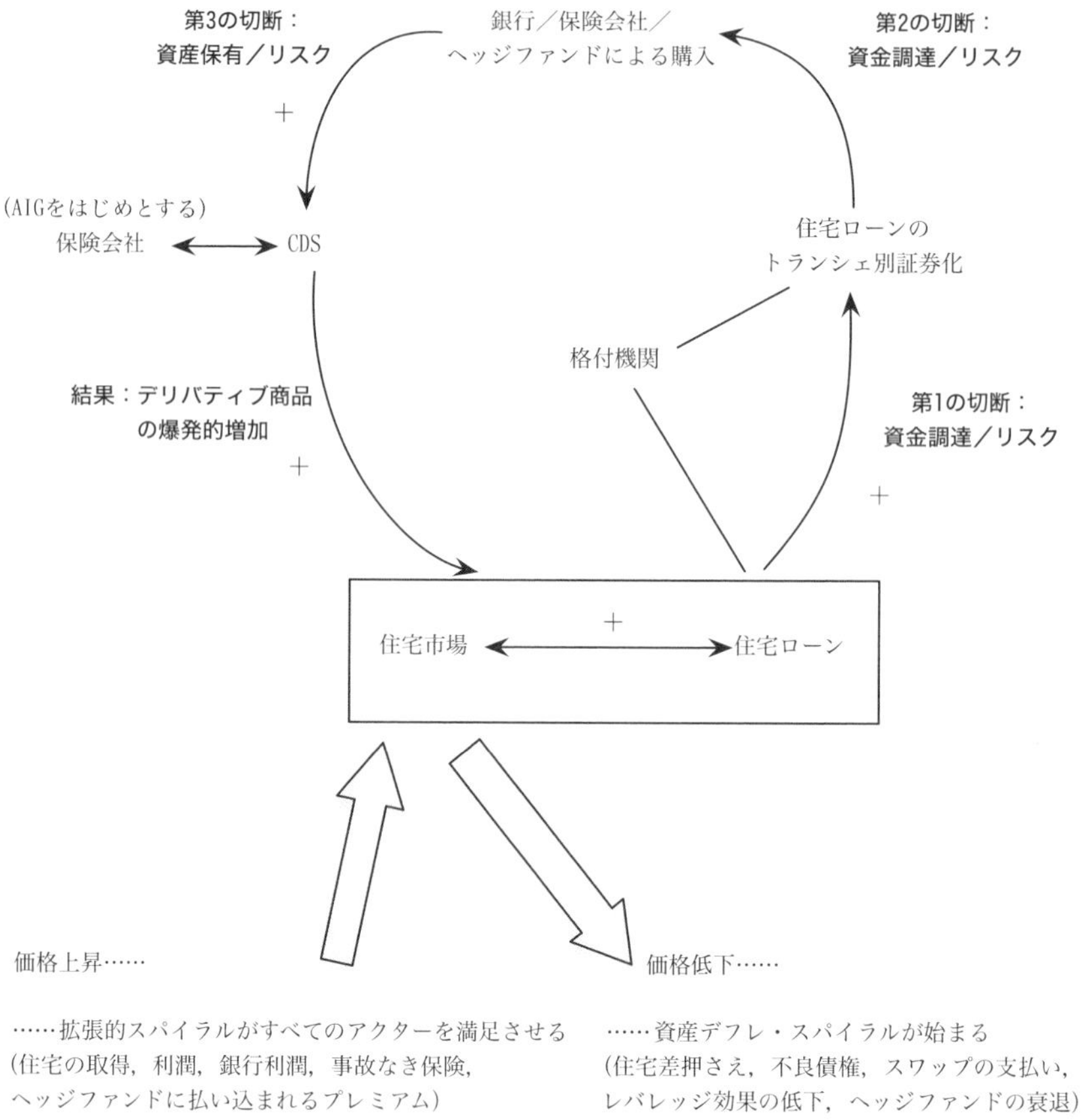

図 34　サブプライム危機の源泉としてのローン契約責任の分解

わけデリバティブ商品のデリバティブが積み上げられる場合はなおさらそうであった。このデリバティブ商品のデリバティブについては、発行者たち自身が――特にマクロ経済レベルでの――存続可能な条件を明示できるかどうかが確実ではなかった。同時に、同じ原債券をもとにして、派生的な金融手段が次々に創出されていった。こうして二〇〇七年の十二月にはCDS発行残高は六二兆ドルになったが、返済が確実だと想定される債務は最大でも五兆ドルしかなかった。このような増加は、リスクテイクに関する分業とは認めがたいものであり、純粋な投機的現象の広がりを示していた（Crotty and Epstein 2008）。結局、この創造的金融イノベーションのプロセスはリスクテイクの景気順応性を強めた。つまり、好況時にはすべてのアクターが上記のような商品をもちたいと思うが、いったん危機が始まり、市場が崩落すると誰ももちたいとは思わない。

まとめると、金融それ自体がリスク分割の矛盾を準備し、この矛盾がアメリカの金融システムを破綻の淵にまで追いやった。

図34は危機への歩みだけでなく、危機の連鎖をも明らかにしている。実際、不動産価格が低下しはじめたとき、自宅から立ち退かされた家計や住宅ローン専門の金融機関だけでなく、金融・保険関連のほぼすべてのアクターも、損失をこうむった。住宅の過剰生産と信用機関の不良債権が増大した一九八〇年代半ばに貯蓄貸付組合〔S&L〕の大量破綻が起きたが、今回のエピソードにあっては、金融資産全般のデフレ・スパイラルのなかで、金融手段のピラミッドの総体が崩壊していった。この点で、最も顕著な現象は、デリバティブ商品のリスク・プレミアムが急騰したことである（**図35**）。その波及効果により、デリバティブ商品を――一時的であれ永続的であれ――所有する多くの金融機関は損失をこうむることが予想されており、その損失によってトップの金融機関すら破綻の危険に直面している。各銀行は他の銀行の支払能力と流動性を疑うようになったので、銀行間信用も次第に不確実になった（**図36**）。アメリカの中央銀行が、民間銀行への融資枠を広げても無駄であった。そうしても、この根本的な不確実性はなくならな

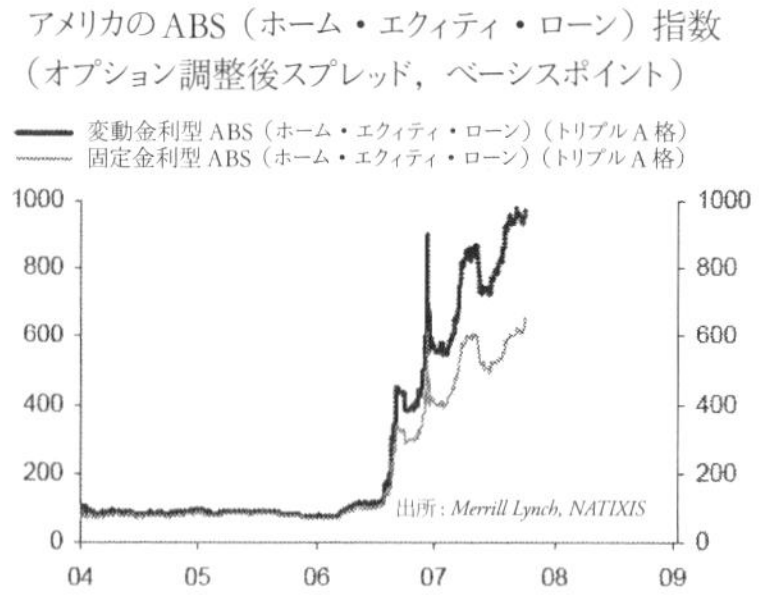

図35　銀行危機の第一の指数

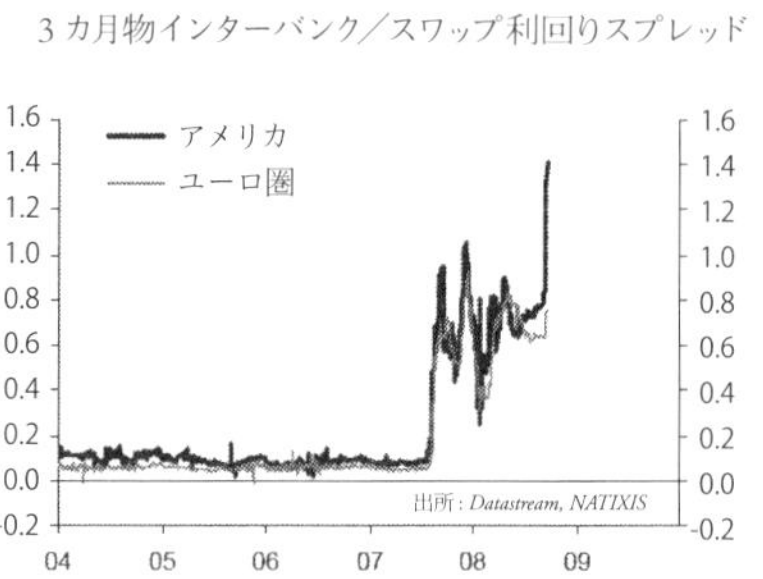

図36　第二の指数

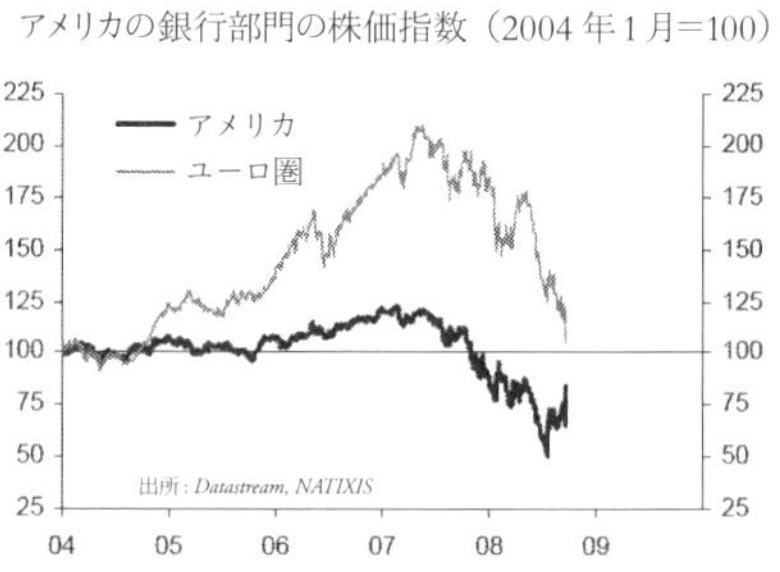

図37　金融市場による増幅

銀行間信用の阻害と金融市場で広がる不信

出所：Artus（2008j，pp.2-3）

かった。とどのつまり、大部分の金融商品が資金提供とリスクテイクとの分離から発展したために、これらの商品の資産としての性格そのものが疑わしくなったのである。これは伸びきった信用関係をもとにして積み上げられた資産がもつ定義的曖昧さに起因しているので、これら資産の評価の困難性は、たんなる技術的な問題ではない。現在の危機は、群集現象がシステム全体を崩壊に追いやるという伝統的な金融パニックとはかなり異なる。二〇〇七年三月から二〇〇八年九月にかけての危機の本質的部分は、アメリカの金融システム内部で展開していた。「誰が誰に対してどれくらい負債をもっているのか」を誰も知らない。財務省も、中央銀行も、当然ウォール街ですら知らない。

あえて皮肉をこめていうと、情報の仲介者《ベクトル》としての価格という、ハイエク的概念の勝利としてこの危機を見ることもできよう（Hayek 1945）。ウォール街がつねに価格を歪めてきたために、アメリカの経済的卓越性の定義に含まれている組織モデルとしてのウォール街は、また不動の覇権者としてのウォール街は、崩壊したのである。銀行部門の株価の暴落はそのことを物語っている。投資家の不信は、決定的に、アメリカ的システムの今日的構図の持続可能性が不確かであることにも及んでいる（図37）。

5　金融業者の金銭欲と傲慢、次いでパニックと動揺

このように、サブプライム危機は、金融危機の歴史の研究者にはよく知られた連鎖を、かつてない規模で繰り返しているように見える。マルクス、ケインズ、シュンペーター、そしてもちろんミンスキーのような経済学者が見たものも、同じ連鎖であった（前出第3章参照）。極端な信頼から強い悲観主義への急激な移行、倒産リスクを取り除くと考えられた組織モデルの崩壊、賄賂や公金横領の発生、官民双方の役割の崩壊、好況期には最も優れていた専門家の動揺が起きた。しかし、この専門家たちはなお、舞台の最前列をしめつづけている。また、われわれは次のようなことも再発見する。未来は過去の機械的投影ではない。リスクと不確実性は異なる。したがって、資本主義経済およびその金融システムの中核的特徴としての、根本的な不確実性という概念が意味を取り戻しているのである。

第7章　サブプライム危機——変わらないものと新しいもの

「われわれは、メリルの責任者たちと議論を重ねてきました。……残念ながら、かれらがとっているリスクに関してかれら自身が完全に理解していないのではないかという疑いを、打ち消すことはできませんでした。この事実を前にわれわれは尻込みせざるをえないのです。」

（メリルリンチ代表との協議を終えたノースフォーク・バンコープ元社長ジョン・カナスによる発言、二〇〇八年十一月十日付『ヘラルド・トリビューン』紙、一一ページ）

1　アービング・フィッシャーの金融的収縮モデル（一九三二年）への復帰

——株価／信用のスパイラル——

ミクロ経済レベルで見るとき、リーマンブラザーズの破綻は、新しい形態の金融デフレに典型的な現象であったと言える。最初にアービング・フィッシャーが金融デフレを見いだしたのは、一九二九年から一九三二年にかけてアメリカに不況をもたらした因果連鎖に関してであった。この時期、非金融企業は債務を減らそうとして生産物の投売りを行い、その結果として実質的な返済負担が重くなってしまった。この悪循環を止めるには公的介入を行うしかなかっ

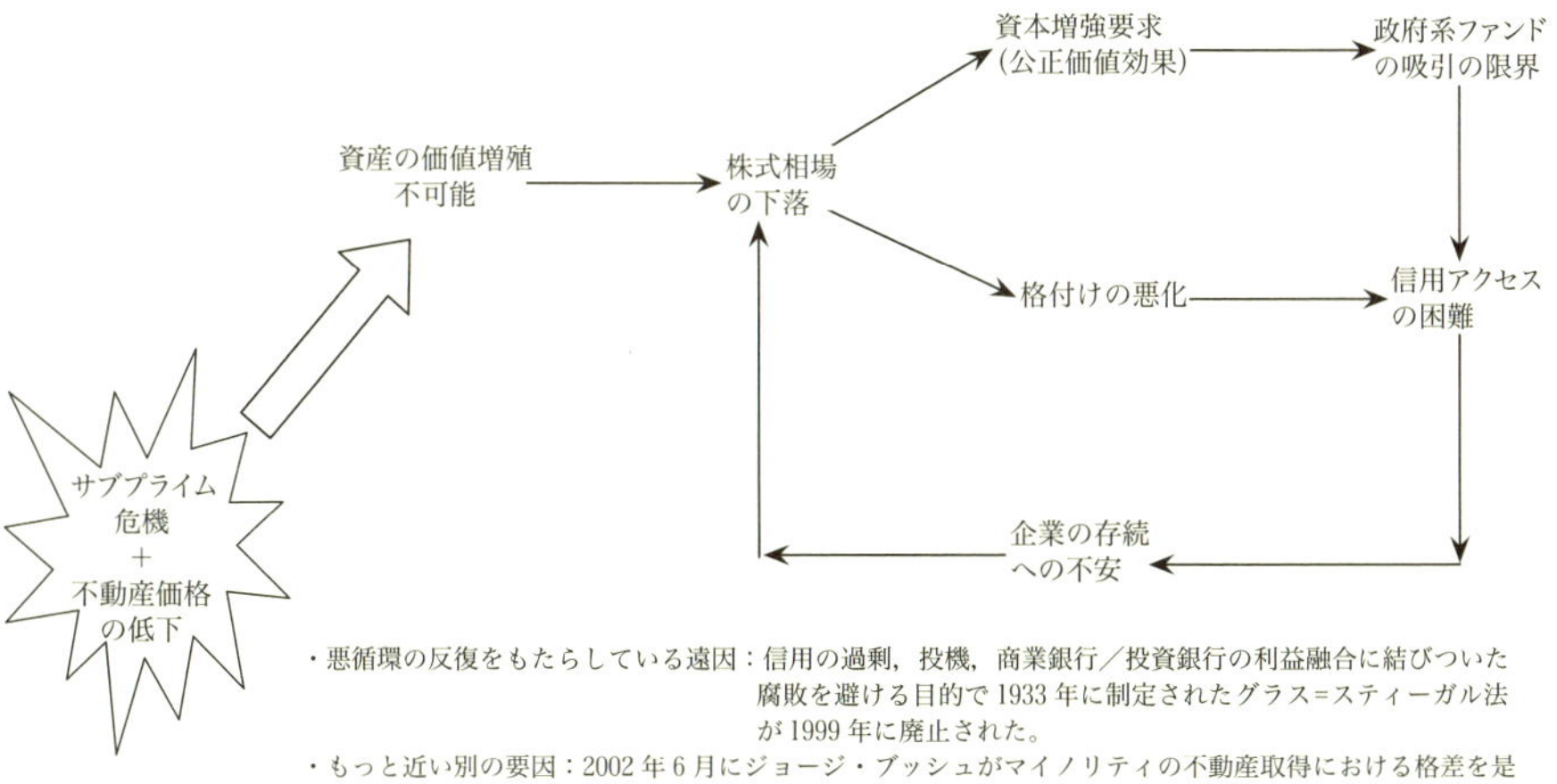

・悪循環の反復をもたらしている遠因：信用の過剰，投機，商業銀行／投資銀行の利益融合に結びついた腐敗を避ける目的で 1933 年に制定されたグラス＝スティーガル法が 1999 年に廃止された。
・もっと近い別の要因：2002 年 6 月にジョージ・ブッシュがマイノリティの不動産取得における格差を是正するために「オーナーシップ社会への挑戦」を打ち上げた。

図 38　リーマンブラザーズの悪循環――信用から株価へ……およびその逆

た。これに対して今回の危機においては、ウォール街の大部分のアクターが保有資産の売却による債務削減戦略を実行した結果として、資産の価格が急落した。その影響を受けて、株価急落に襲われた金融機関の金融脆弱性が強まり、そのことで今度は資産売却要求が強められるというスパイラルが開始された。

この運動に加担していたのが格付機関である。というのも格付機関は、さまざまな金融証券の質の低下を予想するどころかむしろ、右のスパイラル運動をもたらすばかりであったからである。その結果、この運動の順景気循環的《プロサイクリカル》効果〔景気変動の振れ幅を大きくする効果〕は強められた。金融機関は保有資産の価値を市場価格で絶えず評価することが義務づけられ、つまりは公正価値《フェア・バリュー》会計の原則が完全に貫かれた。市場価格が暴落すると金融機関は損失を記録し、この損失を埋め合わせる資本を求めねばならない。ところが資産の潜在的な取得者は、状況の困難さを考慮に入れ、企業の債務支払能力に疑いをいだく。この悪循環こそが、ウォール街最古参の有名投資銀行の一つたるリーマンブラザーズを破綻に追いやった当のものである（図38）。他の諸機関にこのメカニズムを波及させないためには、ひとえに公的権力からの支援および／または健全度の高い他金融機関による破綻機関の買収が必要となる。

この論理は、金融システムそれ自体のレベルにも見いだされる。すべてのアクターが「住宅所有への貧困者のアクセス」という集団的信念《コンバンシオン》を共有していた拡張局面に、多様な金融機関が、サブプライム関連の金融イノベーションから利益を汲み出す《カプタシオン》構造のなかに徐々に組み込まれていった。当時この補完性は、金融内部の分業およびリスク共有における進歩として現れた。不動産価格が反転したときにも、これと同様の連鎖が観察された。ただし今度は、資本損失が、それまでの時期の資本利得に取って代わった。多様な資産、多様なアクターが強く絡み合っていたことによって、危機はアメリカ金融システムの全体に影響を及ぼすこととなった（図39）。

当時より、このイノベーションが中期的に持続しうるものではなく、長期的にはさらに持続しがたいものであることとは気づかれていた。こうして、特に確実であると見なされていた資産、例えば住宅ローンの優先《シニア》トランシェは著しく価値を減失し、数百億ドルの減価に見舞われる結果となった。後になってから金融業者たちは、原ローン債権の価値が下落するときデリバティブ商品の価値が強い非線形的な影響をこうむることを発見した（Coval *et al.* 2009）。つまり、フィッシャー型のスパイラルが金融の内部で展開すると、おそらくその結果として、非金融企業向け信用の突然の減速が起きる。一九三〇年代アメリカの大不況という亡霊が再び姿を見せたのは、このような状況においてであった。

大部分の金融機関の組織モデルにも、同様の逆転が見いだされる。投機の時期に利潤を囲い込むうえで非常に有利であった補完性が、今度は逆に作用して損失を加速する。全般的に過小評価であったリスクの再評価、資産評価の内部メカニズムの停止、格付けの突然の見直し、銀行間信用へのアクセスの枯渇、過去の契約を適用することによる法外なボーナスの継続――これらのものが、多くの銀行の株価を崩落に導いた要因であった。典型的なのはシティグループのケースである（図40）。

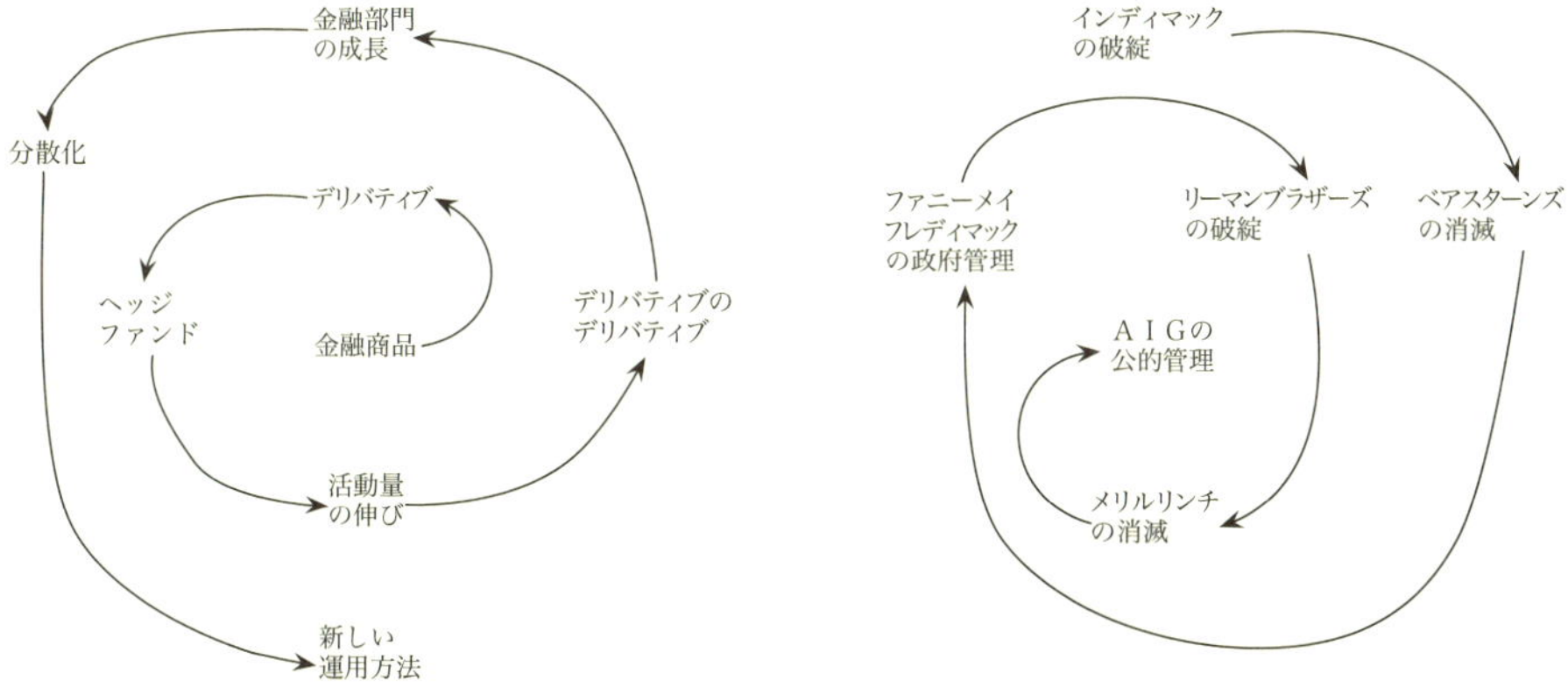

資産の量と金融イノベーションの急速な拡大

金融システムのまずは周辺に，次には中心に影響を及ぼす株式相場の下落

図 39　アメリカ住宅ローン危機の二つのスパイラル——成長の好循環から資産デフレの悪循環へ

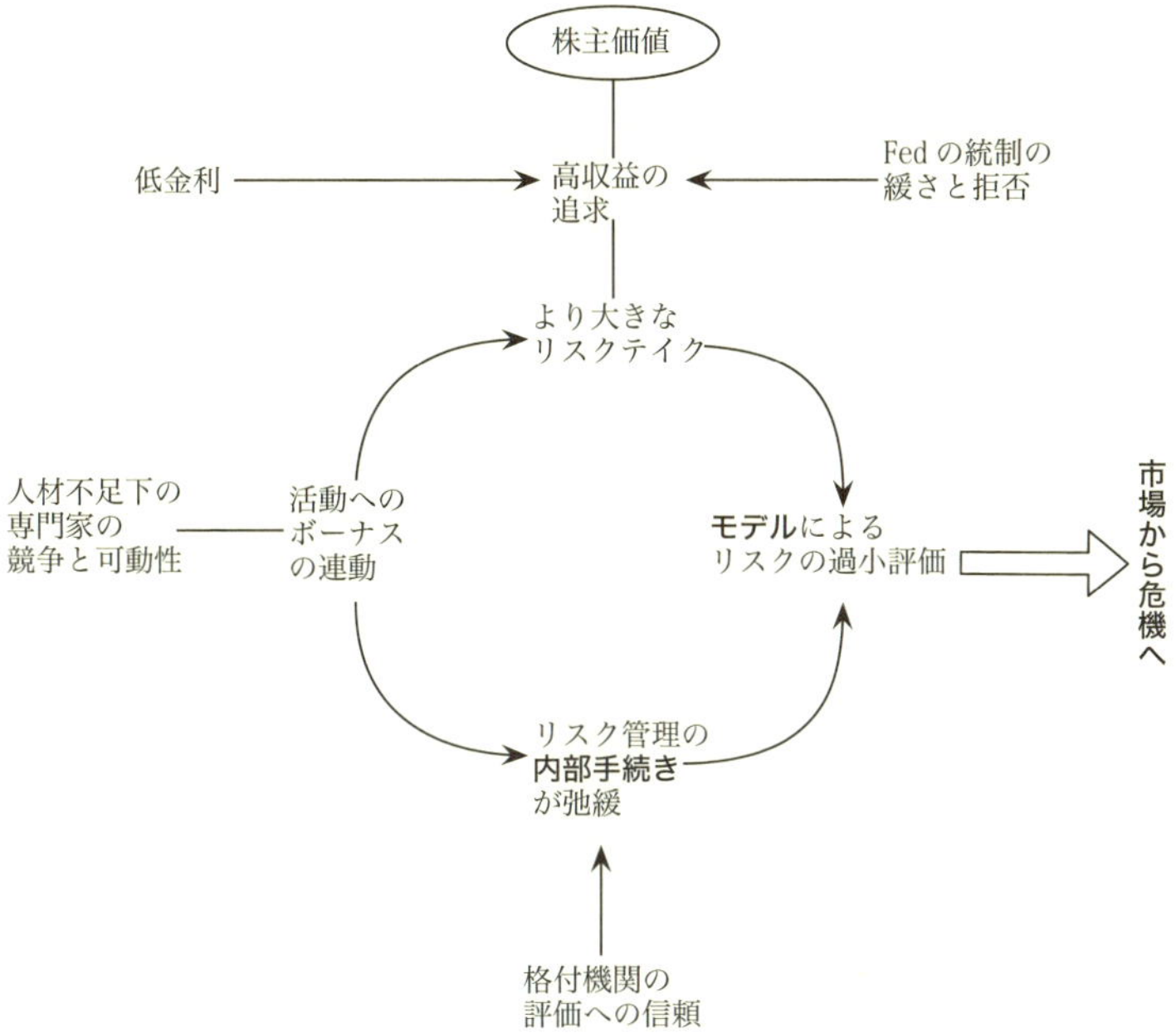

図 40　シティグループの転落——ブーム期の組織選択からの直接的帰結

2　二〇〇八年における銀行の大量破綻・大量消滅は……

金融の躍進は、その開始の日付をエリサ法〔一九七四年、アメリカで制定された従業員退職所得保障法〕の制定時に求めることができるが、しかしその最初の危機が現れるのは一九八〇年代半ば以降のことである。二〇〇八年の文脈のなかで特に強調しておきたいのは、住宅ローン市場の一回目の危機が一九八六年に勃発していたこと、そしてこの危機によって――整理回収機構の創設を含む――公権力の装備一式の適用が始まったことである。また一九九一年のジャンクボンド〔がらくた債〕危機は、金融の世界に新しい戦略が出現したことを物語っている。ＬＴＣＭ〔ロングターム・キャピタル・マネージメント〕の破綻を除いての話ではあるが、多くの消息通は、金融によって顕著なマクロ経済的安定が可能となったことに注目している。インターネットバブルの崩壊による危機はたちまちに忘却され、二〇〇七年初めまでは、良識あるアメリカ世論は、金融危機は過去に属する事柄であり、あるいは新興諸国における規制の遅れに帰せられるべき事柄であると見なしていた。

ウォール街の業界では、破綻の加速的な連鎖はまったくのサプライズとして受け取られた。しかしこれは結局のところ、この時期に規制上のレッセフェール〔自由放任〕がずっと続いてきたことの帰結にすぎない。会計的不誠実を犯したＣＥＯ〔最高経営責任者〕やＣＦＯ〔最高財務責任者〕に罰則を与えるサーベンス＝オクスリー法という唯一の例外があったけれども、この法は、それまでの慣行の根源に立ち向かおうとするものでは決してなかった（Boyer 2005）。すでに述べたように、過去のさまざまな危機を一つ一つ分析していれば、プルーデンス〔健全性〕管理の手続きを一歩一歩改革することができていたであろう（前出第４章）。実際はその逆で、過去の危機を生み出した諸メカニズムがすべて結合したことによって、その凝固物《ジェル》としてサブプライム危機が生み出されたのであった。

結果として、アメリカの金融機関のほぼすべてが破綻同然の状態にある（表9）。かれらの失敗は、資産の価値喪失の大きさからだけでなく、八〇年代半ば以降ウォール街の投資銀行に代表されてきた組織モデルの信頼性が完全に失われたことからも明白である。従来の投資銀行は大手銀行持株会社に統合され、現在は、投資銀行の新しい機能が将来どのようなものになるかが問題になっている（Artus 2008j）。九〇年代に広まっていた臆見《ドクサ》に照らして言えば、まさに状況は一変した！

3 ……一九三〇年代以来の類例なき公的介入を要求している

こうして、好むと好まざるとにかかわらず、アメリカの公的当局は介入せざるをえなくなっている。しかしかれらの介入は、システミックな危機要因を過小評価する分析にもとづいている。三〇年代に金融引締政策がもたらした害悪を知っているベン・バーナンキ〔ＦＲＢ議長〕は、全面的にプラグマティックな方法に従い、商業銀行にだけでなく投資銀行にも流動性アクセスの便宜を図っている。このような工夫はＦｅｄ〔連邦準備制度〕の規約においても考慮されているが、〔今日の〕アメリカの中央銀行が利用しようとしているほどに大規模なものは想定されていなかった。信頼回復のためにはこうした措置で十分であろうというのが当初の期待であった。

金融関係者たち自身は、アメリカ政府の保証がなければ、流動性アクセスへの便宜を図っても不十分であるだろうことに早くから気づいていた。だからこそ、インディマック銀行が破綻したとき、ＦＤＩＣ〔連邦預金保険公社〕は率先して介入したのだった。しかし住宅ローンのリファイナンスを担う二つの機関――ファニーメイとフレディマック――の崩壊があまりに急速であったため、アメリカの公的債務の重圧が倍化することを覚悟のうえで、この二つの機関を公的管理下に置かざるをえなくなった。アメリカ政府が驚いたのは、この思い切った措置でも銀行間市場の逼迫

表 9　アメリカ金融危機の経過――2007 年 3 月以降の加速

1986年	・テキサス発貯蓄貸付組合〔S&L〕の住宅ローン・不動産市場危機
1987年	・10 月 19 日の株式市場危機
1991年	・ドレクセル・バーナムが関与したがらくた債券（ジャンクボンド）の危機
1998年	・ロングターム・キャピタル・マネージメント〔LTCM〕の破綻
1999年	・エンロンの破綻とインターネットバブルの崩壊
2006年9月	・エネルギー・デリバティブへの危険な賭けを行ったヘッジファンド，アマランスの営業停止
2007年3月	・不動産市場の反転と，住宅ローン市場関連デリバティブ商品の危機（サブプライム危機）の最初の兆候
2008年3月	・JP モルガンがベアスターンズの破綻回避のため，これを買収 ・連邦政府代表がウォール街の投資銀行に送り込まれる
2008年7月	・住宅ローンの焦付きによりインディマック銀行が破綻
2008年9月	・ファニーメイおよびフレディマックが政府管理下に置かれる ・リーマンブラザーズの転落 ・バンクオブアメリカによるメリルリンチの買収 ・アメリカン・インターナショナル・グループ〔AIG〕の救済 ・ゴールドマンサックスとモルガンスタンレーが，Fed へのアクセスと連邦の監督を意味する銀行持株会社へと転換する ・連邦予算からの総額 7000 億ドルの拠出による不良資産買取り計画が提案される ・アメリカのＳ＆Ｌ最大手であるワシントン・ミューチュアルの国有化 ・シティグループがワコビアの買収に乗り出し，ウェルズファーゴがこの買収に関する FDIC の同意に異議を申し立てる
2008年10月	・モルガンスタンレー，そしてゴールドマンサックスさえもが存続の危機に ・ヨーロッパ，とりわけイギリス，ドイツにおける破綻リスクの上昇 ・ヘッジファンド化していたアイスランドの瓦解 ・アメリカ株式相場の暴落とその世界への伝播 ・アメリカの諸銀行への公的資金投入プランの公表 ・イギリスの諸銀行への公的資金投入プランの公表
2008年11月	・1000 億ドルを上限とする Fed による MBS（住宅ローン担保証券）買取りを実施，さらに上限 5000 億ドルの買取りを予定 ・TALF（ターム物資産担保証券貸出制度）プログラムの発表 ・対家計貸出し（教育，自動車，クレジットカード）および対中小企業貸出しを裏付けとする ABS の保有者に対する連邦準備制度貸出し
2009年1月	・アメリカ新政権が 7870 億ドルの経済刺激プランを発表：減税（2350 億ドル），グリーン・テクノロジーの推進，教育およびイノベーションへの支援，政府助成によるインフラストラクチャーの近代化
2009年2月	・アメリカ新政権による TALF の補強：プログラムは 2000 億ドルから 1 兆ドルに変更され，また消費者・中小企業向けの貸出金利を低下させるために，商業用不動産貸出しを裏付けとする MBS に拡大された
2009年3月	・2750 億ドルを投入してなされる，住宅ローンをかかえる家計に対する支援措置 ・住宅価値の大幅下落に苦しむ家計に対して，ファニーメイおよびフレディマックの利用を容易化する ・返済困難に陥った債務者に対して，ローンの組替えを奨励する ・民間投資家と公的基金を結合して当初 5000 億ドルの，必要に応じて上限 1 兆ドルまでの毒入りデリバティブ商品を銀行から買い上げるプランが公表される
2009年4月	・G20 が，東欧を含むエマージング諸国を支援する目的で，IMF などの国際組織に対して 1 兆ドルまでの増資を行うことに合意 ・健全な政策を行う国に対する無条件 IMF 貸出しの創設（最初にメキシコがこの融資枠を利用して 470 億ドルの貸出しを受ける） ・新 SDR〔特別引出権〕が配分される可能性，しかしドルの役割をめぐるアメリカと他国との間の緊張 ・ヘッジファンドその他のシャドーバンク〔影の銀行〕に対する規制，租税回避地と銀行機密の排除，および格付機関への監督を要求 ・世界貿易の落込みを前にして保護主義的措置を採らないことを約束
2009年6月	・バラク・オバマ大統領による金融システム規制プロジェクト

は打開されなかったことである。そのため結局、サブプライム関連の不良債権を買い取る機関の創設を盛り込んだ計画を打ち出さざるをえなくなったのである。

これと並行して、SEC〔証券取引委員会〕の方針が完全に逆転した。一方で、SECは、ウォール街の諸企業の意見を聴き入れて、空売りを禁止するようになった。ウォール街は、つい最近まで自ら空売りのメカニズムを擁護してきたのに、今やそのメカニズムの犠牲者になっている。おそらくこのメカニズムは、投資銀行の支払能力および流動性という真の問題をいっそう大きくするばかりであった。他方で、SECは公正価値適用の厳格さを緩和することで、投資銀行に猶予を与えた。その目的は、時間をかけて資産の減価を進め、特別に評価困難な証券資産の価値認識を遅らせるための一定の余裕を投資銀行に与えることにあった。

以上の諸措置のそれぞれが発表されるたびに株式相場はもち直すが、数時間後か数日後には金融業者たちの意見は反転してしまう。かれらは、採られた措置をむしろ、来るべき危機の重大さを承認するものとして解釈した。またかれらはそれらの措置を、多分に不適切なものだと解釈した。なぜならそれらの措置は、ミクロ経済的次元の一連の情報問題を、経済への流動性供給にかかわるたんなるマクロ経済的問題としてしか取り扱っていなかったからである（表10）。

昨日まで投資銀行の戦略を決定する主要要因の一つは利得の餌であったが、二〇〇八年九月以降、より確実な運用対象へと投資銀行を回帰させたのは——少なくとも見かけ上は——恐怖であった。この点に関連して、アメリカの公的赤字と公的債務が倍増する可能性が出てきたちょうどそのときに、投資銀行のほとんどがアメリカ財務省証券の買い手に転じたことは、驚くべきではない（Artus 2008c）。専門の経済学者は、金融業者たちの分析を浅薄なものとして非難できても、自らの意見にはほとんど耳を傾けてもらえない。なぜなら、安全保障の追求は——専門家の最良の分析でさえ純然たる推測にしかなりえないほどに——複雑化したシステムの綿密な分析を動員するよりむしろ、昔か

表 10　住宅ローン市場関連デリバティブ商品の危機の後，金融への統制を回復する動きが進んでいる

1．金融機関全般――商業銀行だけでなく事業銀行も――に対して特別な信用を開くことを Fed が決定
2．それと引換えに，Fed の代表者がウォール街のすべての金融機関に**送り込まれる**
3．JP モルガンによるベアスターンズの買収取引に対する**国庫保証**（300 億ドル）
4．インディマック銀行（連邦貯蓄金融機関）と二つの住宅ローンリファイナンス機関ファニーメイおよびフレディマックの公的管理
5．Fed が対銀行信用枠を拡大
6．SEC が証券の空売り（short selling）を禁止
7．アメリカ上下院が 7000 億ドルの金融市場下支えプランを可決
8．SEC が，市場が成立していないために価値の評価が困難な資産に対して，公正価値の適用に猶予を与えることに同意
9．従来のプランでは鎮静化できなかった株式市場パニックおよび銀行パニックを抑えるために，Fed が信用枠の 3000 億ドル増加を決定するとともに，短期信用へのアクセスを容易化するために企業の証券を直接買い上げる用意があることを表明する。
10．2008 年 10 月 14 日，以前のプランが全面的に失敗したのを受けて，アメリカ財務省がアメリカの大手 9 銀行の優先株 2500 億ドルを購入すること，1 兆 5000 億ドルかけて銀行保有のシニア債すべてを 3 年間にわたって保証すること，FDIC による無利子銀行口座の全額カバーを 5000 億ドルかけて保証することを決定する。つまりアメリカ財務省の負担は総計 2 兆 2500 億ドルである。

ら伝わる（アメリカ財務省は倒産しないし債務を踏み倒したりもしないという）直観的図式を動員するからである。

さまざまな金融危機の比較からわかるのは、最終的にはアメリカの当局が戦略的なアプローチよりもむしろ、戦術的なアプローチ――金融の不均衡や次々発生する破綻に対して応答すべし――を選択してきたということである。なお、戦略的なアプローチとは、一連の出来事に共通な起源を見つけ出し、ただちに全体的な解決を提示しようとするものである（Laeven and Valencia 2008）。ところが分析が示しているのは、例えば破綻規則の緩和〔倒産前の救済手続きを可能にすること等〕やプルーデンス比率の尊重に関して戦術的アプローチが支配的であればあるほど、危機は長引き高くつくということである（Bordo *et al.* 2001）。この点に関して、失われた十年の日本の危機は、全体的解決が政治的に阻止されることによってもたらされる帰結を明快に示している。その一方、スウェーデン政府が金融システムから不良債

権を切り離す任務を負う会社を素早く設立するのに成功したこと、そしてこの解決が相対的に有効なものであったことは、衆目の一致するところである（前出第4章参照）。

4　金融危機は相次いで起きたが、同じことの繰返しではなかった

ウォール街の株式相場が暴落し、金融界も政界も不可解な景気状態と大きな不確実性に直面している。このとき誰もがこう問う――これはアメリカの一九三〇年代大不況の再来なのだろうか、と。われわれはすでに、成長体制と調整様式が根底的に変容した結果として、どうして相場下落が実体経済に影響を与えなくなっているのかを明らかにした（前出第4章の**表6**）。実はもっと適切なのは、二〇〇〇年代に近い時期に見られた別の二つの事例と比較してみることである。二つの事例に見いだされるのは、金融危機を招いた不動産投機の二つのエピソードがどのような結末をたどったかということである。

貯蓄貸付組合とも違うし……

いちばん現在に近い金融危機は、一九八〇年代中葉、テキサス州に端を発した危機〔貯蓄貸付組合（S&L）危機〕である。実はこの危機は、住宅の過剰生産と銀行における不良債権の蓄積とが絡み合ったものだった。預金保証の任務を負う機関が破綻し〔S&Lの預金保険制度であった連邦貯蓄貸付保険公社（FSLIC）は一九八六年に債務超過に陥り一九八九年に解体された〕、この装置の限界が露呈するに及び、ようやく、住宅貸付機関のバランスシートに蓄積された不良債権を整理する任務を負う公的機関が創設された。それが整理信託公社（RTC）であり、この機関には十分に今日的意義が見いだされる。なぜなら、その運営から引き出される教訓は、サブプライム危機克服のための財務省の戦略に関

する選択肢を照らし出してくれるだろうからである。

しかし共通の根をもつという以上に、サブプライム危機は差異ある特徴を呈しており、そのため、S&L危機克服のために練り上げられた戦略を繰り返しても効果はないであろう。第一に、〔今回の〕不動産投機は、州により不均等ではあるが、アメリカ全土に影響を与えてきた。それゆえ、サブプライム危機においては、危機のグローバルかつマクロ経済的な側面がいっそう際立っている。第二に、規制緩和と金融イノベーションの二十年は、金融商品を著しく複雑化し、商業銀行・投資銀行・保険会社の間の相互依存を強めた。その結果、住宅ローンの焦付《こげつ》きに対処するだけではもはや不十分であり、無数のデリバティブ商品――オプション、スワップ、保険〔クレジット・デリバティブや天候デリバティブなどは「保険デリバティブ」と呼ばれる〕――を通じた銀行間諸市場全体の機能停止に対処しなければならなくなっている。とりわけ第三に、S&L救済のための公的資金の費用は当時の人々の目に莫大なものと映っていたが、サブプライム危機に投入されている金額はそれとは桁ちがいの規模であり、総額にして数千億ドル――数百億ドルではなく――のオーダーのものである。

最後の相違は、金融システムの中枢が破綻に瀕し、いまだに瀕しつづけていることである。これによって、ニューディール期以来の公的管理の著しい拡大が正当化されてきた。評論家たちが皮肉って言うように、結局のところジョージ・ブッシュ共和党政権は、一九八一年からのフランスの第一次ミッテラン政権よりも社会主義的なのである。というのもミッテラン政権にあっては、国有化の規模は最終的に削減されたからである（Saporito 2008）。ミッテラン政権の場合よりももっと深刻なことに、金融界の不安は持続している。ここで指摘しておきたいのは、Fedが企業の借換えに直接介入することを提案して以来、「毒入り」商品の買取りを進める公的基金の運営方法をめぐって、経済学者・専門家・金融業者の間で激しい論争が沸き起こっていることである。論争が起きている理由は、多数の金融・非金融企業に対するこうした生殺与奪の権利は効果的ではないリスクが大きく、また政治家に利用されるリスクが大

表11　80年代のS＆L危機とちがって，なぜサブプライム危機がシステミックであるのか

	S&L 危機	サブプライム危機
1．共通の原因：住宅ローン供与に対する規制的統制の緩和		
2．関係する金融商品	主に不動産貸付け	不動産貸付け ＋ 住宅ローン市場 ＋ デリバティブ商品
3．地理的拡大	テキサスに集中し限定的	アメリカ領土の全般 ＋ 他国の国内金融システム
4．危機解決策に関与する公的次元	預金保険機関 FSLIC が破綻し，そのため 1989 年に FIRREA（金融機関改革救済執行法）が制定される	FDIC ＋アメリカ財務省 ＋ Fed ＋ウォール街の金融機関 ＋政府系ファンド ＋アメリカおよび国際的な商業銀行
5．公的介入の規模	500 億ドルの直接的な公的助成 1986 年から 1995 年までで推計総コスト 1530 億ドル，そのうち 1240 億ドルが公的助成	まだ不明： しかし，数千億ドル ＋ ファニーメイとフレディマックからの債務の引継ぎ（数兆ドル）
6．金融組織への影響	整理信託公社〔RTC〕の設立	当初より巨大な公的新機関 （FHFA〔連邦住宅金融局〕） Fed によるルール変更 新規制の提案

きいことにある（表11）。

RTCの経験を再評価することが可能であるとしても、それが十分であるかどうかは定かではない。なぜなら、別の二つの新しい要素が危機克服を困難にしているからである。第一に、アメリカの金融アクターのほぼすべてが巻き込まれているが、かれらの利害が収斂しているかどうかは定かでない……かれらの損失を最大限に社会化することの利益を除いては。しかしこの方策に対しては、アメリカ国民の代表の多くが上院・下院の両方で反対している。第二に、デリバティブ商品がアメリカ以外の場所にもかなり広範に拡散したことによって、危機が国際化する可能性が生じた。これに、家計貯蓄率が二〇〇七年まできわめて低く、公的赤字ファイナンスのかなりの部分が外国金融機関によって確保されてきたという事情が加わる。この点に関連して、ドル相場の推移は、アメリカ経済の回復に対して明らかに矛盾含みの効果を及ぼす可能性がある。一方で、対ユーロ・対円でのドル減価が、他国に対するアメリカの

純輸出に有利に働いている。他方で、ドル減価がニューヨークの金融センターに不利なポートフォリオ組替えを促進することによって、やがてはニューヨークが金融仲介および金融グローバル化の中心地としての地位を失う可能性がある。

……日本の失われた十年とも違う

一九九〇年代を通じて、金融危機や金融政策に関するアメリカの専門家たちは、日本の当局の行動に対して盛んに批判を加えていた。日本の当局の不手際や――おまけに――無能力のせいで、危機脱出が無用に先延ばしされてきたのだ、と(Posen 2000)。一方で、日本の研究者たちの間では、日本の成長の枯渇に関する数多くの経済実体的要因が指摘され、議論はもっと柔軟なものだった(Yoshikawa 2002)。しかしアメリカの経済分析家のなかには、日本がたどった経路にアメリカが乗っていないかどうか、自問する者も当然いた。二〇〇〇年代に起きた出来事を考慮するとき、いくつかの注目すべき対比が浮かび上がる。

・どちらのケースにおいても、金融システムの不安定化をもたらしたのは不動産投機である。時間的なラグに程度の差はあるものの中央銀行は、信用の再活性化を期待して、銀行の損益計算書への負担を軽減するために、金利を引き下げた。実際、一九九八年以降は、日本の銀行がゼロ近辺の金利で公的リファイナンスをほぼ無際限に利用できたことを忘れてはならない。ところでアメリカでは、金利引下げによってある場合には銀行間信用を、またある場合には非金融企業への信用を再活性化させようとしたけれども、これは当時の日本と同様に十分なものでなかった。理論のほうでは、金融政策が直面しているこうした障害は、流動性の罠もしくはフィッシャー型債務デフレと呼ばれている。

・アメリカの金融システムをサブプライム関連証券から解放することを目的とする基金の創設は、強力な政治的反対に直面せざるをえなかった。アメリカ議会で立法化が阻止されたのは、共和党の市場原理主義者によるイデオロギー的な反対によるというよりむしろ、この十年の間に大儲けした金融業界に対する巨額の補助金をよしとしない——選挙を控えた——議員たちからの反対によるものであった。「損失は社会化、しかし利益は私有化」は、アメリカの有権者たちの間で不人気なスローガンである。すでに二〇〇七年のインフレーションによって目減りしていたアメリカの有権者の所得が、今度は増税によって削減される恐れがある。振り返ってみると、失われた十年当時の日本の当局による反応の遅さもまた、世論の反対に起因していた。日本の世論は、腐敗しているように見えた金融業者たちに補助金を与えることを拒否し、そして——汚職と結びついた各種スキャンダルによって打撃を受け、危機を回避・克服できずに評判を落としていた——公共行政からの勧告に従うことを拒否したのだった。結局のところ、アメリカの公的当局の知的混乱は、危機の新奇さに当惑していた日本社会の全体を覆っていた知的混乱と同じものであった。

しかし、概括的に見たときのこうした共通の特徴を超えて、二〇一〇年代が日本の一九九〇年代の繰返しではないと考えざるをえない顕著な差異が見いだされる（Artus 2008d)。

・まず、不動産価格に関しても株式バブルに関しても、日本のほうが不均衡はずっと際立っていた。周知のように、アメリカの企業は、二〇〇〇年代を通じて大幅な債務減らしを実行しており、株式相場がインターネットバブル終焉時よりもずっと妥当な水準に達していた。日本で観察された破綻件数の増加とは対照的に、二〇〇八年秋までアメリカの非金融企業の破綻は極端に低い水準にとどまっていた（**表12**）。

表 12　日本の失われた十年の危機とアメリカの住宅ローン市場の危機との間にどんな並行性が見られるか

	日本（1986-1990）	アメリカ（2002-2006）
投機バブルの規模		
・不動産バブル	価格／所得の比率が 1.8 倍に	価格／所得の比率が 1.4　倍に
・株式バブル	1990 年の PER ＝ 60	PER ＝ 17
同期化の程度	信用／不動産／株式の間で強い同期化	反景気循環的な動き
企業の状況	破綻件数の連続的増加	破綻件数の水準は非常に低く増加速度も遅い
公的当局の対応		
・中央銀行	実質金利は低下せず，1997 年にようやくマイナスに転じる	実質金利は低く，2008 年以降マイナス
・財政	1997 年にようやく財政が出動	2008 年 3 月以降財務省が加わる（ベアスターンズ）
・為替相場	1990 年から 2005 年にかけて 65％の激しい円高	2002 年から 2008 年の間，実質でドル安の動き（－ 35％）

出所：Artus（2008e）

・第二に、Ｆｅｄやアメリカ財務省の反応度合いは、日本よりもずっとスムーズである。もっともその理由はというと、アメリカでは政治的コンセンサスが困難であるために、あらゆる経済外的制約を免れた行動諸変数であるとマクロ経済学者があまりにも簡単に見なすところの諸手段〔財政金融政策の機動的運営〕が使用を妨げられるからなのではあるが。政治経済学的な分析に照らして、これは逆説的な結果である。というのも、当時の日本が単独政権である自由民主党の支配を特徴としていたことを考慮すると、アメリカの民主主義はより多くの障害を招き寄せると考えられるからである。実際、世論調査は、国民の多数がウォール街救済計画に反対していることを示唆している。この点はわれわれに、アメリカ民主主義についての伝統的な見方を相対化するよう促している。

・最後に、対外ポジションと為替政策がまったく違っている。一方の日本が失われた十年の間、強い円高に苦しめられたのに対して、ドル安はアメリカの経済活動の下支えに大きく貢献してきたのであり、これによって購買力低下・失業増加・信用収縮による景気後退効果が部分的に相殺された。

しかし、不動産危機に対する日本の対応とアメリカの対応に相違をもたらしたもっと根本的な理由がある。それは、日本の成長が根本的に輸出主導であるのに対して、二〇〇〇年代アメリカのダイナミズムは、家計の所得制約を緩和する金融イノベーションが数多く起きたことの直接的帰結であったということである。

5　金融危機の性質や結末を支配する四つのメカニズムの独特な組合せ

以下では、危機の繰返しだけでなく、時間経過にともなう危機の性質変化も説明するのに役立ってきた分析枠組みを紹介していきたい（Boyer, Dehove and Plihon 2004）。危機はほぼすべて、四つの基本メカニズムの――国や時期によってつねに違いのある――結合として解釈することが可能である。上来の説明においてすでに、そのうち二つは明らかにされた。ここでは、サブプライム問題に関して四つのメカニズムの性質を詳述しておきたい（図41）。

・金融市場は、投資やさらにはイノベーションの領域を支配する根本的な不確実性に直面している。このとき金融市場は、行為主体の意思決定を可能にするいわゆる共有信念を引き出す機能をもつ。共有信念《コンバンシオン》は、開かれた選択を著しく単純化することによって、行為主体の意思決定を可能にする。ブッシュ大統領が開始した「アメリカのオーナーシップ・チャレンジ」プログラムの機能は、〈インターネット〉の共有信念――新しい情報通信技術が未来を彩っているというそれ――に代わって、新しい共有信念を軸とする金融の調整《コオルディナシオン》を可能にすることにあった。こうして、最も恵まれない社会層に信用を供与して住宅所有への道を開くことが、蓄積の新しい媒介《ベクトル》となった。

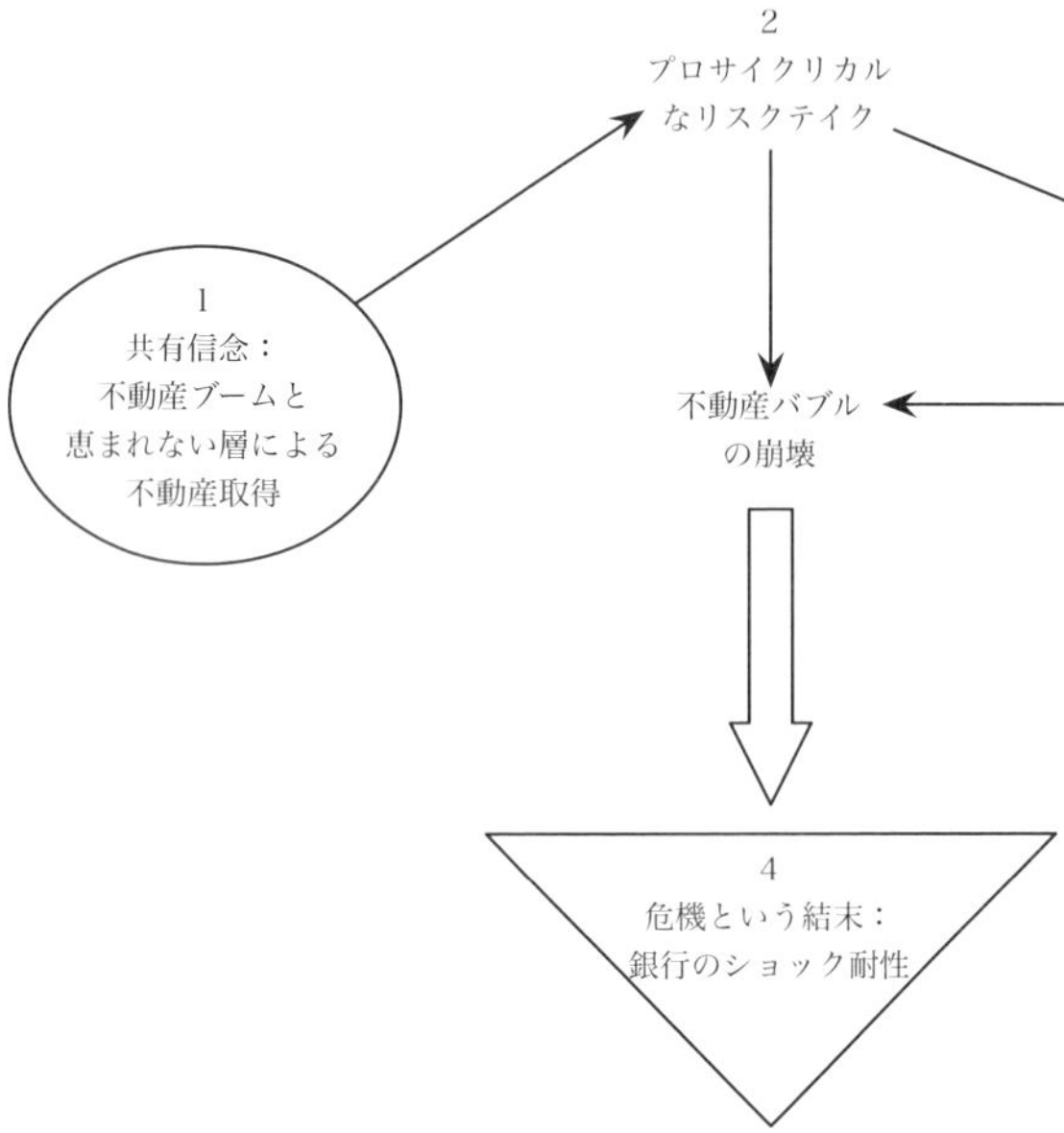

図 41　サブプライム問題——危機の原因となった四つのメカニズムに固有な構図

・つまりこの信念は、住宅建設とそれを可能にする金融手段の開発の過程を駆り立てた。業務制限があり、さらには当該人口カテゴリーにおける実質所得の低下があったにもかかわらず、である。「チューリップ熱」以来の金融史が教えるとおりに、金融市場のアクターたちは、大したリスクなしにそこから利潤を引き出せるだろうと確信していた。そうしてかれらは、不動産ブームが継続するなかで、ますますリスクをとっていった。このリスクテイクの順景気循環性は、不動産市場が息切れのサインを示すや否や、方向を転換する。この〔第二の〕段階に関するかぎり、危機のメカニズムはまったくもって伝統的なものである。

・反響効果の強さに新しいものが見いだされる。反響効果は、実体経済に対する金融の関係に影響を与えるだけではなく、何よりもまず——そして主として——金融それ自体の内部における相互諸作用に影響を与える。相互の関係によって定義される金融諸商品がピラミッド状に積み上げられるにつれて、金融諸商品はその拠って立つ土台から次第に遠ざかっていく。すでに触れたように、カバーしている資産に対して一〇倍以上のCDS〔クレジット・デフォルト・スワップ＝債権倒産保険〕が作り出されることがある。この点こそが、金融諸市場の発達とともに種を蒔かれていた今回の危機における特殊性、またある意味で新奇さを際立たせるのである。こうして反響効果は、アメリカの三〇年代危機の当時よりもずっと多様な形をとり、かつずっと重大でもあるのである。

・語源的に言えば、危機 crise の語は、例えば医学で病気について言われるように、重大なエピソード〔偶発症状〕から脱出できるかどうかが不確定であることを意味している。では、大きな金融危機からの脱出はどんな要因に依存しているであろうか。歴史的比較から言えるのは、脱出の道筋を広く規定しているのは銀行システムのショック耐性の度合いだということである。二〇〇七〜〇八年の危機における第二の新しさは、専門機能を異にする二種の銀行の対比から浮かび上がってくる。まず投資銀行は消滅の途上にある。これは、その組織モデルが自己破壊的であることによる。これに対して、顧客ネットワークを、それゆえ顧客の預金の——相対的——安定性を確保している商業銀行はよくもちこたえ、ついにはウォール街の諸金融機関を吸収合併したりして、金融リスク管理の手本として重視されるようになった。しかし投資銀行が肥大化したために、商業機能を主体とする銀行の耐性は限界に直面した可能性が大いにある。

6 アメリカ当局の混乱——先行する諸危機の脱出戦略を繰り返すのでは十分でない

実は、各国政府が金融危機を食い止めるためにどのような戦略を採ってきたかについての歴史を見てみると、経済への流動性供給が決定的に重要であることがわかる。それゆえ、考案され時とともに一般化していった各種の道具や手続きを調べ上げておくことは、決して無用ではない（図42）。

危機克服策	1929年アメリカの危機	貯蓄貸付組合 1986-1996	株価大暴落 1987	LTCMの破綻	日本の失われた10年	アメリカのサブプライム危機
金融政策	最後の貸し手の不在が危機を長期化させ，深刻化させた		Fedによるトレーダー支援 →		銀行に対する無制限の流動性供給 →	投資銀行を含めて流動性への容易なアクセス
金融の編成	商業銀行と投資銀行の分離	不良債権処理機構		金融の自律的な再編成 →	処理機構 →	ウォール街内部の再編成による解決の追求 続いて毒入り商品の買取り
公的規制	金融を含む数多くの領域に拡張――FDIC				プルーデンス・ルールや会計規則の緩和 →	有価証券の空売り禁止，公正価値の漸次的緩和
不良債権処理のための融資					巨額の財政出動 →	不良債権買取りプラン
サブプライム危機時に導入された新機軸						銀行の資本増強プラン 銀行間信用の保証および経済への一定の信用

図42　それぞれの危機が起きるたびに，危機の繰返しを未然に防ぐべく新しい装置が発明された

・例えば、一九二九～三二年のアメリカの不況が深刻化し長引いた原因の一部は、金融引締政策によって大量の銀行破綻を引き起こした中央銀行の不適切な対応にある、とする見方が通説となっている。この時期に現れたのが、金融危機を食い止めるための第一の手段である最後の貸し手（LLR）である。この役割を担わされたのは、各国の中央銀行である。次に、不況が克服されたのちには、危機加速の原因となった戦間期金融システムの諸特性を取り除くために、さまざまな公的規制が導入された。なかでも、グラス＝スティーガル法によって、商業銀行の活動が投資銀行の活動から分離された。さらにそれと同時に、銀行パニック〔銀行恐慌〕を回避するために、アメリカの当局は商業銀行の預金を保証するための基金を創設した。これら三つのイノベーションが組み合わさったことは、長い金融の伝統を有する諸国において第二次世界大戦後に銀行危機がほとんど起こらなくなった理由をかなりの部分説明する（Bordo *et al.* 2001）。

・すでに述べたように、アメリカにおけるS＆L〔貯蓄貸付組合〕の危機は、本質的に地域・部門が限定されており、大きなマクロ経済的影響をもたらさなかった。にもかかわらずアメリカ政府は、住宅貸付機関の信用供与に課せられている制約を取り除くために、公的資金を投入して住宅ローン市場関連の不良債権買取機構を創設することにした。つまりアメリカはすでに、住宅貸付けの危機を解決したエピソードを経験している。公的支出に要した費用という面はともかくとして、これは成功の経験であった。

・一九八七年十月のウォール街での株価大暴落によって、一九二九年の脅威が突然に蘇った。そのためアラン・グリーンスパンは、株式相場の突然の暴落によって深刻な打撃をこうむったトレーダーたちに対して、中央銀行のリファイナンスを広く開放することを決断した。株価大暴落は大きな経済的不均衡から結果したのではなく、おおむね、自動的ポートフォリオ管理のコンピューター・プログラムが一般化していたことによる、技術的態様《モダリテ》からの結果であった。この場合、LLRに依拠することが効率的である。この時期にはまた、突然の大幅な下落が累積的暴落を引き起こす危険が見られるときにはただちに取引停止するという新しい規制〔いわゆるサーキット・ブレーカー規制〕が導入された。

・LTCMの破綻によって、金融危機の予想や金融危機が起きたときのその解決に関して、今までにない要素が入り込むようになった。単独の破綻であっても、それが金融システム総体に汚染《コンタミナシオン》を引き起こす可能性がある場合、そうした破綻のリスクに対して中央銀行は対処しなければならない。すなわち中央銀行は、業界内部で解決——例えばより健全な金融企業による吸収——を見いださせるべく、仲介的な役割を果たす。ベアスターンズは、ウォール街のプロたちが公的な誘導のもとに自己組織化することを戦略の柱とするオペレーターであった。

・最後に、日本の失われた十年のなかでは、不動産バブルの破裂と株式バブルの破裂とが結びついて起きた危機に直面した公的当局は、物の見方《コンセプシオン》を目まぐるしく変化させた。まず、大蔵省〔現在の財務省〕と各銀行による旧来の指導体制のもとでは想像を絶していたこの危機によって、日本の当局は立ち往生した。そこから中央銀行にとっての、また大蔵省にとっての長い試行錯誤が始まった。それは、贈収賄事件が多発するなか、経営に失敗した銀行への支援計画に対して世論があまり好意的でない状況があっただけに、なおさら大変であった。そこから第一に、会計の誠実性とプルーデンス・ルールの適用について制約を緩和する方策がとられた。この方策は危機を克服しないままに危機を和らげようとするものであったが、最終的には、金融バブルの遺産である不良債権の解消による全面的解決を遅らせることによって、かえって高くつくこととなった。第二に、金利を大幅に引き下げ中央銀行の流動性へのアクセスを極端に容易化したにもかかわらず、銀行はこうした資金源を新規信用に転換しなかった。このことは、銀行経営の根幹を揺るがす危機を解決するうえでのLLRの限界を示した。第三の教訓は、銀行の財務構造における脆弱性を小さくするためには、問題債権切離しの機構を設立せねばならないということである。この点の対応に躊躇し遅れをとったことの結果は、公共予算の肥大化と公的債務の急増であった。

以上の簡単な歴史的回顧は、住宅ローン市場関連のデリバティブ商品の危機に対してアメリカ当局が採った対応を点検することを可能にする。実際、当局は、過去の諸危機に際して生み出されたすべての危機脱出手段を次々に試みたが、その結果は当局の驚愕であり、試行錯誤の過程であった。

・中央銀行の流動性へのアクセスを投資銀行に対しても次第に容易化していったが、ベン・バーナンキの当初の希望に反して、一九三〇年代の誤りを回避することだけでは危機の阻止に十分ではなかった。
・破綻増加の回避につながる吸収合併を進めるために、ウォール街の金融業界の自己組織化が促された。実際、商業機能を主体とする諸銀行はいくつかの投資銀行を買収することに興味を示したが、金融諸機関全体の財務上の脆弱性のゆえにこの戦略は追求できなかった。同様にして、サブプライム危機の最初の段階においては、政府系ファンドによっていくつかの投資銀行の資本装備が増強されたが、状況の悪化から投資銀行の価値に関する根本的な不確実性が発生するに至り、政府系ファンドも撤退した。

・この文脈のなかで、日本型の戦略の誘惑に抗することが難しくなっていった。日本型の戦略とは、銀行の損失発生を繰り延べすれば資産全般の累積的減価を回避できるであろうという考えから、会計規則やプルーデンス・ルールを適用するときの厳格さを和らげるものである。ウォール街のいくつかの投資銀行は、昨日まで営業資金を生み出していたもの——例えば株式市場での空売り——の禁止を要求するまでになった。しかし、こうして禁止されたものが危機の増幅要因でしかなく決して危機の起源ではないことは、経験によってたちまち明白になった。

・こうして金融政策も規制行動も資産デフレを食い止めることができず、アメリカ財務省はついに、サブプライム関連不良債権の買取計画を提案するに至った。住宅ローン市場のみが問題であるならば、おそらくこの措置で市場の不安を鎮めるのには十分であっただろう。しかし、直接・間接にサブプライムに関連する商品が増えたことによって、当初予想していた累積反転のメカニズムはかなり疑わしいものとなった。そのことによって、今度はポールソン財務長官のプランやその後継者たちの各種買取プランにおける不透明さが、その有効性に関する金融業界の疑いを助長した。株式相場の底割れが日に日に更新されていくなかで、この不透明さが複数年にわたって続いたことにより、金融業界の疑いはいっそう深まった。こうして、財政の反応時間は金融の反応時間とはかみ合うことがなかったものと推測される。つまり、日本の解決策はサブプライム危機のケースではうまく機能しなかった。

・またこのエピソードにおいては、アメリカではなくイギリスに起源をもつイノベーションが姿を現した。イギリスは、アメリカが直面したのと類似した——しかしずっと深刻な——問題に直面していた。ポールソンの第二のプランは、公的当局がすべての銀行に資本参加することを宣言すべしとするゴードン・ブラウン英首相の提案をまねたものである。その狙いは、銀行の資本を増強し、市場の信頼を回復することにあった。ただしこの方策には銀行間信用の保証がともなうことになる。なぜなら、危機の最も先鋭な局面においては、どの銀行も自行以外の銀行に不信をいだくがゆえに、銀行間市場はほぼ干し上がった状態になるからである。

このように、アメリカの公的当局の狼狽ぶりは、行動の遅れとなって表れるのみでなく、それ以上に諸方策の積重ねとなっても表れている。どの方策も、典型的な金融危機を食い止めるのに十分なものであると想定されていた。正確に言えば、サブプライム危機は確かにきわめて伝統的な諸特徴を有してはいるが、少なくとも二つの独自な特性を示している。一方で、金融システム内で――もはや実体経済内ではなく――幾多のイノベーションがなされたことが、危機につながる投機バブルの過程を起動させた。他方で、さまざまな金融市場・金融手段・金融組織の間の相互依存が前例なきレベルに達し、……その結果救済プランはうまく作動しなくなり、かつ／または非常に高価なものとなった。

7　システミックな危機を克服する
――その源泉に対処すべきか、その連鎖を食い止めるべきか、それともその悪化を阻止すべきか――

以上より、問題になっているのが金融的アーキテクチャーそのものの持続可能性であるという意味で、アメリカの危機がシステミックなものであることは明白である。危機のこの特性は、危機を克服しようとする戦略の困難さを説明する（図43）。

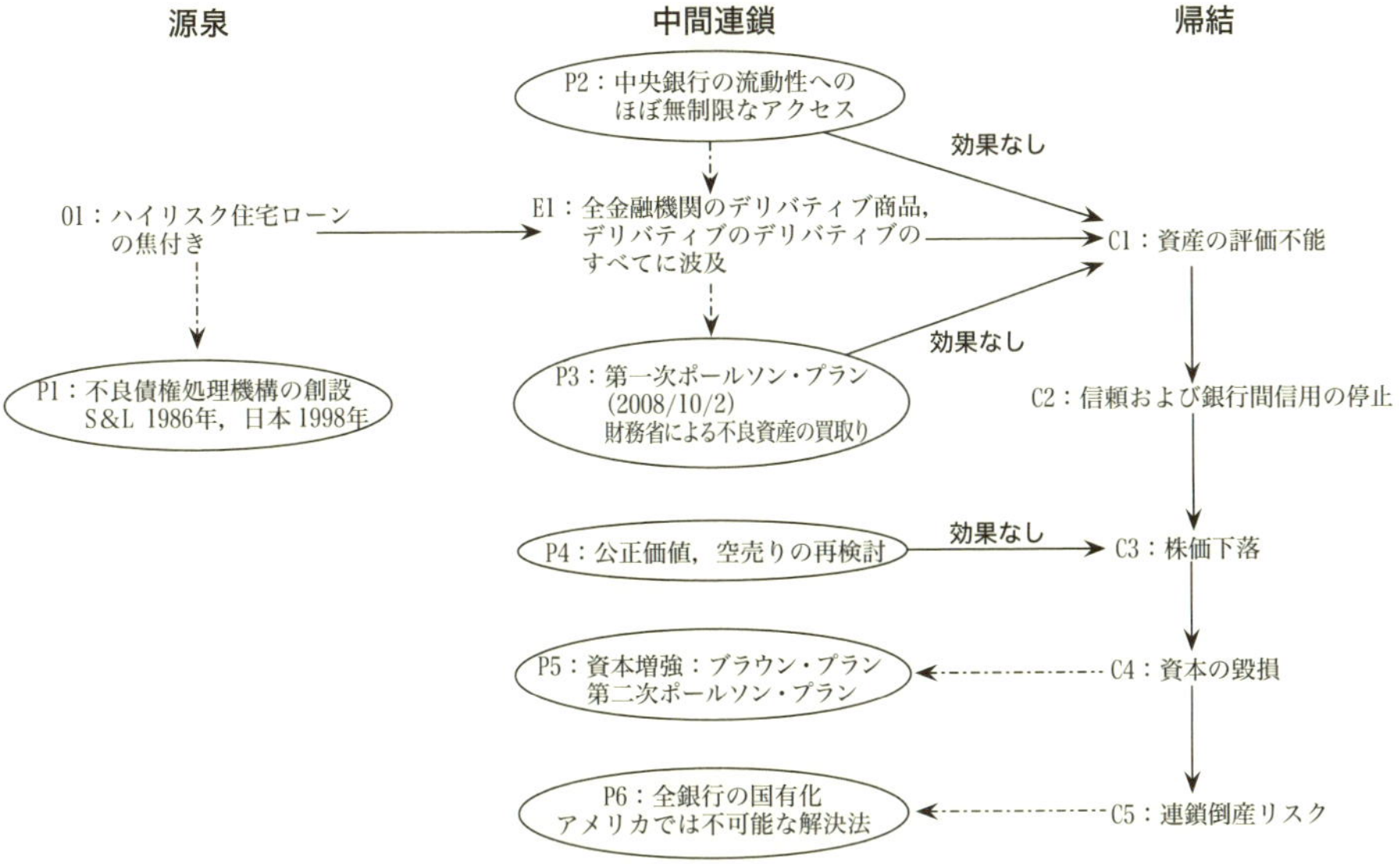

図 43　これまでの戦略はなぜ失敗したのか
——2008 年はこれまでの危機の繰返しではない

アメリカの中央銀行家にとって驚きだったのは、中央銀行の流動性へのアクセスを徐々に緩和し、投資銀行向けの貸出枠を開設し、さらには企業債権の直接的な再割引を行ったにもかかわらず、銀行間信用からも経済への信用からも障害を取り除けなかったことである。すでにそれ以前に、減税を通じて、明らかにサブプライム危機のショックは緩和されていた。減税によって、戦間期の誤り——経済活動立直しや信頼回復を達成しないままに財政均衡化を追求した——を繰り返すことは避けられたのである。この点を踏まえて言えば、不良債権の買取りを公告すること、公正価値の働きを弱めること、さらには空売りを禁止することを通じてなされた公的介入は、アメリカ金融システムそのものの健全性と信頼を回復することが直接の狙いであったと言える。

金融政策と金融危機の処理によって基本的には信頼が広まっているとはいえ、二〇〇八年九月から数ヵ月にわたって次々に打ち出された各種方策は、残念ながら成功には至らなかった。危機伝播のメカニズムを食い止めることが断念されたので、ポールソンの第二のプランは、銀行の資本を増強しその存続を保証することに専念する——将来どれほど深刻な出来事が起きるかは問わないままに——ものとなった。実はアメリカ政府は金融システムの総体を国有化する用意があると言っているようなものだが、そう公表するのを禁じているのはもっぱらアメリカのイデオロギー的な文脈だけである。われわれはこの点を認識しなければならない。金融システム総体の国有化は、かつてシカゴ・ボーイズが顧問をしていたチリ政府によって、あるいはまたスウェーデン政府によっても実施された。

しかし注目すべきことに、こうした不動産狂想曲《アンブロリョ》の源泉そのものを枯らし、不動産ローンの返済不能に陥った家計を支援する方策について検討されることはなかった。そうした方策には、補助金を用いるものもあれば、より現実的な契約を結ぶよう誘因を与えるもの——要する費用については国がその軽減を引き受ける必要がある——もある。確かに、アメリカの選挙戦との関係で、ポールソンの第一次プランにはそのような方策が盛り込まれていた……しかしそれは戦略の主要な柱ではなく、むしろアメリカの銀行を支援する法案が容易に通過するよう上下両院に対してなされた譲歩であった。

いくつもの金融危機が起き、それらの展開のなかで一連の不可逆性が生み出されたという事実は、強調に値する。実際、デリバティブ商品の低迷が株価や企業間信用に影響を与えている以上、危機の進行が生み出した不良債権を一掃するためには、その源泉となった危機に対処するだけではもはや不十分である。加えて、責任のもつれ合いやデリバティブ商品の絡み合いを解きほぐすこともほぼ不可能になっている。なぜなら、金融のアクターたちは、自らが開発した商品に対して値付けを行う術をもはやもっていないからである。そのようなことは、最新の金融商品についての鑑定力をもはや——あるいはもともと——もっていない公共行政にとっては、いっそう困難である。

以上のような状況のなかで、ブラウン英首相の提案に関心を寄せることが意味をもつようになった。いわく、過去も責任も重要ではあるが、危機の悪化・拡大の当面の源泉をまずは押さえ込もうではないか、と(図44)。

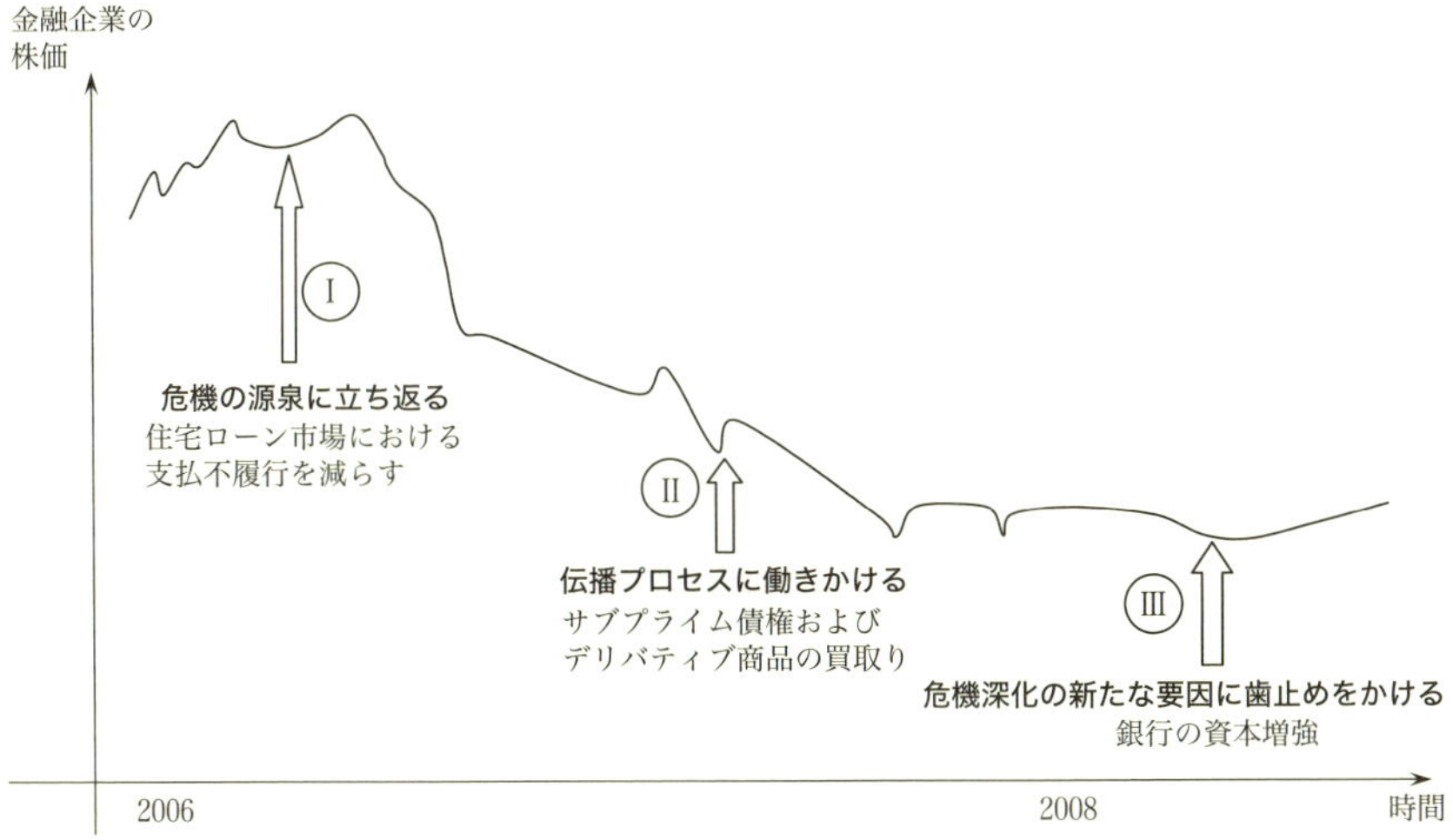

図 44　公的当局の遅れが生み出す不可逆性によって金融システムの救済はますます困難になる

ポールソン前長官が構想しティモシー・ガイトナー新財務長官が引き継いだ対案は、ますます多様でリスキーな金融資産に保証を与えていこうとするものであったが、このブラウン案のほうがはるかに有効である（**図45**）。正式の国有化を是が非でも避けようとするばかりに、何たるさまの金融的竜巻と金融的ガス工場であることか。

それゆえ今後数年間にアメリカがたどる道については、大きな不確定性が存在する。しかし、一つの選択肢を排除することは可能である。その選択肢とは、ウォール街支配型の金融・経済・社会体制《レジーム》をただちに元通りに再建するというものである。ただし、だからといって、後述のように（第10章コラム3）、金融が危機脱出戦略に対するあらゆる影響力を喪失したということにはならない。

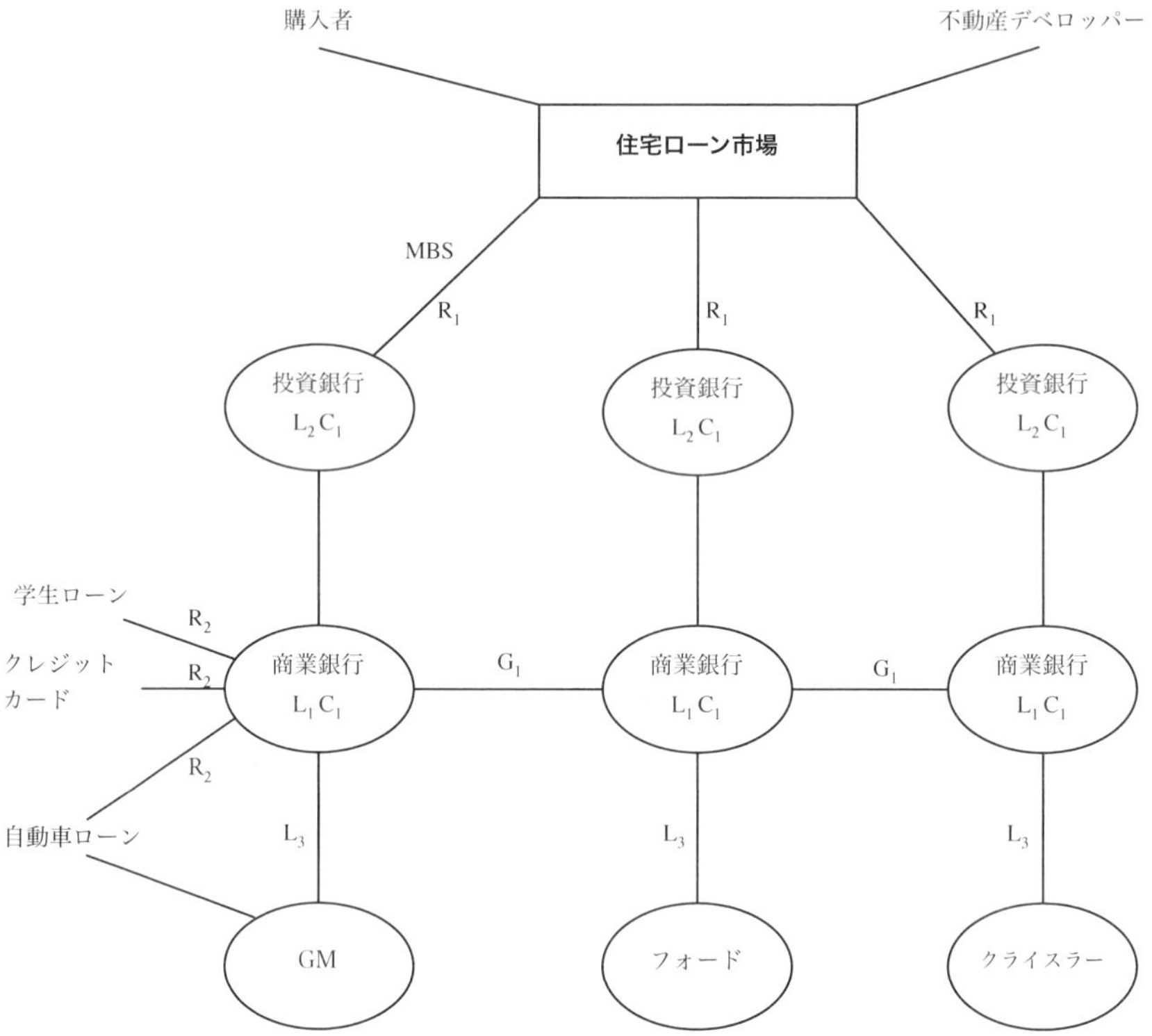

記号の意味

L_1	最初に流動性の窓口を開放（商業銀行）
L_2	2番目に流動性の窓口を開放（投資銀行）
L_3	Fedによって引き受けられない民間債権の引受け
R_1	第1次ポールソン・プランによる毒入りデリバティブの買取り
R_2	新しい取引に供与されたクレジット債権の買取り
C_1	銀行の資本増強
G_1	銀行間信用の保証

図45　アメリカの窮地——信用を保証する範囲がますます広がっている

第8章　金融主導型成長の終焉

「現代のリスク管理パラダイムは数十年にわたってもちこたえてきました。しかしながら、この知的建造物は昨夏、崩壊しました。……あなたは間違いを犯したのでないですか」と、ワックスマン委員長は尋ねた。……

「部分的には」と、アラン・グリーンスパンは答えた。

（「米下院監視・政府改革委員会」によるグリーンスパン公聴会、二〇〇八年十月二十三日）

「通常の金融」に戻れないのには大いなる理由がある。つまりサブプライム危機は、クウォントたち〔証券業界で数理的サポートをする人たち〕の数理金融パラダイムの終焉のみならず、特定の成長モデルの終焉を表わしているからである。

1　金融主導型成長はアメリカで可能であったのだが……

まず、金融化の魅力について強調しておくことが重要である。というのもこの過程は、アメリカ社会全体を特徴づけてきたのであり、こうした体制《レジーム》を他のＯＥＣＤ諸国へと移植する試みを呼び起こさずにはいなかったからである。ところでこの成長体制は、賃労働関係における妥協という根源的な制度化された妥協――これによって大量生産と大量消費の同期化が保証された――によって特徴づけられるフォーディズムのロジックとは、完全に断絶したものである。金融化された経済にあっては、貨幣金融レジームこそが階層的上位をしめるのであり、他方、第二次世界大戦後の成長モデルにあっては賃労働関係がその位置をしめていた。これまでの研究によって、この貨幣金融レジームの優位性は、上場大企業の経営者と、とりわけ投資銀行といった金融機関との間の事実上の同盟に由来することが明らかになっている（Boyer 2005）。基礎的妥協がこのように逆転したことによって、金融レジームの影響のもと、結果として他の制度諸形態のほぼ全体が変質した（図46）。

・非金融企業の投資決定において、以前の決定要因からの断絶が見られる。というのも、一方で投下資本の収益性が重要な投資判断基準になり、他方で需要予測に関する加速度効果は低下しているからである。同時に、自己資本利益率（ＲＯＥ）の最大化を狙って、合併・買収といった典型的に金融的な戦略が増加している。

・金融界が景気循環過程を通じて安定的で高い収益性を要求する場合、その代償として、雇用関係は文字通りフレキシブルなものになる。それは、より迅速な人員調整だけでなく、企業の財務成績や一般的景気情勢に対する賃金のいっそう強い感応性を通じて行われる。この要因自体は消費に対してマイナスに作用するが、とりわけ年金基金の発展のもとで巨大化した家計の金融資産のゆえに、家計の消費動向において資産効果が大きくなることで相殺される。

・賦課方式から積立方式への年金の移行は、有利な資産運用を求める資本の流入と株式市場の流動性を促すうえで決定的な役割を果たす。このように、典型的に金融的な視点から収益性を最適化しようとする戦略のもとで、年金資

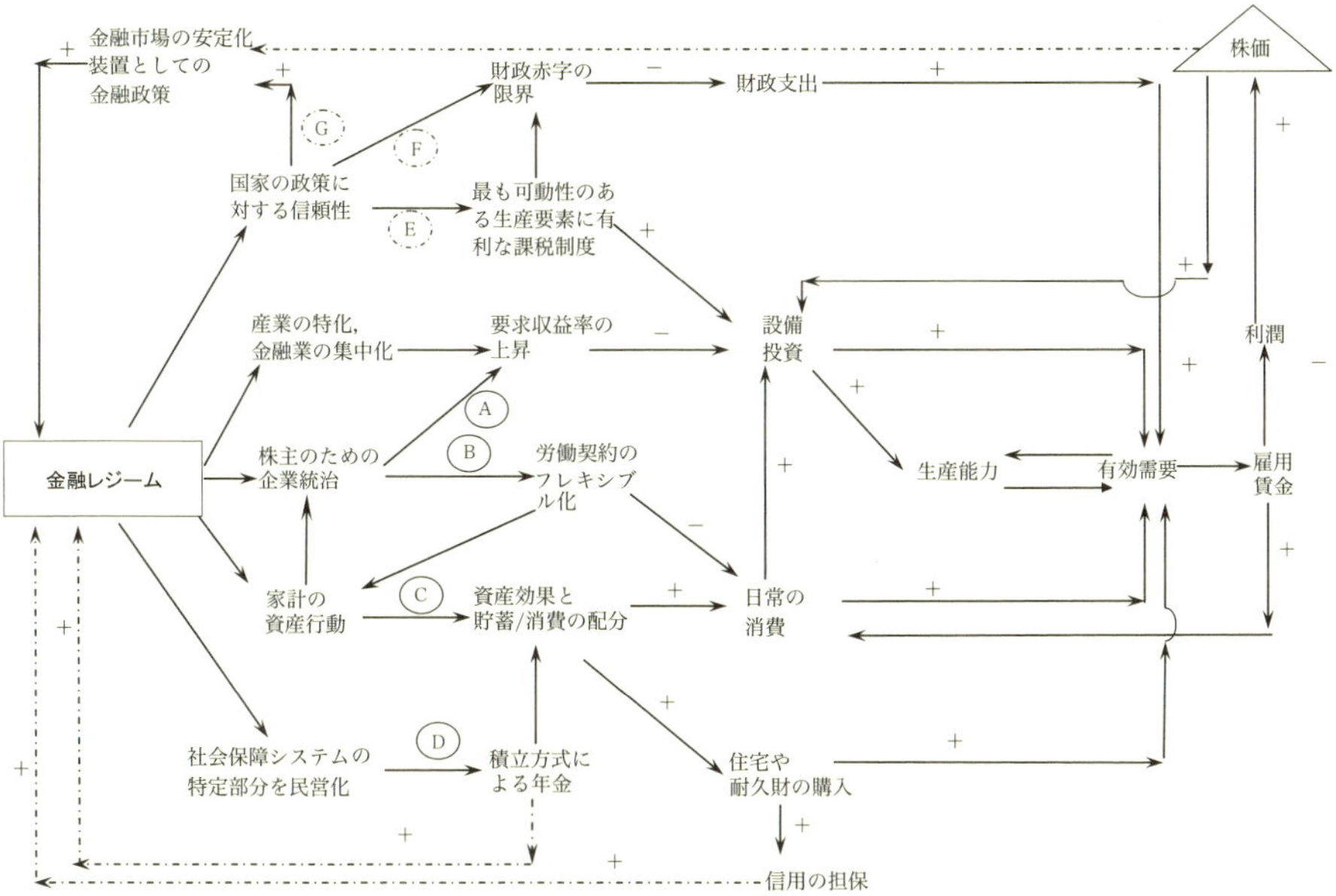

図 46　アメリカにおいて金融は制度諸形態のほぼ全体に影響を及ぼす

金調達の安全性を保証するものと見なされていた資産運用は次第に変容していく（Montagne 2003, 2006）。これは、社会保障のほぼすべての構成要素を市場に依存するという一般的な動きの一環をなす。そしてこれは、栄光の三十年の時代〔第二次大戦後から石油危機までの時代〕の考え方や、ベバレッジ的ないしビスマルク的な制度として具現化していた、より普遍主義的な考え方の対極をなす。

・経済政策は、金融の要求に応ずる形で同様に変化する。一方で、資本の国際的移動によって課税の可能性が大きく制限され、これによって税負担は、労働者のうえに、そして場合によっては国土と不可逆に結びつけられている不動産資本のうえにかかってくる。他方で、中央銀行家の役割は、全面的にではないにしても、大幅に再定義される。つまり中央銀行家は、もはやインフレと失業との難しい裁定に応じて最適に金利を決定するだけでなく、金融安定性を監視する機能も果たさねばならないのである。それはまた、高い金利によって投機バブルの形成を未然に回避したり、市場経済の

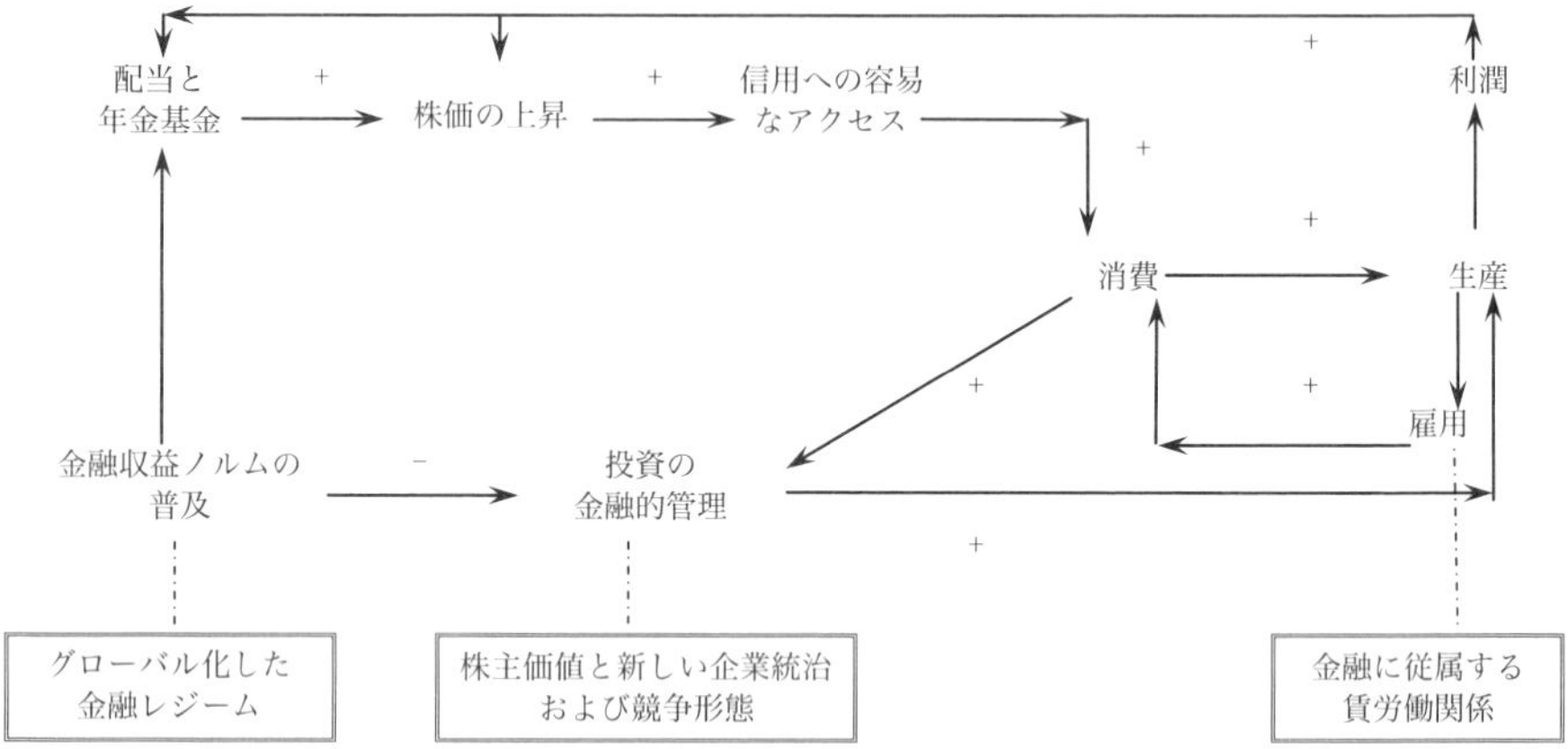

図47　金融主導型蓄積体制——フォーディズムの対極にある論理

生命力自体を危機にさらすような金融崩壊に直面したとき、最後の貸し手の役割を担ったりするであろう。こうした仮説は学界にいるマクロ経済学者によって長い間忘れられていたものであるが、アメリカの金融政策の専門家によって提唱されたのであり（Blinder 1997）、アメリカの不動産市場に起因する現下のデリバティブ商品の危機において、きわめて重要な意味をもっている。

ここに見られる転換の規模からして、特にアメリカでは、確かに金融主導型蓄積体制《レジーム》が存在していると思われる。さらになお、金融化の各種効果は一個の生命力ある体制を定義していくかについて、つまり、外的ショックや景気循環を通じた蓄積動態に耐えうるレジームを定義していくのかについて、確認しなければならない。そういうわけで、どのような条件のもとでこうしたレジームが確立されうるのかを検証するために、定式化が必要になる（Boyer 2000a）。**図46**が示す関係は複雑なので、定式化には大胆な単純化が必要である（**図47**）。

・中核的な変数は株価にほかならない。というのも、企業がそのガバナンス様式の選択と投資の決定において、労働者がその貯蓄管理と借入れの決定において、中央銀行家が不安定圏内への突入を回避するという自らの職分において、それぞれが同時に注視するのはこの株価という存在にほかならないからである。

- フォーディズム・モデルとは対照的に、家計消費は金融的富に密接に依存する。金融的富によって、実質賃金が停滞している場合にあっても、信用へのアクセスが可能となる。このモデルでは、株価上昇が家計消費の増加を説明するだけでなく、また賃金の圧縮は利潤増加を意味しうる。それゆえこのモデルは、――それぞれ賃金からと利潤からという――二つの貯蓄性向を見るカレツキ的ないしカルドア的なモデル〔賃金受給者は相対的に貯蓄性向が低いので賃金分配率の上昇が利潤率の上昇を導くとされる〕とはまったく異なる。
- 最後に、金融界が要求する収益ノルムが、非金融企業の投資の方向性と大きさにとって重要な要素となる。もちろん加速度効果は存在するが、それはフォード・モデルの場合ほどには支配的でない。もっと一般的には、金融業者が要求する株主価値の原理によって、企業の内部組織や戦略に関する選択の多くが決まる（Boyer 2005; Ertuk *et al.* 2008)。

一見しただけでも、こうした経済体制《レジーム》がどれほど逆説的なものかを強調しておく必要がある。フォーディズムの支配的ロジックは付加価値の創造であったのに対して、金融化モデルで生産過程を起動させるのは、株式相場によって測られる将来的富についての期待〔予想〕である。それゆえ金融に対する期待と信認は、こうしたレジームの可能性にとっての決定要因なのである。このモデルのカリブレーション〔予想値と現実データを比較すること〕によって、一九九〇年代のアメリカ経済について、安定条件はひとまず満たされていたことが判明する。その安定条件とは、家計の金融資産の規模が大きいこと、キャピタルゲインによる可処分所得の割合が大きいこと、金融資産の大部分を株式や債

表 13　アメリカ・モデルは他の国にほとんど適用できない

パラメーター＼国	アメリカ	イギリス	カナダ	日本	ドイツ	フランス
1.　平均消費性向（1996）	0.95	0.926	0.956	0.869	0.884	0.908
2.　株式資産／可処分所得（1997）%	145	75	95	30	25	20
3.　キャピタルゲイン／可処分所得（%）	35.5	15	11	-7	7	5
4.　家計の金融資産全体にしめる株式・債券の割合	28.4	52.4	n.a.	25.3	21.3	14.5
5.　資本収益性についての株主ノルム	12-16%	12-16%	12-16%	5%	6-7%	9%

出所：Boyer（2000a）

券の形態で――直接的あるいは年金基金を介して間接的に――保有することである（表13）。こうして二〇〇〇年代初頭、ヨーロッパの多くのマクロ経済学者は、それぞれの国の政府に対して、信用や金融を経済活動活性化のための重要な手段としているアメリカ方式を採用するよう助言していたのだが、その理由がわかろう。

2……だがそれはイギリス以外の諸国には一般化できない

しかし、この目論見は素朴なものであった。というのも、アメリカ経済の構造は結局のところ、かなり特殊なものであって、アメリカの構図に近いのはイギリスのみだからである。実際、他のすべての国々、とりわけ日本・ドイツ・フランスにおいて優勢なのは、非金融企業による付加価値の創造という生産主義のロジックなのである。そこでは株主価値や金融化よりも、このロジックのほうが経済活動を規定している（表13）。加えて、この定式化をすることによって明らかになったことだが、このロジックが優勢な場合、株主価値の導入は労働者のみならず企業にとってもマクロ経済的均衡を悪化させる。だからこれら諸国は、アメリカ・モデルを採用しても利益を得られなかった。なぜならば、これら諸国の成長や国際競争力の源泉は別のところにあるからである。ある意味で、一九八〇年代のバブル崩壊の結果生じた日本の危機の深刻さと長期化は、ＯＥＣＤ諸国間の際立った多様性を立証しているのである(Aglietta 1992; Boyer 2004b; Yoshikawa 2002)。

それゆえ、何人かのレギュラシオニストは金融化をフォーディズムの後継者となる蓄積体制の中心に位置づけたのだが（Aglietta 1998)、本研究は、かれらによって述べられた予測を相対化する。その後、インターネットバブルの崩壊やサブプライム危機によって、金融主導型蓄積体制の限界が明確になった。それは、フォーディズム的成長と同じような長期動態的な安定性を備えてはいないように思われる（Aglietta and Réberioux 2004; Aglietta and Rigot 2009; Plihon 2001, 2002; Boyer *et al.* 2004; Artus and Virard 2009; Attac 2009)。

3　金融化の成功自体によって経済は金融脆弱性の圏内に突入し……

この蓄積体制の定式化においてもう一つの興味深い点は、アメリカ経済が金融不安定性の圏内に突入する際に重要な役割を担うパラメーターを特定化していることである。

・まず、金融界が要求する収益率は、この要求を維持しうるマクロ経済的均衡の可能性を消滅させてしまうほどの水準に達することがありうる。この点に関して思い出されるのは、収益率のノルムが五パーセントから不断に上昇して、インターネットバブル末期には一六パーセントにまで達してしまったということである。余談ではあるが、ミクロ経済的側面において、非金融企業は次第に信用のレバレッジ効果を効かせることに駆り立てられていったこと(Plihon 2002)、あるいはまた、企業は金融市場が満足する収益性をでっちあげるために会計上の操作に頼らざるをえなかったことも判明した（Boyer 2005)。

・不安定化の第二の源泉は、消費決定における資産の重要性が増したことである。資産効果が一定の閾値を越えると経済は発散経路にのり、安定的なレジームの可能性はことごとく消滅する。金融イノベーションの絶え間ない反復を通じて、信用はますます容易に供与されるようになった。そしてその信用が、アメリカ不動産市場のバブルの末期には、こうした激変を引き起こした可能性がある。ある意味で危機の源泉は、金融的成長とその魅力を学習するのに成功したこと自体のうちにある。

・金融情勢に対する中央銀行家の金利調整が遅すぎることもありうる。この場合、あまりに長い間きわめて低い金利が維持されると、それまでのマクロ経済的均衡の内生的な崩壊が引き起こされることがある。ある意味でこれは、二〇〇七年以来、アラン・グリーンスパンに対してなされた批判である。彼は、株式バブルと不動産バブルをつなげることを良しとしたために、あえて金利を引き上げようとはしなかったというわけである。

・最後に、ROE〔自己資本利益率〕の安定化は雇用と賃金のフレキシブル化に立脚しているので、賃金の反応性が高まり〔賃金がすぐ低下するようになり〕、経済の均衡が不安定になるような水準に実際に達することがあり、その挙句に不況が早まることもある。この要因は、金融化の行きすぎを修正する段階において決定的な役割を演じることになる。

程度の差はあるものの、これら四つの変化はここ二十年間のアメリカ経済の軌道を特徴づけてきた。

4 ……ますます深刻化してゆく危機の連鎖に至ることがある

二〇〇八年夏に端を発する危機がそのシステミックな性格を示す以前にさえ、アメリカの金融システムは危機の連鎖を経験していた。それは当初、部門単位の限定された危機だと思われていたのだが、実際は、相継ぐ金融イノベーションに立脚した金融化が限界を迎えたことの予兆であった。振り返ってみれば、いわゆるニューエコノミーの危機は、期待利潤に関する金融界の性急さと、技術的かつ組織的なイノベーションを収益力のある商品へと転換していくための長期にわたる過程という現実との間での、摩擦の現れとして解釈しなおすこともできる（Boyer 2002a）。

この点で、エンロンが大きな成功を収めた後に破綻したことは、一九九〇年代から二〇〇〇年にかけて繰り返された金融イノベーション・プロセスの一例をなす。最初に、エネルギー価格を対象としたデリバティブ商品の開発がある。この開発は単一の企業エンロンによって独占され、こうしてエンロンは市場に不可欠なブローカーとなった。このデリバティブ商品はきわめて専門的かつ斬新であるので、経営陣は、一切の公的規制を課さないよう、行政当局を懸命に説得した。それによって、法外きわまる収益の報告を可能にする疑わしき会計慣行がなされる余地が生み出された。株式相場の高騰によって情報不足ぎみの小口の大衆株主が引き寄せられ、また同時に、エンロンの従業員は貯蓄を自社株につぎ込むよう説得された。かくして爆発的な投機バブルが始まり、それはエンロンが債務の支払いを実行できなくなるまで続いた。というのもこの企業は、事実上ポンツィ金融をしていたからである（図48）。

このエピソードから、各種の金融手段に影響を与える危機の全材料がそろう。第一に、金融イノベーションが実物イノベーションにとって代わる（新しい生産技術に代わるエネルギー・デリバティブ商品の登場）。第二に、当該のイノベーションは典型的に私的な性格のものだということを口実にして、金融市場が規制当局から隔離される。最後に、金融市場の透明性や大企業・金融機関経営陣の誠実性に対する信頼が崩壊する最初の例が示されている。このような最初の危機から、サーベンス＝オクスリー法が制定されることになった。この法は、公衆や市場に公表される会計が不誠実なものである場合、社長や財務部長は厳しく罰せられることを意図したものである。ところでこれは、エンロンの崩壊を導いた過程のうちの一つの要素にすぎない。しかしエンロンの倒産は、アメリカの金融システム全体

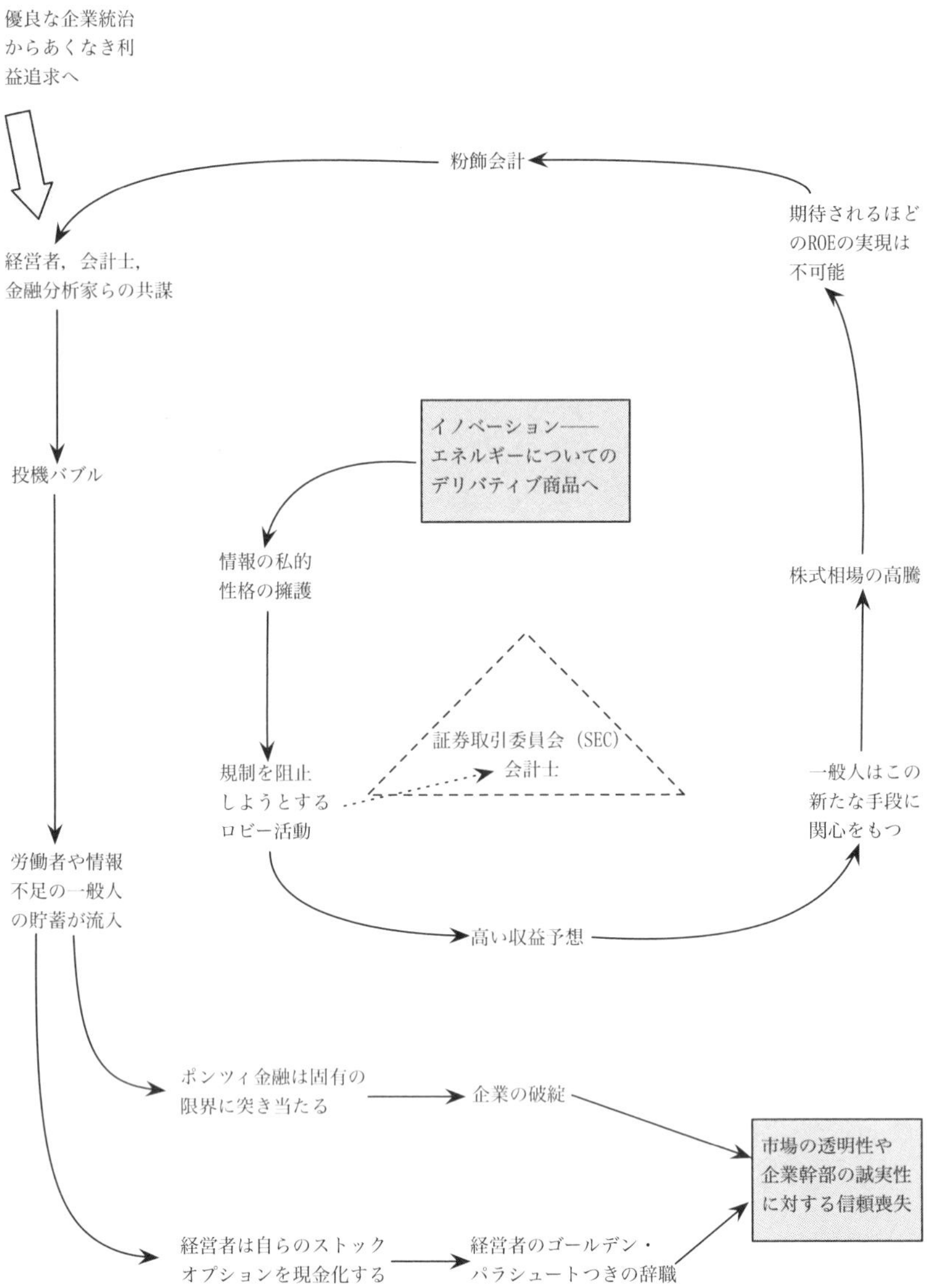

図 48　エンロン破綻の予兆

の持続性にインパクトを与えなかったので、金融化はなお続き、いっそう深刻な別の危機に道を開くことになった。無分別の災厄とでも形容できるものをどう説明するか。第一に、金融が成長の本質的成分であることが喧伝された。第二に、全面的な自由化という文脈にあっては――民間のイノベーションに由来する可能性を制御するための多少とも積極的な――公的介入という考え方は思いもよらなかった。これらが議論しようとする二つのテーマである。

5　二〇〇七年――アメリカの対家計信用主導型成長の終焉

サブプライム危機はおそらく、金融化にとって、またアメリカ的成長のバネにとって、一時代の終焉を表している。その重要性を理解するためには、二〇〇七〜〇八年の危機を三つの過程の結合として認識する必要がある。

・アメリカは、住宅の過剰生産に照応して回収不能債権が生み出されるという、きわめて古典的な危機を経験している。この点で二〇〇六年以来、住宅建築許可件数は激減しているものの、売れ残りの住宅ストックはなおも増えつづけている。インターネットバブルの終焉の際と同じく、金融業者は価格――この場合には住宅価格であって、もはやニューエコノミー企業の株価ではない――はひとえに上昇するだろうと、一般の人々を説得していた。しかし過剰生産によって、価格上昇の減速が始まり、次いで価格はゆっくりと低下し、さらには急激に低下していった（**図49**と**図50**）。これは、激しく崩壊した部門の競争的調整《レギュラシオン》と合致している。この点で注意すべきは、ユーロ圏では不動産価格の高騰はもっとゆるやかで、二〇〇八年までは価格はなお低下していなかったことである。価格の急激な下落は、金融デリバティブ商品に対して大きな影響を与えずにはおかなかった。というのもそれによって、好況期のみの観察にもとづく見通しがすべて台無しになったからである。したがって、自らを百年に一度しか起こらぬ

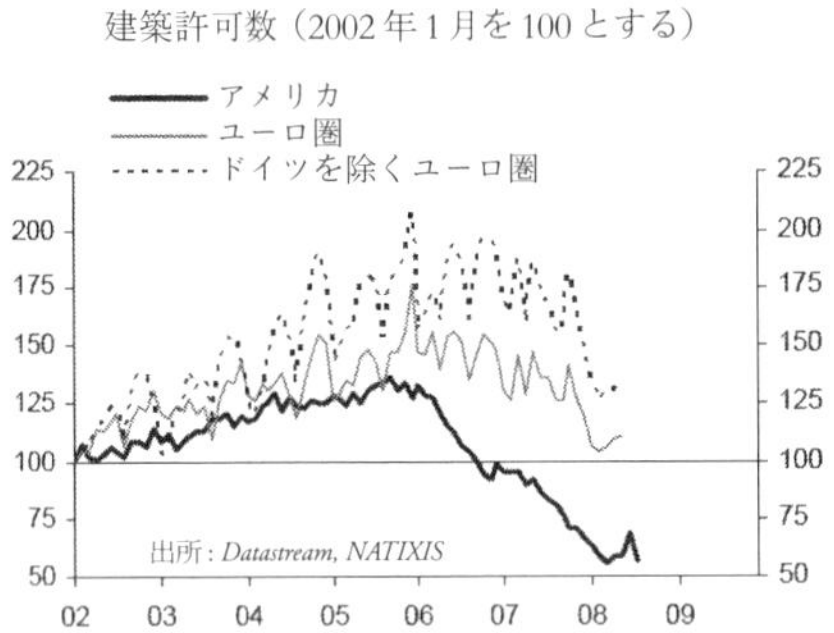

図49　建築数の大幅な低下

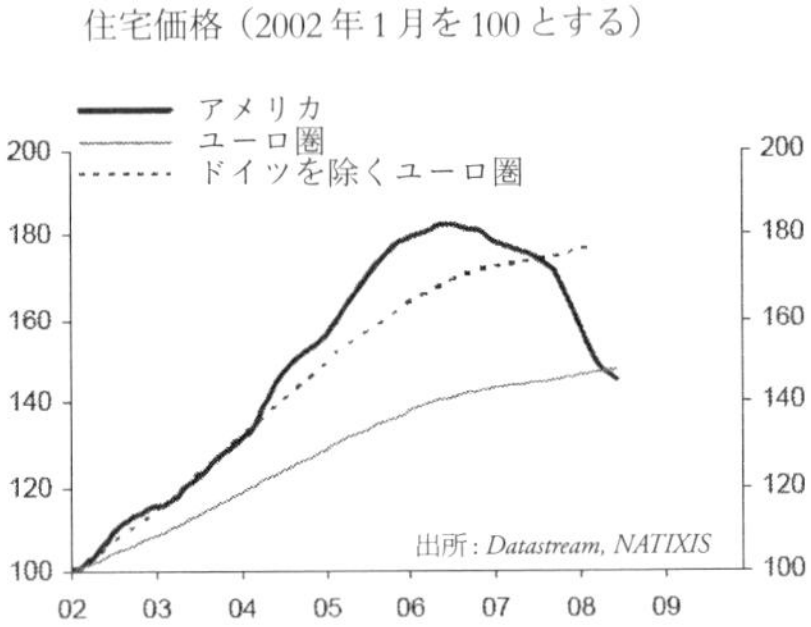

図50　住宅価格の急激な低下

住宅の過剰生産という伝統的な危機

出所：Artus（2008j，pp.4 and 6）

外生的事件の犠牲者であると明言した金融界の解釈に対して、異議を申し立てなければならない。

・不動産危機は二つの犠牲者を生み出した。まずは、自分たちの住宅から追い出された大量のアメリカ人である。挙句のはてに新しいゴーストタウンが形成されたが、これはアメリカではよくある話だ。しかし、水を撒かれた水撒き人《アロズール・アロゼ》〔フランスのコメディ映画の題名〕の寓話が言うように、金融業者は危機の大きさを見定めうる特等席にいる。金融業者たちは、自分たちの取引相手の誰一人として自らの支払能力を把握していないことを知っているので、あらゆる信用を急いで断ち切ろうとする（図51）。とはいっても、毎日毎日そうするということではないし、また、一九九〇年代に危機にあった新興《エマージング》市場諸国の金融機関が惹き起こした不信に匹敵するほどの頻度であったわけではない。住宅ローン市場を調整する政府系金融機関は——貧困層のための住宅という約束事の新しい証明として——さらに多くのリスクをとり、さらに活発に動くよう促された。それゆえファニーメイやフレディマックは、完全なる公的管理に置かれるのと引換えに、純然たる破綻をかろうじて回避した。そのことによって、住宅ローン市場における別のドミノ式崩壊にブレーキをかけることが期待されたのである（図52）。

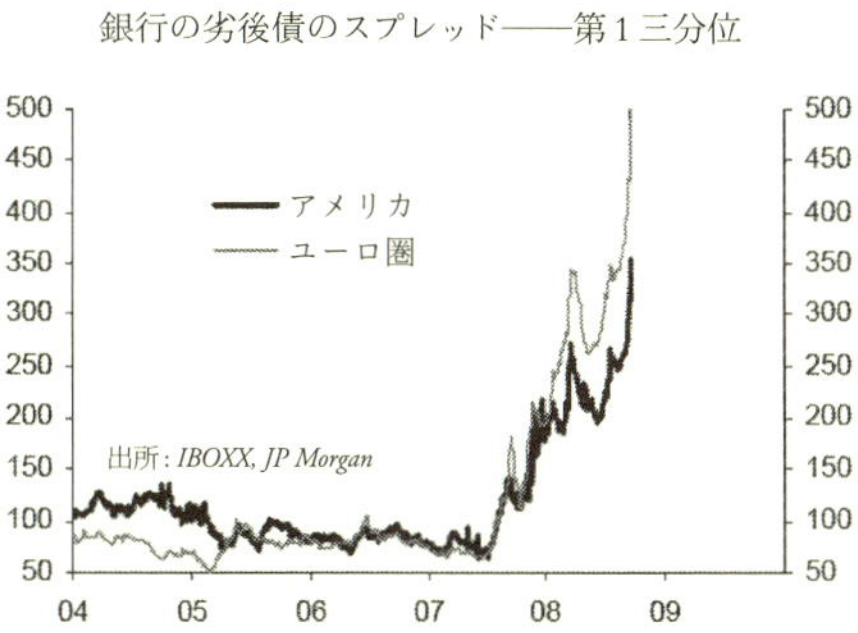

図 51　銀行に対する市場の不信

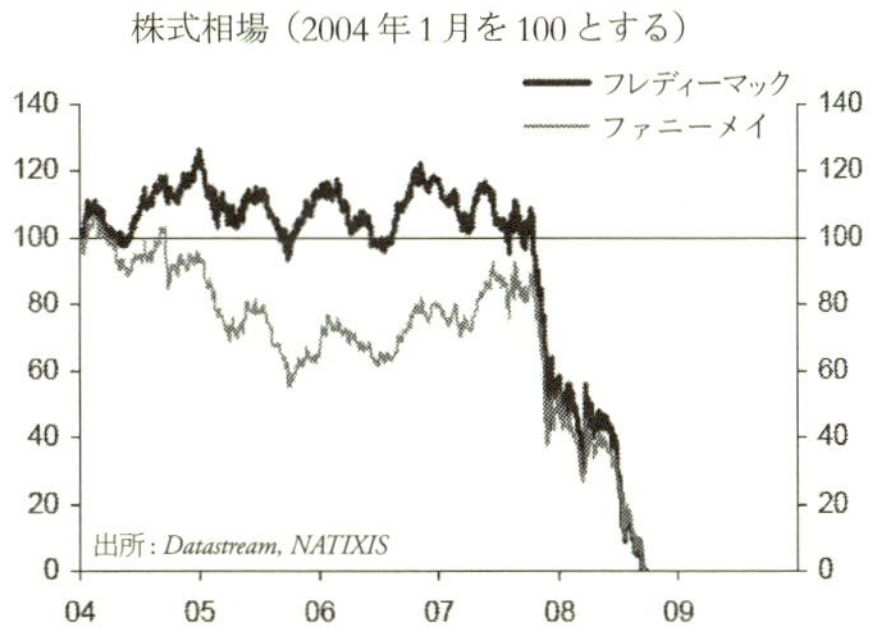

図 52　住宅ローン市場の二つの規制機関の危機と変容

システミック危機——金融仲介機関の崩壊と倒産

出所：Artus（2008i, p.6; 2008j,p.3）

こうして、アメリカの金融システムにおける内部的反響の大きさがわかる。前代未聞のシステミックな金融危機が到来したのである。

・二〇〇八年秋になると、実体経済に対する景気後退の影響が見られはじめた。しかし、これまでと同様の景気循環をイメージするのは誤っているだろう。一連の危機の分析においてすでに示され（第4章**図16**～**図19**）、そしてさきに簡単に示したモデルを利用することによって予測されるように、サブプライム危機はアメリカ的成長が限界に到達したことを示している。信用への容易なアクセスと株式を通じて豊かになれるという希望とによって、家計の貯蓄率は、ほぼゼロにまで低下した（**図53**）。加えてこの過程は、家計の可処分所得に対する負債の継続的拡大によってのみ可能であった（**図54**）。家計負債の増大に関しては、イギリスのみがアメリカを凌いでいる。イギリスは、他のヨーロッパ諸国と比べると、深刻かつ早熟な危機の犠牲者であった。これら両国は、レギュラシオン理論でいう蓄積体制の構造的危機に突入したわけである。

このように、ハイマン・ミンスキーのモデルに由来する分析やファイナンシャル・アクセルレーター・モデルから導かれる分析と比べ

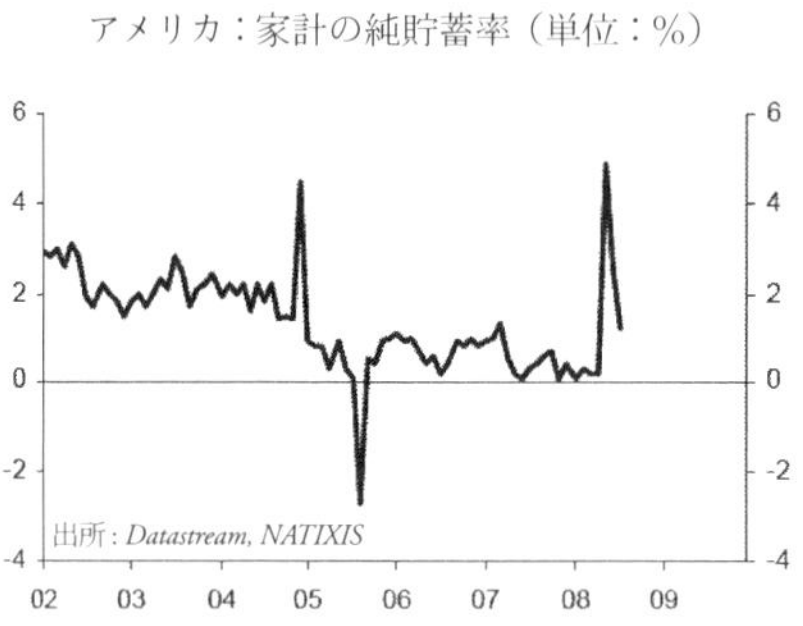

図 53　きわめて低い貯蓄率

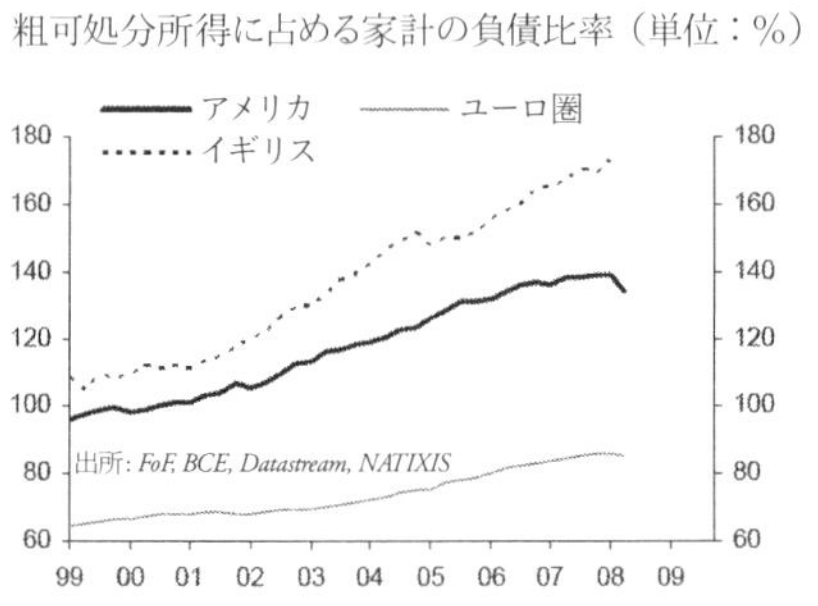

図 54　負債の累積的拡大

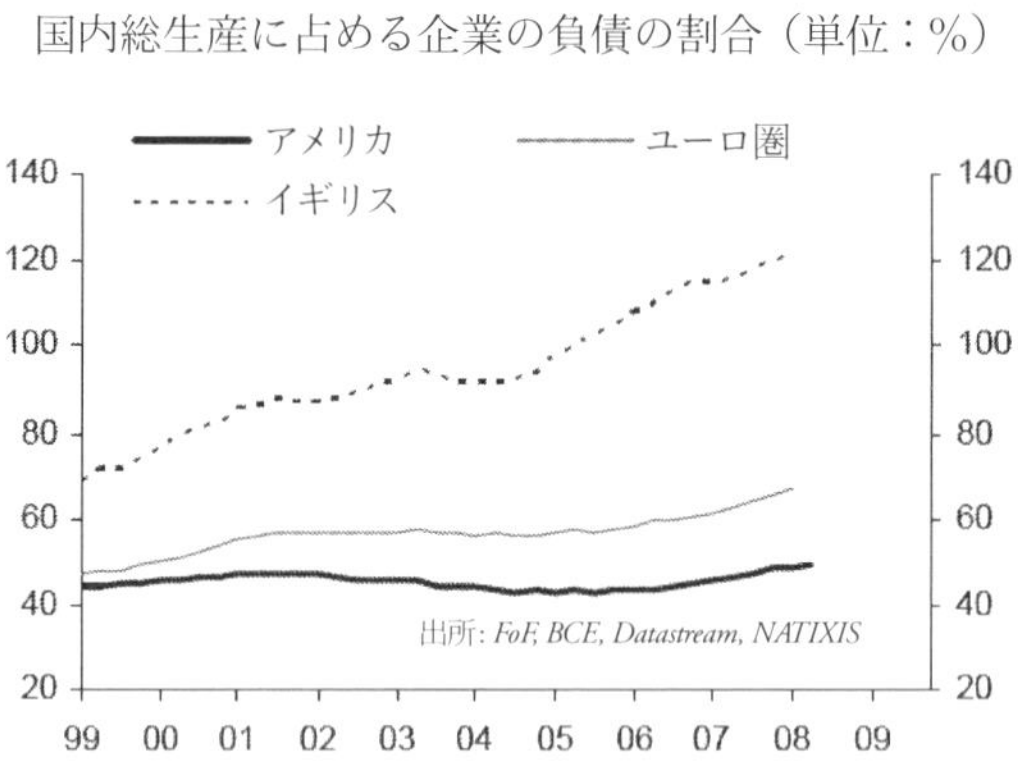

図 55　負債の拡大がほとんどみられないアメリカの非金融企業

家計の債務増加によって主導される成長の突然の停止

出所 : Artus（2008l, p.2）（図 53,54）; Artus（2008h, p.2）（図 55）

ると、これは新しい点である。これらのモデルは、不安定性は好況末期における企業の過剰債務から生じるという、よく知られた仮説を共有している。しかし、企業の過剰債務という点は、二〇〇八年のアメリカの非金融企業に対しては当てはまらない。というのはこれらの企業は、これまでの危機から過剰債務の危険性について学習していたからである（図55）。逆に、金融企業はレバレッジ効果をみだりに効かせ、そのせいでかれらは連鎖的な倒産を起こした。信用の獲得はますます困難になり、おまけに今度はサブプライム危機に苦しみ、そして第二波の不況に力を貸すことになった。それゆえこれは構造的危機と言える。なぜならば、経営ミスをしなかった企業でさえも倒産の危機にさらされたからである。

6　独自の危機　大いなる岐路

このように、今回の危機は（一九二九年危機、日本の失われた十年……といった）これまでの大きな危機と比較してみる価値があり、標準理論的アプローチのみに照らし合わせて解釈しうるものではない。マルクス系の分析でいえば、これは蓄積危機であって、利潤率の傾向的低下ではない。それは「ミンスキー型」の投機的膨張ではあるが、生産的部門に関係するものではなく、金融それ自身の内部で展開されたものである。金融がカジノ化したとき金融がもつ有害な役割に関しては、謹んでジョン・メイナード・ケインズに回帰することが必要である。しかし、「典型的にケインズ的」な介入によっては——リスクの実態を隠し、開発された金融的評価の意味がなくなるような——証券化の危機のハイエク的構成要素を克服することはできない。最後に、ポンツィに祝福あれ。つまり、アメリカ共和党の政策プログラムのおかげで、貧困層までもが暴走的な投機に手を出してしまい、ついには利潤——有価証券——を下支えすることになってしまった。これは金融史上、前例がない。

表 14　金融組織の分岐点としてのアメリカ住宅ローン市場の危機

構成要素	2007 年以前	2008 年以後
1．一般的考え方	市場は根本的に自己調整的である	アメリカの金融崩壊を避けるため，強力かつ多面的な公的介入が必要である
2．主要な商品	全種類のデリバティブ とりわけ「店頭商品」〔OTC〕	基礎的金融商品への回帰
3．重要なアクター	ウォール街，エクィティファンド，IMF（発展途上国に対して）	政府系ファンド，Fed，アメリカ財務省，発展途上国の中央銀行
4．公的介入のタイプ	「水平的」なルール ・金融レッセフェール ・金融による自己調整という理想	国家による「垂直的」なルール ・国有化，公的管理 ・国家による最終的な保証
5．世論	「理由はともかく，われわれの邪魔をしないでくれ。金持ちになってもいいじゃないか」	「略奪的金融からわれわれを守り，われわれの貯蓄を保護せよ」
6．暗黙の蓄積体制	・金融が主導する……全員のために ・遅れた者は損をする	・財政，税制，金融政策による懸命な下支え ・システムの持続力を維持するために「遅れた者」にも手を差しのべる

従来の理論では、金融は経済変動が安定化するのを助け、資本配分の効率性に寄与し、そして実体経済活動における資金調達の必要性に応えるものと想定されてきた。それとはまったく対照的に、ここでの分析によって、実物部門こそ統制なき過度の自由化や金融イノベーションによる犠牲者であることが示される。こうしてアメリカの世論は、あれほどワシントンや連邦政府による規制がもつ否定的な役割を告発していたにもかかわらず、二〇〇八年以降、公共体による金融機関の再掌握を要求している。「理由はともかく、われわれの邪魔をしないでくれ。金持ちになってもいいじゃないか」という合言葉に代わって、「略奪的金融からわれわれを守り、われわれの財産を保護せよ」という差し迫った要求がなされている（表14）。

この時期についての最後の皮肉は、「現代的な金融」に遅れた諸国の金融システムは、二〇〇八年九月までは、ウォール街やシティよりもはるかにすぐれた抵抗力をもっていたということである。しかしながら、公権力がアメリカ的金融システムの持続力を回復させることができなかったために、二〇〇八年十月以降、イギリス・ドイツ・ルクセンブルグ・アイスランドで各種金融機関の倒産が拡大した。そこからついに、G８の首脳たちによって国際レベルでの金融規制の復活が検討されることになった。

一つの時代が終わり、もう一つの時代が始まっているが、それはまだきわめて不確実である。

第9章　金融イノベーションに枠付けをするなという謬論

「株式市場は、不完全とはいえ、大企業の健全性についての最も適切な指標の一つである。何百万人もの投資家が、収益の変動方向を把握することに時間を費やしており、そうしたかれらの意見が株価には反映される。」

（ジャスティン・ラハート／ケリー・エヴァンス『ウォール・ストリート・ジャーナル』二〇〇八年十月二十九日付）

市場と国家の接合、金融と実体経済の接合、そして公的介入における考え方と実行方式の接合には、時とともに修正が加えられてきた。この接合修正の歴史のなかで、今回ほどの深刻で破壊的な危機がターニング・ポイントとならないわけがない。平時にあっては前例のないほどに国家特権が拡張され、これを正当化するためにケインズ主義の復活が歓迎されている。そのなかで、新たなニューディールについての幻想が喚起されようとしている。しかし注意深く検討すると気づくことだが、おそらくわれわれの想像ほどには人々の認知地図が激変しているわけではない。実際、多くの経済学者たちや、それ以上に金融システムの代弁者たちは、行政権力に対して要注意を呼びかけている。新金融商品の開発に関する金融の自由度を制限するならば、経済のダイナミズムは失われ、最終的にはアメリカ社会の総

表 15　主な成長理論における金融の役割

理論	成長を引き起こすメカニズム	金融の考慮／役割
アダム・スミス	分業と市場規模	完全な不在
スラッファ＝フォン・ノイマン	剰余の再投資	資本再配分を通じた暗示的なもの
ハロッド＝ドーマー ネオケインズ派	需要と生産能力との整合性	金融政策によって決定される金利を通じた間接的なもの
ソロー	まず中期的な資本蓄積，次に外生的技術変化	金利――実質的には実物変数――を通じた間接的なもの
シュンペーター	イノベーション／新生産物および新生産方法の普及	信用がイノベーションに有利な資源の解放を可能にする
新しい内生的成長理論	発明者と生産者の間の分業	金利水準を通じた影響，しかしそれは副次的なものである
進化論的モデル	イノベーション，模倣，競争	信用の考慮は不在

体に好ましからざる影響が生じるだろう、と。本章の目的は、このような議論に反駁することにある。

1　成長理論のなかで金融の役割を位置づけなおす……

まずもって重要なことは、著名な成長理論が金融の役割に関して何を述べているか調べ上げることである。そこからわかるのは、ほぼどの理論にあっても実体的要因が金融的要因に対して優位をしめていることである。もっともこれは、従来の理論が長期的な貨幣の――ひいては金融の――中立性という仮説に全面的に立脚して構築されているためである。モジリアーニ＝ミラーの定理は、企業の金融構造〔直接金融か間接金融か〕が企業価値に関して重要ではないということを公準化しているではないか。細かく見ると、成長分析における金融の取扱いには、以下のようにいくつかの様式がある（**表15**）。

・まず重要なのは、アダム・スミスを起源とし今日まで続く原型的モデルの一つにおいては、成長が、市場の拡大と結びついた分業の持続的深化から帰結するものとされていることである。その場合、市場の拡張自体は商品経済の諸制度によって可能になるとされる。

ざっと見るかぎり、金融はまったく影響を及ぼしていない。

・スラッファ＝フォン・ノイマン型の古典派モデルにおいては、成長は、剰余——これは一連の技術を多様な財・サービスの生産に適用することによって生み出される——を生産的に再投資することから帰結する。均衡成長経路のうえでは、成長率と利潤率は均等化し、ひいては利子率に相当するものもそれらと均等化する。暗黙のうちに、剰余が移転される結果としてさまざまな生産過程の収益が均等化するものと想定されているのである。この機能こそ、これまで新古典派理論が金融市場に帰せしめてきたものである。

・ケインズ派と新古典派のいずれの成長理論においても、金融は、利子率の形成を通じてごく間接的にのみ役割を演じるにすぎない。ソローの成長モデルにおいては、利子率よりむしろ割引率が重視され、これが完全金融市場によって与えられるとされる。ポストケインズ派の成長理論においては、貨幣利子率と長期資本収益率の間の相互作用が、長期的成長テンポに関してよりむしろ循環のプロフィールのなかで、一つの役割を演じうるとされる。

・イノベーション過程と信用メカニズムとの統合を最もよく成しとげているのは、おそらく、経済発展理論に関するヨゼフ・シュンペーターの創始的研究であろう（Schumpeter 1911）。その議論においては、生産諸要素の完全雇用という仮定のもとで、新しい企業家が市場に自らの場所を確保することは信用へのアクセスによってのみ可能になるとされ、またその結果として、純利潤ゼロによって特徴づけられる長期均衡から経済を乖離させるイノベーション過程が始まるとされる。この場合、イノベーターにおける信用へのアクセス可能性と成長プロセスとの間には補完性が支配している。ある意味で、一九九〇年代初めのシリコンバレーの制度的構図はこの理論の現実化であるように見える。つまり、ベンチャー企業はベンチャー・キャピタルやナスダック上場とのシナジー効果を享受したのである。

・技術変化に関する最近の研究は、別の方向での分析を進めている。内生的成長理論によれば、特許は、新知識・新製品・新プロセスの生産者と財生産者との間の分業を正当化することによって、決定的に重要な役割を演じている。このプロセスにおいては割引率が役割を果たすとされるが、金融システムそれ自体はごく間接的にしか姿を現さない。進化理論に関していえば、これは革新的な企業と模倣的な他企業との間の接続に立脚した理論であり、そこでは成長過程を理解するうえで製品市場の競争および労働市場の競争が本質的に重要であるとされる。……しかし、金融そのものはほとんど役割を演じていない。

以上の簡単な文献サーベイから、大かたの理論家においては、成長は技術や組織のイノベーションにかかわる問題である――シュンペーターの後期の著作で強調されているように――とされてはいても、金融イノベーションの帰結であるとはあまり見なされていないことがわかるであろう。それゆえ、金融と成長を結びつけるメカニズムを探っていくことは、むしろファイナンス理論の側に求められているのである。

2 ……そして危機

これまで長い間、経済活動や成長に対して金融がなしうる寄与を説明しようとした経済学者は少ししかいなかった。おそらく最も重要なのは、貯蓄と投資の調整における金融の役割であろう（Gurley and Shaw 1956）。金融は、家計貯蓄の企業への移転にも、また成熟産業と先端産業との間の利潤再配分にも関与している。理論のなかではこの過程が最重要とされ、これにより金融システムの質が成長過程に決定的に介在する。

・例えばソビエト体制においては、資本は際立って政治的な基準に従って配分されていた。それゆえ、資本の利用に関する著しい不効率と成長資源の漸次的枯渇がそこに見られたことは、決して意外ではない（Sapir 1989）。

・フォーディズム的成長体制においては、銀行と金融市場に対する強力な規制枠組みが存在したが、そのことによって、生産性上昇の担い手である諸部門・諸企業へと向かう――また新しい生産・消費へと向かう――利潤の再配分が妨げられることはなかった。この時代には、混合経済が、典型的な市場経済よりも優位をしめていた（Shonfield 1965）。

・金融主導型成長体制においては、資本配分は、どこが将来性ある部門なのかに関する金融界の予想に従ってなされる。ニューエコノミーの時代には、金融界の予想が、収益性の高い成熟部門に属する企業からベンチャー企業へと資本の流れをシフトさせた。しかしベンチャー企業の大部分は、自らが推進するイノベーションに成功しない場合には、資本が毀損してしまう（Perkins and Perkins 1999）。実際、インターネットバブルの崩壊に際しての資本毀損の規模が示すように、いわゆるインターネット的共有信念《コンバンシオン》のもとでの模倣主義《ミメティスム》が、最終的には非効率な配分をもたらしてしまった（Boyer 2002a）。

われわれは、最近の文献サーベイにおける主要な結論（Rajan and Zingales 2003）に賛成する。その結論とはすなわち、金融イノベーションは、技術および組織のイノベーションを、したがって成長を効果的に促進しうるけれども、それと同じくらい、長期的な成長の安定にとっては著しく不利な投機の運動を招く可能性もあるということである（**表16**）。われわれは、金融イノベーションの影響に関するこうした曖昧さの例をいくつか挙げることができる。

・すべての取引について完全な先物市場が存在するわけではないため、金融市場は、諸主体の期待形成にかかわる情報の社会化を組織化しなければならない。それゆえ、新しい先物市場が現れるたびに利用可能情報が豊富化するこ

表 16　金融イノベーション——成長と同時に危機の潜在的源泉

機能	影響先	
	成長	危機
1．時間経過に伴う富の移転	選択の不可逆性を取り除くことによって投資を促進する	将来の富についての過剰な権利を生み出す可能性
2．リスク管理	ファイナンス／リスクの分離によって投資を可能にする	金融アクター間の分業の矛盾により評価が歪むことから，過剰なリスクテイク
3．富の共有	資本配分を改善する	市場の流動性がバブル発生と不適切な資本配分を促す
4．情報の創造・拡散	将来見通しを社会化する	模倣——それ自体合理的であるが——は，投資に関する最良の評価を引き出さない
5．支払いの組織化	効率的な銀行システムが成長を促進する	効率的な銀行システムは金融危機の共鳴室である。システミック危機の中枢をなす

出所：Rajan and Zingales（2003）にヒントを得て作成

とは、それ自体としては、投資やイノベーションに関する意思決定を容易にしてくれる。しかし他方、金融市場が作動するなかで共有信念が出現するとき、アクターは自力で金融資産価値の分析を行なわなくなるので、模倣主義的行動の一般化が促される可能性がある。このことによって、不確実性が強い場合に、市場は二つの均衡に引き裂かれる。すなわち、ファンダメンタル価値の推定から与えられる均衡に対して、一方に楽観的な均衡が、他方に悲観的な均衡が存在するようになる（前述第2章参照）。こうして情報の伝搬に関する効率性は、資本配分に関する効率性と符合しなくなる。

・同様にして、デリバティブ商品およびある種のスワップ（クレジット・デフォルト・スワップ）によって融資からリスクを分離することそれ自体は、諸主体がリスク引受け能力のある第三者にリスクを移転することによって、リスクから身を守ることを可能にする。しかし、信用の二者間関係を第三者に開くことは、論理的必然として、二人の当事者アクターによるリスクテイクの回数を増やす結果となる。なぜなら二人は、自分たちがその大きさについて最もよく知っているリスクを移転してしまえるからである。それゆえ、この仕組みがいったん確立されると、過度なリスクテイクに走る蓋然性が高くなり、したがってまた金融脆弱性の圏内に突入する蓋然性も高くなる。アメリカの住宅ローン市場におけるデリバティブ商品の発達は、このような逆転を示す好個の例である。

・市場の厚みと流動性が増すとき、それに対応して起こるイノベーションは、貨幣創造からは独立に経済の流動性を高めることに寄与する。したがって、金融のアクターたちは、銀行や貨幣創造が不要であるとする幻想をいだく可能性がある。多くのアクターたちが、レバレッジ効果を利用して法外な収益性を手に入れようとするのはそのためである。しかし、その賭けが誤っていることが判明した場合には、アクターたちは銀行信用に頼るしかなくなる。商業銀行自身も同じ誤った予想の犠牲者である場合には、金融市場の流動性はたちまちにして枯渇する。まさにこのメカニズムこそが、サブプライム市場瓦解の引き金となり、システミック危機を駆り立てた当のものである。つまり金融の担い手は自らの資産・負債を評価するのに、もはや市場にも自己のモデルにも頼ることができなくなってしまったのである。

こうして金融イノベーションと成長過程との間には複雑な関係が見いだされる。金融イノベーションは成長の唯一のエンジンではないし、バブルの局面や――社会的厚生を著しく阻害するところの――危機の局面を引き起こしうるのである。そこで次に要求されるのは、金融イノベーションの進行の特徴をより細かく分析することである。

3　規制の過剰がサブプライム危機の原因ではない……

危機の発生におけるイノベーション――金融イノベーションを含む――の役割を分析するとき、標記のような結論が暗黙のうちに引き出される（前述第4章参照）。実際、われわれは、金融危機の原因となるような規制配置をごく稀にしか見いだすことができない。大危機に道を開くのは投機バブルであり、投機バブルの引き金となるのは魅力的な新しい資産であり、そしてそのような新しい資産を開発するのはつねに金融業者である。金融危機の延々たる歴史に関心をもつ経済学者たちが広く共有しているのは、このような解釈シェーマにほかならない。公的介入は金融崩壊の帰結であって、その原因ではない。イノベーションと蓄積の内生的運動の矛先が資本主義諸経済に向けられ、そうした運動が経済の持続性を損ないかねないと判断される場合に、公的権力は統制に乗り出す。

こうした因果過程を逆転して、資本主義諸経済のダイナミクスをほとんど理解できなくしてしまうのが、標準経済学的アプローチに典型的な特徴である。実物的景気循環理論は、生産性の外生的ショックが繰り返されることを想定しておらず、大危機をもっぱら外生的推移——特別に不都合なそれ——から帰結するものと考えている。これに対して、古典派・マルクス派・ケインズ派の諸理論は、生産性の運動が雇用サイクル——これはさらに需要の推移に関係づけられる——の帰結であることを、もっと説得力ある仕方で証明している。標準的アプローチの悪癖は、金融との関連でその頂点に達する。市場絶対主義の信奉者によると、経済は、競争の作用によって本来的に自動安定化されるものである。パングロス博士〔ヴォルテール『カンディード』に出てくる過度の楽観主義者で、自分は最善の可能世界に住んでいると考えている〕流の経済のなかで、この素晴らしいメカニズムを不安定化させるものがあるとすれば、時宜を失した公的介入しかないというわけである。

今日でも、金融の無規制を正当化するために、この同じ認知シェーマは利用されている。サブプライム危機が勃発して以降の研究や意見表明から、その例を三つ取り出しておこう。

・住宅ローン関連商品の危機の原因は何か。それは証券化の過程や金融の報酬体系にではなく、むしろ、フレディマッククとファニーメイが享受していた公的保証に求められる。この保証の存在を知っている私的アクターはみな、両機関がアメリカ財務省によって救済されることを予想して投機を行ったという。ここからただちに、次のような経済政策提案が導き出される。すなわち、両組織を消滅させ、これらの組織が行ってきた業務を、競争刺激を受ける民間部門に委ねればよい、と。しかし年代を遡って見てみると、正反対の因果関係が見いだされる。つまり、民間金融の優位性を確信していたアメリカの当局は、フレディマックとファニーメイに対して、民間住宅ローン市場のアクターたちの戦略をまねるように指示してきたのであり、その目的は、フレディマックとファニーメイに――過度のリスクテイクを通じて――民間のアクターたちと同等な収益性を獲得させることにあった。それゆえ、公的部門の責任放棄こそが危機をもたらしたのであり、公的部門の論理を肯定することが危機をもたらしたのではない。

・格付機関に対しても同じ診断が下される。格付機関は、機関投資家がポートフォリオを組む際に中心的役割を果たしてきたが、リスク評価において誤りつづけた。そこで金融レッセフェールの信奉者たちは、この仲介者を除去して、資産評価の責任を資産購入者一人一人に負わせるべきだ、と提案する。つまり、金融資産の評価においては組織よりも個人のほうが優れていると言うのだ。方法論的個人主義、さらには存在論的個人主義への見事な賛美！これに対して、より穏当な解釈が強調するのは、格付機関が用いる方法がまったく不透明であること、そして国家が自らの機能の一つ――すなわち金融安定の維持――を委譲したことの結果として、どのようにして、機会主義的行動――アメリカの司法はこれを裁くべきだった――がもたらされたのかということである。バブルの絶頂期、公衆に利用可能な格付けが最上位を維持している資産に対して、インサイダーでは売り推奨が広まっていたことがよくあったではないか。この第二の解釈においてもまた、国家の弱さが問題とされている。

・アメリカの金融システムを再規制すべきであろうか。大部分の専門家にとって、何よりもまず歴史やケインズ理論の教えに多少とも通じているヨーロッパ人の専門家にとって、答えは自明であるように見える。意外であるのは、通貨・信用の政策運営に責任を負うアメリカ上院委員会の元議長にとっては答えが自明ではないことだ。リーマンブラザーズ破綻後しばらくしてその職を辞すときに、彼は、規制不在はサブプライム危機の発生において何ら役割を演じなかったのであり、それゆえ規制緩和は推進されるべきであるという自らの信念を繰り返し述べた。しかしその場合、歴史のなかで政府が金融を規制してこなければならなかったこと、規制緩和局面の結果として発生した危機に直面したとき大部分の政府が――イデオロギー的対立を超えて――金融に対する公的管理の必要性を承認してきたことを、どう解釈したらよいというのか。

このように、二〇〇八年に始まった危機の激烈さも、そのことに関する経験的証拠の増加も、市場原理主義者の信念をいささかも揺るがさなかった。市場原理主義者の傲慢さは相変わらずであるようだ。

4　歴史比較的なデータからは金融規制のプラスの影響が確証される

アメリカは、規制を市場経済の諸悪の源泉と見なす経済学者や政治家にとっての、選ばれし土地である。シカゴの経済学者たちや公共選択の信奉者たちは、あらゆる規制の不可能性に関する遺漏なき理論的証明を与えている。しかし長期にわたる危機について、その原因や頻度を検討した研究者たちが出した結論は、そのようなものではない。実際は、危機の頻度は制度的文脈の性質によって決まることがわかっている。

・大きな危機の後の時期には、世論は銀行および信用の公的統制についてその正統性を承認しており、銀行恐慌《パニック》はほぼ姿を消すことが確認される。

・これに対して、信用回路への強力な公的介入をともなった長い繁栄局面が過ぎると、各種制約の除去に利益を見いだすアクターが現れる。政権がかれらに説得されるとき、一連の規制緩和が開始され、これにより最初のうちは成長が刺激されるが、そのうち危機が繰り返し起こるようになる（**図56**）。

為替相場の危機についても同様のことが言える。ブレトンウッズの固定相場制においてはめったに起きなかった為替相場の危機が、金融グローバル化の誘惑に屈して外貨建て債務を形成した諸国において、次第に多く見られるようになった。こうした国では、資本取引が開放され、規制による金融システムのプルーデンス〔健全性〕管理が脆弱であったため、銀行危機と為替相場危機の二重の危機が多発した。今では、規制緩和と金融危機の間につながりがあるという見方は、広く承認されている。

すでにわれわれは、潜在的に不安定な諸力が株式市場に出現することを強調した。しかし大きな株式市場危機が起こるリスクは、ずっと不変でありつづけるものではない。それは何よりもまず、蓄積のダイナミクスに関して株式市場の果たす役割が、時代や社会によって可変的であるからである。一九二〇年代には非常に重要であった株式市場の役割が、戦後の高度成長期には著しく低下し、八〇年代以降再びかつてない重要性をもつようになった。大きな株式市場危機が発生する頻度は、こうした時間的な推移と軌を一にしている。したがって、株式投機による実体経済の不安定化は避けられない運命ではない（**図57**）。制度的・規制的枠組みが危機の頻度や性質に影響を与えるのである。

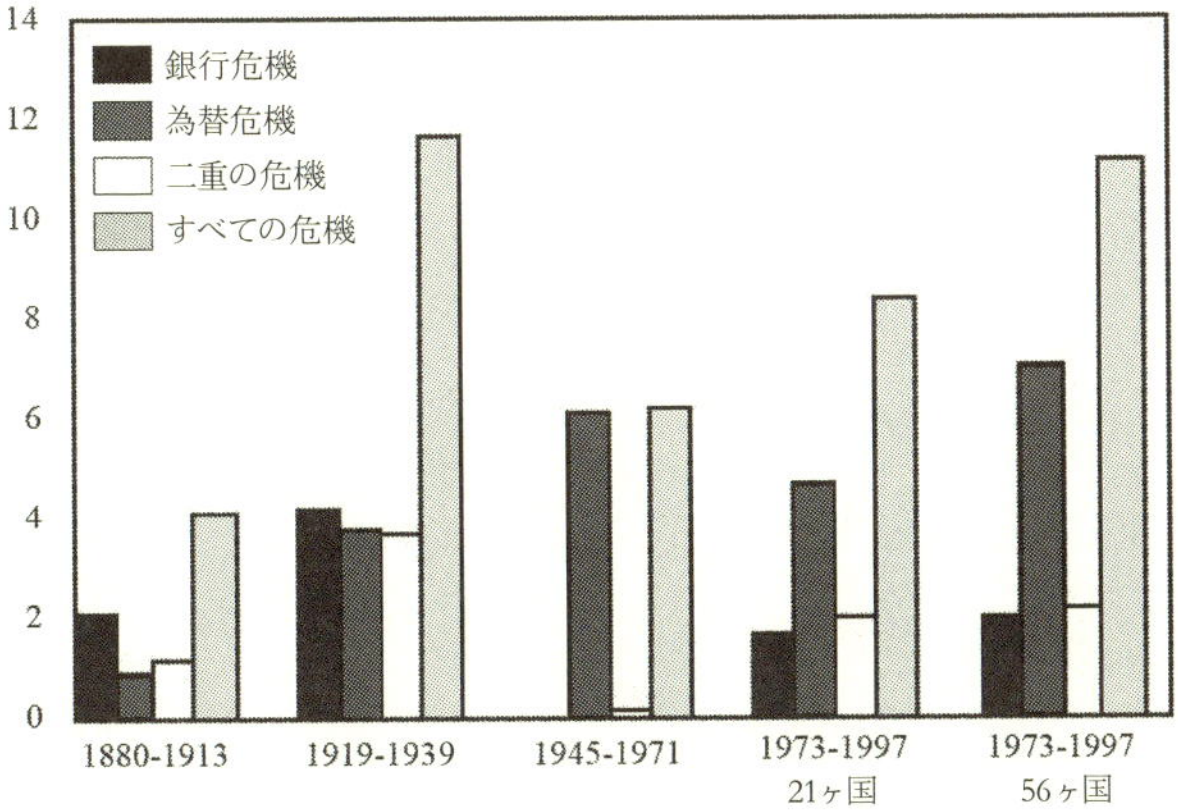

注：危機の頻度は，各期間における年数と国数との積によって危機の件数を除したものである。

図 56　1970 年代までの規制的枠付けによって銀行危機はほぼ消滅した

出所：Bordo *et al*.（2001）

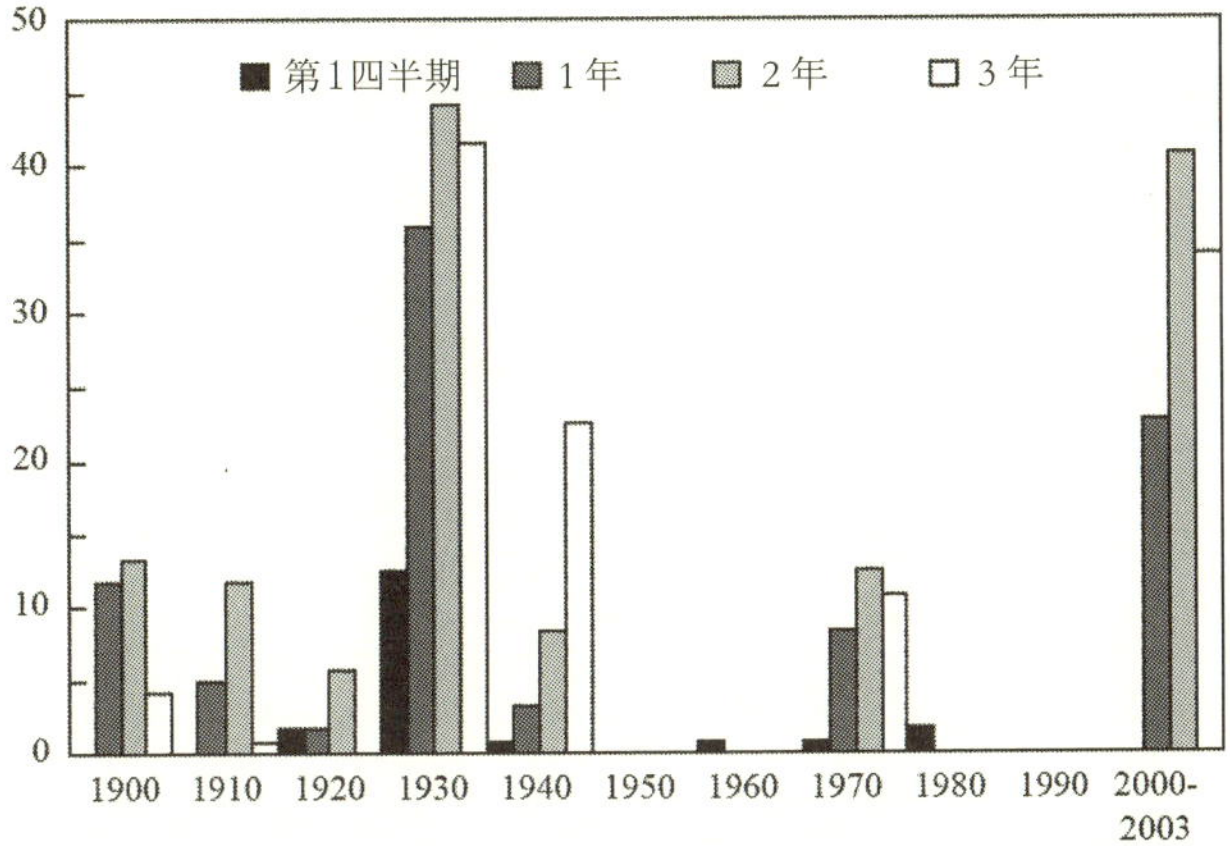

方法：20%以上（帯によって異なる期間に関して）の相場下落を示した月の数を，考察されている期間の月数によって除した。

図 57　金融システムの枠付けは株式市場危機の頻度を減らす

出所：Boucher（2003）

5　グローバル化と金融イノベーションの時代にあっても、住宅ローン市場の危機を回避してきた国があった

歴史分析からは、国同士の相互依存が強いこと、そして各国の金融システムが互いに競争し合うようになったことによって、金融や金融イノベーションを枠付けする規制は事実上不可能になったという結論が出されている。もちろんわれわれは、この結論に反駁することができる。すでに言及したように、スペインという非典型的事例においては、実物部門において大きな不動産危機が起きたが、毒入りデリバティブ商品による汚染は見られなかった。これは、中央銀行の指令を受けた民間企業が、アメリカのサブプライム層向けシステムに相当する装置を構築しようとしなかったためである。この決定は賞賛に値するものだった。なぜなら、二〇〇〇年代の半ばには大部分の政府は、この装置を利用すれば、成長を刺激することができるだろう、そして、社会保障や直接の公的介入によっても最貧層の実質所得増加によっても克服できない諸問題に対して金融を通じた解決を与えることができるだろう、と信じていたからである。

しかし模倣主義《ミメティスム》に対する抵抗の最も象徴的な事例は、アメリカの近隣で別の道を行く国に見いだされる。すなわちカナダは、住宅ローンに対する厳格で一貫性のある規制を維持してきた。実際には、四つの補完的な装置が結びつくことによって、証券化への依拠は無用とされた。第一に、住宅ローン供与先となる個人や家族を選別するに際して厳格な基準を適用することを条件として、公的機関が銀行に対して返済不履行の保証を提供した。第二に、金融規制は商業銀行だけでなく投資銀行にも及び、したがって投資銀行は、アメリカのケースよりもずっと控えめな上限借入比率に甘んじている。第三に、法制度を考慮に入れるとき、家計の側は支払停止しても自らの利益にはならない。なぜなら家計は、たとえ自らの住宅を債権者に譲渡したとしても、債権取立て〔リコース〕を受けるからである。最後に第

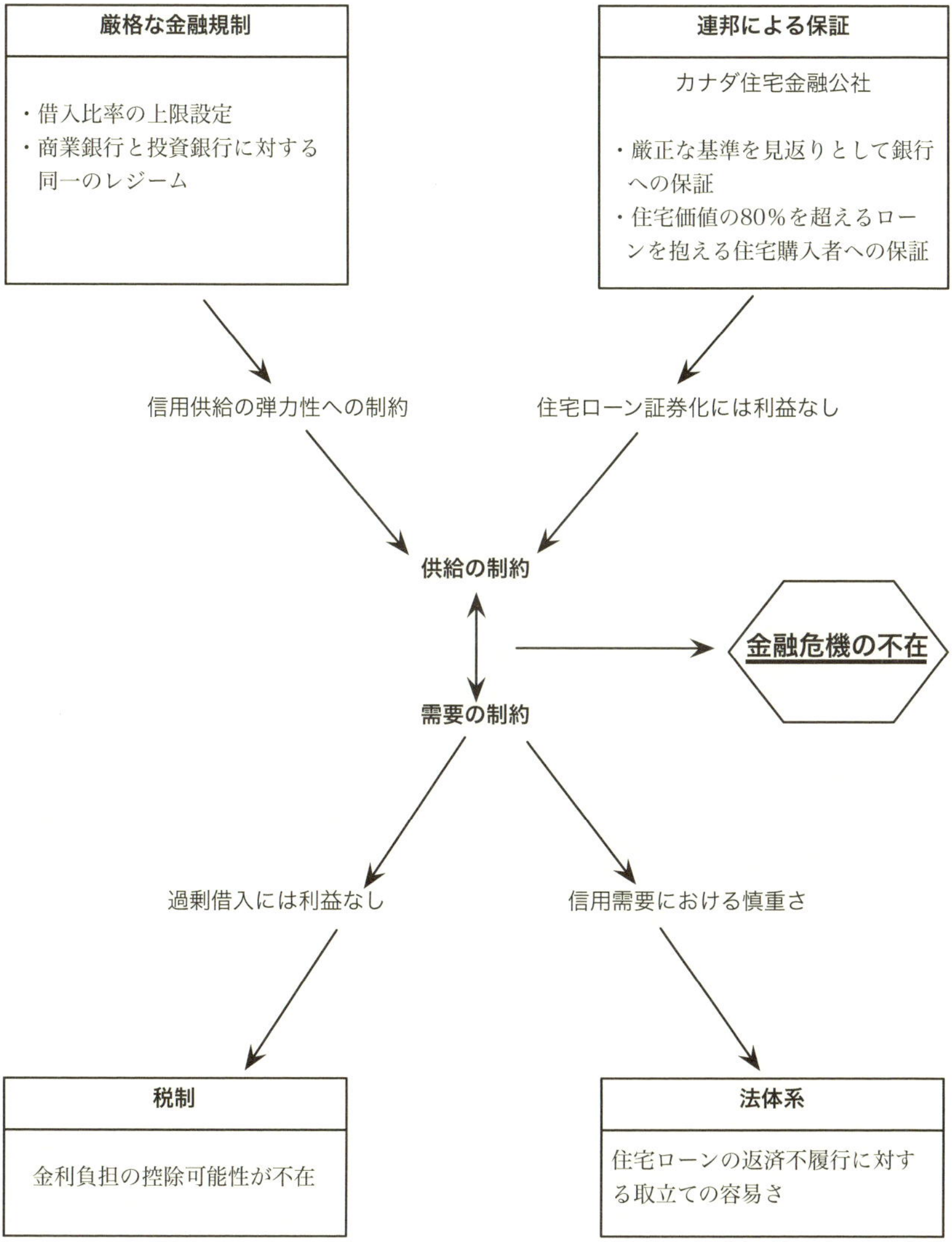

図 58　サブプライム危機を回避することは不可能であったか――カナダの反例……

四に、税制は金利負担の控除を認めていないので、アメリカのような過剰債務の誘惑は見られない（図58）。

カナダとアメリカが自由貿易協定〔ＦＴＡ〕によって緊密に統合されていることを考えると、アメリカのシステムとの対照には目を見張るものがある。こうして、国際競争が制度や規制の模倣主義をもたらすという仮説は却下される。ただし、金融規制・保証・法・税という四つの領域が補完性――方向が逆ではあるが――を示すという事実にかかわって、唯一の共通の特徴が見られる。その特徴とは、リスクを価格体系に織り込まず外部化することによって、信用が爆発的に増大したことである。さらに、両国のシステムの比較は、デリバティブ商品の開発によって獲得される資金入手の便宜と比べて、保険のメカニズムのほうがずっと安定性が大きいことを際立たせる。一方で、保険会社は長年にわたって、リスクの現実化に備えて準備基金を積み上げることのできる資産管理方法を発展させてきた。自己資本／総資産比率の最小化に努めてきたアメリカの金融機関には、このようなことは見られない。他方で、保険がもつ強制的で画一的な性格は、金融システムの分断化を回避する。アメリカの場合には、預金保険や中央銀行の流動性へのアクセスによってカバーされているか否かで、金融システムは分断化している（図59）。

こうした質的な諸々の差異があるために、各国銀行の資産内容の推移には、証券化が支配的であるかどうかによる分岐が見られる。カナダの銀行とイギリスの銀行が対照的な道をたどってきたことは示唆に富んでいる（図60）。金融グローバル化の時代においても規制は重要なのである。

6　うまく枠付けされた商業銀行は危機においても生き残るであろう……しかしウォール街の投資銀行はそうはいかない

金融規制に賛成する〔標記のような〕もう一つの議論があって、それがサブプライム危機の展開にともない脚光をあ

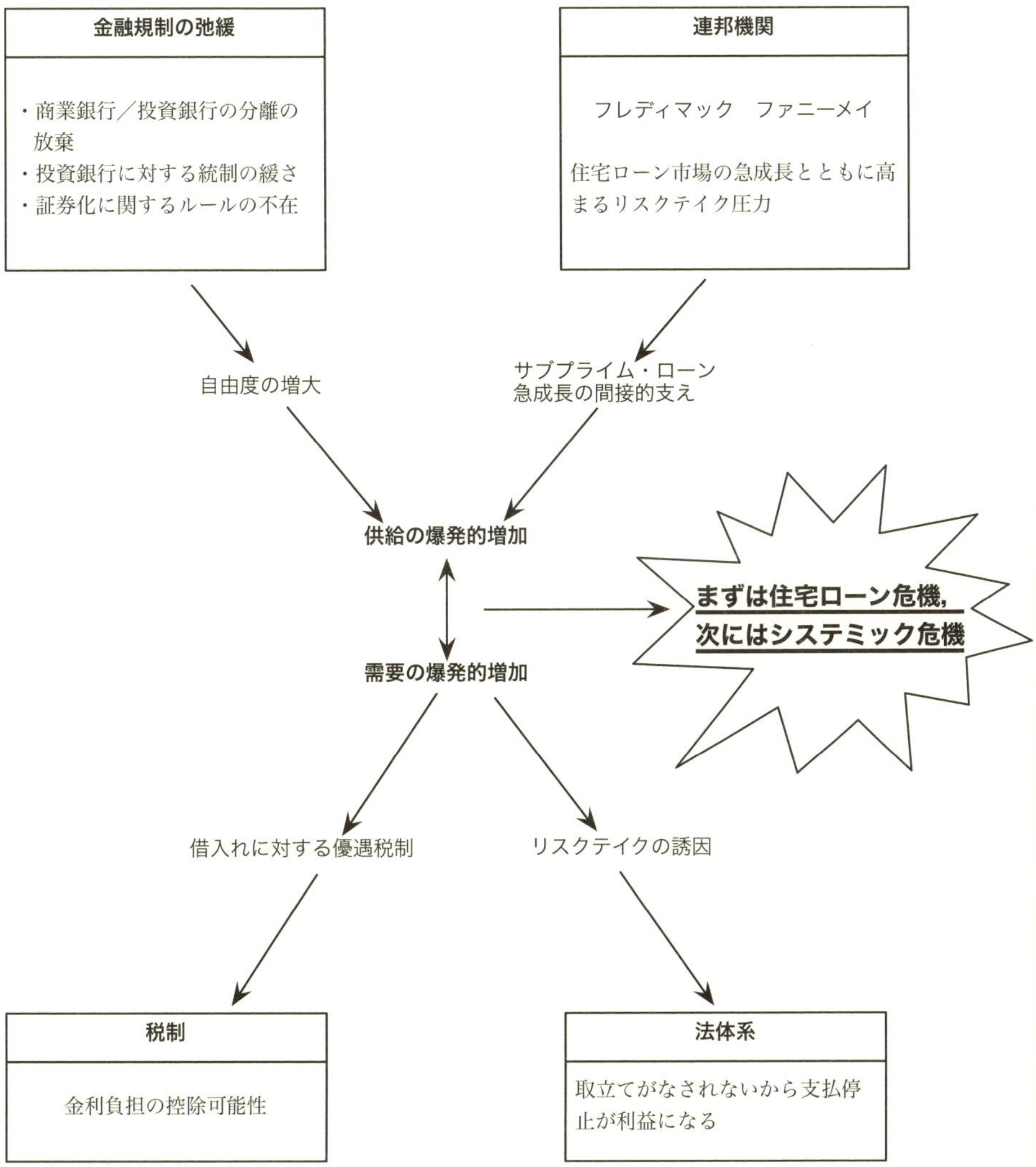

図 59　アメリカ的構図にあっては正反対のあらゆる特徴が組み合わさっている

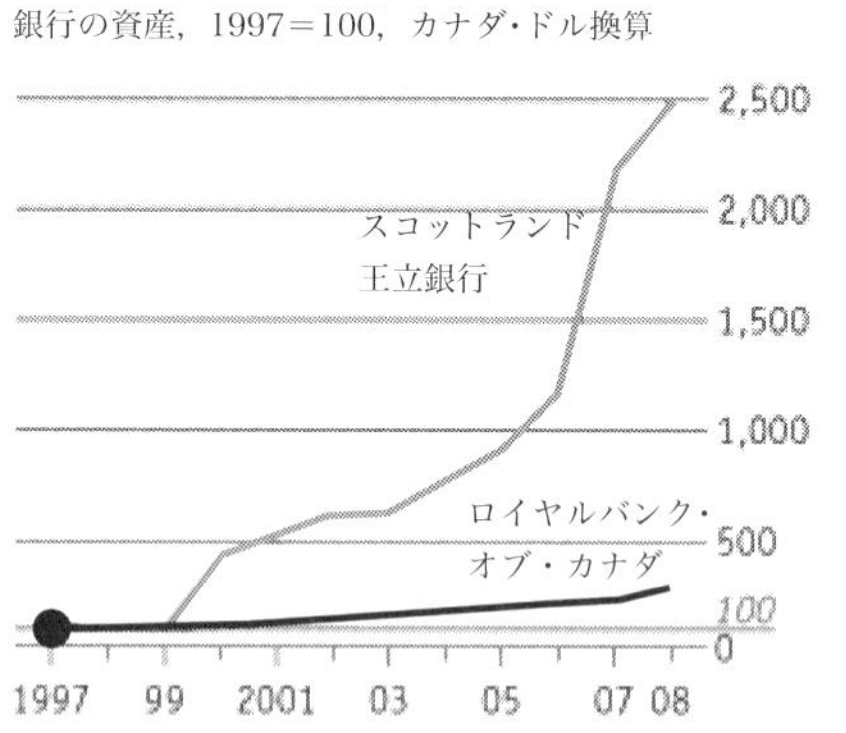

Thomson Datastream; The Economist; Royal Bank of Canada; Royal Bank of Scotlandによる

図 60　カナダおよびイギリスにおける住宅ローンの推移

出所：The Economist（2009, p.7）

びるようになった。実際、商業業務主体の銀行は、金融システムの他の部分よりもずっとうまく証券化の瓦解を乗り越えることができた。その理由は単純である。長い歴史的経過のなかで、以前は回避不可能とされていた銀行恐慌《パニック》の繰返しを避けるための管理・規制の様式が発達をとげたのだ。商業銀行の例に照らして言えば、今日の当局に課せられた責務は、金融システム総体にわたって規制の諸形態および範囲を調整することよりほかにない。ところが、自由《リベラル》絶対主義に凝り固まっている当局は、この点で大きく立ち遅れている。要求される枠組み作りには特有の困難がある。それは、金融規制緩和とともに隆盛を極めた数多くの圧力団体（ロビー）が、自分たちの自律性や既得の収益源を必死に守ろうとするからである。

組織モデルの破綻が露呈した投資銀行を救うべく、最初のうちは商業銀行の救援が求められていた。ところが次には、投資銀行は、商業銀行と同じ規制および健全性の制約に服するために銀行持株会社に吸収された。何たる皮肉であろうか。伝統的銀行が消滅するだろうという人々の予想を裏切るこの祝福された復活は、偶然に帰せられるべきものではない。実際には、公共体によるあらゆる統制を免れた投資銀行に依拠する金融システムは極端に脆弱であり事実上持続不可能であるということが、危機によって浮き彫りにされてき

表 17　銀行と直接金融——引分けの後に銀行の勝ち

	銀　行	金融市場
金融手段	貸出し，預金，為替	株式，債券，先物，デリバティブ商品
情報の優位性	顧客に関する情報の蓄積	情報の社会化と標準化
主要なリスク	・銀行パニック ・貸出先の返済不履行	・マクロ経済ショックに襲われたときの投売り ・乱高下と暴落リスク
活動分野	経済のアクター総体：中小企業，家計，大企業	大企業に限定
危機の型	不良債権	不利なマクロ経済ショック

たということなのである（表17）。

・金融市場の極端に高い流動性は、次のような危険な幻想を生み出してきた。いわく、中央銀行貨幣や銀行信用へのアクセスはもはや不要となった、なぜなら、きわめて活発で厚みのある市場で金融資産を売却すれば十分であるからだ、と。しかし二〇〇八年九月以降、金融機関間信用が停止したことによって、金融資産が貨幣の完全な代替物でないことは明白になった。この点で重要なのは、Fed〔連邦準備制度〕がただちに中央銀行貨幣へのアクセス枠をウォール街の諸銀行に拡大したこと、そして見返りに、アメリカの当局はウォール街の諸銀行に今までとまったく別の地位を受け入れるよう要求したことである。

・同様にして、情報処理に関する二種類の銀行の相対的な効率性についての、非常に楽観的で明らかに間違っていたもう一つの仮説も崩れ去った。実際、ミクロ経済レベルにおいて、商業銀行は顧客情報を蓄積しているし、また、発生しうる機会主義的行動に枠をはめる諸装置を長年にわたって作り出してきた。実は、本書のなかですでに何度も強調したように、債務者と債権者の間のこうした緊密な紐帯を切断したのが証券化であり、まさに証券化が危機を準備したのだった。それだけでなく、新しいデリバティブ商品を創出する役割を担った金融機関は、最終的に、無数の相対《あいたい》関係を通じて収集した関連情報を隠蔽し、さらには消滅させてしまった。マクロ経済レベルにおいて外部の金融アナリストたちが何らかの解毒剤を処方してくれるだろう、——そう想像しても空しいだけである。かれらが取り扱っていたのはさまざまな信念にすぎず、せいぜいかれらにできることと言えば、マクロ経済的ショックと上場企業の財務状況との間の相関関係について結論を引き出すことくらいであった。

・組織モデルに関して言うと、サブプライム危機はこの問題に決着をつけた。一方で、信用を供与してできるだけ早く処分しようとする戦略〔いわゆる credit to distribute〕は破綻した。他方で、伝統的《グランパパ》銀行は時代遅れの非効率性源泉とはもはや見なされず、むしろミクロ経済レベルにおいてもマクロ経済レベルにおいても良質な経営モデルと見なされている（**Krugman 2009a**）。また、預金銀行と投資銀行との間の相互浸透には危険があるのではないかと言われている。相互浸透がなければマクロ経済的安定にとって危険とはならないであろう金融的投機が、相互浸透のもとでは経済活動の崩壊を加速する可能性があるというわけである。共通ではあるが限定的な規制を課すという提案がある一方で、今や専門家の間からは、二種類の活動を再び厳格に分離するという提案も出てくるまでになっている。

以上の文脈において、証券化の行方はいかなるものになるだろうか。公的な意思決定者はジレンマに直面している。一方で、金融の圧力団体や専門家は、当然のことであるが、証券化がラテンアメリカ諸国のソブリン債務の危機に対して解決策を見いだすことを可能にしたと指摘する。証券化によってソブリン債務〔国家債務および国家保証債務〕をブレイディ債〔債務不履行に陥った途上国向け商業銀行ローンのリストラ策として米元財務長官ブレイディが発案した米ドル建て公募債〕に転換できたではないか、と。この点から見れば、証券化は有用なものであり、のっけから禁止すべきものではないことになる。他方で、アメリカの住宅ローン市場に見られたこのイノベーションの利用の仕方は、とうてい容認しうるものではない。この点から見れば、証券化を全面禁止にして、長年慣れ親しんできた単純で確実な商品に中心を置いた金融、そして信用供与と実体経済へのその影響との間の密接な結びつきを保証する金融に戻ることが正しいことになる。

実際には、この外見上の矛盾は適切な規制によって克服される。まず指摘しておきたいのは、ブレイディ債のケースにおいては貸倒れリスクがすでに明白であったから、モラルハザードの問題はブレイディ債の効果に影響を与えなかったということである。それとは対照的に、証券化が普及したことはそのこと自体によって新たなリスクテイクを生み出した。その結果、攻撃手段と防御手段とのいたちごっこのなかで、負担能力のある良質の引受け手にリスクを拡散するスピードよりも、リスク増大のスピードのほうが速くなった。この点を考慮するならば、証券化の支持者は、証券化の禁止が一般化することも覚悟のうえで、証券化の厳格な枠付けを受け入れねばなるまい。ここで言っている厳格な枠付けとは、店頭デリバティブ商品を禁止しないまでも高いペナルティを課すこと、店頭デリバティブ商品を標準化して決済システムの組織化を目指すこと、そしてカウンターパーティ・リスク〔相対《あいたい》の取引相手にかかるリスク〕や市場そのものを破壊しうる不均衡を公的当局が早期に発見できるように情報システムを創出することである。

7 ウォール街の突出したヘゲモニーはその瓦解を導く――政治経済学の教え

以上のような解決策は論理にかなっているし、金融の歴史からの教訓にも合致している。アメリカの金融システムに崩壊寸前という重大警報が発令されている以上、こうした解決策を採用することにほとんど問題はない。しかし、金融規制は技術的なテーマであるにとどまらない。なぜならそれは政治的プロセスを含んでいるからだ。金融業者――昨今のアメリカ社会で最強のアクター――は規制に対して恭順の態度をとろうとするだろうか。そういうことがあるとすれば、それは、政府が過去二十年間の同盟関係に代わる同盟関係を構築しうる場合のみである。だがこの仕事は容易ではない。というのも規制・法律・税制の規定は、その大部分がウォール街による直接間接の後押しのもとに作

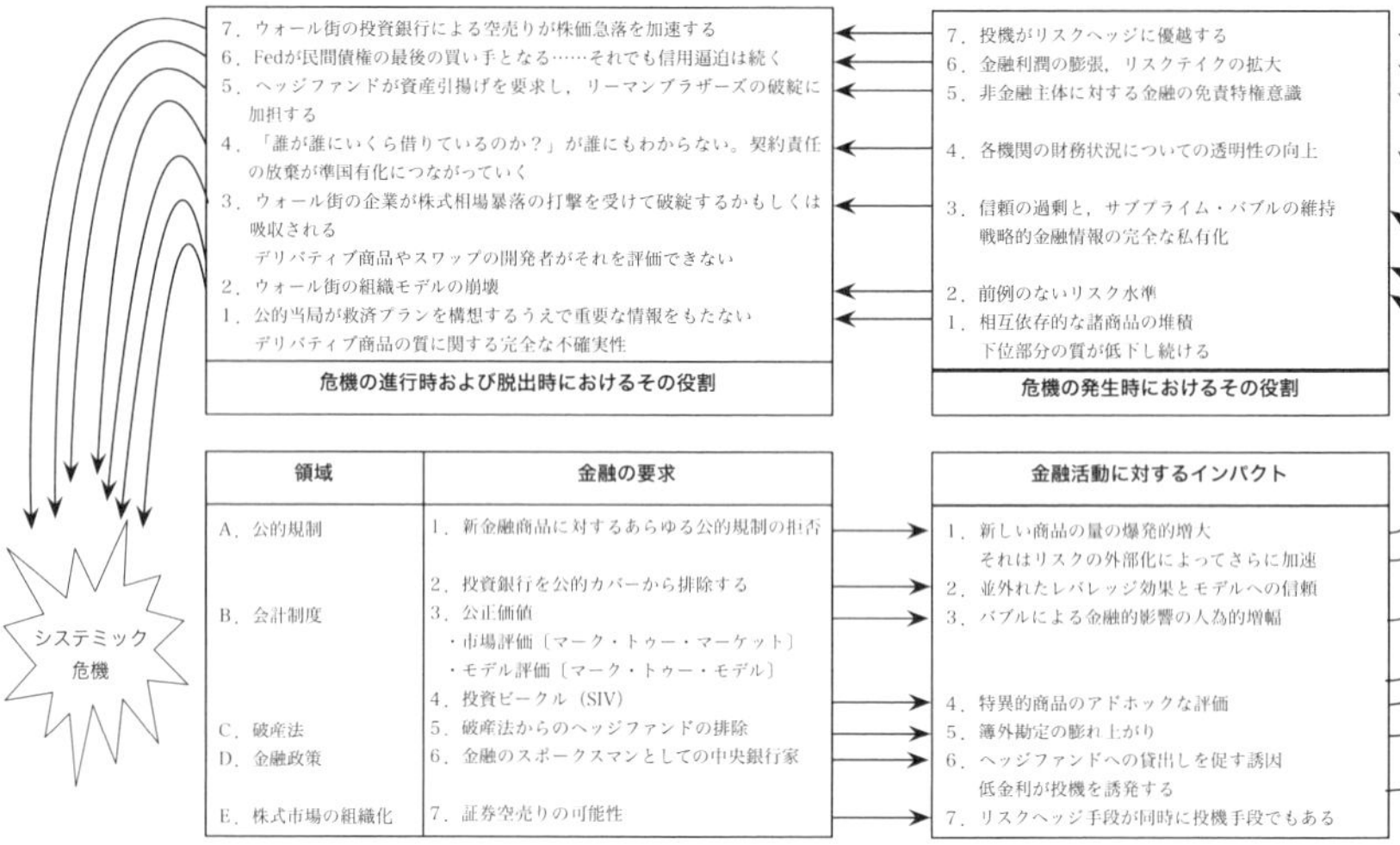

7．ウォール街の投資銀行による空売りが株価急落を加速する
6．Fedが民間債権の最後の買い手となる……それでも信用逼迫は続く
5．ヘッジファンドが資産引揚げを要求し，リーマンブラザーズの破綻に加担する
4．「誰が誰にいくら借りているのか？」が誰にもわからない。契約責任の放棄が準国有化につながっていく
3．ウォール街の企業が株式相場暴落の打撃を受けて破綻するかもしくは吸収される
デリバティブ商品やスワップの開発者がそれを評価できない
2．ウォール街の組織モデルの崩壊
1．公的当局が救済プランを構想するうえで重要な情報をもたない
デリバティブ商品の質に関する完全な不確実性
危機の進行時および脱出時におけるその役割
7．投機がリスクヘッジに優越する
6．金融利潤の膨張，リスクテイクの拡大
5．非金融主体に対する金融の免責特権意識
4．各機関の財務状況についての透明性の向上
3．信頼の過剰と，サブプライム・バブルの維持
戦略的金融情報の完全な私有化
2．前例のないリスク水準
1．相互依存的な諸商品の堆積
下位部分の質が低下し続ける
危機の発生時におけるその役割
システミック
危機
領域
A．公的規制
B．会計制度
C．破産法
D．金融政策
E．株式市場の組織化
金融の要求
1．新金融商品に対するあらゆる公的規制の拒否
2．投資銀行を公的カバーから排除する
3．公正価値
・市場評価〔マーク・トゥー・マーケット〕
・モデル評価〔マーク・トゥー・モデル〕
4．投資ビークル（SIV）
5．破産法からのヘッジファンドの排除
6．金融のスポークスマンとしての中央銀行家
7．証券空売りの可能性
金融活動に対するインパクト
1．新しい商品の量の爆発的増大
それはリスクの外部化によってさらに加速
2．並外れたレバレッジ効果とモデルへの信頼
3．バブルによる金融的影響の人為的増幅
4．特異的商品のアドホックな評価
5．簿外勘定の膨れ上がり
6．ヘッジファンドへの貸出しを促す誘因
低金利が投機を誘発する
7．リスクヘッジ手段が同時に投機手段でもある

図61　金融ヘゲモニーはその転落を駆り立てる
——マルクス主義の弁証法と政治経済学が復活したのか

られたものだからである（Guerrera *et al.* 2008）。その結果として、今では、金融に対する統制のほぼ完全な不在こそが金融の破局を導き、公的当局の救済行動を著しく困難にしてしまったのだということ（図61）が明白になっているわけである。

・毒入りデリバティブ商品を除去しようとするとき、Ｆｅｄも財務省もなぜあれほどの不器用さと素人っぽさを示したのか。簡潔に言えばこういうことだ。民間機関を完全な自由に委ねたことからデリバティブ商品の無政府的な増殖が引き起こされたわけであるが、増殖が起きるたびに、リスク評価に用いる関連情報が無効になったり歪められたりしたのである。

・投資銀行は、イノベーションに制約を課さないよう上下両院を説得する際に、自分たちの権力を効果的に利用してきた。投資銀行のイノベーションは、大いに安全ではあるものの、公権力が根拠ある判断を下しうるには複雑すぎる、というのだった。その結果、レバレッジ効果を制限するルールを作動させることは要求されなかった。

結果としてレバレッジ効果は未曾有の水準に達した。だからこそ、小さい不利なショックでも破綻につながり、さらには政府支援の要求につながったのである。

・最終的に国際金融業界は企業会計の改革を要求するに至った。その改革とは、旧来の会計制度の利害関係者であった他のパートナーをすべて排除して、企業会計をもっぱら株主の目的のみに合致させるというものだった。皮肉なことに、サブプライム危機が迫っていたまさにそのときに、公正価値《フェア・バリュー》が適用されはじめた。金融に利益を与えると見られていた諸装置は一丸となって金融を打ちのめした。一方で、すべての資産を市場価格で評価する義務が自己資本の毀損を加速したため、アメリカ政府はそうした金融機関の大部分を救う義務を負うことになった。実際、金融諸市場のすべてにおいて起きた投売りは、資産のファンダメンタル価値に対応する水準をはるかに超えて、底なしの下落を引き起こした。取得原価による会計が維持されていれば、暴落の様子はそれほど劇的な様相を呈さなかっただろう。他方、指標となる市場が存在しない資産の評価が完全なる自由に委ねられ、各金融機関の内部モデルによるものとされたことは、システミック危機の第二の媒体《ベクトル》となった。内部モデルの基礎に置かれている仮定が悲劇的なほどに誤ったものであることが判明すると、誰が支払可能なのかどうか誰もわからなくなった。この根本的な不確実性は鏡面の効果――私の取引相手たちは自分たちの毒入り資産の価値について私以上に知ってはいないということを、私は知っている――によって伝染していくものであり、二〇〇八年九月の金融凍結を説明する。これは、金融におけるピュロスの勝利〔連戦連勝でも軍勢が減っていく割の合わない勝利〕の新しい例である。つまり勝利それ自体が破綻の条件を生み出したのである（**Guerrera *et al.* 2008**）。

・同様にして、ウォール街の大手銀行は、巨額の信用供与先であったヘッジファンドが破綻した場合に自らが巨額損失の犠牲にならないよう、破産法を改正させた。この特権意識はその後裏目に出た。実際には逆に、ヘッジファンドが破産法の法文規定を活用して、破綻の恐れがあったウォール街の大手金融機関から自らの資金を引き揚げた。

その結果、大手金融機関の転落は加速した。経済的社会的な影響がさほど重大でなかったならば、われわれはこの水を撒かれた水撒き人《アロズール・アロゼ》〔フランスのコメディ映画の題名〕をあざ笑うこともできただろう。カントの論法で言えば、かれらは、他人に押しつけるつもりでいた処置の犠牲に自らがなってしまったわけだ！

・アラン・グリーンスパンが導入した新方式の金融政策においても、このような転倒が生み出されている。実際、グローバル金融の時代にあって、中央銀行家には、インフレーションと成長の間の裁定という伝統的な目標を超えて、第三の機能すなわち金融システムの保護者としての機能が割り当てられるようになった。生産資本よりも金融資本を相対的に多く利するインフレ克服は、低金利の持続となって表れた。これが過剰な債務形成をいざない、その結果としてレバレッジ効果の作用が徐々に大きくなり、ついにアメリカ経済が金融脆弱性の圏内へと突入した。アメリカの中央銀行家は、あまりに金融界寄りだったがゆえに、金融界を襲うシステミック危機に寄与することになった。この弁証法的な反転は第二の反転を内包している。一九三〇年代危機に精通するベン・バーナンキは、商業銀行に対してただちに流動性を供給した。しかし、危機の性質がまったく別のものであったためこれでは十分でなく、彼はＦｅｄの地位についての革新的な解釈を後ろ盾にして、投資銀行へと介入を拡大しなければならなかった。だがこの政策もまた所期の成功を収めなかった。なぜなら、問題が貨幣的なものではなく金融的なものであったからだ。こうして、中央銀行家は新たな形態の危機を生み出すのに寄与した。新しい形態の危機は、それまでの中央銀行家の戦略を動揺させ、暗中模索・試行錯誤の時期を招き寄せた。二〇〇九年の夏になってもアメリカ経済はそこから脱出できていない。

・株式取引の規制に関しても、あらゆる点で同様のメカニズムが働いた。ウォール街の投資銀行は、空売り《ショート・セリング》の手法を多用することを習慣にしてきた。こうしてかれらは巨額の収益をわがものにしてきた。しかし、かれらの意に反してこの手法は、株式相場下落に賭ける投機を行うヘッジファンドによっても利用された。結果として、ウォール街を代表する投資銀行の失墜が加速的に進んだ。それゆえ投資銀行の側から空売り禁止を要求する声が上がったのである。これは、金融資産のほぼ全部が急激に減価していた時期に、公正価値の暴力の緩和を主張する声が上がったのとまったく同様である。

以上の諸特徴の重なり合いは、たんなる偶然の符合によるものとするには、あまりにも目立ちすぎる。ここに示されているのは、社会の全体を犠牲にして自身の利益を防衛する強力な集団が政府と各種規制当局を虜にすることの危険性である。反対推論的に言えば、以上のことは、利害や状況の多様性を前提とする民主主義プロセスが有効であることを申し立てている。こうしてわれわれは、勤労者の弱体、フォード型産業の衰退、政治プロセスからの最貧困層の排除が危機発生に寄与したのだと主張しうるのである。

8　藁と梁

以上にもとづき、金融レッセフェールの支持者が行う議論の——すべてではないにせよ——大部分に対して反駁を行うことができる。基本的に、かれらはさしたる支持証拠もなしに、金融市場の自由の利益が金融危機のコストを上回ることを主張している。また逆に、かれらは、金融システムの規制が危機の頻度・深刻度を低下させることを評価しないままに、金融システムを枠付けすることのコストを過大評価している（**表18**）。

・ここまでわれわれは長々と、成長過程は金融イノベーションと不可分である、とする中心的議論に対して理論的歴史的な観点から相対化を図ってきた（前述第8章参照）。サブプライム危機は、インターネットバブル危機とまっ

表 18　金融レッセフェールの支持者と金融の厳格な枠付けの支持者との間での議論の応酬

金融は枠付けすべきではない。なぜなら	介入支持者からの反論	金融を枠付けすべきである。なぜなら	市場原理主義者からの反論
1. 規制は金融イノベーションを，それゆえ成長を枯渇させるだろう	栄光の 30 年という黄金時代は，成長に有利な規制の可能性を示している	1. 金融のもたらす正負どちらの外部効果も公共体の介入を要求する	アクターたちは公共体の利害に責任を負う規制機関を意のままに動かすだろう
2. 公的保証は危機につながるモラルハザードを生み出すだろう	投資銀行の救済は，同じ種類の危険をもたらす	2. 金融市場にひびが入っている：サブプライム危機の後に明白になった	国家介入それ自体が限界をもつ
3. 規制は過大なコストを要し，非効率である	金融危機のコストのほうがずっと大きい	3. 一般に，金融は成長に対してわずかな寄与しかしていない	部門間の資本の移動可能性なしには成長なし
4. 専門家による自己制御は規制よりもずっと優れている	シティとウォール街の自己組織化は明らかに失敗である	4. 他のイノベーションは大部分，公共体による統制の対象となっている	それでも金融は私的利潤によって誘導されるべきである
5. 金融の微細な点は民間にしかわからない	民間が毒入りデリバティブ商品を評価できず……政府に助力を求めていることをどう考えるべきか！	5. 政府は，金融を枠付けする能力を獲得することができる	政府はつねにイノベーションと危機を後追いしている
6. 市場のオルタナティブはゴスプランである	パフォーマンスを異にする一連の混合経済がある		
7. 金融イノベーションなくして成長なし	組織・制度・科学技術のイノベーションが成長の中枢をなす		

たく同じように、新しい金融商品は効率性にプラスに働いてきたとする考えに対して、冷やかな反駁を突きつけた。サブプライム危機の場合、イノベーションは資本の効率性よりもむしろ金融の捕食を促進してきた。つまり、金融への過剰投資、経済全体における多様な使用を犠牲にしてのウォール街による人材吸収、住宅の著しい過剰生産、そして銀行システム救済のための公的コストである。これは経済の効率性や成長にとって問題ではなく寄与なのだ、と言ってよいのだろうか。インターネットバブルの場合は、未成熟なベンチャー企業の上場、収益性のある成熟した産業から将来性にまさるものの借金だらけの企業への資本移転、そしてナスダック〔一九七一年にアメリカで設立されたベンチャー企業向け株式市場〕の著しい流動性が、むしろ資本の浪費を助長してきた。二つのエピソードに要したコストは、おそらく金融再規制を正当化する中心的論点であるのに、金融の自由の支持者はこれを黙って見過ごした。このこ

とはかなり重大な意味をもつ。

・かれらの立論の偏向的な性質は、モラルハザードが招き寄せるリスク——危機が厳しさを増しながら繰り返される——をめぐって頂点に達する。この立論の支持者は、明日の病気をよりよく治療するために病人を死なせる用意をしているモリエールの医者に似ている。この原理を適用することで金融システムと経済が共倒れになってしまう場合、これをどう考えるべきか。要するにこれは、ノーザンロックが瓦解したときにイギリスの中央銀行総裁がとった立場であった。彼は、「将来まねをしようとする者に対して良い教訓となるよう、見殺しにするという罰を投機家たちに与えねばならない」という立派な原則を振りかざしたが、これを厳格に適用すると経済全体が命を落とす危険があるという明白な事実を認めるべきであった。また金融ジャーナリズムは、モラルハザードが招き寄せるリスクを、かなり選別的にではあるが評価している。例えば、『ウォール・ストリート・ジャーナル』紙は、サブプライム危機によって住宅を失ったアメリカ家計を支援するのは危険であると熱心に主張している。そうしてしまうと、家計が公権力による資金援助を当てにして、自らの資力を超えた住宅を購入する習慣をもつ可能性があるというのだ。しかし、ではなぜこの議論をＡＩＧ〔アメリカン・インターナショナル・グループ〕、シティグループ、バンクオブアメリカ、および他の旧投資銀行の救済に適用しないのか。金融機関の集中がいっそう進むという文脈のなかでは、これらの経営者が将来、破綻させるにはあまりにも重要すぎるという議論をもち出す恐れがありはしないか。しかもこれらの経営者たちは、「トゥー・ビッグ・トゥー・フェイル〔大きすぎて潰せない〕」をもち出す厚かましさおよび権力を、貧困者よりもはるかに多くもちあわせているのである。二つの重さ、二つの秤！　つまりモラルハザードという決まり文句がどのように用いられようとも、その目的は金融の権力を守ることにあるのであって、アメリカ経済の金融的安定性を守ることは直接の目的ではないのである。

・第三の議論はすでに打ち負かされている。その議論とは、金融市場のアクター自身による自己規制のほうが、最近の金融の発展に精通していない公的当局が外部から課す規制よりもずっと効果的である、というものである。前に明らかにしたように、むしろウォール街の大手投資銀行がほぼ全面的な自由に委ねられたことこそが、サブプライム危機の原因であった。どの私的アクターも、金融不安定性の防止を自らの目的としていないことから、収益可能性を徹底的に汲み尽くしてきた。度を超えた収益追求が金融システム総体の麻痺および瓦解を引き起こすことがないよう、正統性をもって規制を課すことができるのは、公的当局の特権だけである。ちなみに、ウォール街の大銀行による機会主義的行動を前にしたときのアラン・グリーンスパンの驚きは、金融安定を維持するための政府行動は私的ガバナンスによっては代替されないことを思い知ったためのものだった。さらに、非常に緩い規制から競争優位を引き出してきたロンドンのシティは、金融イノベーションに関連する諸問題をすべて内部で解決できると考えてきたが、結局、イギリス金融システムの連鎖的崩壊リスクを克服すべく大蔵省や中央銀行に頼らざるをえなくなった。

・第四の議論は、ウォール街を統制しようとすることはゴスプラン〔旧ソ連の国家計画委員会〕に回帰しようとするのに等しく、ソビエト経済の崩壊と同じことを招き寄せるだろうと主張する。資本主義の構図は虹のようにさまざまな色をもつのに、ここでは二色しか存在しないわけだ。つまり、全面的な自由放任という白色中の白色《ブラン・ド・ブラン》〔白ブドウで造る白ワイン〕と、国家介入主義の暗黒という二色である。ジョン・メイナード・ケインズが再び流行となっているから、こうした意見を述べる手合いには、われわれはケインズの再読を勧めてもよかろう。ケインズによれば、一九三〇年代危機に賭けられていたのは、市場諸力と――マクロ経済の安定性と社会的公正の原理を復活させる――公的介入との間に良好な均衡を見いだすことであった。実際、第二次世界大戦以降、ヨーロッパや日本の再建は、それに――忘れてはならないが――アメリカの再建さえも、このうえなく多様な混合経済によって可能になったのである。

・最後に、金融はあまりにも複雑すぎるので国家には介入できないと言われる。しかしそうだとすれば、銀行間諸関係への信頼を回復するために、また私的部門で価格評価不可能になったデリバティブ商品を買い取るために、そして保有資産の大幅な評価ミスを犯した銀行に資本注入するために、なぜ国家の助けを求めなければならないのか。もしもこの原理を文字通りに適用するならば、自社を破綻に導いた大手銀行の人々からただちに全権限を剥奪しなければなるまい。なぜなら、かれらのしたことは、現代金融の奥義を操れなかったことの証明なのだから。少し皮肉な主張を述べておこう。金融の専門家に大量の過剰能力が見られるのだから、公的規制機関や国家は新しい世代の人々を金融業務の監督者に動員すればよいではないか。かれらであれば、最近の技術に精通しており、それについての新しい情報を集めることもできる。かれらにはもはや証券から収益を引き出すことを追求させない。かれらに行わせるのは、資本配分の効率性およびマクロ的金融安定の要求と金融イノベーションとが両立しているかどうかのチェックである。

裏を返せばどの議論も、国内的・国際的公共体が金融の統制を再び手中に収めることを正当化している。というのも、なすがままに放置された金融はあまりに力が強いので、いつもと言ってよいほどに、最後にはマクロ経済の危機を駆り立てるからである。こうして金融レッセフェールの信奉者たちは、介入主義者の目に藁《わら》――規制というものがなべて不完全であり新たな不均衡につながる――が挟まっているのを見てとるのだが、自分たちの視覚を塞いでいる梁《はり》には気づかないのである〔つまり目くそ鼻くそを笑うのたぐいである〕。梁とは、統制なき金融がシステミックで構造的な大危機の源泉であることを指す。実際には、公的介入であれば何でも効果的であるわけではない。重要なのは、サブプライム危機の再発防止を可能にする少数の規制を探り当てることである。オバマ政権は二〇〇九年六月十七日に政策を公表したが、そのなかのプロジェクトにおいて示された目的もやはりそのようなことであった。これは、二〇〇八年九月よりこのかた経済学の文献が能弁に語ってきた諸主張に対して批判的評価を行う好機であると言える。厚かましくも「だから言わないこっちゃない！」と旗印に記してきた人々はみな、まず沈黙し、次に大混乱に陥った。

第10章　金融の社会的統制のために——単一の要請　複数の道

「もはや私は、自力で困難を切り抜ける市場の能力を信じてはいない。」
（ドイツ銀行社長ヨゼフ・アッカーマン、二〇〇八年）

大危機の時代の特徴として、人々の認知地図が突然に塗り替えられることが挙げられる。昨日までの臆見《ドクサ》が落とし穴にはまり込み、エマージェンシー効果のもとで想定外の諸戦略が突如受容され正統的なものとなる。公的当局は、一方で、危機を食い止め経済を立て直す方策を講じ、他方で、過去の教訓を踏まえて危機の再発を回避すべく新しい公的介入および規制を練り上げねばならない。一九三〇年代に行われたのはまさにこういうことであり、危機が引き起こした当時の激変は、今日から見ると、脆《もろ》さのない金融システムを再構築するための好機であった。ただし、この突然の転換には次のような大きな危険が潜んでいた。すなわち、昨日まではありとあらゆる効能と長所を認められていた金融市場が、逆に、欠点だらけのものと見なされ、衝撃に強い経済の出現を促すためには金融市場の全体を修正すべしとされてしまう危険である。

1　神話的な透明性と完全競争に回帰しようとする誘惑

オバマ政権の金融再規制プランを見て感じる印象も、まさにそのようなものである（コラム１）。大部の報告書ではシステムの諸障害が全般にわたって詳細に分析され、レベルと重要性を異にする数十項目に及ぶ提案がなされている。提案諸項目は程度の差はあれどれも的確であり、そしてほぼすべての項目で透明性の理念に言及されている。それゆえわれわれは、完全金融市場の復活が目論まれているという印象をもつ。ところが、われわれが明らかにしてきたように、不安定性や危機は、完全金融市場の内在的属性であって、完全金融市場の錯乱を意味するものではない（前述第1章および第2章参照）。しかし、幸福な金融化時代に透明性がほとんど見いだされなかったために、透明性の要請を前面に押し出す提案が多いのである（Brender and Pisani 2009; Shiller 2008; Paulson 2009; Dockes and Lorenzi 2009; Tirole 2008）。

金融における安全性の基準を、医療や航空輸送といった他の部門で広く定められている安全基準と同じレベルに引き上げるというのであれば、このようなアプローチも理解される。しかし金融危機の諸源泉すべてを根こそぎするアプローチを単純に適用することは、金融の特殊性によってはじめから禁じられている（コラム２）。

またオバマ・プランのようなアプローチはいくつかの障害に直面する。まず、あまりにも規制が広がりすぎると金融市場の参加者たちは不安をいだく。アメリカは国有化、社会主義、さらにはソビエト式ゴスプランを志向しているとかれらは告発し、再規制の過程を妨害する可能性がある。次にそして何よりもまず、公権力は、危機の諸源泉に対していつまでも直接的インパクトを与えることができない方策を固持すると、信頼を喪失する恐れがある。人気がある大衆迎合的《ポピュリスト》な方策であっても、危機を導くプロセスと直接の関連をもたないことがある。例えば、ＣＥＯ（最高経

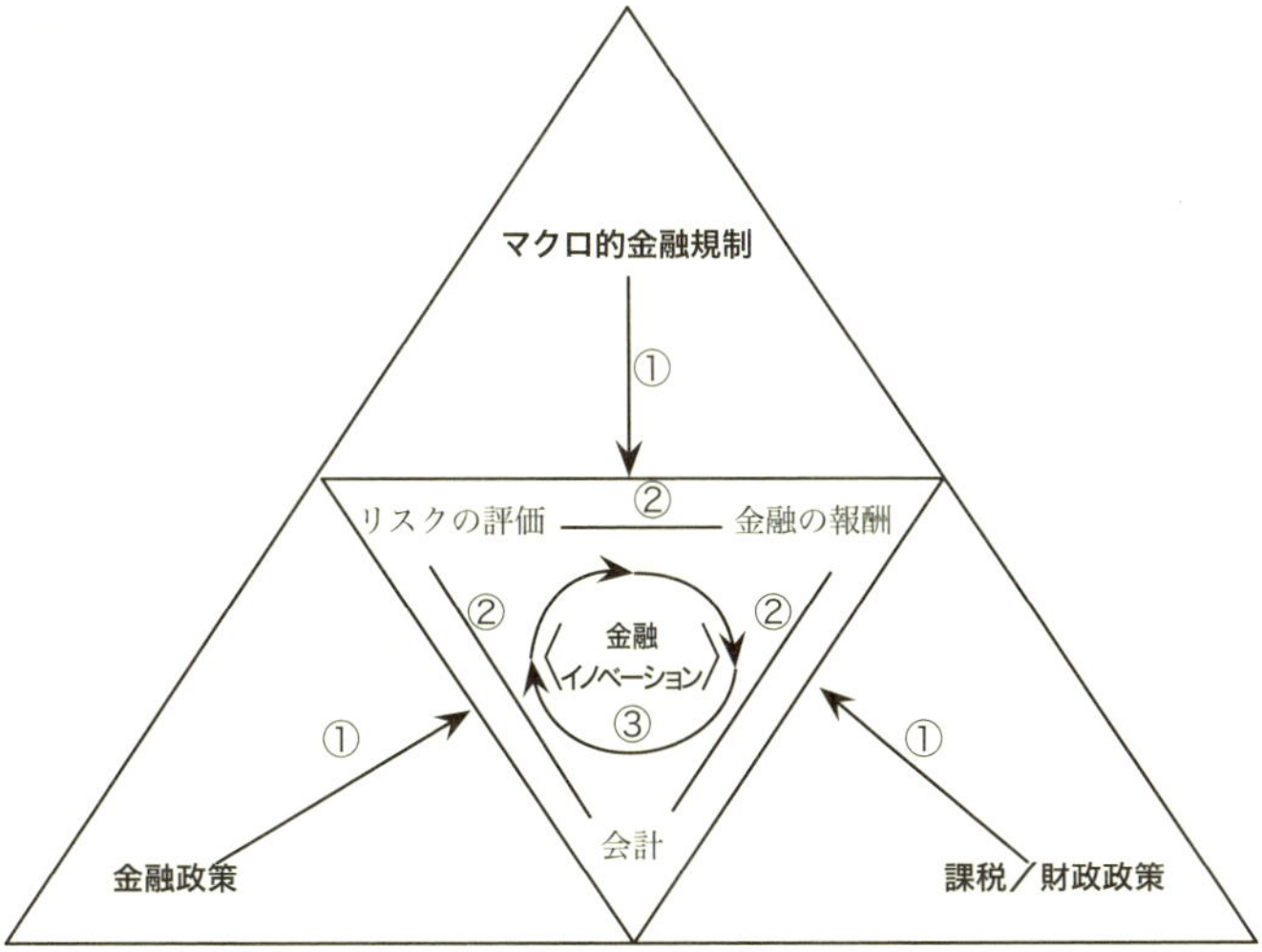

① マクロ経済を通じる調整
② 金融の諸誘因・諸道具の総体を修正する
③ 金融イノベーションの社会的統制

図62　サブプライム危機を繰り返さないための三つの主要な戦略

営責任者」や金融業者の報酬を制限する措置がそれである。ここで追及されているのは金額の問題ではない。金額は依然として法外である。かれらの報酬が問題視されるのは、それが、有用な財・サービスの社会への供給にはまったく対応しない捏造利益と見なされることによってである。つまりここで問題にされているのは、所得決定のメカニズムそのもの、そしてストックオプションの働きがもたらす破壊的影響である。

肝要なことは、発生しようとする投機バブル膨張のかなりの部分を抑制するための――明らかに十分で首尾一貫した――戦略を定義する少数の方策について、よく吟味することである。ここでもやはり数個の選択肢が考えられるが、いずれの選択肢においても、相乗効果と補完性を通じて効率性を保証する最低限の介入だけを保持することが留意点となる（図62）。

・第一に、国家は、金融機関の内部に発生する投機熱がシステミックな金融危機およびその反作用である景気後退《リセッション》――さらには大不況――につながらないようにするため、金融・課税・予算の政策という伝統的手段と、一般的な規制的枠組みの原理とを動員することができる。この解決の長所は、少なくとも外見上、民間のイニシアチブや金融業者の利潤追求に干渉しない点にある。

・第二の戦略の目標においては、金融内部の諸過程に介入せざるをえないことが考慮に入れられる。というのも、過去二十年の間に、金融内部の過程が、二波にわたる大きな投機の原因となってきたからである。この戦略のもとでは、権力と金融との対立が公然化し、すべては、二つのサイド（国家と金融業者）のうちどちらに議員を説得する能力があるのかによって決せられる。その代わり、この戦略の長所として、マクロ経済政策――特に中央銀行――は大規模または不人気な介入という重荷を逃れることができる。民間金融の勢いに変化がない場合に力のバランスをとるものが、そうした大規模または不人気な介入にほかならない。

・第三の戦略はより単純にして、より少数派的である。プルーデンス〔健全性〕・ルールの裏をかく民間イノベーションの結果が最も深刻な金融危機であったことからすれば、金融イノベーションの厳格な統制に同意してもよいのではなかろうか。公的監督者の役割は、必ずしもイノベーションを禁止することにあるのではなく、むしろ、イノベーションに対応する新金融商品が大危機を促進しないようにする装置を当の金融商品の内に据え付けることにある。この第三の選択肢は第二の選択肢に収斂するかもしれないが、ただし第三の選択肢には、大危機の起源に関する決定的に重要な――あまりにも無視されることが多すぎる――ポイントに注意を向けさせるという長所がある。

2　最小限の公的介入によって金融に固有な不安定性を補整すべし

自由絶対主義《リベラル》は、リスクを管理し最終的に危機を消滅させるには、各機関のレベルにおいてプルーデンス・ルールを適用するだけで十分である、と公的当局を説得してきた。これに対して反主流的な意見は、それだけでは十分でない、と強調してきた。システム・レベルにのみ現れる各種リスクを封じ込めるためのマクロ的なプルーデンス介入によって、バーゼルⅠおよびⅡ〔国際業務を行う銀行に八パーセントの最低自己資本比率を課すプルーデンス規制であり、バーゼルⅠ（ＢＩＳ規制）は一九八八年、バーゼルⅡ（新ＢＩＳ規制）は二〇〇六年に導入された〕の装置を補完しなければならない、と（BRI 2003）。実際、マクロ経済レベルには反響《レヴェルベラシオン》現象が起きうるのだが、旧来型の規制機関は、これを管理し食い止める責任も手段ももちあわせていない。

・二〇〇九年春、アメリカとイギリスそれぞれの国で実施されたストレステストは、まさにこの原理を利用することによって、大手金融機関における不良債権処理の進捗度合いと健全性回復について評価を行うものだった。これこそ、悪徳が美徳に対して捧げる賛辞〔つまり偽善〕にほかならない。不動産バブルが膨らんだ時点で、またそれが破裂する前に、なぜそのようなテストを実施しなかったのか。それは、不動産価格の下落は起こりえない、なぜなら今まで一度もアメリカで起きたことがないからだ、という信念が、神経を麻痺させる役割を果たしていたからだ。信念が麻痺作用を果たしていたことよりも驚くべきかつ深刻であったのが、麻痺作用の危機であった。ＣＦＰＡ〔米金融消費者保護庁〕が創設されたのはまさに、次のことを絶えず問いつづけるためであった。すなわち、景気が突然に悪化してアクターの――過度に楽観的な――期待が裏切られた場合に、システムの頑強性はどの程度のものになるのか、と。この点に、国家が採りうる戦略を構成する第一の要素が見いだされる（図63）。

・第二に、金融の重要性がますます大きくなっている現実に対して、金融政策を適合させねばならない。フォード的時代の金融政策の目的は、好況期にはインフレーションと闘い、景気後退期には失業を減少させることであった。マネタリズム反革命が起きたときには、理論家たちはインフレの安定化に専念することを勧告した。しかし、いったんインフレ傾向が克服されると、今度はその成功から――長い成長期が終わったにもかかわらず――著しく低い

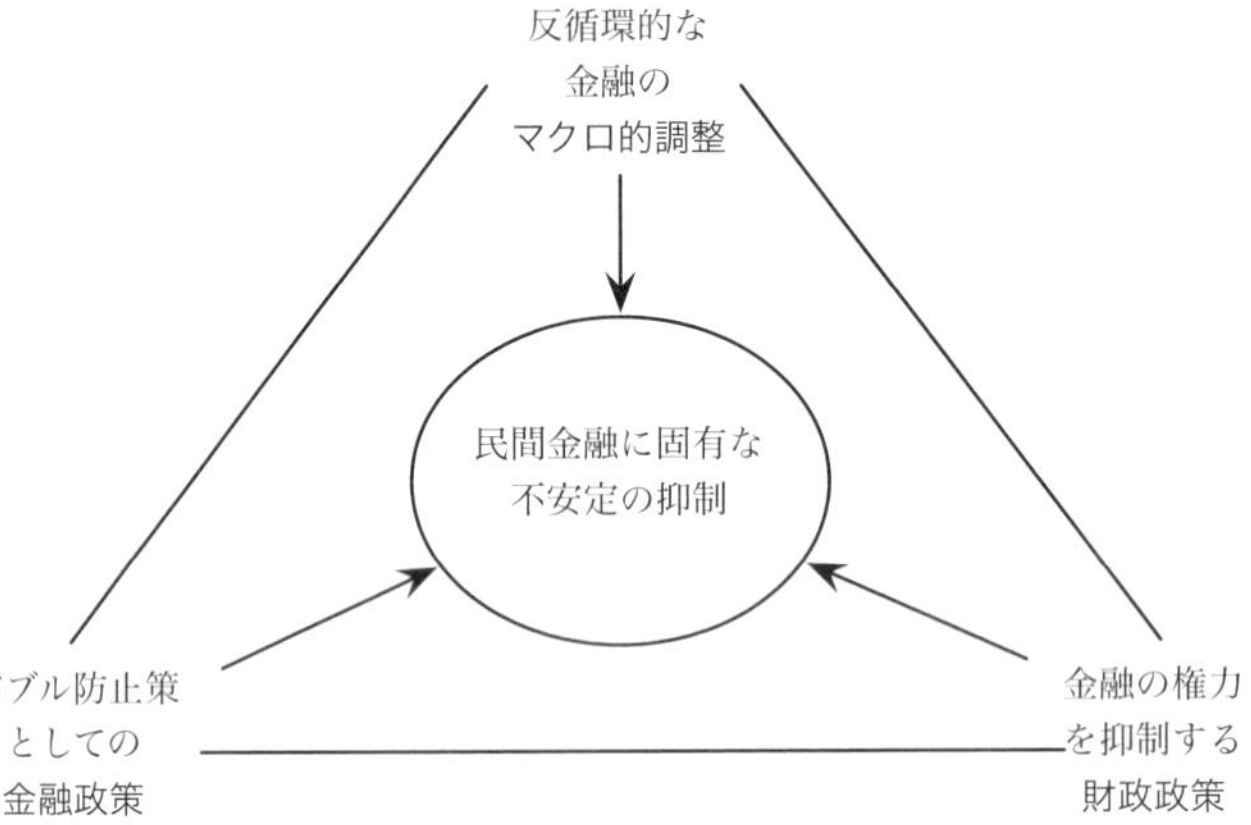

図 63　金融の過剰から生まれる大危機を強力なマクロ経済的介入によって阻止する

金利が維持されるようになった。こうして短期金利とリスク資産の収益との間に乖離が生じ、そこにつけ入ってきたのが金融というわけである。金融によって拡大したレバレッジ効果は度を超えていたため、大危機の起こる蓋然性が次第に高まっていった。ここで出てきた提案が、もはや一般物価水準に対してだけでなく、金融資産のインフレに対しても中央銀行家を反応させよ、というものであった。確かに、単一の手段を用いて低インフレと金融安定という二つの目標を達成することは困難である。しかし中央銀行家は第二の手段が利用可能であることを忘れるべきではない。その手段とはすなわち、「注意せよ、これはバブルであり、したがって中央銀行家は行動を起こすだろう」というようなアナウンス効果である。サブプライム危機のショックが起きた後には、中央銀行家がアラン・グリーンスパンの誤りを繰り返しているのかどうかはっきりしなかった。グリーンスパンの誤りは、インターネットバブルの根拠なき熱狂を非難したグリーンスパンが、その後、金融の意見に同調して、バブルを検出することはできないと主張した点にある。最後にとりわけ、銀行準備率の積極的活用を復権させてもよいのではないか。投機を促す流動性過剰が見られはじめた時点で、準備率を引き上げる。反対に、景気後退が起きたらただちに準備率を引き下げ、さらに、非流動性と銀行システムの行き詰まりが見られはじめた場合には準備率をゼロまで引き下げる。かつての投資銀行が今は銀行持株会社であることによって、この方策はいっそう効果的になるだろう。

・第三の構成要素は、租税・財政政策そのものである。国際資本の評価にさらされる新興市場《エマージング》国であるか、安定・成長協定によって相互に制約を課し合っているEU加盟国であるかを問わず、多くの国において財政政策は徐々に順景気循環的《プロサイクリカル》な〔景気変動の振れ幅を大きくする〕ものになっていく傾向がある。この経済政策に関しては、ケインズ的で反景気循環的《カウンターサイクリカル》な〔景気変動の平準化を図る〕アイデアに立ち戻らなければならない。租税制度の一般的組織に付属する諸装置とは別に、長期資本への妥当な報酬とは決して言えない各種利潤に細かく課税する装置を考案することが可能である。これまでにも、基準を超える価格引上げを行う企業に課税することによってインフレを抑制しようとする装置は考案されたことがある。なぜ、そのような装置を金融インフレに転用してはいけないのであろうか。微妙な技術的問題が、またそのような施策が利益団体によって受け入れられるかどうかという問題が横たわっていることは、疑う余地がない。より穏健な形としては、収益課税の二元体系――金融収益か否かによる――をやめ、個人税の強い累進性を再構築するという方策もありうる。この方策による別の帰結――決して二義的なものではない――として、金融自由化後に進んだ著しい不平等を低下させる作用もある。忘れてはならないのは、これが、医療や教育の分野の社会支出を拡大するための潜在的な資金源になるということである。

要するに、国家の諸目的および諸手段の総体を再配置することは、金融危機防止のために確かな役割を果たしうるのである。

3　不均衡の爆発的伝播を起こさないように金融内部の悪質な誘因を除去すべし

とはいっても、以上のことは最も適切な戦略なのであろうか。以上においては実は、金融内部のメカニズムには働きかけができないこと、そこから派生するマクロ経済的不均衡を是正するしか道はないことが想定されている。サブプライム危機の発生においてきわめて重要であった金融内部の諸誘因の配置に対して、なぜ働きかけをしてはいけないのか。もしもそのような働きかけがなされれば、その分、公的当局が採りうる他の反景気循環的な政策は軽度なものですまされるであろう。ここまでの分析に照らして、われわれは核心的な四つの方策を提案したい。これらの方策はかなりの程度補完的である。というのも、四つの方策が結びつくことによって、信用ダイナミクスおよび金融資産創造の構造的安定性を回復させることができるからである（図64）。

・最も基本的な方策は、金融アクターたちの報酬を——リスクを考慮しないままに——活動量に連動させるのをやめて、むしろ信用と金融資産それぞれのタイプに固有なキャッシュフロー還流〔返済金や売却代金〕の変化に連動させることである。これによって金融アクターたちの責任を復活させるのである。実際このようにすれば、支払不能リスクが内部化されるし、また報酬は、会計制度のなかに確認される実効的利益フロー——住宅ローン関連の多くのデリバティブ商品に見られるような市場の思い込み（myth to market）ではなく——に由来することになる。この方策の有効性は次の事実によってすでに証明されている。すなわち、アメリカでは、ローン返済件数に比例した報酬支払いのシステムを用いてきた住宅ローン会社は、信用供与の件数に報酬を連動させていたライバル会社が破局的結末を迎えるとは思いもよらなかった。ところが、ライバル会社が市場シェア拡大を目的に供与した信用は、住

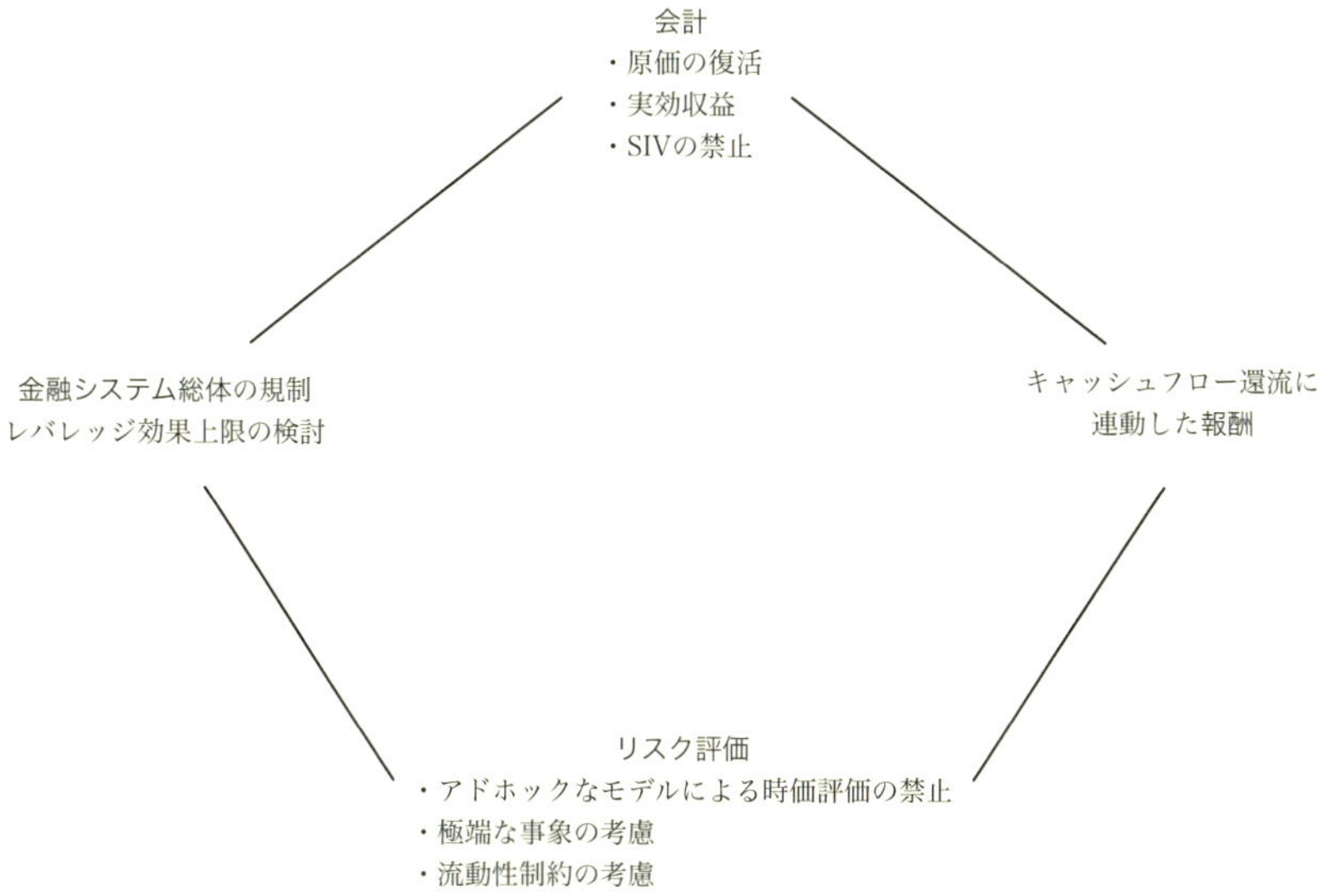

図64　投機的バブルの再発を回避するために，誘因・会計・リスク評価モデルを再度同調化させるべきである

宅価格の反転時にかれらの支払能力を危険にさらしたのである。

・したがって、公正価値による会計を見直すことが必要である。というのも、公正価値会計は、株式市場の評価やその場かぎり《アドホック》のモデルによる純粋に擬制的な利得を収益として記録するからである。また、ストックオプションを介することによって公正価値会計は、あるときは極端に楽観的な、またあるときは劇的に悲観的な株式市場の評価を反映して、金融企業か非金融企業かを問わず大部分の幹部報酬を連動させる役割も果たす。提案したいのは、その時々の利得や損失を分割繰延べすることによる公正価値の緩和ではなく、むしろ思い切って原価会計を復活させることである。第２章で示されたように、金融の収益概念を他の経済領域の収益概念に再び収斂させるには、これが唯一の解である。その帰結として、当然、投資ビークル（ＳＩＶ）型の事業分離会計は全面的に禁止しなければならない。すでにエンロン破綻のときや、住宅ローン市場のデリバティブ商品が瓦解したときに、われわれはこの種の便宜的手段がどれほどの破壊的影響をもたらすか思い知らされた。なお付け加えておけば、原価会計に反対しても ち出されていた議論は、インフレの減速やさらには軽微なデフレのリスクによって重要性を失っている。この方策には、収益の評価における広い裁量の幅を消滅させるという大きな長所がある。一九九〇年代初め以来開発されてきた「創造的会計」の手続きはどれも収益をでっち上げるものだったが、この方策はそうした純然たる架空収益に攻撃の矛先を向けるものである。

・以上二つの方策は、すべての金融アクターの意思決定におけるリスクの考慮を容易にする。リスクを隠してそれを金融資産――ますます不可解さを増してきたところの――の買い手に引き受けさせようとするこれまでの諸実践は、有害な影響をもたらしてきた。これを回避すべきである。われわれが提案するのはまさに、各企業が市場不在それゆえ外部評価不在の資産をアドホックなモデルを利用して評価することの禁止にほかならない。金融ネットワークのなかで決定的に重要な規模と役割をしめ、システミックな不安定性のリスクを伝播させる可能性のあるあらゆる金融機関に関して、そこで用いられているリスク評価方法を規制当局が把握していることも重要である。極端な事象――しかししばしば蓋然性が乏しい事象――も起こりうるのであって、そうした可能性〔ビッグテイル・リスク〕を想定した標準的モデルに認定を与えることを考えてもよい。これは、ＬＴＣＭ〔ロングターム・キャピタル・マネージメント〕の破綻から最近の失敗に至るまで、多くのヘッジファンドが繰り返してきた失敗を正すのに役立つ。

・現在の地位を維持することを望む格付機関に対してこそ、まさに「透明性」を適用すべきである（もっとラディカルな他の改革案については後述参照）。格付機関に対しては、かれらが用いている評価手続きの性質を監督当局に通告するよう義務づけるべきである。公認された手続き――複雑なデリバティブ商品を評価するために多様な手続きが存在していた――から少しでも逸脱すれば、格付機関の地位喪失という制裁を課すのである。こうすることで格付機関は、合同投資ファンド――本数は減ってきている――の運用のための指標提供者としての役割を果たせるようになる。

・最後にそして何よりもまず考慮に入れるべきは、限界的取引――資産諸市場の安定性・流動性に寄与するところの――を行ううえで有効な評価が流動性の枯渇によって全面的に攪乱される、という状況が起こりうることである。修正バリュー・アット・リスク〔ＶａＲ――保有資産のリスクを計測する手段〕を算出する際、われわれは、技術者がよく用いるものに類似した安全係数を適用することを考えてもよい。そうすれば、金融危機の起こる蓋然性は大幅に低下するだろう。もちろんその代わりに、最初から支払能力に乏しく大きいリスクをかかえている諸主体にとっては、信用アクセスの便宜が減ることになる。企業ダイナミズムおよびイノベーションの潜在的喪失によるコスト――金融へのあらゆる公的介入に反対する人々の核心的議論であり変奏主題である――は、規制猶予で深刻化した危機を克服するのに必要な公的支出および保証の大きさに比べれば大したものではない。

・二つの種類の金融機関が存続している場合、以上の三つの方策は非効率であるだろう。二つの種類の金融機関とはすなわち、逼迫時に預金保証および中央銀行の流動性にアクセスできることの代償として厳格な規制に服する商業銀行と、ほぼ完全な自律性を享受する投資銀行である。しかしサブプライム危機によってすでにこの区別は打ち砕かれた。これは、Ｆｅｄ〔連邦準備制度〕がウォール街の投資銀行や保険会社を支援しなければならなくなったことによる。これにより、以下二つの解決のうちのどちらかを選択しなければならなくなった。一つの解決は、商業銀行と預託・投資銀行との完全な分離を再導入し、アメリカ三〇年代危機に由来する法律を復活させることである。もう一つの解決は、ウォール街瓦解の帰結である銀行持株会社を再規制して、伝統的銀行や保険会社と同じ監督に服させることである。このことは、自己資本制約を再構築・強化することによって、レバレッジ効果に上限を画することを意味する。自己資本制約の水準は、システミックな危機の発生を許さない高さにしなければならない。自ずと明らかなように、このことは、諸企業の収益性が正常値に復帰することを含意している。

本書の理論的議論と観察データはどれも、ここで述べた第三の戦略〔資産のリスク計測に際して安全係数を適用すること〕が――一九九〇年代初頭よりずっと続いてきた――危機の反復の可能性を著しく低下させるという考えに行きつく。しかし、利益団体や権力関係の当面の構図のもとでは、その適用機会があるかどうかはあやしい。そこで第四の提案が要求される。

4 金融・企業・国際関係の法的諸形態の刷新

諸誘因すなわちリスク評価諸モデルの首尾一貫性と、金融支援的な経済政策スタイルとが相まって危機がもたらされたわけであるが、これらの要因は相当に目立つものであるわけで、たんなる偶然からとか、あるいは相互に独立した一連の決定要因がたんに結びついたことから帰結したものだとは考えられない。実際には、われわれはこのような構図を、金融が権力を奪取したことと関連づけることができる（Orléan 1999）。そのことは、一九九〇年代以降、特殊アメリカ的な蓄積体制が出現したことから明らかである（前述第8章）。対応する制度諸形態がそのような形に階層《ヒエラルキー》化したのであり、これこそ、グラムシの概念を借りて言えば、独自なヘゲモニー・ブロックを表すものである。注意してほしいのは、この形成体がフォーディズムの危機突入から直接に帰結したものではないということだ。つまり、国際競争に開かれたことや、競争の激化が賃労働関係の制度化に対して攪乱的影響を及ぼしたことが、間接的な仲介要素として存在したのであり、これらがなければ金融化は勝利を収めなかったであろう。実際、フォーディズムの危機やその後の国際開放がまず勤労者の交渉力を不安定にし、その後になってはじめて、金融化が社会諸集団および諸利害の新しい構図を定義したのである。この主題は、アメリカ経済の制度的変容を展望する次章で別個に敷衍さ

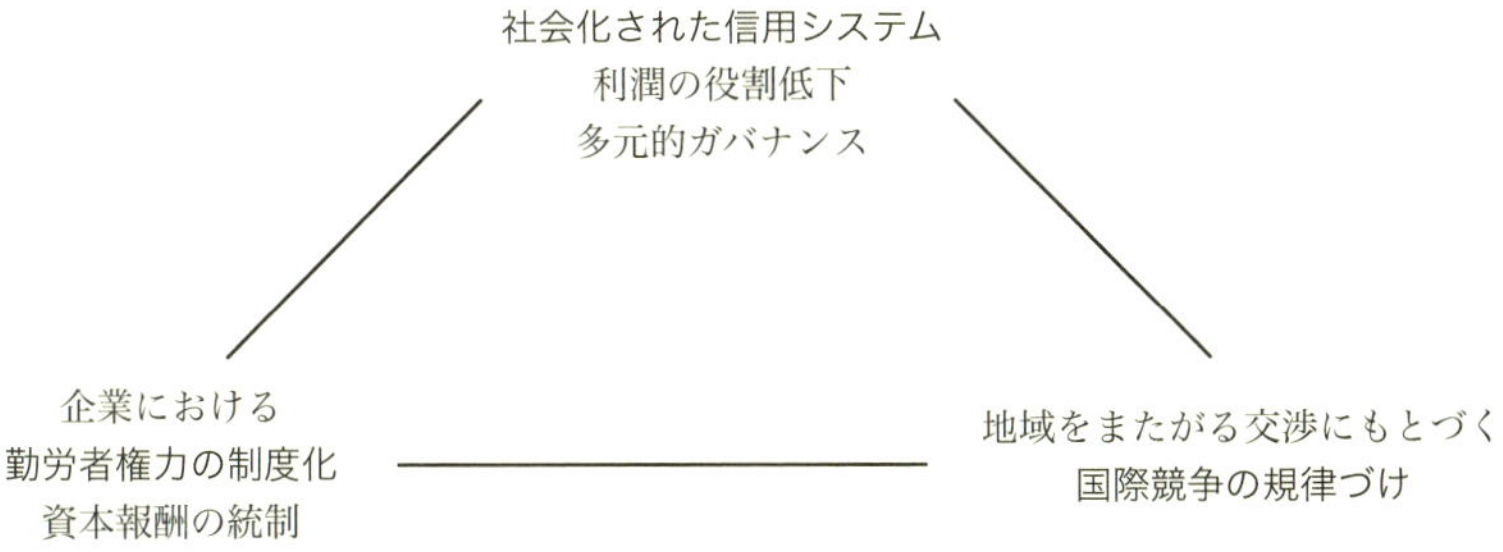

図 65　金融の社会貢献，勤労者の権力の回復，国際貿易の新しいルール

れる。

権力関係の面からみた以上の所見から，金融の力の源泉そのものを除去するための戦略を導出することができる。上辺《うわべ》だけのものにすぎない改革によって投機バブルの形成過程を食い止めても，ますます重症化する経済危機を招くだけの結果に終わる（Lordon 2009）。このことを避けようというのが，この戦略の狙いである。われわれはこの戦略を，三つの大きな制度的・法的な変化を結び合わせるものとして定義することができる。市場原理主義者たちの目には，この戦略はラディカルなものと映るだろう（図65）。

・金融システムそのものの中心部において，信用利用者と多様な利害関係者の間での勢力や権力の均衡を導入することが重要である。すでに強調したように，アメリカの危機はウォール街の権力過剰によって駆り立てられた。ウォール街の権力は他の制度諸形態の総体を侵犯していったが，それで得たのはピュロスの勝利にすぎなかった（前述第8章図61参照）。危機の重大さと激しさは，この二十年間の特徴であった権力の非対称性に見合うものであった。金融業者と投機家は，金融システム安定が公共財としての性質をもつことに言及してきた。だとすれば，その言葉をそのままに受け取り，公的な信用事業の優位性を肯定することによってかれらの地位を完全に定義し直してもよいわけである。つまりかれらの地位は，公共的な信用事業が私的主体に委任されたというものにすぎず、そこでは株主価値の最大化は排他的要請にはならない。持続性のある金融モデルを再構築するための諸方策を長々とあげつらうやり方をあえて刷新したのは、フレデリック・ロルドンの功績である。理想とされるのは、社会化された信用システムを通じて、金融へのアクセスに関係する経済的社会的諸集団全体の利益が表現されることである。社会化された信用システムは、社会全体の水準における自主管理《オートジェスチオン》の形態として解釈される。基本的なアイデアは、名だたる金融業者たちがいまだにもつ法外な権力を、他のアクターたちすべて——消費者、勤労者、非金融企業、公共団体、市民、国家——の集合体と拮抗させることにある。金融を統制下に置くことへのオバマ政権の極端な慎重さを見ていると、われわれは以上のような改革の願望を隠してはおけなくなる。二〇〇九年の夏の時点では、オバマ政権においてはレトリック効果〔の追求〕のほうが実効性ある改革よりも優位をしめていた。三回目の投機バブルが発生し崩壊したあかつきには世論と政治家はこうした改革の必要性について説得されるものと、われわれは考えてよいのだろうか。

・それと同時に、株主価値の専制から非金融企業を解放することが重要である。実際、最低収益率に対する要求が毎期毎期上昇することは、多くの国において、所得にしめる賃金のシェアが低下することを意味してきた。人口の大部分の雇用や報酬にのしかかる不確実性の強まりは、生産活動所得が正当化する程度を大きく踏み越えた信用へのたび重なる依存となって表れる。こうして、多くの分析者が強調しているように（ILO 2008; Ernst and Escudero 2008; Fitoussi and Stiglitz 2009; Lordon 2008,2009; Attac 2009）、金融化とは、不平等の爆発的拡大によってぐらついたアメリカの成長の基礎を立て直そうとする試みであった。それに対する一つの代替的な——少々ラディカルでもあるが——戦略は、バラク・オバマの選挙綱領が提案しているように、例えば新しい部門における組合の結成を支援することによって、企業における勤労者の交渉権力を回復していくことである。しかし、勤労者に対するこうした控えめな力添えですら実行は困難であるから、ここでドイツの共同決定モデルに言及することは不適切であろう。管理の全権を握る株主の財産としての企業という、他のステークホルダー〔企業の利害関係者〕にまったく配慮しないアメリカ的な企業観への収斂傾向のなかで、ドイツのモデルは色褪せてしまった（Höpner 2003; Boyer 2006）。

・一見すると、より簡単な別の解決策は、株主の最高報酬率を決めてしまうことであるように見える（Lordon 2009）。しかし、アメリカの銀行救済プランにおける高級幹部のケースについて予想されるように、これは、外部アクター――この場合は国家――による民間報酬の統制を認めることにほかならない。また、この方策が自動的に賃金シェアの回復をもたらすかどうかは明確でない。さらに、アメリカで一〇パーセント以上の失業率がこの先も続くとすれば、この十年間に失った所得シェアを勤労者が回復することは困難であることを認めねばならない。金融主導型成長体制に代わる成長体制を模索するにあたってこの解決策を中心的位置に置くことは、まさにジレンマをはらんでいる（後述第11章参照）。

・二〇〇七年に始まった危機の構造的性格を示す他の指標として、次のような行き詰まりが挙げられる。すなわち、経済後退に関連している諸力および諸メカニズムは、景気回復の条件を整えるどころか、むしろこれまでの不均衡をいっそう激化させている。この指標は、もともとはフォーディズム危機の構造的性格と保守派戦略の限界を言い当てるために提出されたものであるが（Bowles, Gordon and Weisskopf 1983）、サブプライム危機をレギュラシオン理論で言う大危機として定義するうえでも大いに有用である（前述第8章参照）。

・フォーディズムの危機と金融のヘゲモニーによる蓄積の出現との間の中間期に、国際貿易障壁の撤廃と国内規制緩和措置を通じて次第に競争が強まっていった。この競争の不断の強まりは、勤労者の不安定化に関して、そして――昨日まで利潤権利者だけのものであった――リスクの大部分を勤労者に強制受容させるうえで、決定的な役割を果たした。競争の圧力は、金融的経済的危機への対応可能性にとっての重荷となりつづけている。ところでまた、国際収支の黒字・赤字の現実のパターンは、長期的に持続可能なものではない。このこともまた、各国ごとの制度化された妥協の持続に対する競争の優位が問い直される理由である（Lordon 2009）。以上のことから、政府の目標が反転する可能性が開かれている。もはや、世界市場の激変に適応するために賃労働関係をいっそう柔軟化させることは、追求されなくなるだろう。むしろ――さまざまな国民国家の構造的競争力を作り上げるところの――制度化された妥協の持続を保証しうる世界経済との接合形態について、交渉することが追求されるだろう。制度化された妥協とはすなわち、ドイツの社会的市場経済、日本のメゾ・コーポラティズム、フランスにおける国家の中心的役割、それに逆説的ではあるが、イギリス経済にとってのシティの役割とアメリカにとってのウォール街の役割である。

・実は、数多くの指標は、自由主義的なグローバル化過程が二〇〇〇年代初めに頂点に到達したことを示唆している（後述第11章参照）。一方で、アジア危機とともに、無差別なグローバル化の代替物としての緩慢なリージョナル化過程が始まった。他方で、金融危機は、資本主義経済の新しい構図を模索するときのキー・アクターとして、国民国家を再び迎え入れることになった。あらためてわかったのは、資本主義経済の新しい諸構図はそのまま、公私間の多様な補完性を作用させる混合経済の諸形態でもあるということだ。結局、現行の経済秩序においては、輸出部門の活力に最も強く依存している国が、二〇〇九年に起きた世界貿易の落込みによる痛手を最も強く受けた。そのような国は、好むと好まざるとにかかわらず、国内市場のダイナミクスへの依存を強める方向での転換を検討せざるをえなくなっている。中国の戦略がその例である。これに対して、メキシコのように経済政策における国内的目標の優位を復活させようとしない国の戦略は、いっそう厳しい打撃に見舞われている。

この戦略を採るとき、われわれは、金融と経済に関する技術的な専門鑑定の領域を立ち去り、政治経済学の領域に、あるいは端的に政治学の領域に移って行くことになる。過去に大危機が起こったすべてのときと同様、今のところ、わずかの予想を述べることさえ著しく困難である。しかし、以上の提案に多少とも現実性を吹き込む一つの教訓がある。それは、危機直前には思いもよらなかった諸々の戦略が突然に可能になり、「良き政策」の規範にさえなっているということである。すでに、この急展開は国家の役割に関して起きている。二〇〇八年夏に金融部門への公的保証が爆発的に拡大する前兆が見られたが、予算の制約から公的支出の追加は不可能と見られていたことからすれば、これはありえないはずの出来事であった。危機脱出が長引き、社会的紛争と地政学的不安定が激化するならば、ここで述べてきたプログラムは正統的教義となる可能性がある。

5　マクロ経済の安定を維持するために金融イノベーションを規制すべし

第四の戦略について概略を述べておくことが賢明である。新しい金融商品の規制の遅れがいくつかの大金融危機の中心的要素であるとする理論的歴史的分析（前述第3章および第4章参照）に照らすとき、おそらくこれは最も核心的な戦略である。中心的な目標は、私的イノベーションのタイミングと金融の公的規制のタイミングとを同期化させることである。サブプライム危機によって露呈した諸々の欠陥を考慮するならば、以下の諸点に関して努力が注がれねばならないだろう（図66）。

・ＯＴＣつまり店頭販売の複雑なデリバティブ商品の禁止は避けられない。不動産投機の時期に、このＯＴＣデリバティブ商品が増殖したことによって、混沌状態が生み出されたからである。金融業者は、自身に関する情報を公的当局に引き渡すことを拒みながら、国家に対して、自身では評価できない資産の価格を決定するよう要求したので

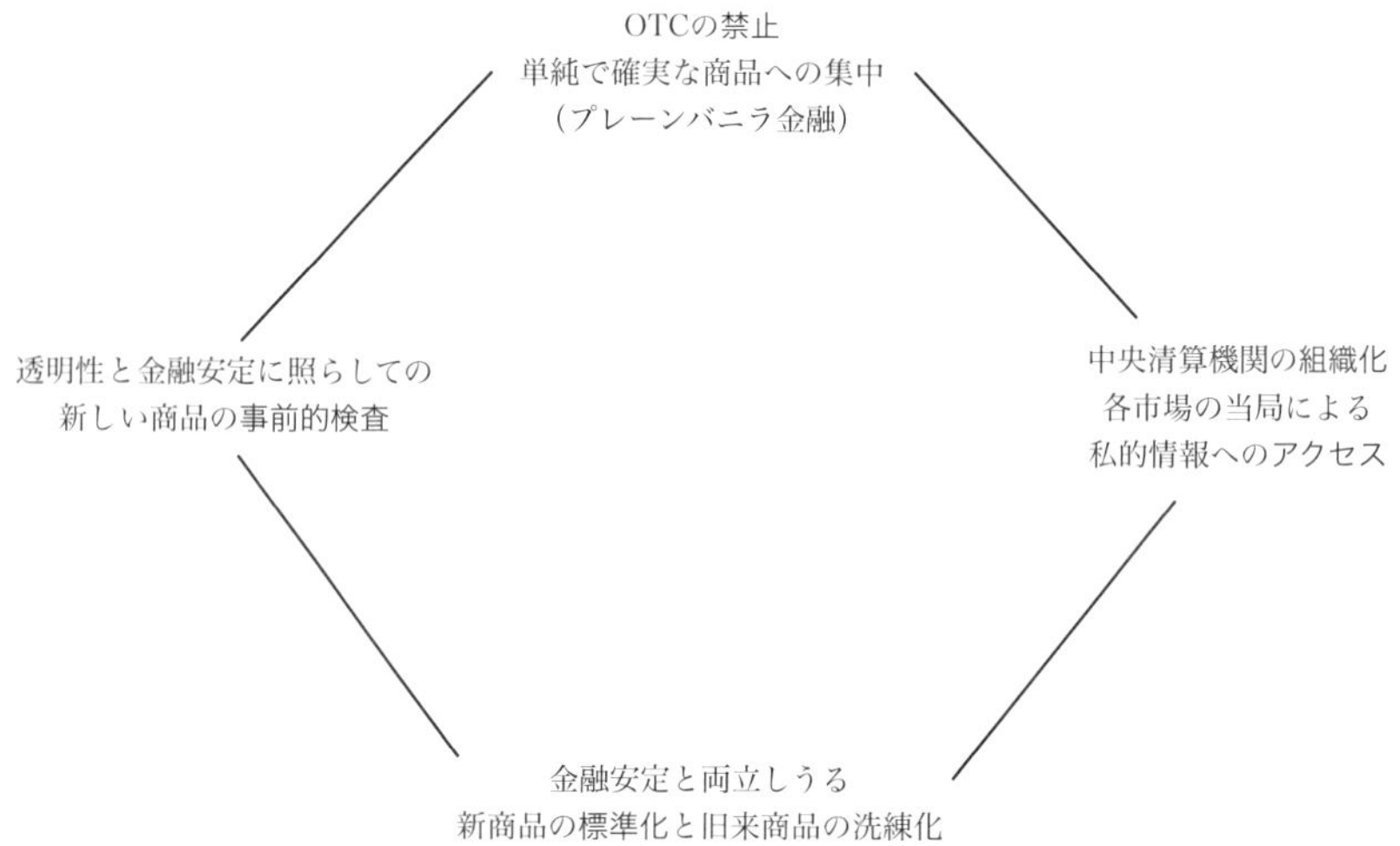

図66　歴史から教訓を汲み尽くすべきである――高レントを生む私的イノベーションが経済全体を破壊しないように配慮すべきである

はなかったか。尊大さも滑稽さも致命的なほどのものでなかったことは、金融界にとっては幸運である。この点で皮肉なのは、『フィナンシャル・タイムズ』紙の論説委員が、公権力による買取り戦略の失敗同然の結果から以下の教訓を引き出していることである。「金融システム総体を機能麻痺に追い込んだ市場の思い込み（myth to market）を、もはや金融業者にさせるべきではない」（Tett 2009）。

・しかし中心的な提案と言えば、それは、民間機関が提供する新商品すべてに対する公的機関による事前の検査にほかならない。これは、新商品を二つの基準に合致させようとするものである。まず、新商品の透明性を検証することが重要である。最初のうちは開発元が単独で支配している新商品も、普及していきマクロ経済動向に影響を及ぼすにつれて、その価値増殖の原理そのものが掘り崩されていく。このような商品がシステム総体に拡散することを回避しようというのが、この基準の目的である。この基準が必要なのは、デリバティブ商品が伝統的資産とはかなり違う諸特性を有するからである。つまり、すでに強調したように、デリバティブ商品の価格は、負のショックの大きさに対して強い非線形性を示すのである（Coval, Jurek and Staffrod 2009）。次にしかし、金融システムの頑強性に対する新商品のシステミックなインパクトを検査することも基本的に重要である。新商品の一般化または普及がどれだけの影響を与えるのかを検討するのである。ここに働いているのは、マクロ的なプルーデンス〔健全性〕規制に関してＢＩＳ〔国際決済銀行〕がこれまで表明してきたのと同じ関心である（BRI 2002, 2003; BIS 2008）。ただし、ＢＩＳの考え方との顕著な違いもある。なぜなら、このテストは資産導入後ただちに一連のシミュレーションにもとづいて行われるのであって、規制当局が金融不安定圏への突入を危惧するときに事後的に行われるものではないからである。実際、そうなってからでは概して遅すぎであり、爆発的な投機プロセスを抑制することはもはや不可能である。金融危機による莫大なコストを考慮するならば、以上二つの基準に合致しないすべての金融商品を禁止する権限を所轄の公的当局に与えることは、決して不合理ではない。

・この過程の歓迎すべき帰結は、社会的有用性が確認されていて、システムの安定性を脅かさない少数の新金融商品を標準化できることにある。実は、この十年間の金融イノベーションは何よりもまず相対《あいたい》取引に関連するものであり、取引当事者双方の利益に合わせてオーダーメードされたものだった。それゆえ、同質的な諸商品の交換が組織される空間としての金融市場について語ることができなかった。新しい金融市場を開くための必要条件が標準化であることは明らかである。標準化がなされれば、住宅ローンに——直接であれ間接であれ——関連した毒入りデリバティブ商品を評価するという錯綜きわまる問題は、もはや同じ言葉によっては提起されなくなるだろう。この要請はかなり広く認められている。つまり、現在この分野の専門家たちは、昔ながらの銀行（Krugman 2009a）に戻らなければならない、またどの利害関係者——規制当局を含む——にも容易に理解しうる単純な商品に戻らなければならないと考えている。そのような商品は、イメージされる姿からアメリカでは〈プレーンバニラ金融〉〔単純で基本的な金融商品〕と呼ばれている。この表現はまた、いたずらに複雑な商品の開発者が獲得してきた法外な報酬は終焉するのだということを意味している。

・最後に、どのアクターがどの新金融商品をどれだけ保有しているかの情報に対して、公的当局がアクセスしうることが肝要である。そこで重要になってくるのが中央清算機関の組織化である。中央清算機関は市場の流動性を可能にするだけでなく、何よりもまずリアルタイムでの情報の共有化を保証する。Ｆｅｄとアメリカ財務省がこうした情報システムを利用できていたならば、毒入りデリバティブ商品の評価停止は、ずっと容易かつ合理的に克服されていたであろう。その場合また、新しい市場の数は少ないであろうし、そして新しい市場は実体経済のダイナミクスとの密接で明示的な関係を維持するであろう。狙いとされているのは、金融の内部だけに拡散していき、ファンダメンタルズとの元々の結びつきを次第に見えなくしてしまうような新しい高収益商品を増殖させないことである。

ここでの提案は、かなり型破りであり、金融イノベーションの完全なる自由というアメリカの理念にほとんど合致しないから、多くの反対意見を呼び起こして当然である。すでにわれわれは反対意見のいくつかに対して応答したが（前述第９章）、重要な問題なので敷衍して説明をしておこう。

イノベーションを金融の主導性に委ねることは成長や社会福祉にまったく寄与しない

前章では、成長のさまざまな原動力、およびそれらの金融との関係が検討された。いっそう掘り下げた分析から確証されるのは、歴史比較的に見て金融イノベーションは成長過程を統御するものではない、ということである。したがって、この十五年間のアメリカの成長体制をむやみに一般化してはならない。特に、規制や統制の大幅な配置替えなしには、アメリカの成長体制が長期的に持続不可能であったであろうことは明らかである。

実際には、金融イノベーションは、成長のダイナミクスのなかで特殊な位置をしめている。まず金融イノベーショ

表 19　金融イノベーションは成長プロセスの一構成要素でしかない

影響先 / イノベーションの型	特性	成長へのインパクト	危機の型	危機対応と統制手段
科学	純粋な公共財	潜在的に大きいインパクト	・陳腐化したパラダイムの廃棄 ・研究の収益低下	・共同社会による認証 ・基礎研究の公共性
技術	占有可能，しかし強い外部効果	重要なインパクト	イノベーション・レントの漸減	・技術的・環境的規範 ・一定の設備装置の公的統制
組織	元来は独占的，弱い外部効果	画期をなす躍進期を除いては，緩慢かつ周辺的なインパクト	環境変化に対する不適合性の増大	・コンサルタント・経営大学院の役割 ・ISO 認証規格
制度	個人的なものと共同的なものとの間のインターフェイス	パラダイム転換期を除いて，アプリオリにはわずかなインパクト	・基本的な社会 - 経済諸関係を再生産することの不可能	・オルタナティブ探索のための闘い ・共同的諸審級（政治的なもの）の役割
金融	たいていは民間を起源とする，しかし正負の強い外部効果が起きやすい	好況時や危機時にインパクトが働く	・投機バブルの崩壊 ・金融資産を評価することの不可能	・同業者参入の制限 ・監督当局 ・会計・健全性のルール
公衆衛生	集団的影響が顕著（例えば感染症）	成長に対して間接的な，しかし福祉に対して強いインパクト	・パンデミー ・社会集団の排除	・医師・医薬の資格授与 ・予防措置 ・職業倫理

ンは、新しい成長体制の出現を促す前に、それまでの成長体制を不安定化させるという特性をもっている（**表19**）。このようなことは、科学の進歩や技術的ノウハウから結果するイノベーション（テクネー対エピステーメー）には見いだされない。次に組織イノベーションも無視できなくなってくる。なぜなら、組織イノベーションのうちのいくつか――マニュファクチュア、組立ライン、最先端技術研究教育センター等――は最終的に、フォード的成長モデルにおいてそうであったように、制度的構図と技術進歩の利用を作りあげてきたからである。この点との関連で言えば、例えば賃金を生産性に連動させる労使協約は制度イノベーションであったが、こうしたイノベーションはマクロ経済体制の持続性に関して決定的役割を果たした。付け加えて述べておけば、一九三〇年代危機および第二次世界大戦の終了時には、金融が公的介入によって厳格に枠付けされていたにもかかわらず、資本配分は相対的に効率的であり、

成長促進的であった。

二〇〇八年以降にアメリカが直面している状況はこれと等価なものかどうか、われわれは自問してよい。どんな金融規制プログラムによれば、持続性ある成長体制を見いだすことができるのだろうか。ただし、今のところ当局の認識は危機の展開に対してつねに後追いである。二〇〇八年三月以降、公的監督機関の前には、財務状態の脆弱な投資銀行があった。投資銀行は、統制強化の受容――そして最終的には地位の完全な変更――を対価として、Ｆｅｄのリファイナンスへのアクセスを獲得した。大部分のアメリカ金融機関の株価が暴落していた株式市場については、当局は先物の株式空売りを禁止する提案を行った。ところがリーマンブラザーズの破綻とメリルリンチの吸収によって、このメカニズムは投資銀行の崩壊に関して相対的に副次的なものであることが明らかになった。このメカニズムは増幅装置でしかなかったのである。最終的に、通貨的手段でも財政的刺激でもシステミック危機の抑制に成功しなかったことから、二〇〇八年中にアメリカ財務省は、投資銀行の不良債権を不良債権買取会社に整理させようと、議会に対して巨額（七〇〇〇億ドル）の基金創設を要請せざるをえなくなった。この毒入り商品買取りの計画は不成功に終わり、アメリカの新政権への引継ぎにあたっては、救済戦略の刷新を余儀なくされた。二〇〇九年夏時点において、これまでの障害を克服すると見られている官民パートナーシップが持続しうるのかどうか、なおまったく予断を許さない状況である（後述第11章参照）。

ある種のアクターたちが採る戦略もまた、証券価格の低下を激化させてきたように思われる。公的介入に対して過度に敵対的であった昨日までのイデオロギー的雰囲気はすでに一掃されており、金融界が金融規制の復活を受け入れるだろうと考えることもあながち突飛ではない。金融界は、その信頼性、その尊大さを大きく喪失してしまったのである。だがおそらく、その権力を失ってはいない。

表 20　イノベーションの大部分は公共体によって枠付けられている

イノベーション		統制の型
科学		1. 各専門分野に固有な方法論 2. 職業倫理
技術		3. 販売の前提条件としての，安全性に関する各種規範 4. 諸機関による品質認証
組織		・一定の組織化（強制労働）の禁止 ・一定の取引（臓器）の禁止
制度		・政治による統制 ・権利・市民権による統制
金融	・伝統的商品	・発行・情報公開のルール，インサイダー取引の防止，会計ルール
	・新商品	・最初から，皆無！
医療		・薬効に関する事前的な統制 ・職業専門化を通じた事前的な統制 ・職業倫理 ・病院の公的認可

他のどの領域においてもイノベーションは公共的ルールに従っている

イノベーションが本質的にその起源を民間部門にもつこと，イノベーションが成長をもたらすこと，それゆえイノベーションを推進することは適切であること，——以上を口実にもち出すことによって，イノベーションの諸条件や諸結果に対する公的統制をすべて除去することが根拠づけられるだろうか。さまざまな種類のイノベーションを大まかに比較することによって，この仮説は否定される（**表20**）。実際，どの領域にあっても，イノベーションを枠付けするルールが支配しているのである。科学の領域では，当該の専門分野に共通な方法論が共有されており，場合によっては，社会の課す職業倫理を尊重しなければならない。技術イノベーションは活発で多様であるが，それに対応する製品や生産方法が市場に出され実行に移されるのは，公共体の定義する安全性規範を満たす場合にかぎられる。われわれは，事故の増加を待たずとも，設計過程からすでにそうした基準を課すことができる。しかもそのことは必ずしも経済的ダイナミクスを妨げるのではなく，むしろその逆である。

また法律は，商品化を想定していない財に関しては，取引当事

表 21　金融組織の分岐点としてのアメリカ住宅ローン市場の危機

構成要素	2007 年以前	2008 年以後
1. 一般的考え方	市場は根本的に自己調整的である	アメリカの金融崩壊を避けるため，強力かつ多面的な公的介入が必要である
2. 主要な商品	全種類のデリバティブ とりわけ「店頭商品」〔OTC〕	基礎的金融商品への回帰
3. 重要なアクター	ウォール街，エクィティファンド，IMF（発展途上国に対して）	政府系ファンド，Fed，アメリカ財務省，発展途上国の中央銀行
4. 公的介入のタイプ	「水平的」なルール ・金融レッセフェール ・金融による自己調整という理想	国家による「垂直的」なルール ・国有化，公的管理 ・国家による最終的な保証
5. 世論	「理由はともかく，われわれの邪魔をしないでくれ。金持ちになってもいいじゃないか」	「略奪的金融からわれわれを守り，われわれの貯蓄を保護せよ」
6. 暗黙の蓄積体制	・金融が主導する……全員のために ・遅れた者は損をする	・財政，税制，金融政策による懸命な下支え ・システムの持続力を維持するために「遅れた者」にも手を差しのべる

〔訳注〕この表は第 8 章表 14 と内容的に同じものである

者双方が互いに利益を得ることのできる一定の契約を禁じている。これにより組織の企画開発力は低下するが，イノベーションは法のルールとの——より一般的には当該社会で通用している倫理との——合致によって，その社会的受容可能性を高める。これに関して典型的なのは医療の分野であり，そこには，医師資格，薬の販売条件，日常の医療行為等を規制する多種多様な公的介入が見られる。このことによりイノベーションの市場化は減速し，よりコストがかかるようになるが，だからといってバイオテクノロジーのダイナミズムが衰えるわけではない（**コラム 3**）。

金融そのものについて言うと，最も伝統的な諸商品は長年にわたりさまざまなルールによって枠付けされてきた。そうしたルールは，明白な濫用や金融危機や腐敗が発生するたびに，その再発を防止しようと少しずつ制定されてきたものである。今求められているのは，このような統制を金融市場の新しい商品に拡張するだけのことにすぎない。金融化がアメリカ経済のダイナミクスの源泉であったとき、金融界は有利な位置にあったので、莫大な収益を紡ぎ出してくれる過程へのいかなる公的統制をも拒絶することができた。二〇〇八年夏以降、金融界は、ウォール街にとっての良いことがアメリカ経済および社会にとっても良いことであるとはもはや主張できなくなった。これにより、市場はつねに効率的な配分メカニズムであり、公的介入は定義によって進歩と社会福祉への障害である、とする二分法は再検討されることになった。これはアメリカ金融システムの大転換が起きる予兆と言える（表21）。しかし金融の権力は、それを自らに有利なように統制しようとしている（本章後述参照）。

6 これらの戦略のうちどれを模索するかに関して政治的なものが演じる決定的役割

経済学者がつねに陥りやすい誘惑は、よりよい解が存在するのだから、およそ経済政策の問題は技術的な問題なのだと考えてしまうことである。この解はしばしば市場均衡の解に求められる――たとえそれへの到達が不可能であろうとも！ 実際には、さまざまな政府の戦略が姿を表すにつれて明らかになっているように、決定的な役割を演じるのはイデオロギー的・政治的な志向である。数ある提案のなかからの選択を可能にする過程とは、そのようなものである。最も有力なアクターが選択する提案は、その他の提案と比べて、金融の新たな組織化の土台となるずっと大きなチャンスをもっている。

金融危機の予防措置はもはやタブーではない

良いニュースがある。アメリカの当局は何度もためらった後、最終的に、二〇〇七年に始まった危機と同程度に深刻で破壊的な危機が再発しないよう予防することの必要性を認めるに至った。これは、幸福な自由化時代の頃と比べ

表 22　金融危機にどう対応すべきか

	事後的	事前的
利点	・金融安定の回復への要求があるので，正統性がある ・好況の時期に水をささない	・危機が長引く可能性によるコストを減らす ・変動性の緩和によって成長および不平等縮小が促される
欠点	・過去の無為に比例して危機が深刻になる ・成長および生活水準の面でのコスト ・モラルハザード効果	・私的イニシアチブと衝突する ・診断ミスが起こりうる ・手段の不足
方法	・最後の貸し手 ・公的ファンドにもとづく不良債権処理機構 ・国有化 ・専門家の提案にもとづくリストラクチャリング	・金融安定という目的を考慮に入れた金融政策 ・統一的規制，レバレッジ効果の制限 ・金融安定にとって危険な一定のイノベーションを禁止する

て大きな変化である。アラン・グリーンスパンがアメリカ政治のアクター全員に断固として説得して回ったのは、投機発生を認知することは不可能だということ、そして万一たまたま投機発生が金融危機につながったとしても、そのときには過去の危機が残した処方箋――苦境銀行への即時無制限な流動性供与と強力な公共支出政策ないし減税政策――を実行すればよいということであった。しかし二〇〇九年六月十七日付の金融規制プロジェクトにより、妥協追求の時代が開始された。さまざまな利益団体が、自分たちの収益源や自分たちの支配的地位の継続に対する国家の干渉を制限するよう求めている。こうした利益団体の要求の圧力と、サブプライム危機の再発防止という要請との間で、妥協が追求される時代が始まったのである（表22）。

木を見て森を見ず――規制提案をめぐる競争が始まった

ほぼ全面的な金融レッセフェールの時代が終わり、今や、いつもながらではあるがエコノミスト業界の空気は一変し、投機局面や金融崩壊リスクを抑制すると見られる数限りない装置を提案しようとする激しい競争が始まった。一般的なリスク移転がもつ安定化の性質をほめそやしていた追従者たちでさえ、自分はお人好しではなかった、われわれが危機に突き進んでいることを承知していた、とほのめかしている。この点に関しては、危機の前と後における著名な何人かの論客の著作を比較してみるだけで十分だ。

本書で展開されているアプローチは、異端的ないくつかの提案を認めないものでは決してない。金融市場の全関係者に対して金融危機に関する歴史や分析を研究するよう要求してもよいだろうし、投機バブルの形成に対応するかれらの能力についてその品質証明を発行してもよいだろう。それに加えて、金融機関が「バリュー・アット・リスク」の評価に用いる技術的手段について、「規制」当局が品質証明を発行してもよい。これは、そうした技術的手段が過去の観察に合致しているかどうかを、とりわけ、めったに起きず例外的であるが金融の安定に対しては破壊的に作用する出来事がそうした技術的手段において考慮されているかどうかを、検証するためのものである。別の提案として、一見すると無害であるが実際は破壊的なものがある。それは、代替的評価――売り手側の評価に代替する評価――を可能にする技術的手段・情報をもたない他の機関または個人に対しては、複雑な金融商品の販売を一切禁じる提案である。またわれわれは、格付機関の自律性に手をつけないわけにはいかない。格付機関は、他のいかなるアクターに対しても完全な透明性を要求するにもかかわらず、反競争的・寡占的な行為の表現である〔高い〕マージン率を実現するために、自らの手続きには不透明性を組み込んでいる。格付需要者を多様化すること、民間格付機関と公的国際機関を競争させることは、利益相反――現在の危機につながる反転を大手格付機関が予想しえなかった原因であるところの――を減らす方法であるだろう。非常に楽観的かつ長期的な見通しを言えば、われわれは、個別的評価にだけでなく偶発的なシステミック・リスクの評価にも注意を怠らない公的国際機関が、最終的には勝利を収めるだろうと考えてよい（**コラム4**）。

アメリカの金融権力の驚くべき頑強性

以上の諸提案はすべて、サブプライム危機を駆り立てたアクターたちに対して罰則を課すだけでなく、かれらの活動を枠付けする厳格な規制を今後課してもいけるように、公権力が強い正統性をもつことを想定している。金融の信用失墜が著しいことから、公共体による金融の管理の復活は容易に正統化されるであろう、とわれわれは無条件に考えることができた。ところが驚きである！　金融の権力は衰弱したとはいえ、いまなお再規制の過程を一貫して方向づけているのである（コラム５）。

それゆえ、危機脱出の戦略は政治経済学の問題であり、たんなる技術の問題ではない。また、一九二九年恐慌に匹敵する規模の構造的でシステミックな危機は、これまでのマクロ経済的規則性が中断したことを意味してはいるが、だからといって、それに見合った権力諸関係や制度化された妥協の再調整が進んでいるわけではない。このことこそが、今次の危機の長さと、経済・社会そして最終的に政治の組替えをめぐるあらゆる予想につきまとう不確実性とを説明するのである。研究対象として重要なのは政治的・イデオロギー的な過程であるが、その研究は容易な仕事ではない。例えば、アメリカ人の四九パーセントがウォール街は経済にとって有益というよりも有害であると表明しているときに（Business Week 2009）、金融に対してオバマ大統領が控えめであることをどう説明したらよいのか。問題は、三七パーセントが、繁栄に対する金融の寄与を好ましいと考えつづけていることにある。二〇〇九年の三月から六月にかけて、これまでの政策に対する市民の支持率が低下したにもかかわらず、株価は新たな上昇を示したのである。

先進諸経済および「新興」諸経済のほとんどに見られる政治の復活

アメリカの社会政治的な構図は決して普遍的なものではない。実際、経済政策の目的に関して、また二〇〇八年に始まった危機からの脱出を推進するための改革に関してさえ、アメリカと同じように金融市場――世界規模の金融仲介に組み込まれたそれ――の支配が見いだされるのは、イギリスだけである。

・ドイツは、別の構図を示す格好の例である。ドイツの構図においては、非金融企業が大きな権力およびマクロ経済的影響力を保持しているので、政策当局は危機の管理に際して非金融企業の利害を考慮に入れる。産業資本と金融資本との間に昔から見られる典型的対立のもとで、産業資本は、金融資本が生み出す不安定な変動にしばしば苦しめられる。企業家から出される要求は、本質的に「金融フローの規制」である。生産活動をファイナンスする単純な商品に回帰することにより、実体経済と信用とを緊密に再接合することが要求される。また勤労者は、共同決定の制度化を通じて、少なくとも大企業においては確固とした交渉権力を行使することができる。確かに、こうした構図にありながらもドイツ政府は、毒入りデリバティブ商品を大量にかかえ込む銀行を支援せざるをえなくなった。しかしその意図は、非金融企業向け信用の条件を立て直すことにあるのであり、アメリカでのように金融それ自体の強化にあるのではない。このタイプの資本主義を象徴する政策として、景気後退に関連した労働時間短縮（*Kurzarbeit*）の手続きによって雇用および／または賃金が減少するとき、その補償として支払われる補助金の入手条件を緩和するものがある（Boyer and Brunner 2009）。

・周知のようにフランスでは、経済のアクターが、あらゆる経済的不均衡、社会的紛争、大危機を乗り越えるための手段を国家に要求する傾向にある。国家の介入は、多様な蓄積体制が次々に現れるのに応じて、時とともに大きく変化していった。自由主義的プログラムが保守政党にだけでなく左翼の内部にもその魅力を振りまく時期が十年ないし二十年にわたって続いたが、その後サブプライム危機の勃発を契機として、公的介入の復活が目立ってきている。暗黙のうちにサッチャーとブレアの戦略が自由主義的プログラムの手本とされてきたが、今や政治家はあらためて、市場が強く枠付けされ金融が規律づけられているフランス流資本主義に、多大な長所を見いだしている。この国において国有化は、過去には競争力ある企業の設立を、そして近年では倒産した民間大企業の再建を可能にしてきたかぎりにおいて、むしろプラスのものと見なされている。しかしフランスの金融システムは、証券化や複雑なデリバティブ商品に関してあまり熱心な冒険者ではなかったので、少なくとも二〇〇八年夏までは、国有化に頼らずとも、危機的銀行に対して金融的支援を行うだけで十分であった。とはいえ、状況の深刻さが要求していたならば、国有化も完全に受け入れられていただろう。

・しかし、アメリカ的構図へのオルタナティブとして最も目立っている事例は、間違いなく中国である。一方で、サブプライム危機の国際的波及の結果である輸出の激減によって経済活動は深刻な打撃を受けたが、国家は、信用システムに対して確実な統制を行使することによって、命令という方式にもとづいて経済活動を支援してきた。他方で、中国社会創設の元になっている妥協においては、人口の大部分が高成長の分け前に与《あずか》れることを条件として、共産党単独による権力行使が中国人によって受け入れられている。地方または地域の当局においても国家当局においても、このようなことが中心目標とされている。この文脈においては、不良債権の絶えざる発生の危険や一定の浪費を代価としつつも、信用が生産的蓄積の支えになっている。つまりそうした諸々の代価は、生産主義的な創設的妥協を支えることを意図しているのであって、より高いリスクの商品を目指す全方位的なイノベーション戦略において金融業者が犯した誤りを埋め合わせようとするものではない。なおついでに言えば、金融システムに対する強い公的統制は、国際市場での毒入り金融商品の購入を禁じてきたように見える。

あらためてわれわれは、各社会の創設の基礎になっている制度化された妥協の多様性がいかに世界的危機への各国政府の〔多様な〕対応を作り上げていくものなのかを思い知る。つまり、世界経済に作用している諸力を分析するためには、アメリカ経済という単一の枠組みを超えることが求められるのである。

＊　　＊　　＊

コラム1　アメリカ金融の新しい規制に関するオバマ・レポート
――その提案の長大なリスト――

二〇〇七年に勃発した危機は、金融部門のほぼすべての主体が過度のリスクテイクをしたことから起きたものだが、以下の提案はこの危機についての明確な診断に立脚している。莫大な経済的社会的コストをともなうと見られるこのようなエピソードを繰り返さないよう、アメリカのシステムの新しい土台を提供することが、提案の目的である。金融制度や金融組織はすべて点検に付され、何ひとつ無傷のまま切り抜けることはできない。主要な提案は以下のとおり。

1．自己資本比率の要求を引き上げるとともに、これまでプルーデンス・システムや規制システムの外に置かれていた機関に統制を拡張することによって、金融の安定を脅かす恐れのあるすべての企業を監視する。

2．リスクの出現を早期に認知するための規制組織間委員会を主宰するという役割をＦｅｄ〔連邦準備制度〕に新たに割り当てることによって、Ｆｅｄの役割を強化する。

3．新しい法的倒産手続きを設けることによって、公的基金にもとづく救済――ＡＩＧ〔アメリカン・インターナショナル・グループ〕のケース――か、破局的帰結を伴う倒産――アメリカ財務省がリーマンブラザーズを見放したことによる倒産の例――か、というジレンマの克服を可能にする。

4．一連の措置にもとづいて証券化を監視する。まず、発行者は、組成したデリバティブ商品の少なくとも五パーセントを保有することが義務づけられる。次に、そうした商品の設計者に対する支払いは分割繰延べによるものとし、貸付けが支払不能の場合には減額される。最後に何よりもまず、店頭（ＯＴＣ）デリバティブ商品は届出の対象とし、中央清算機関に取りまとめ、十分な情報拡散のもとで評価されねばならない。以上のルールに従わない新商品に対しては、公的当局がペナルティとして追加的な保険料や引当金の費用を課す。

5．アメリカ市民の金融投資の安全性を図るため、金融消費者保護庁（ＣＦＰＡ）を創設する。この目的のために同庁は、住宅ローン、クレジットカード、その他の大衆向け金融商品に関するルールを公布する。明示的にではないが、この新しい機関が狙いとしているのはイノベーションの統制である。ただし、すでに消滅した貯蓄金融機関監督局（ＯＴＳ）を除く他の連邦諸機関すなわちＦｅｄ、ＦＤＩＣ〔連邦預金保険公社〕、ＳＥＣ〔証券取引委員会〕との兼ね合いで、そのための手段をもつかぎりにおいてのことではあるが。

6．提案を特徴づけるのは、単一規制機関の否定である。提案では、金融規制組織が複数あることやそれらの責任がたまたま重複し合うこと——要するに冗長性——は、不均衡の出現を認知するうえで有利であると考えられている。ただし、アメリカのシステムにおいて規制機関の複数性を維持することは、金融機関が裁定を行い、業界の利害に最も好意的または最も敏感な規制機関を選択できるということを意味する。

7．驚くべきは、ワシントンに代表を送っている利益団体すべてとの間で延々と協議をした結果として、この文書が提示されたということである。利益団体同士で対立が著しいとき、立法化の方針はアメリカ上下院のイニシアチブに委ねられた。ここには、有力な利益団体に対する公的権力の強い従属が認められる。したがって、この急拵えの報告からは、激しかろう政治的駆引きの後に最終的にどんな立法化が採用されるかを正確に予想することはできない。暗にこのレポートは、経済に対する信用の回復基調を断ち切りたくなければ、金融システムにあまり強い制約を課すべきでないと認めている。信用主導の新たな成長局面は排除されていないと見てよい。

コラム2　航空の安全に関するものと同じ手続きを金融システムに適用したらどうであろうか

金融の安全という要請は、一九九〇年代末、特にアジア金融危機の後に初めて重要性を獲得した比較的新しい関心事である。今般の危機がもはやエキゾチックなものではなく、世界的金融仲介の中枢に打撃を与えていることから、この要請は政府の協議事項のなかで優先的な位置に記されている。となると、厳格な共通の手続きを累加的に適用することによって安全面で多大な進歩が見られた部門に、ヒントを求めてもよいであろう。こうした比較を支持するもう一つの論拠は、改革や再規制についての数多くの提案リストには、航空輸送において用いられているチェックリストに匹敵する多様性・異質性が見られることである。航空輸送部門において達せられた成功は、いかなる要因に帰せられるべきであろうか。

以下の諸装置が結合することによって成功は達せられた。

1. 事故が起きたら必ず、専門の独立的組織がメーカー、航空会社、空輸およびその安全を管轄する国内・国際当局との協力のもとに徹底的な調査を行う。

2. どの調査も、事故をもたらした多様な原因の検出と序列を規定する公開報告書をもって締め括られる。

3. この所見から、多様な事故原因の重要性をなくす――または少なくとも小さくする――ための一連の施策が引き出される。

4. そうした施策は、すべての利害関係者に、すなわちメーカー、航空会社、空輸を管轄する国内・国際当局に及ぶ。

5. 勧告されたことを実行することは利害関係者それぞれの利益にもなる。なぜなら、防止のための矯正措置にかかる支出と比べて、事故の経済的社会的コストは著しく大きいからである。

しかし、両分野の違いはかなり大きいから、この装置を金融へそのまま移し替えることはできない。

1. 航空輸送の場合、私的利益と一般利益との間には大きな相反が存在しないが、このことは金融には当てはまらない。というのも、金融機関は本質的には自らの私的収益のみを気にかけていればよく、危機のコストがたいていは現行の税制を通じて社会化されることを知っているからである。この点に関してわれわれは、大金融危機の来襲による被害をカバーするための保険を通じて、リスクを相互化することを考えてよいであろう。

2．航空輸送においては、どの会社も同じ飛行機を所有しており、飛行機の良好な作動のための管理規定はどの会社にも共通である。これに対して、金融においては、新金融商品のどの開発者も自分の商品を競争相手の商品と区別し、自分の商品の知的所有権を保持しようとする。こうして、金融システム総体に共通な手続きを導入しようとすれば、この部門の激烈な競争諸関係を完全に刷新することが必要となってくるのである。とりわけこのことは、すべての金融機関について金融商品や管理規定を標準化することを意味する。

3．公的当局の観点から見ても、金融安定性という要請が最も重要であることは自明ではない。というのは、ネオ・シュンペーテリアンの立場を採る多くの人は、事後的にトータルの計算で見て成長や福祉に有利であることが明らかになるようなイノベーションには、多大な費用がかかると考えているからである。金融危機は容易かつ迅速に克服可能であるという幻想が一掃されたとしても、アメリカの規制改革をめぐる議論においてこのテーマは重くのしかかる。つまり重要なのは危機の防止である。

したがって、他の諸部門における「事故」の防止策を手本にして危機の防止策を策定できると考えるのはまったくの幻想であるけれども、この比較から、金融危機再発をもたらす中心的要因は何かが浮かび上がってくる。

コラム3　医療イノベーションに対する統制の手続きは、金融改革のヒントを与えることができるか

公衆衛生への配慮から国家は長年にわたって、医療イノベーション——特に医薬品の分野におけるそれ——が引き起こしうる悪質な影響に対して、早期先取り的に介入することを迫られてきた。これを参照するのは二重の関心からである。一方で、この参考事例は当該産業が不振知らずで多大な収益を上げてきたことを示している。生物学のブレ

イクスルーから派生する待望の抜本的イノベーションが遅れるとしても、そのことで規制の枠組みを非難することはできない。他方、イノベーションの統制は、公権力が製薬企業の経営戦略の奥深くまで介入することを含意していない。これこそ、倒産を免れたウォール街の銀行がいだいている最も差し迫った要求ではないだろうか。ところで、イノベーション統制のこのモデルは、今や十分に定着しており、新薬導入に際して比較的起こりやすい事故を減らしてきたものと思われる。

1．新薬を提供する企業は、厳密な統一的手続きに従って行われた臨床試験の結果を転写した包括的書類を提出しなければならない。金融に当てはめて言うと、これは、金融機関が当該金融商品についての完全な記述を提出しなければならない――技術ドキュメントなしのデリバティブ商品のゴリ押しに別れを告げる――だけでなく、商品の持続性――特に収益性の急低下やマクロ経済的景気状態の反転に対する抵抗力――を裏付けるあらゆるシミュレーションをも提出しなければならないことを意味する。

2．公衆衛生上の要請に加えて第二の基準が付け加わる。それは、新薬が現行薬よりも有効かつ安価に疾患の治療に寄与することの検証である。この基準が適用されれば、金融の世界には真の革命が引き起こされるだろう。まず、金融イノベーションが実体経済の需要に対応していること、金融仲介機関の間で旨味ある儲けを求めてなされるリスク移転の高度化に対応するものではないことを明らかにしなければならない。また、返済不履行の可能性をカバーする壮麗なるスワップ、例えばＣＤＳ〔クレジット・デフォルト・スワップ〕は正規の保険契約の対象とはなりえないのではないかを考えてみなければならない。正規の保険契約は、市場の論理にまったく従わない二者間関係の特性であれば何でも考慮に入れることができる。

3．金融商品が以上二つの基準を満たさない場合、公的当局は当該のイノベーションを禁止する権利をもつ。こうして、事後的で間接的な監督は、イノベーションに直接かかわる事前的統制によって取って代わられる。

4．以上の諸基準のうえにさらに、公権力は、まったくもって根本的な第四の基準を付け加えることができる。すなわち、もしもその薬が人口全体に普及したら、何が起こるであろうか。例えば、考えられることとして、抗生物質の普及が耐性株の出現に与える影響が挙げられる。耐性株の出現は、治療をいっそう困難にしてしまう。金融に当てはめて言うと、これは、金融イノベーションが金融システム総体のショック耐性と両立するかどうかの検証が規制機関の任務に委ねられることを意味する。これはストレステストに当たるものであるが、〔従来の〕それと大きく違うのは、イノベーションの有害性が現れる前に実施される点である。

この比較の有用性は相対的なものでしかなく、両刃の剣となりうる。オバマ政権は民間提供の保険と競合する公的健康保険制度を創設しようとして困難に直面しているが、この困難のことを考えてみればよい。二〇〇九年夏現在、強力なロビー権力——特に製薬業のそれ——の働きによって、このプロジェクトの実行は阻まれている〔その後二〇一〇年三月、医療保険改革法が成立〕。だがこのプロジェクトはアメリカの世論によって広く支持され、アメリカ大統領の選挙綱領において看板政策の一つとされたものである（Cypel 2009）。経済危機が再び悪化しアメリカ市民の運動が沸き起こってきたことによって、かつてクリントン大統領による同様のプランが行き詰まったときと同じ運命をたどらずにすむ可能性が出てきた。要するに、問題は何にもまして政治的であり、技術的議論の位置は結局のところ副次的である。このことは、金融の規制や公的社会保障制度の確立を妨げるものに関して、アメリカの歴史から得られる教訓である。

コラム4　金融危機の再発を抑制するための他の諸提案

今日の金融システムがあまりに複雑であることから、危機の源泉は多岐にわたり、したがって危機対処の手段もまたかなり多様である。以下の諸提案は、滑稽に見えるかもしれないが、実は大真面目なものである。

1．学校的・技術的な一連の試験を踏まえたトレーダー証明書。ただし「投機バブル発生の認知」という名の選抜試験を課す。試験内容には、危機の歴史を中心とする教養と、強い確率的環境のもとでのトレーダーの分析能力を試すシミュレーション・ゲームとを含める。

2．ガウスの統計法則にもとづくデリバティブ商品の評価を禁止し、それと対応して、頻度は低くとも極端な事象の可能性が入り込んだ公式を考慮すること。流動性の枯渇可能性、模倣行動の役割、等を考慮すること。

3．金融証券の購入者に宛てたパンフレットにおいて、証券の収益を超える例外的利得がどうして生まれるのかを説明するよう義務づける。まだ公表されていない情報を手がかりに内々に売りを推奨しているのに、なお買い推奨を出しつづけているアナリストや金融資産販売者に対して刑事責任を課す。

4．価格や将来収益を決定するのに必要な装備を発行者ほどにもたない企業と――ましてや――個人に対して、デリバティブ商品を販売することの禁止。これが厳格に適用されるならば、デリバティブ商品の数が急減し、デリバティブ商品の標準化が促されることになる。

5．複雑な店頭デリバティブ商品を保険と比較したときのメリットとリスクに関する評価を絶えず行うべきである。また、負のショックへのクッションとしての準備金を構築するあらゆる手続きを、全金融部門に一般化すべきである。さらに、金融商品における再保険に相当するものの可能性を検討すべきである。

6．格付機関主要三社の業務規定を変更する。かれらに業務方式の透明性を望んでも、それは幻想である。というのも、かれらをたんなるコンピュータ・プログラムによって置き換えることは可能であるが、そうなったら業務の不透明部分から生み出されるかれらの収益は消滅するであろうからだ。とすれば、三社を発行者の観点、購入者の観点、最後に公共団体の観点に特化させて、それぞれ金融商品の評価を行わせてはどうだろうか。いずれはこの競合化が国際的な公的格付機関の出現を促すだろうとも考えられる。

7. 安全債券の二倍を超える収益率の資産すべてに対する重税を創設する。

コラム5　二〇〇八年以降のウォール街の権力およびその持続性に関する諸兆候

権力諸関係を厳密に評価することは、社会科学において容易ではない。しかし、集団的な決定のうちに権力関係の刻印を見いだすこと、また各利益集団または各部門にある程度の大きさの自律性を見いだすことは可能である。アメリカおよびイギリスの金融権力が顕著なショック耐性をもつことを示すいくつかの指標を挙げておこう。

1. 約二十年ほど前から、一方のウォール街の高級幹部たちと他方のアメリカ財務省責任者たちとの間で、社会ネットワークの相互接続が緊密化され、制度化されてきた。ロバート・ルービン、ヘンリー・ポールソン、ティモシー・ガイトナー、さらにラリー・サマーズの職歴をたどるとき、印象的なのは、かれらが金融部門と政府部門との間を行き来していることである。経済分析家のなかには、ゴールドマンサックスが将来の財務省長官の特別養成所と化したという仮説を提出する者さえいる。これは、ウォール街の救済が自然であるように見えることを説明する。ところが、アメリカ自動車産業の将来に関しては、議論ははるかに激烈かつ対立的であった。

2. 重大ないくつかの時点、例えば二〇〇三年に、金融とその同盟者たちは、デリバティブ商品を枠付けすべきかどうか判断するための調査をしていた委員会を差しおいて、上下両院の決定をわがものとする能力をいかんなく発揮した。かれらは一致団結して、アメリカ市民の資産運用の安全性に責任を負う連邦当局に逆らって、デリバティブ商品の安定的かつ有益な性質を弁護してきた。金融業者のみが金融について語り決定できるとする考えは、サブプライム危機をもってしても——マドフ事件のようなスキャンダルが起きた後にさえも！——完全には払拭されていない。

3．実際、毒入りデリバティブ商品の評価という難問に直面した財務省およびＦｅｄは、ゴールドマンサックスその他のウォール街の投資銀行の専門家たちに助力を求めざるをえなくなってしまった。公権力はかれらに対して、デリバティブ商品のうち最も危険な部分に関しては情報公開を要求してこなかった。これ以上に、金融に対する国家の従属と国家の知的武装解除をよく性格づけるものはない。

4．公権力がすべての苦境金融企業に対して会計監査を実施し、二〇〇九年夏現在まだ解決していない厄介な問題――「誰が誰にいくら借金があるのか」――に答えを出すうえで必要な情報を取得することも、おそらく提案できたであろう。しかしティモシー・ガイトナーは、このようなスウェーデン流の方式に頼るよりもむしろ、ウォール街流の目を見張るアクロバットとも言える解決に頼ることを選んだ。彼は、官民のパートナーシップ（ＰＰＩＰ〔官民投資プログラム〕）によって、毒入り商品の市場を創設しようとしたのである。デリバティブ商品の市場の瓦解は別の市場によってのみ乗り越えられる、と考えられているのだ。これは危険な幻想である。というのも、デリバティブ商品の質がプレイヤーたちに知られていないからである。われわれは市場開設を試みることができても、そうしてできた市場は、売買される証券の質にのしかかる根本的な不確実性の重みにより瓦解するであろう（Akerlof 1984）。しかしこのことが、ゴールドマンサックスやバークレイズ・キャピタルの創意を拘束することはない。というのも、新たに創意が姿を現しているからだ。自己資本に関する要求を軽減するために、銀行のバランスシートを悪化させている資産を証券化しようというのだ。サブプライム危機の市場プロセスそのものと同じものが、ここには見いだされる。だがゴールドマンサックスの「専門家たち」は冗談抜きでこう主張する、――注意せよ、銀行のバランスシートにすでに載っている資産のみが問題にされているのであって、ここでは新規信用の融資メカニズムは問題になっていないのだ、と（『フィナンシャル・タイムズ』二〇〇九年七月六日付、一ページ）。あるいはま

プログラム	明細	金額
CAP 〔資本支援プログラム〕	2月10日に発表された25日開始の資本支援プログラム。参加銀行には，2つのシナリオに沿って資本需要を評価する「ストレステスト」が課せられる。「ストレステスト」に落ちた銀行は，資本需要を満たすために財務省に対して普通株に転換可能な優先株を発行する。「ストレステスト」は4月末までに終えねばならない。	7500億ドル
PPIP 〔官民投資プログラム〕	銀行の毒入り資産を買い取り管理するための官民ファンドの創設。2つの別個のプログラム（一方は単純な貸付け，他方は組成された貸付け）により，毒入り資産買取りのために5000億ドルから1兆ドルが当てられる。	750億／1000億ドル
MHA 〔住宅取得支援プラン〕	2月18日に発表されたもので，計画の目的は，所有者が自らの不動産ローン（ファニーメイまたはフレディマックによって保証または保有される標準的ローン）を借り替えられるようにすることにある。抵当比率――債務が住宅価値を超えてはいるが――の引下げによって，所有者の利益を図ろうとする。またローンの貸し手は，支払いが借り手の収入の30%を超えないよう危険な借り手に対するローンを修正することによって，奨励金（1000ドル）を受け取る。	750億ドル
TALF〔ターム物資産担保証券貸出制度〕	Fedとの連携によるプログラムであり，自動車ローン，学生ローン，SBA〔中小企業向け〕ローン，クレジットカードを裏付けとするABS市場を下支えしようとする。財務省が1000億ドル（当初200億ドル）の資産買取り資金を提供する。1000億ドル（当初200億ドル）を上限とするプログラムである。第1回の資金は3月25日に支出された（そのうち47億ドルはFedによる）。	200億ドルから1兆1000億ドル

出所：米財務省，Natixis

た、市場を操作するために情報システムの力を利用し、三〇ミリセカンド刻みの取引をもってすれば、新しい収益源泉を引き続き確保できるのではないか、と（Duhigg 2009）。証券化の混乱を証券化によって――技術の混乱を技術によって――取り除いても、前方への逃避となるだけである。そう考えねばならない。この道を採ったウォール街は、すでに次のバブルを用意しつつある。

5．種々の企業や利益団体に対して、公的保証や補助金を相対的に一律に分配することも考えることができたであろう。特に、履行不能に陥った――しばしば獅子的な――契約の書換えに対して補助金を出すことにより、不動産市場関連の新たな不良債権を生み出す源泉を断つことが求められていたであろう。実際には、財務省を通じた公的支援の十分の九以上を受け取ったのは大銀行だった。つまり家計は十分の一しか受け取らなかったのである。

6．金融に振り向けられた資金の量が、過去の公的支出の傾向に照らして例外的に大きいだけではなく、こうした支援は経営方針に関する代償をともなっていない。せいぜい、CEO〔最高経営責任者〕の報酬に枠がはめられ、アメリカ製品の購入が促され、外国人研究者の雇用を例外とさせられているくらいである。こうして大手銀行や保険会社AIGは、より慎重で経済に好ましい経営を求める社会からの圧力を感じることなしに、支援を受けている。このような背景のもと、AIGのスキャンダルが発生した。危機を煽った当事者であるトレーダーが、二〇〇八年に、過去の私的契約の厳格な適用を名目として、法外なボーナス支払いを要求し獲得したのである。

7．われわれは、こうした救済が経済のそれぞれの部門の状態と無関係ではないことを示す反例を見いだすことができる。例えば、デトロイトの経営者たちはやや遅ればせながら、GM〔ゼネラルモーターズ〕にとって良いことがアメリカにとってはもはや必ずしも良いことではないことに気づいた。GMは、法的倒産を受け入れねばならず、アメリカ財務省が決めた方針に沿って生産や組織を方向づけ直すことを条件としてのみ、公的資金を受け取ることができた。皮肉なことに、われわれは二〇〇九年夏に再び次のような考え方を見いだすのである——「ウォール街にとって良いことは、アメリカにとっても良いことである」。〔この考え方の誤りに気づくのに〕あとどれだけの時間をかければよいのだろうか。

8．株式相場の暴落とともに、アメリカ大手銀行のCEOや高級幹部の報酬は減少した。そこで高級幹部たちは、ベース給与の大幅引上げを要求し獲得していった。他の報酬要素に関してかれらは失っていたからだ。かれらは厚かましくも、これこそが、この十年に顕著であった過度のリスクテイクを抑制するためにインセンティブの経済理論が推奨しているものなのだ、と言い張ってきた。アメリカにおいては、このような要求の異常さを力説しようとする者は誰もいなかった。かれらの企業を破滅に導き、伝統的であるがゆえにずっと少ない能力しか要求しない金融業務に逆戻りした後だというのに、報酬の増加を要求することには本当に根拠があったのだろうか。GMの労働者が同じ優遇——企業倒産時のステークホルダーであったがゆえの雇用維持および賃金上昇——を要求するとしたら、『ウォール・ストリート・ジャーナル』紙はどのような記事を書くだろうか。権力者の氏族《クラン》と従属者の氏族《クラン》のどちらに属するかによって、アメリカ社会には二重のルールがあることを示す例として、これ以上のものはない。

9．あらゆる公的な経営管理が難航していること、および破局的な帰結をともなう正式な国有化の脅威があること（「自由市場」か、さもなくば「ゴスプラン」か）は、ウォール街と財務省との間の権力関係の目ざましいショック耐性を示す二つの異なる表現である。二〇〇九年六月十七日に金融規制プログラムが発表された後、金融のロビイストたちはみな、金融の高収益を生み出す自律性および能力を毀損するような措置をすべて除去しようとしている。さまざまな圧力団体——銀行・保険・勤労者・市民——の間の相対的な得失を知るには、当初のプランを可決された最終法案と比較すればよいだろう。

10．イギリスにおいてはまた、シティが抵抗を示し、その挙句に、規制改革プロジェクトを操作することに見事成功した。パニックのなか、緊急事態に直面したゴードン・ブラウン政権は、政府が救済した大手二銀行を英国財務省傘下の公的企業に経営委譲させることができた。しかしシティの将来に関する報告書は、シティを当たり前の姿に戻し、その支配力を削減しなければならないとは、そして——世界的金融仲介によって失った所得を埋め合わせるために——他の部門の支配力を高めなければならないとは、結論していない（Turner 2009）。むしろそこでは、シティの競争力を回復しなければならないことが結論されており、そのために暗黙の内にアメリカよりも規制を緩くするか、改善するかしなければならないとされている。こうして、ウォール街とシティという双対をなす二市場の間で競争が続いていき、アメリカおよびイギリスの政府は両市場の早急な回復を保証する下支えとなっている。生産システムの実体喪失、失業、社会問題の激化など何するものぞ、というわけである。

第11章　構造的かつ世界的な危機だが、国民国家への復帰はあるのか

「危機の時代を経験して、いまや私は明らかに、危機に陥った諸国の役人たちの反応について、それを当時、外部から理解していたよりももっと深く理解できるようになった。抜本的な解決策を提起するためには、自分自身の国についてよりも、何千キロも離れて生きていたほうが容易なのだ。」

（ラリー・サマーズへのインタビュー、『フィナンシャル・タイムズ』二〇〇九年七月十一〜十二日付、「人生と芸術」欄、三ページ）

これまでの分析の中心は、アメリカ金融危機の性格づけにかかわるものであった。以下ではこれを補完するアプローチを、次の二方向において展開したい。一方で、かの黄金時代の成長体制（一九五〇〜六〇年代のフォーディズム体制）と同じくらいダイナミックで安定した成長体制をもう一度見つけようというアメリカの試みは、システミックな金融危機とともに限界を迎えた。アメリカを待ち受けている成長の閉塞について、それがどのくらい構造的な性格のものかを見定めることが重要だ。他方で、経済活動の収縮が世界化していることを考えると国際的側面が重要になったというのに、それがいささか無視されてきた。それゆえ世界的危機に見合う形で、しっかりとした各国間協調の戦略と、国際金融システムの再建に関する合意がなくてはならない。実際、アメリカによって後押しされたグローバリゼーショ

ンが進んだことによって、各国別の進路が多様化し、また、各国政府が金融フローの共同規制を採用すべきか否かの利害や、国際的開放が深まるなかで追求すべき利害が多様化した。もっともらしい言い方をすれば、間違ったグローバリゼーションは危機脱出政策における前例なき国有化復活に通じかねず、また／そして、地域統合圏の構築を加速させかねないのである。

1　古くからの危機——フォーディズムの終焉から金融化へ

サブプライム危機は、繁栄経済を攪乱しに金融バブルが再びやって来たといったものではない。そうではなくこの危機は、一九六〇年代半ば以降フォーディズムの危機が明白になったとき（Aglietta 1976）、アメリカがその成長見通しを立て直すために試みてきた各種の戦略が限界に到達したことを示している。

政治同盟の根底的変容

振り返ってみると、一九四五〜七三年期はアメリカ史において例外的なものだったと思われる。素朴マルクス主義の直観に反して、第二次世界大戦の終結に当たってアメリカ製造大企業の経営陣は、大量消費の開花を促進するために労働組合組織とある妥協を結んだ。大規模生産の不均衡な性格は一九二九年恐慌によって暴露されており、大量消費が大規模生産の条件であった。この時代、金融市場は強く枠付けられていた。というのも、アクターたちにはみな、一九二〇年代の金融レッセフェールの結果起こった惨劇の記憶があったからである。公共支出はと言えば、それは強い累進性を備えた税制とセットになって、教育へのアクセスを容易にした。こうしてフォーディズム的妥協は、二つの目標を同時に実現した。第一に、高度かつ相対的に安定した成長の基盤を確保することであり、第二に、社会的不平等を小さくして、ほぼ共通の政治的コンセンサス——当時「われわれはみなケインジアンだ」という合言葉で表現された——をいっそう確かなものにすることである。フォーディズムの基礎にあるこの制度化された妥協は、アメリカ資本主義の長い軌跡からの断絶でもあった（図67）。

この体制は政治家にとっても企業家にとってもまったく満足すべきものだったが、それ固有の限界にぶつかった。というのは、生産性の上昇が枯渇し、インフレが高進し、過剰雇用ゆえに所得分配をめぐるコンフリクトが加速したからである。二度にわたる石油ショックによって、フォーディズム体制の終焉が刻印され、また不確実性とコンフリクト——ひょっとしてこれがフォーディズムの後継者かもしれないが——の長い時代の開始が刻印された。事実、一九八〇年代以降、ほかならぬアメリカ大企業の国際化戦略が優位をしめるようになり、労働者‐企業間妥協を再検討に付すようになった。つまり企業の競争力ということが基本目標となり、これによって労働者に賃金抑制と労働強化が押し付けられると同時に、他方その見返りとして、消費者は消費財の国際市場がますます低価格化したことによって利益を得た。同時にアメリカ企業は、信用アクセスに関する規制から次第に解放されていったが、そのことが第二の時期において、国内金融システムをめぐる金融自由化を正当化していった（図68）。

以上が第三期たる一九九〇年代から二〇〇七年までの前段階である。この期間の経過のなかで、金融システムは決定的アクターとなった。この点、一見するだけでは騙されやすい。というのは、株主価値という至上命令が登場したのは、金融業者や現代の金利生活者——積立型年金基金がそれである——に有利なように、非金融経済の最高経営陣をコントロールすることを狙っているからである。実際、株価動向に直接連動した報酬形態の増加や最高経営陣および金融部門の富の爆発的増加は、労働者を犠牲としたこれら二つの社会的グループによる利益共謀を示している。

というわけで、労働者の状態は矛盾した要因の影響下で展開している。一方、投下資本の安定的収益率が追求されるので、労働者の雇用および報酬のフレキシビリティが復活した。こうして労働者は、伝統的に企業家が負っていた

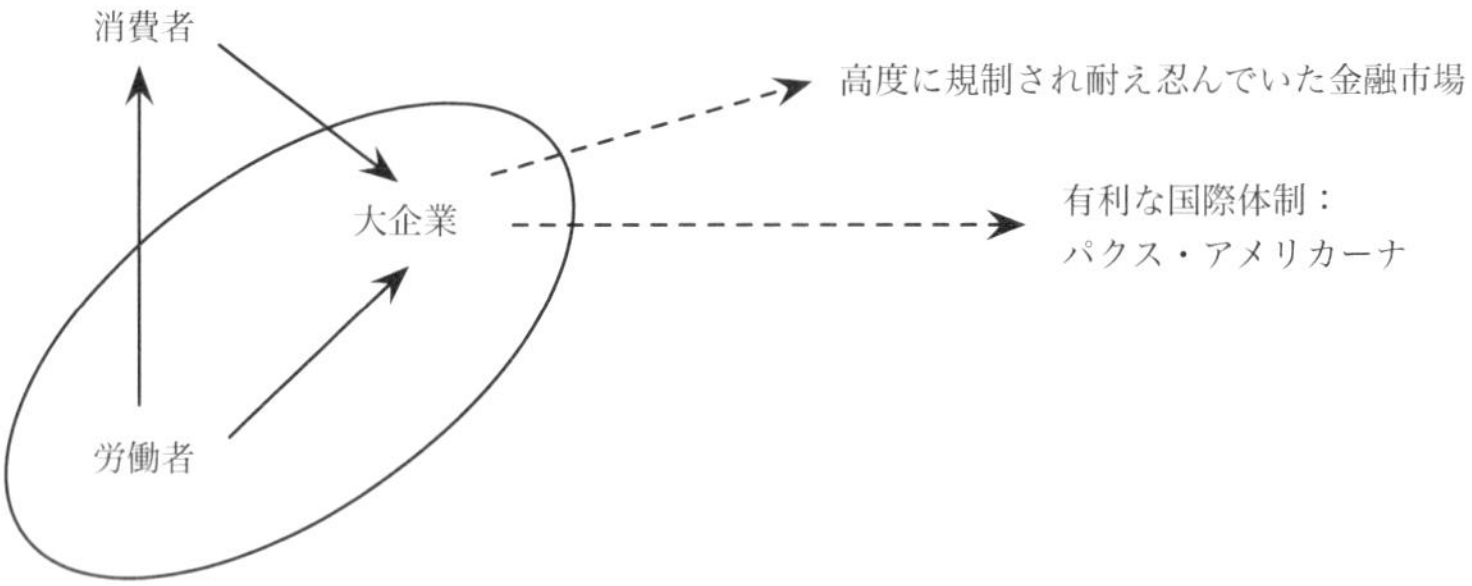

図 67　1960 年代のフォーディズム的妥協——アメリカ的成長の原動力

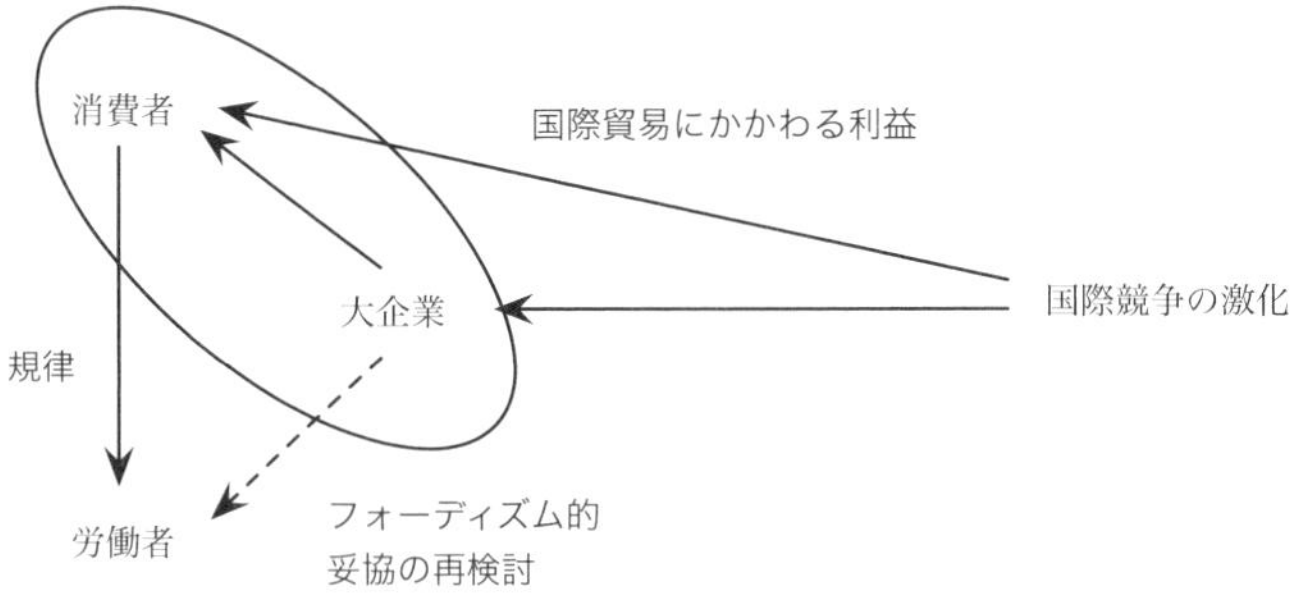

図 68　国際的開放にともなうフォーディズム的妥協の不安定化——1980 年代

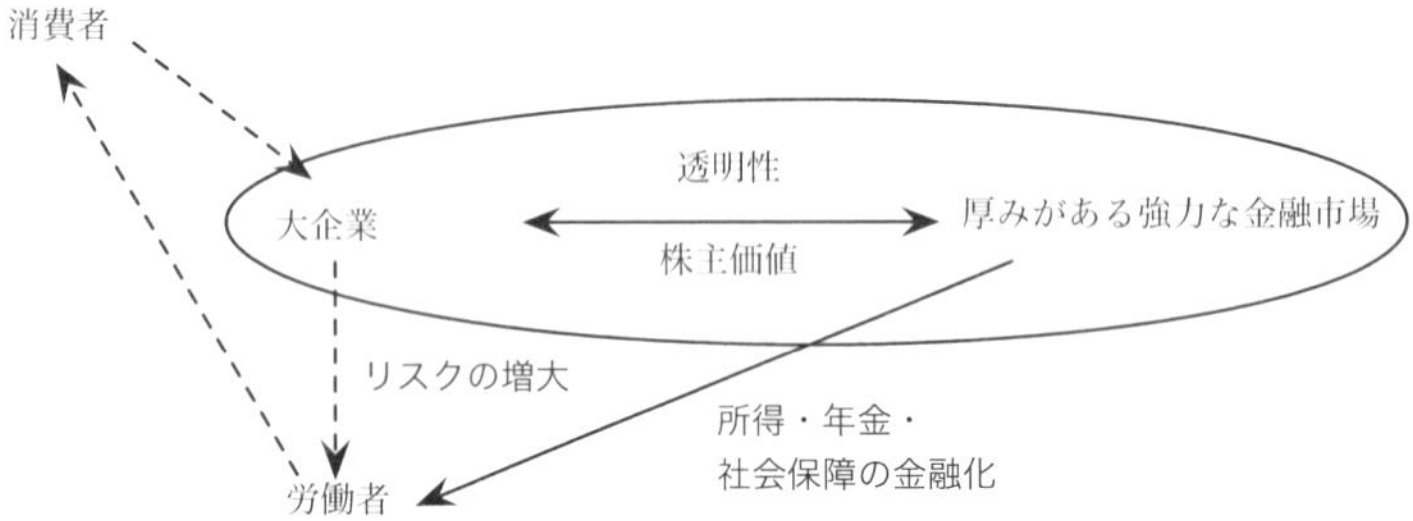

図 69　金融業者と大企業経営者との事実上の同盟——1990 および 2000 年代

リスクの――全部とは言わないが――重要部分を引き受ける羽目になった。他方、労働者の報酬はますます企業の金融的業績に対する利益分配メカニズムに依存するようになったが、それと同時に、積立型の退職年金基金が広まったので、労働者の内部自身において金融の優越性が一般化した（図69）。企業の最高経営陣や金融システム関係者の報酬が爆発的に増加し、これと対照的に平均的労働者の税引き後実質所得がほぼ停滞しているということは、当初のフォード的妥協が完全に消滅し、アメリカ経済史が新しい時代に入ったことを証言している（Boyer 2005）。

金融主導型蓄積体制はフォーディズム後の内包的体制における不平等拡大の系譜上にある

以上が、金融化によって主導された成長体制の時点以来、多くの経済分析家があれこれと名づけてきたものの社会的基盤である（Aglietta 1998; Boyer 2000a; Aglietta and Rébérioux 2004; Ertuk *et al.* 2008; Crotty and Epstein 2008）。根本的に言って、それは株式市場をして、企業パフォーマンスの尺度とし、将来見通しが形成される場とし、そして金融政策策定の一参照基準とするものである。だからこうした体制は前例がない。というのも、信用へのアクセスを可能にし、消費を活発化し、ひるがえって企業の生産と投資を刺激するのは、ほかならぬ将来的致富への予想だからである（前出第8章参照）。

とはいうものの、この体制の弱点を十全に理解するためには、それがまったく異なった蓄積体制の後継者であり、これは生産性上昇の経路を再発見するのが困難なことから登場したものだということを認識しておく必要がある。ゼロサム・ゲームにも似た経済にあっては、所得分配をめぐる闘争は不平等の拡大として現れる。国際競争を含む競争での勝者は、うまく所得増加を維持しつづける。反対に、情報経済への移行とか、とりわけ生産の国際化とかによってその能力が陳腐化された者たちは、所得低減をこうむることになる。それゆえ不平等は両極端に向かって深刻化する。ますます富裕かつ有力となる富者と、ワーキングプア身分からの脱出困難という罠から脱け出せず、政治プロセスにほとんど参加できない貧者と、である。おまけに保守派反革命は、公共支出の削減や社会的支出の抑制に力点を置いたので、いちばん恵まれない人々が教育、医療制度、住宅所有にアクセスするのが制限された。

まさにこうした欲求に向かって金融システムが殺到した。金融システムは、貧者の子どもたちが大学に行き、貧者が医者にかかることができるように——実際、二〇〇八年現在、四六〇〇万人のアメリカ人が健康保険に入っていなかった——、貧者に貸付けをしても儲かることを発見した。このプロセスの最終的仕上げは、まさに共和党大統領ジョージ・ブッシュの発した「信用による万人の住宅所有」という合言葉にほかならない。この意味で金融主導型成長体制は、レギュラシオン的研究が不平等拡大をともなう外延的体制と形容した先行の体制の軌道上にある（**Boyer and Juillard 1995**）。サブプライム危機を長期のアメリカ史のうちにこのように位置づけることは、構造的危機という仮説に追加的な貢献をすることになる。つまり、一九七〇年代初頭に始まった一つの時代は、一九九〇年代の構図に復帰する希望はほとんどないままに終わったのである。

こうした解釈に立てば、一九九〇年代のニューエコノミーといったエピソードは、一個の幕間劇でしかなかった。なるほど生産性は回復したが、その分配はきわめて不平等であった。特に、労働契約や労働者報酬が個別化されたので、賃金格差の拡大が続くことになった。おまけに、厳密にマクロ経済学的な用語で言えば、金融化は一九九〇年代中に次第にその影響を拡大し、インターネットバブル発生の源泉となっていた。これはいわば金融体制の構築における一段階であり、この体制の危機が二〇〇七年に勃発したのである（**表23**）。マイクロプロセッサーのもとで、早くも金融が頭角を現していたのである。

この点は、大陸ヨーロッパや日本と比べてアメリカの軌道がもつ重要な相違点である。実際、これら諸国では、社会保障メカニズムが広がって強力となり、あるいは雇用関係を支配する社会協約が重要性をもつことによって、基本

表 23　金融主導型蓄積は外延的不平等体制の後継者である

成分＼体制	競争的調整による外延的	大量消費なき内包的	大量消費をともなう内包的	外延的にして不平等	金融主導型
生産組織	大製造業	テーラー主義に続いて組立ライン	規模の経済の動員	生産性上昇の枯渇とサービス化	株主価値追求への移行
賃労働関係	競争的	賃労働者の増加にもかかわらず依然として競争的	生産性上昇の分配をコード化	分権化，個別化，集団的形態の衰退	雇用と報酬のフレキシブル化，社会保障の金融化
付加価値の分配	「産業予備軍」による調整	利潤に有利	分配の事前的安定化	賃金シェアの縮小ののち安定化	賃金シェアの縮小と金融による利潤横取りの増大
社会的総需要の構成	農民，ブルジョワジー，公共支出	賃労働者需要シェアの増大	賃労働者需要の推進的役割	所得による階層化，所得自体は能力と連動	最貧者までも信用アクセスによって強く条件づけられる
歴史的時期	19 世紀後半	戦間期	第二次世界大戦後	1980 年代～ 1990 年代中葉	1990 年代中葉～ 2007 年

的公共財や住宅へのアクセスを剥奪された貧困労働者層が生じないようになっていた。まさにこうした理由によって、サブプライム危機は何よりもアメリカに打撃を与え、そしてイギリスへの打撃はアメリカよりも軽度であったのである。サブプライム・ローンは、保守派政府にとって、本来なら所得や資源の移転をとおして組織されるべき正式の社会保障の等価物だったわけである。これは大西洋の両側の諸国で、各国別進路や起こりうる利害紛争が多様化する重要な要素である。

金融による貧困の根絶という幻想

いちばん恵まれない集団でも容易に信用にアクセスできる。ここから大変に魅惑的な展望が開かれたのであり、その結果、それは保守派政治家のプログラムのうちに取り入れられた。財政の制約および／あるいはヨーロッパ的基準の重視といったことによって、公的社会保障の拡大が阻止されているわけだから、どうして金融錬金術に頼らないなどという手があろうか。* まさに金融によって最貧層を投機家に転換させることでしか、かれらを中間階級に統合することができなかった。それというのも、かれらの所得成長に逆行する動きが続いたからである。「サブプライム」不動産ローン債務者についての個別データから確認できるのは、かれらの大半は、信用供与に先立つ五年間に所得の停滞に悩まされていたということである（Lawless *et al.* 2008）。同様に、同じ人々についてメリーランド州に限定したデータが示すところによれば、アフリカ系アメリカ人の住宅所有者の五四パーセントが「サブプライム」ローンを受けているが、他方、ヒスパニック系ではこの比率は四七パーセント、白人ではわずか一八パーセントだということである（Soros 2008: 201 より引用）。

＊フランスがそうであった。二〇〇七年の大統領選候補ニコラ・サルコジは、自らの政策綱領のなかにサブプライム制度の輸入を謳った。幸いにもアメリカで危機が勃発したので、この方針はとりやめになった。それどころか共和国大統領サルコジは、自分自身のかつての金融政策に対して激烈に攻撃するまでになった。

したがって、危機の勃発以降、新しい貧困化プロセスが始まったと考える必要がある。というのは、金融は結局、アメリカ的生活様式のための多くの標準財に最貧層がアクセスするのを規制するに終わったからである。最富裕層がかれらの株式資産を劇的に減らしたということは、住宅から追い出され雇用も失ったと嘆くアメリカ市民にとっては、ちょっとした慰めでしかない。株式相場が崩落したことで不平等が上方から弱められたとしても、これと対をなして最も不遇な層の生活水準もおそらく下がる。確かに、医療保険の野心的改革を意図したバラク・オバマ政権による計画があるが、にもかかわらず下がる。医療保険の効果は十年、数十年の幅でしか現れないのであり、しかもそれは、利益団体がその実現を阻止しないかぎりでの話である。というわけで、それを信じていた人たちには劇的な仕方によってであるが、フォーディズムの危機以来蓄積されてきた貧困を金融イノベーションという魔術ひとつで根絶しようというプロジェクトは、その息の根が止められた（図70）。

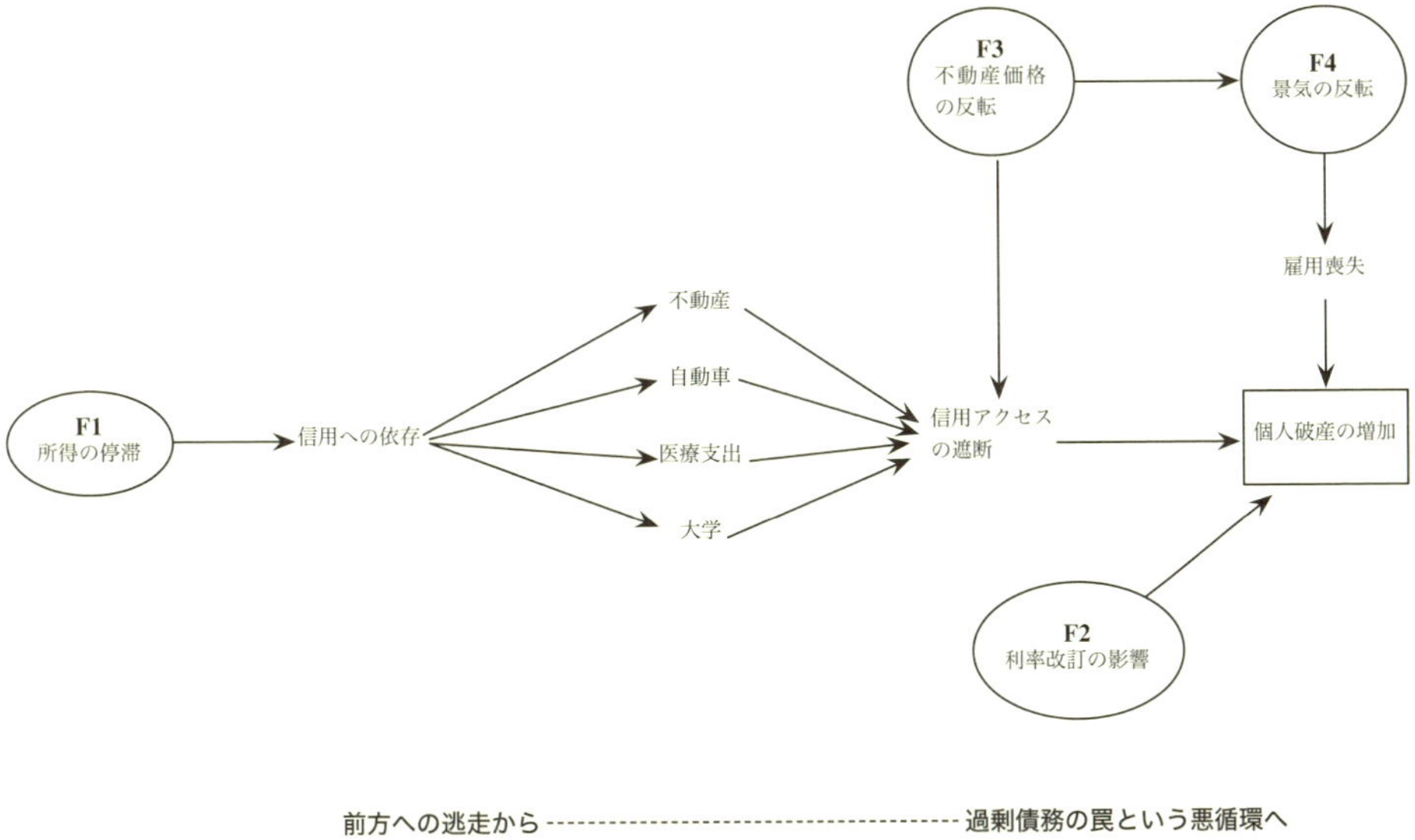

図 70　サブプライム危機とともに低所得者の運命は激変した

出所：Lawless *et al*.（2008）の調査にもとづいて作成

たんに怪しげな金融技術の崩壊であるだけでなく政治プロジェクトの崩壊

それゆえ、二〇〇七年にアメリカで始まった危機は、ほぼ二十年にわたる保守派戦略を終わらせたという意味で構造的なものであった。保守派戦略は当初、アメリカ経済の競争力に賭けようとしたのだが、その後、より平等な所得形成に代わるものとして、また普遍的社会保障を推進する形での公共支出再編成に代わるものとして、金融化の魅力に屈することになった。アメリカの危機がどれほど深刻であるかは、この二大不均衡への対応が必要であることからわかるのである。

アメリカの危機は第二の意味でも構造的である。実際、危機は金融市場というごく特定の市場のたんに一時的な変調に由来し、それを改革するのは簡単なことだと思われていたかもしれない。しかし時間がたつにつれて、それは幻想となった。この経済体制を支えていた四つの支柱が次々と倒壊したからである（図71）。

・魔法使いの弟子〔デュカスの同名の交響詩のなかでは、魔法を

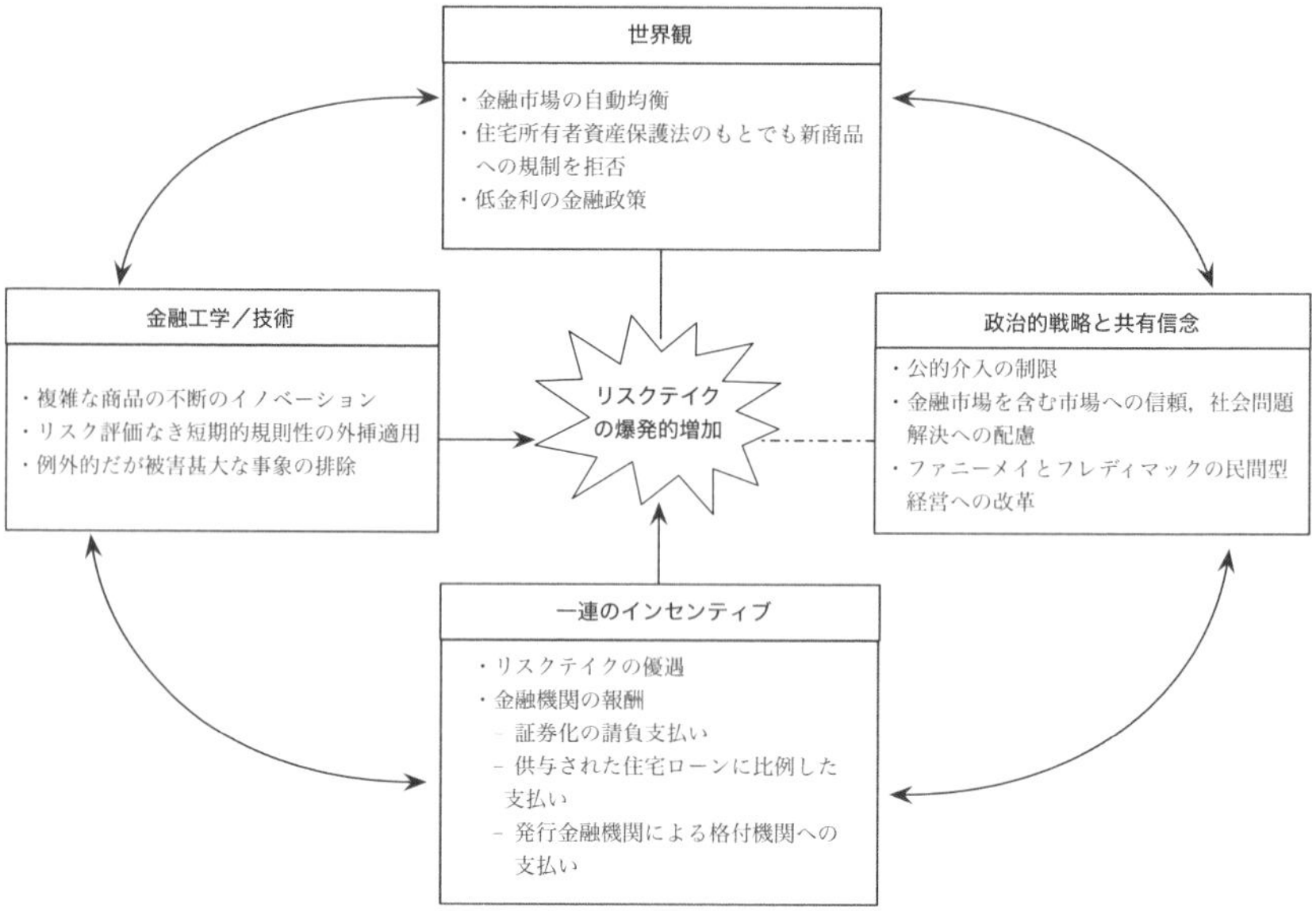
世界観
・金融市場の自動均衡
・住宅所有者資産保護法のもとでも新商品への規制を拒否
・低金利の金融政策
金融工学／技術
・複雑な商品の不断のイノベーション
・リスク評価なき短期的規則性の外挿適用
・例外的だが被害甚大な事象の排除
リスクテイクの爆発的増加
政治的戦略と共有信念
・公的介入の制限
・金融市場を含む市場への信頼，社会問題解決への配慮
・ファニーメイとフレディマックの民間型経営への改革
一連のインセンティブ
・リスクテイクの優遇
・金融機関の報酬
– 証券化の請負支払い
– 供与された住宅ローンに比例した支払い
– 発行金融機関による格付機関への支払い

図 71　サブプライム危機の起源にある補完性――早急なる危機脱出への障害

解く呪文を知らない新米の魔法使いが大混乱を引き起こす」――デリバティブ商品の設計者や最良の専門家たち――は、実体経済に信用を供与しうる金融システムを再建するための解決策をまだ見いだしていない（Zingales 2008a）。金融の目的は、周期的にシステミック危機をもたらすほどに巨大なリスクを創出することにあるのではなく、「実体的」富や有用な財・サービスの生産に内在するリスクを最良の仕方で管理することにある。

・「国家は問題であり市場は答えである」という考え方が崩壊し、ついにはアメリカ公的当局の側からの積極的行動主義への道が開かれた。この行動主義と比較すると、一九八〇年代のフランス社会党政権の戦略は、公的支出に関してまことに臆病なものであった。

・保守派の政治プロジェクトは完全に信用失墜した。共和党候補に対するバラク・オバマの勝利が何よりの例証である。共和党候補には危機管理に関する明確な戦略的方針が何ひとつなかった。* 金融をして現代経済の思わぬ《デウス・エク》救い神《ス・マキーナ》に仕立てようという暗黙的合意《コンバンシオン》もまた、雲散霧消した。各国政府はむしろ、「金融の災い」を――災いが飛び出してきた元の——パンドラの箱へと押し込めようとしている。これはもちろん、大陸ヨーロッパでは、とりわけ社会民主主義の支配圏にあるヨーロッパでは、ごく一般的に認められた結論である（Rocard 2008）。

＊世論調査を年代順に追ってみると、マケイン候補の敗北は危機克服の提案が不十分だったことによって説明されると考えることができる。

・最後に、金融アクターたちや企業の最高経営陣の法外な報酬が経済合理的に見て異常かつ不公正なことに、アメリカ社会は気づきはじめた。ポピュリズム〔大衆迎合主義〕によってこの報酬に上限が設定される方向へと動いているように思われるが、他方、当然のことだが、重要なのは以前の報酬システムを廃止して、金融業者がとったリスクや——かれらがかくも甚大かつ大量に間違いを犯したとき——公共体に押し付ける損失を、金融業者のうちへと内部化することである。

アメリカ社会のこれら四つの支柱を同時に再建するのは簡単なことではない。それは何十年もかかる仕事であって、短気な金融市場がまだ信じ込んでいるような四半期の仕事ではない。二〇〇九年三〜七月、株式相場は高騰したが、それは持続的な成長回復にとっての障害が克服されたということを何ら意味しない。

2 非対称的なグローバリゼーションの反転

アメリカ経済を再編成する仕事は、一九六〇年代のよき時代以降あらたに生じた、もう一つの大きな変化にぶつかっている。かつて経済政策の選択においてきわめて大きな自律性があったアメリカ経済は、いまや、国際関係のネットワークに編入されたという変化である。こうしたネットワークの出現は、グローバリゼーションの名のもとに指導者たちによって促進されたのであった。アメリカ政府および国際諸機関が代々戦略としてきたものが今日反転し、制約となって、また裁量的行動幅――国内レベルではとっくに狭まっているのだが――の限界となって現われている。

アメリカの二重の失敗

この逆転には二つの構成要素があり、それらは危機脱出戦略の追求において結びついている。

・第一に、ワシントン・コンセンサスは挫折した。いかなる国であろうと一個同一の万能なる自由化プログラムが適用されうるのだという考えは、経験的データによって効力を失った。一九九七年のアジア危機の管理にあっては、二重基準が存在することが決定的に証明された。つまり、周辺部諸国に対しては、緊縮（公共支出の削減、金利の上昇）が過剰投機に対する治療法であったが、他方、中心部諸国にあっては各国政府は、強力な反景気循環《カウンターサイクリカル》政策や――脆弱な金融システムを支えるために――時に思い切った低金利政策を実施するのを阻止されることはなかった。アルゼンチン経済はワシントン・コンセンサスの優等生の一つであったが、それが二〇〇一年に崩壊したのは大したことでないと考えられた。この崩壊によって、貿易であれ金融であれ、その完全なる自由化の信奉者に対して強い否認が向けられているというのに、である。

　これと対称的に、国際機関が主張した大原則の多くを侵犯したかに思われる諸国は、二十年以上の間、目ざましいパフォーマンスを記録した。例えば中国で見られるのは、政治的なものと経済的なものとの強力な連携関係の持続であり、資本取引開放の拒否であり、為替相場を国家による公的選択の結果にしようという意思であり、国家行動を起点にして国民的イノベーション・システムを促進しようという努力である。要するに、ビッグバン的な市場移行に対して、経済改革と市場移行の漸進的で実用主義的《プラグマティック》なアプローチが対置されているのである。標準的経済学

表 24　ワシントン・コンセンサスから北京の影響力増大へ――帰結は何か

特徴	ワシントン・コンセンサス	北京の戦略
1. ヴィジョン	・静態的：一挙全面の改革 ・多分に決定論的な展開 ・目的：金融に頼ることによって国際資本を引き寄せること	・動態的：漸進的改革の連続 ・ある程度の予見不可能性 ・政治的社会的安定を目指すこと
2. 公理	・先進諸経済がついて行けない技術を採用 ・まず成長，次いで社会的政治的前進 ・ヘゲモニー強国が設定したゲームのルールの受容	・移行コストを軽減する最新技術と土着的イノベーション戦略 ・持続的かつ公平な発展様式 ・自己決定とルール制定の交渉力
3. 普及と国際的影響	・国際機関をとおして…… ・……とりわけ金融大危機 ・……および条件付開発援助を契機として	・国際的緊張ないし戦争なき国民的躍進 ・最先進諸国および一次産品輸出国からの中国の輸入 ・……加えてアドホックな開発援助

出所：Ramo（2004）からヒントを得つつ自由に作成

はまっとうな自由化プログラムによるほうが成長は早まるはずだと言って、こうしたやり方に反対しているが、これは失笑ものだ。仮に中国のパフォーマンスが依然として良好だとしても、中国社会内の緊張関係や国際摩擦はどうなのか、というわけである。

こうして、理論的にではないとしても実践的に、発展戦略に関するもう一つの提案が次第に浮かび上がってきた。そしてこれは、たとえまだあまり理論化されていないとはいえ、市場絶対主義の知的崩壊によって生み出された空白を埋める任を帯びるまでになった（**表24**）。

・第二に、金融危機は従来、新興経済の遅れや旧弊から生ずると思われていたのだが、それがいまや中心部経済を襲った。その先頭をゆくアメリカは、不安定と紛争の大海のなかにあって安定の小島だと長らく考えられていたのである。ところが二〇〇七年以来、アメリカ経済はデリバティブ商品激増の震源地となり、それが次々と跳ね返って、デリバティブ激増の問題点が世界中に飛び火した。アメリカの当局者やエコノミストは、ヨーロッパ諸国の対応の遅れや日本の景気後退の大きさを名指ししながら、自ら胸をなでおろしているが、

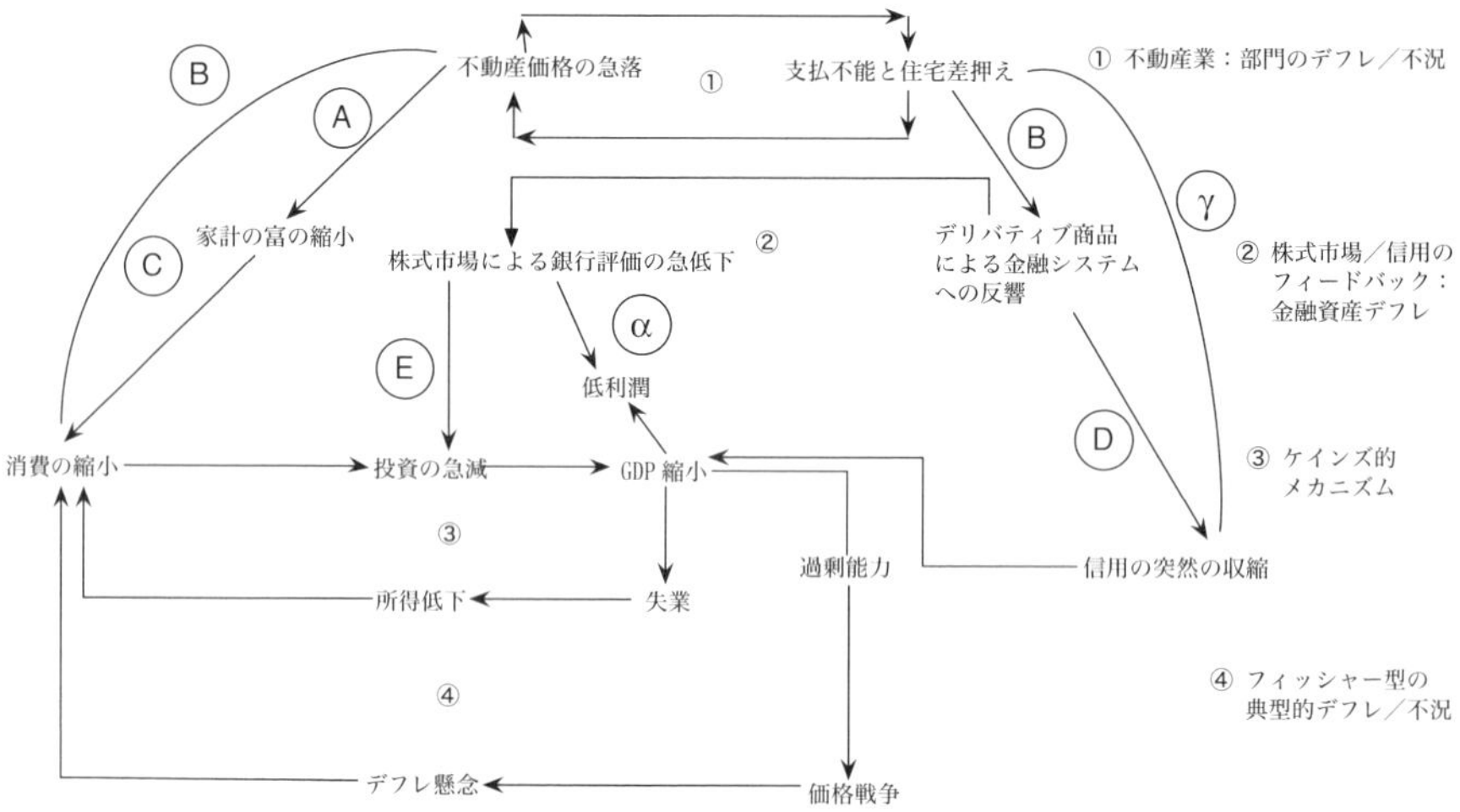

図 72　フィッシャー型「デフレ－不況」の三ループの自己強化過程
――2008 年は危機の開始でしかない

どこに責任があるかは明確だ。アメリカこそ最も深刻な危機にあるのだ。というのもそこでは、アーヴィング・フィッシャーのいう三つのデフレ・プロセスが結びついているのであり、ブッシュおよびオバマ両大統領が大規模なケインズ的景気刺激政策を実施し、流動性へのアクセスが完全に緩和されたのだが、目下のところこのデフレ・プロセスを阻止するには至っていないからである（図72）。

二〇〇九年春、ＯＥＣＤとＩＭＦが日本の失われた十年を引合いに出してアメリカの長期停滞の危険性を主張したのは、不動産バブルの崩壊によって生まれたショックの波紋が、デリバティブ商品の激増ゆえに金融システム全体に広がり、それがひるがえって、二〇〇八年第４四半期に急激な景気後退を加速させたからである。二〇〇九年の上半期は、利潤見通しの悪化への景気後退の跳ね返りを証し立てている。公正価値会計原則が侵害され、金融市場の参加者たちが不安に襲われたので、金融資産がまた減価すると予想される。ジャンクボンド〔信用度の低い「がらくた債」〕水準の格付けに引き下げられたのは、もはや金融株だけではなく、ゼネラルモーターズやクライスラーの破綻に示されるように、フォード的モデルの核心をなした製造企業の株でもあった。

結局のところ、二〇〇八年九月から二〇〇九年六月にかけて見られた推移をそのまま引き延ばしてみるならば、累積的不況への突入を心配する必要が出てこよう。それというのも、信頼回復と経済活性化のために準備された膨大な金額は、計画立案者が期待する期間内に状況を改善するに十分かどうか、確かでないからである。アメリカの需要がモーター役を担っていることを考えれば、経済活動のこうした低下は残りの世界に影響を及ぼし、その結果、世界経済が構造的脆弱性の圏内に突入する蓋然性がなおいっそう高まっているといえる。アメリカという国際システムの安定性アンカーが、同じシステムの内部爆発の発火点に転化した。

世界的な金融仲介の利益から危機管理コストの急増へ

二十年来、アメリカ資本主義は、世界的な金融仲介による利益をとおして、また非金融大企業がもつきわめて多数の特許所有権を守ることをとおして、繁栄するという特殊性を獲得してきた。確かに今日まで、資本は周辺部からアメリカに向けて還流したが、この手の逆説は十年という単位では続かないであろう。ウォール街の信用が失墜したので、もっぱらアメリカの利害に従ったドル管理ゆえの不安定性からうまく逃れるために、地域レベルでの金融仲介を発展させようという、ヨーロッパやアジア諸国の昔からの戦略がいっそう加速されることだろう。

この点、AIG〔アメリカン・インターナショナル・グループ〕がロンドンの傘下企業幹部に高額のボーナスを支給したという不祥事の圧力を受けて、企業は透明性を最大限に発揮して、倒産を回避すべく提供された各種公的資金の使途を説明するのがよいと考えた。その結果は教訓的だ。というのも、アメリカの企業よりもヨーロッパの銀行のほうが、アメリカ市民への課税によって資金調達された公的援助から多くの恩恵を受けていたからである。だから、アメリカが国際金融システムの救済者の役割を演じているのを見て、何人かの上院議員や下院議員が不安に思ったのも無理も

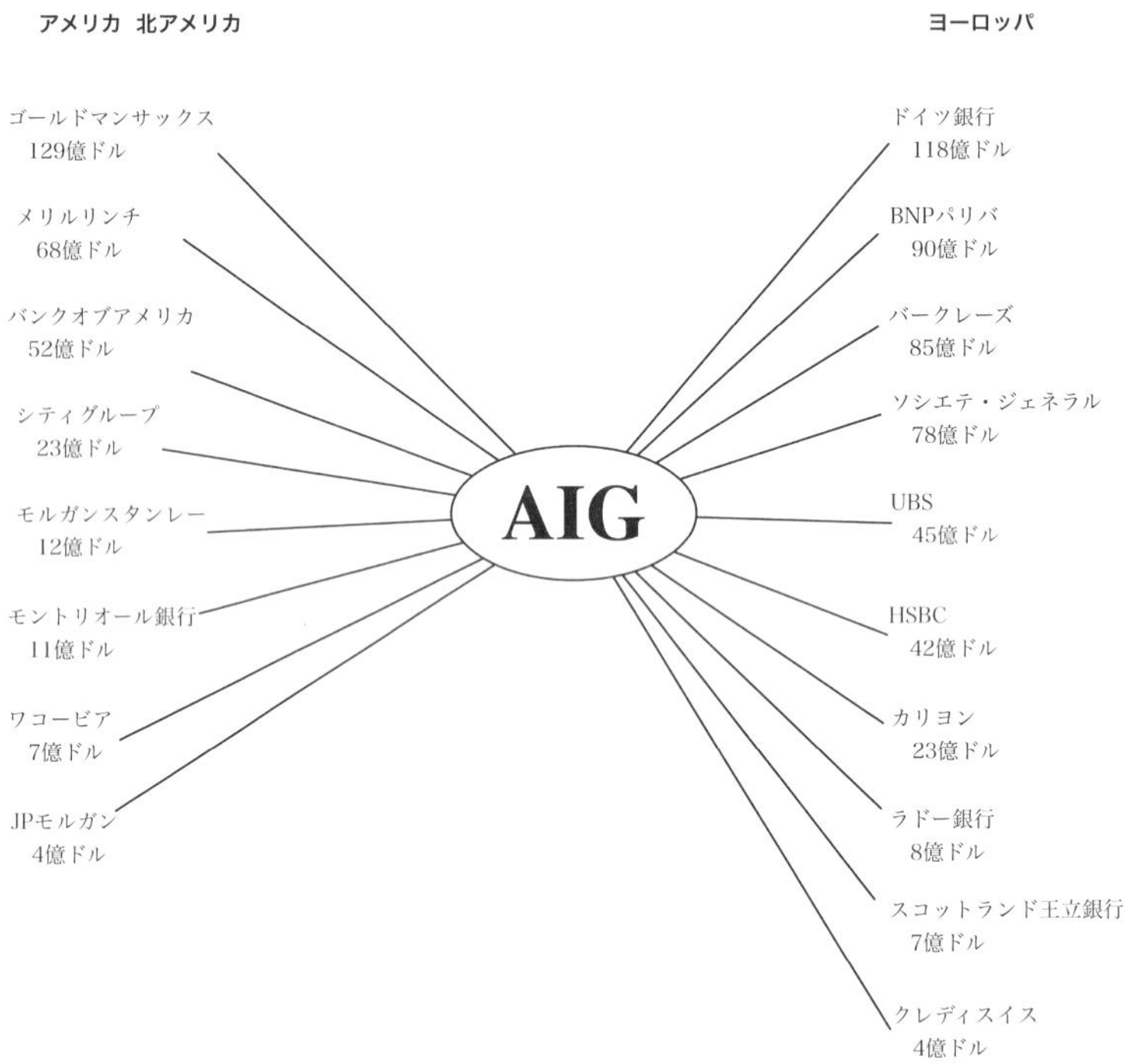

図73　AIGに投入された公的資金の行方――国際金融ネットワークの脆弱性の指標

出所：http://www.aigcorporate.com/GIinAIG/owedtoUS_gov_new.html

ない。いずれにせよ、金融仲介の利益はかなりのコストに変転した。つまり、アメリカの資金吸引力がひょっとして回復するとして、この回復をうまく続けるためには、アメリカの公共予算は世界的金融安定という公共財を防衛するのだということを保証しなければならない。こうした脈絡において、危機のコストを公平に分かち合おうというアメリカ当局者の要求がよくわかる（図73）。この協力路線が阻害されるならば、金融保護主義を覚悟しなければならない。つまり、各国政府は好んで自国内銀行への支援の余地を残そうとし、その結果、金融システムの分裂化に行きつき、また、銀行の国際化が進む以前の国内銀行の旧来の戦略に舞い戻ることになろう（Flyod 2009）。

アメリカはもはや地政学上の唯一の戦略的アクターではない

最後に、二〇〇八年に始まった危機はもう一つの変化を浮き彫りにした。つまり、アメリカの政治はもはや、相手国がそれに賛成しようが反対しようが、とにかくその相手に自分の政治を押し付けるという特権的立場にはないということである。実際、金融化の普及はそれゆえ世界レベルでなされる類いのものであった（Morin 2007）。例えばアメリカ国債の資金調達は、もはや需要・供給という経済的問題ではなく、何よりもアメリカと中国をはじめとする相手国ないし競争国との地政学的関係の結果なのである。アメリカ当局者が自国経済の問題点の多くは人民元の過小評価のせいだと言いつづけるならば、中国政府は必ずや、保有するアメリカ国債の——減少しつつあるとはいえ——一大部分への投資を引き受けることによって、アメリカのマクロ経済運営を助けていることに注意を喚起することだろう。二〇〇九年三月、中国の首相はアメリカ当局者に警告を発して、アメリカが中国人民銀行による下支えの利益を期待するのであれば、アメリカはドルの安定性を保証しなければならないと語ったのではなかったか。

というわけで、ブレトンウッズ機関〔IMFと世界銀行〕の出発点にあった権力関係は大きく変化した。世界生産のシェアを拡大している新興諸国は、IMFおよび世界銀行にあっては周辺的な地位しかしめていないのが現状である。結果として、またごく当然のこととして、新興諸国は、最も深刻な危機の打撃を受けている諸国を助けるべく資本拠出することを要求するだけでなく、こうした国際諸機関の改革を要求している。だが、これに充てられる額——G20のロンドン協定では一兆ドルの資金供給が見込まれている——は、この十年間の世界的成長を支えた民間国際資本移動の激増に釣り合ったものではない。

一言でいって、アメリカはグローバリゼーションの仲介者だったのであり、そこから多大な利益を得たのだが、やがて典型的に私的な力学を生んでしまい、その結果、自分自身の金融システムが不安定化し、フロンティア開拓の追求やアメリカ的覇権《ヘゲモニー》の行使がことのほか弱いものになってしまった。

3　ウォール街の魔法使いの弟子を救ったＦｅｄとアメリカ財務省――労多くして功少なし

アメリカ金融界は金融危機への対処について同一の見方を共有していた。つまり、金融バブルを予見することはできないのであり、危機が起こったらそれを克服すべく、あらゆる公的介入措置を素早く動員すれば十分だという、アラン・グリーンスパン〔ＦＲＢ前議長〕の意見を受け入れていた。この見方はインターネットバブルへの対応をとおして強固なものになった。つまり、急速な利下げや景気刺激的な財政政策によって早々に経済活動が回復し、同時にまた、不動産市場における新しいバブルが出現した。不動産バブルがはじけたとき、アメリカ当局者は最終的には、これを克服する能力が自分たちにはあると大いに確信していた。この自信は容赦なく挫かれた。以前の各種危機から受け継がれてきたあらゆる手段を総動員しても、資産のデフレ・スパイラルを十分に阻止できなかったばかりでなく、公的介入に関して前例なきテンポで革新的措置を施してみても、経済の後退を阻止することも金融システムの障害を除去することもできなかった（前出第４章参照）。これは構造的危機の第三の要素である。

危機の重大性の過小評価――プラグマティズムの限界

金融アクターたちやそれ以上にアメリカの公的当局者は、二〇〇七年春に生じた不動産市場の反転がもたらす帰結の重大性や広範性に気づくのに手間どった。この出来事は当初、Ｓ＆Ｌ〔貯蓄貸付組合〕の危機がより大規模に再来したのだと解釈された。というわけで二〇〇八年夏、多くの分析者がこの危機の克服は山を越えたと考えた。こうした見方は、住宅ローン債権を組み込んだデリバティブ商品がアメリカおよび世界のほとんどの金融システムに拡散しているということを忘れている。これが世界的規模で拡散していることのまさに好例が、払戻し要求に応ずることができないと最初に宣言したのはＢＮＰパリバ〔パリに本拠を置くフランスの大手銀行グループ〕傘下の投資ファンドだったという事実である。第二の決定的日付はリーマンブラザーズ倒産の日であり、これによって、ウォール街のさまざまな投資銀行の流動性やさらには支払能力に関する全般的不信の発作に火がついた。

この時になってはじめて、Ｆｅｄ〔連邦準備制度〕や財務省は、崩壊のリスクを阻止するため、動員しうるあらゆる手段を講ずることを決心した。実際のところ、こうした手段は、以前の大金融危機に由来する以下のような公的イノベーションから生まれたものだった。

・一九三〇年代恐慌の専門家としての経験に支えられて、ベン・バーナンキ〔ＦＲＢ現議長〕はこのとき、Ｆｅｄの政策金利を急激に低下させることを決めた。その目的は、金融業者たちの相互不信のゆえ、流動性の過剰からその枯渇寸前への突然の逆転が起きたことに驚愕した金融システムに、流動性を供給することにあった。ところがどっこい、この戦略には限界があった。というのも、預金や貨幣に課税するのでもないかぎり、マイナスの金利を実現することはできないからである。

・ここにケインズ的直観が力強く復活した。それによれば、大規模な遊休生産能力が存在する時期には、流動性の罠に対応すべく財政政策が重要になってくるという。こうして二〇〇八年、不安定な民間有効需要を下支えするために、アメリカ財務省は（小規模であったが）第一次景気刺激プランを決定した。だが再びわかったのは、金融政策も財政政策も、経済活動水準に作用を及ぼすまでには六〜十八ヵ月ほどの期間が必要だということである。その間、悲観的予想から、投資、生産、したがって雇用の低下がずっと促進されていく。

・ケインズ理論の主要な教えにかかわる以上二つの再発見に加えて、第三の道具の動員を付け加える必要がある。これは、一九八〇年代アメリカのＳ＆Ｌ危機に際して、また、一九九〇年代日本で前例なき不動産危機を解決するために、開発されたものだ。こうしてポールソン財務長官の二つのプランによって、破綻住宅ローン債権の買取りに倣って毒入り資産を買い取ることが提案された。ここにアメリカ当局者の第三の期待はずれがあった。つまり、自ら片棒をかついだ破綻住宅ローン債権に対しては不動産市場が底値をつけることができるけれども、デリバティブ商品の場合にはそのようなことはもはやまったく不可能なのである。というのもデリバティブ商品は、文書資料にかなりの——ないし完全な——不備がある無数の信用債権をかき集めたものだからである。おまけに、こうした信用は多数のトランシェ〔特定条件で切り分けられた償還条件や信用リスクなどの異なる部位のこと〕（優先《シニア》、中間《メザニン》、劣後《ジュニア》〔エクイティ〕）に切り分けられたので、元の証券の評価との間に大きな切断が生じた。デリバティブのデリバティブを対象とするとき、評価はいっそう疑わしくなり、かつ第三者にとってはまったく不可能である。バーチャルででっち上げの金融資産の価格体系を助長したばっかりに、公的不良債権処理機関が効果的に行動する可能性は皆無にひとしくなった。

以上のように、過去の金融危機から受け継いだ手段や手続きによっては、アメリカ経済の早急なる回復は不可能である。

自由放任の十年間ののち公的当局の全般的かつ混乱発生的な積極行動主義

サブプライム危機の——斬新性にではなく——重大性に次第に気づいて、Ｆｅｄは、ますます広がった不信のため麻痺した金融システムに流動性を供給すべく、次々と新しい手段を提案した。まずは「臨時公開市場」操作が拡張され、再割引の可能性が一日から三十日に延長され、「入札型ターム物貸出制度」（ＴＡＦ）が創設され、スワップ取引が簡素化された。関連資金額は不断に積み増しされたがそれでも十分でなかったので、Ｆｅｄは「ターム物証券貸出

表 25　危機の深刻化に対応して Fed がとった措置の経過

伝統的措置	「異端的」措置
2007 年	
	8 月 9 日　臨時の公開市場操作の拡大
	8 月 17 日　1 日から **30 日**への連銀貸出の延長
9 月 18 日　FF 金利〔アメリカの政策金利〕の 50 ベーシスポイント（bp）下げ	
10 月 31 日　FF 金利の 25bp 下げ	
12 月 11 日　FF 金利の 25bp 下げ	12 月 11 日　入札型ターム物貸出制度（TAF）の**創設**と欧州中央銀行とのスワップ
2008 年	
1 月 21 日　FF 金利の 75bp 下げ	
1 月 30 日　FF 金利の 50bp 下げ	
	3 月 2 日　累計 1000 億ドルの **28 日物**レポ
	3 月 7 日　**600 億から 1000 億**ドルへの TAF〔限度額〕の増額
	3 月 11 日　ターム物証券貸出制度（TSLF）の創設
	3 月 16 日　政府証券公認ディーラー向け貸出制度（PDCF）の創設 28 日から **90 日**への連銀貸出の延長
3 月 18 日　FF 金利の 75bp 下げ	
4 月 30 日　FF 金利の 25bp 下げ	
	5 月 2 日　TAF〔実施額〕を **500 億ドル**から〔750 億ドルへ〕引上げ **トリプル A 格** ABS〔資産担保証券〕への TSLF の拡張（学生, クレジットカード, 自動車ローン）

出所：Cecchetti（2009, p.65）

制度」（ＴＳＬＦ）という第二の手段を創設した。これは「政府証券公認ディーラー向け貸出制度」（ＰＤＣＦ）とともに創設されたさらにもう一つの手段であったが、これと並行して、Ｆｅｄの政策金利は七五ベーシスポイント引き下げられ、またＴＡＦやＴＳＬＦにかかわる介入の上限はさらに引き上げられた。

　サブプライム危機がＦｅｄの管轄と責任のもとにある商業銀行総体の範囲を越え出てしまったので、ベン・バーナンキは、金融崩壊のリスクが明らかになったウォール街の投資銀行が流動性にアクセスするのを正当化するために、Ｆｅｄの地位を大胆に解釈するよう迫られた。こうして、あたかも当局者の長年の消極的態度を埋め合わせようとしているかのごとく、すべてが運ばれた。金融規制を所轄する当局者は、これまで緊急手段として構想していた――しかもその有効性や論理的筋道は多分に不確実な――新しい措置を次々と繰り出していった（**表25**）。

アメリカ財務省による介入についても、ほぼ同じような構図が見られる。ちがいは、Ｆｅｄが理論上、支払能力はあるが流動性不足にある金融機関を救済するのを仕事にしているのに対して、財務省は緊張著しい局面のなかでもはや支払能力を失った機関を援助するために、公的予算を投入するという点にある。二〇〇八年九月、ポールソン財務長官が提案した当初プランは、合計約七〇〇〇億ドルの不良債権を買い取ることを主な柱にしていた。上下両院の反対に直面した後、介入経路が多様化され、銀行や保険会社への直接的援助や、場合によっては住宅ローン市場の再活性化への援助も含まれることになった。学界からの多数の批判が寄せられたが、そのなかには断固としたものが多かった（Zingales 2008a, 2008b）。

このプランは最終兵器として示されたが、長らく否認されてきた明白な問題にぶつかった。複雑なデリバティブ商品の土台をなす資産は、その不透明性ゆえに民間自身ではもはやその価値を決定できないのに、どうして公共体が民間よりもその価値をよく知ることができるというのか、という問題である。調子がよかった時には、能力・情報不足ゆえに公的当局がデリバティブ商品を規制できない点をほめそやしていた同じアクターが、自分自身がはまり込んだ袋小路から抜け出るために、財務省に助けを求めるというのは皮肉なことではないか。それゆえポールソン・プランが予期した成功を収めなかったとしても、驚くに当たらない。イギリスのシステムもウォール街なみの危機を経験したが、幸いゴードン・ブラウン首相のおかげで、公的資金による破綻銀行への資本注入が提示された。一方で投入資金ははるかに小さく、他方で毒入りデリバティブ商品を評価できないという難点は回避された。

オバマ大統領の就任とともに、これを引き継ぐプランは必ずしも方向転換したわけではないが、新たな広がりを見せた。はるかに本格的なやり方で公共支出が援用され、財務省ならびにＦｅｄの介入方式はさらに多様化した。しかしながら、ティモシー・ガイトナー新財務長官が二〇〇九年三月に提起した新プランは、期待した効果が全然出なかった。実際、二〇〇九年五月、金融的・経済的なストレステスト〔健全性審査〕をとおして大手銀行全体の脆弱性の源泉

表 26　アメリカ財務省の反応——戦略的ヴィジョンの欠如による試行錯誤の連続

2008 年 9 月 28 日	総額 7000 億ドルの銀行救済に関するポールソン・プランの発表
10 月 3 日	多くの修正と追加ののちポールソン・プランは議会を通過：2500 億ドルが銀行に，400 億ドルが AIG に割り当てられた
11 月 12 日	ポールソン長官は銀行から毒入り資産を買い取ることによってその資本増強を支援する計画を断念 9 銀行に 1250 億ドル，AIG に 400 億ドルを注入
2009 年 2 月 17 日	オバマ大統領の景気回復プラン：7870 億ドル（減税 2870 億ドル，公共支出 5000 億ドル）
3 月 23 日	ガイトナー・プラン「民間部門が価格を決め，納税者が利益を分け合う」（ウォール・ストリート・ジャーナル , 2009 年 3 月 23 日） ・住宅ローンの再構築 ・銀行への資本注入 ・小企業向け信用の支援 ・官民投資プログラム：毒入り資産の市場を組織すること
5 月 7 日	資本評価監視プログラムの結果 19 銀行中 10 銀行への資本注入として 1850 億ドル
5 月 13 日	デリバティブ商品（店頭市場）を規制下におく改革
6 月 17 日	アメリカ金融システムの規制に関するオバマ・プランの発表

をはっきりさせようという、新しい介入がなされた。検査の結果、該当する一九の銀行のうち一〇行で総額一八五〇億ドル相当の資本注入をする必要性が判明した。危ない銀行は、そのプルーデンス比率〔健全性比率〕を回復できるような資本の積増しを実現するため、六ヵ月の猶予期間を得た。もしそれができなかったら、銀行は財務省の管理下に入っていく。

以上のような経過を見ると、アメリカの戦略が手探り的、思いつき的、そして不確かな性格のものだということがわかる。戦略上のこうした問題点はシステミック危機の新奇性と重大性を示す補足的な指標をなしており、これこそまさに、最良の専門家たちやウォール街の最高のスターたちを驚愕に陥れたものである（**表26**）。

新たな投機を挑発しながら過去の投機の損害を癒すこと——信じがたい官民パートナーシップ

振り返ってみると、アメリカの新たな成長という奇跡を生み出した人としてのアラン・グリーンスパンの名声は、いささか傷ついた。マクロ経済学者のなかには、サブプライム危機の責任は彼にあるとまで言う者もいる。第一に、彼によるインフレ克服は超低金利をもたらし、ハイリスク資産の購入によるハイリターンの追求が助長されたと言えよう。第二に、彼はインターネットバブルの破裂を、もはやニューエコノミーに立脚してでなく、不動産に立脚した第二の投機局面を刺激することによって克服したと言えよう。最後にとりわけ、彼は金融の全能性の前に屈服し、投機バブルの認知と予防において、また新しい金融商品に最小限の枠をはめるべく組織化する点において、その役割を果たすことを拒否したかに見える。

だから、アメリカの新しい経済運営の一般的方針には、それだけいっそう驚かされる。実際、金融契約に関して重要なことは、銀行間だけでなく対企業および対家計の信用の再建にかかわっている。この点、例証として「官民投資プログラム」〔PPIP〕を分析してみよう。これは二〇〇九年三月二十三日に発表された。それはガイトナー財務長官によって、きわめて魅惑的なやり方で紹介された。いわく、「民間部門が価格を決め、納税者が利益を分け合うことになる」、と (Wall Street Journal 2009)。いっそう注意深く検討してみると、これは事実上、きわめてハイリスクな資産――毒入りデリバティブ商品――への投機を再開しようとするプロセスだということがわかる。このプランは、毒入り商品を買い取るという以前の試みに内在していた以下の矛盾を克服しようとするものである。

- 第一に、金融機関にとっては、公権力による買取りという以前のプランに申請するメリットがなかった。それというのも、申請する金融機関はおそらく、自らの現在評価――なお多分に楽観的であるところの――のうちに織り込み済みの損失に加えて、新しい損失を計上することになろうからである。つまり金融機関は、自らが恐れる価値を上回る価格でないと売ろうとしない。
- 第二に、ひょっとして投資家がいるとしても、その投資家は資産評価の可能性に関して根本的な不確実性に見舞われている。投資家は資産について格別の――売り手のそれよりも上質な何らかの――情報をもたないわけである。

それゆえこの市場は死産児のまま決して目を覚ますことのない恐れがあろう。複雑きわまる金融商品を設計した者たちの才覚は、まさに、アメリカ財務省という第三者の貢献を押し隠しながら障害を克服しようと試みている点に見いだされる。実際、財務省は、以前のプランではおそらくアメリカ納税者たちの忍耐は限界に達しているのを知っているので、銀行のバランスシートから毒入り金融商品を少しずつなくそうとしている。そこで思いついたのが買い手に信用保証を与えることであり、次いでかれらに少額——財務省の資本供給と同額——の資本参加を要請することであった。もし資産の価値が激減したら、財務省は全体の信用をカバーして資本の損失を引き受け、こうして投資家の損失を最小にするというわけである。これと反対に、もし資産の価値が最終的に増えるならば、利得は官民で均等に分配される。とはいっても、公的機関はリスクをほぼ全面的に引き受けるが、利得の半分しか受け取らない。ここから明らかになるのは、買い手にとっての含み益はジャンクボンドのそれよりも高い収益率だということである(Stiglitz 2009a)。

というわけで、毒入りデリバティブ商品の価値をめぐって、公権力によって一連の新しい賭けが奨励された。公権力はもっぱら民間の評価に助けを求めているように見えるけれども、すべては財務省とＦＤＩＣ〔連邦預金保険公社〕の気前よさに立脚しているというわけである。こうして価格は必然的に過大評価されることになる。というのも価格は、潜在的利益の大きさを考慮に入れ、公的保証にかかわる損失をほとんど考慮しないからである。このプランは、官民パートナーシップの現実を隠蔽するだけでなく、各種政策による損失受容の蓋然性を過小評価している。損失はおそらく巨額で、これは公的予算をとおして社会化されることになろう。それゆえＰＰＩＰが成功する可能性はごくわずかしかない(図74)。

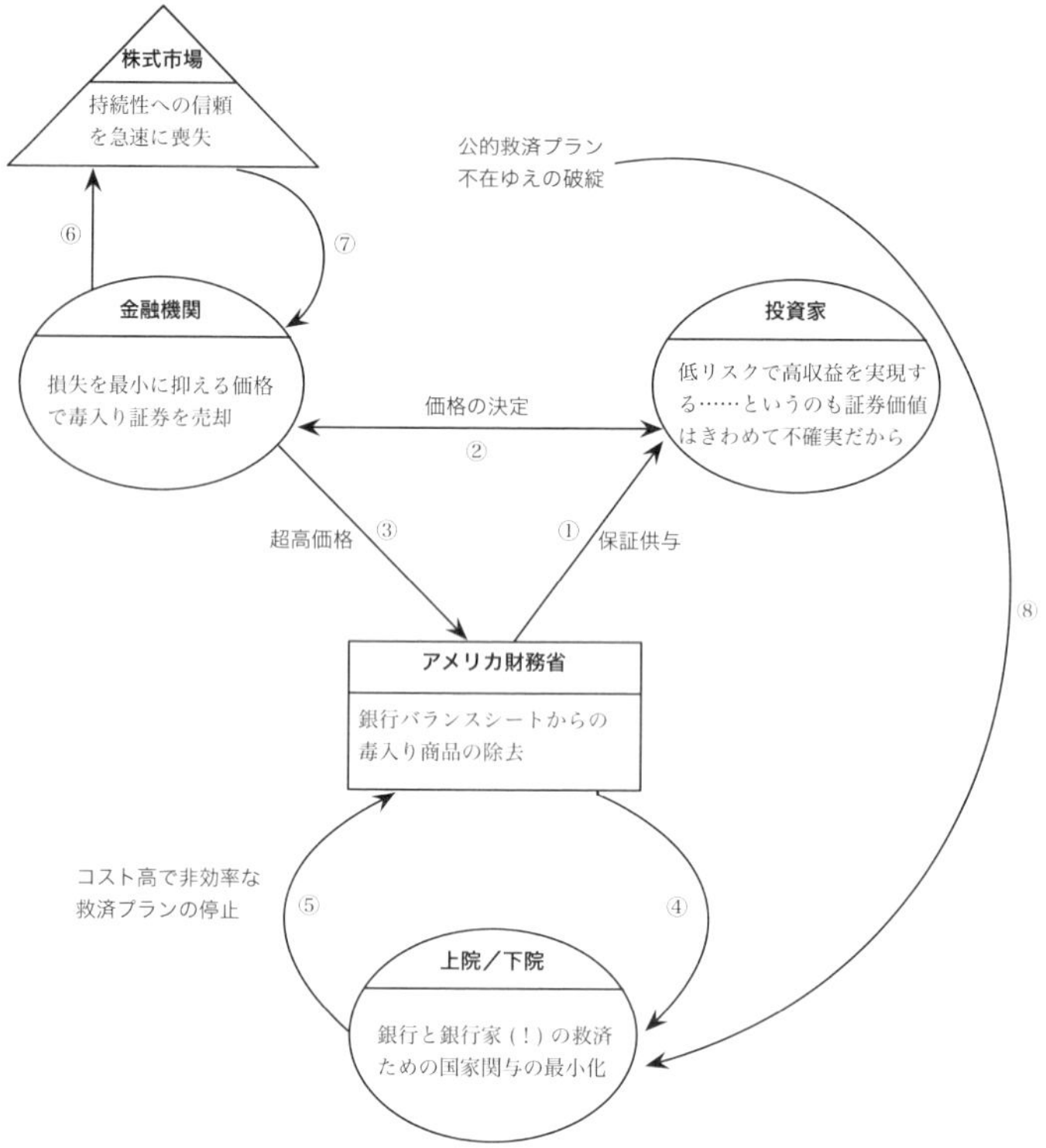

図74　ガイトナー・プラン（2009年3月）――危うい均衡か一難去ってまた一難か

アメリカ流社会主義――公的コントロールなき損失の社会化

このように、つねに市場優先として示される信念のもと、第二次世界大戦以来未曾有の公的介入が助長されてきた。それは二〇〇〇年代末の状況に関するささいな逆説といったものではない。金融閉塞のシステミックな性格は、金融資産価格の形成システムが完全に変調をきたしていることに由来するのである。つまり、モデルの歪み、体系的なリスク過小評価、複合商品でのリスク隠蔽、リスク評価・予測というその役割に対する格付機関の任務放棄、市場価格に《マーク・トゥ》よる時価評価《ー・マーケット》よりもモデルによる時価評価《マーク・トゥー・モデル》を奨励した会計制度の倒錯性がそれである。こうして、本質的にミクロ経済的な問題点がマクロ経済的破局に転換した。中央銀行の流動性や国家の補助金にアクセスさせることは、明らかに、信用関係それ自身にかかわるきわめて根深い不均衡に対する適切な対応ではない(第7章参照)。

表27　サブプライム危機対応のための公的機関の支出と信用供与の推計

期間：2008年9月〜2009年3月　単位：（兆単位以下は）億ドル

Fed		連邦預金保険公社（FDIC）		財務省	
資産CP〔期間が長めのCP〕の買取り	1兆8000	流動性保証	1兆4000	金融システムの救済（TALF）	7000
政府支援機関（GSE）保証MBSの買取り	1兆	官民投資基金	5000	オバマ景気回復プラン	7870
28日間および64日間の対銀行貸出し	9000	モーゲージ証券への保証	1260	FDIC信用枠	5000
為替スワップ	6060	シティグループ救済	100	ファニーメイ／フレディマック救済	4000
政府支援機関債の買取り	6000	**総　額**	**2兆0360**	ブッシュ景気回復プラン	1680
企業発行証券の直接購入	5400			学生ローンの購入	600
国債購入	3000	連邦住宅局（FHA）		財政の安定化	500
対金融機関貸出し	2500	住宅所有者向け基金	3000	銀行への免税	290
シティグループ救済	2204			**総　額**	**2兆6940**
バンクオブアメリカ救済	872				
AIGへの信用供与	855				
その他	2兆2779				
総　額	**7兆7660**			**総 合 計**	**12兆7960**
				対年間GDP比	**85%**

出所：El Economista（2009, p.10）. FRB, FDIC, アメリカ財務省および住宅省の資料の集成に依拠

　こういうわけで、Ｆｅｄ、ＦＤＩＣ、財務省当局、連邦住宅局〔ＦＨＡ〕がそれぞれに投入した数兆ドルの有効性は疑わしい。何人かの分析家が描こうとした全体のバランスシートは慎重に解釈されねばならないとしても、二〇〇八年九月〜〇九年三月のアメリカ国家による投下額が年間ＧＤＰの八五パーセントにのぼるという事実はあまり安心できるものではない（**表27**）。保証提供、買取り、資金援助、補助金など多彩な措置は、資産とそのリスクの効果的配分が可能となるような価格システムの回復という、問題の核心に触れていないのである。その意味でケインズを引合いに出したところで、それはより多く国家の大規模介入を正当化するための口実となっているだけで、『一般理論』の核心的メッセージを考慮することになっていない。自らに委ねられた金融市場は賭博場《カジノ》に似てくるのであって、資本配分の効率性に関して懸念される結果をもたらす、というメッセージである。

透明性、効率性、機会の平等性を旨とする社会全

体のなかにあって、この種の損失の社会化と利益の私有化をどう説明したらいいのか（Stiglitz 2009b）。一般紙であれ金融紙であれ、アメリカの新聞を読むと、正真正銘の自由主義的なライトモチーフが浮き出ているのを目にする。いわく、「市場メカニズムにまさるものはない、この経済システムの成功を生み出した革新を制限してはならない、何ごとにも口をはさむ小うるさい介入主義に陥らないよう注意せよ」、と。公権力が国益にもとづく最小限の設定目標の実現を要求することもなしに、シティグループ、バンクオブアメリカ、ＡＩＧに何百億、何千億と供与するのを正統化するのが、このライトモチーフなのである。それとも、アメリカではこの観念には何の意味もないということなのか。

典型的にアメリカ的なイデオロギー的閉塞——経済合理性を担う国有化の拒否

一九八一～八二年、フランスでフランソワ・ミッテラン政権が国有化を実施したが、それよりもはるかに大規模な事実上の国有化へとアメリカの当局者が転換したことについて、ユーモアのある人たちは皮肉った。もちろん、根本的なところでいくつか相違はある。フランスの場合は、市場調節ではうまく実現できなかった生産システムを再構築するという政治プロジェクトのなかでのことであった。加えて政治権力による管理は、経済的社会的配慮からの経営陣の刷新や企業戦略の転換をも含んでいた。そのようなことはアメリカでは見られない。合理化推進という攻めの国有化であっても、およそ国有化なるものは、ウォール街だけでなく——たとえ民主党員でも——政治家によっても即座に拒否された。こうしたコンセンサスの形跡は、経済に関するオバマ演説のうちに見られる。いわく、「誰にもわかることだが、金融システムを国有化することはきわめて高くつくだろう」、と。

これはとんでもなく真実に反している。理論的観点から言うと、公信用が——その必要のない金融機関にまで——四方八方に無分別に分配され（二〇〇八年十一月十二日のポールソン・プラン）、他方これと対称的に、こうした援

表 28　照応する金融危機のコスト比較に関する総合評価

	危機の開始年	ピーク時の不良債権比率	財政コスト／GDP	生産の損失	最低成長率
アルゼンチン	2001	20.1	9.6	42.7	-10.9
チリ	1981	35.6	42.9	92.4	-13.6
中国	1998	20	18	36.8	7.6
韓国	1997	35	31.2	50.1	-6.9
アメリカ	2007				
フィンランド	1991	13	12.8	59.1	-6.2
ハンガリー	1991	23	10	na	-11.9
インドネシア	1997	32.5	56.8	67.9	-13.1
日本	1997	35	24	17.6	-2
メキシコ	1994	18.9	19.3	4.2	-6.2
ノルウェー	1991	16.4	2.7	0	2.8
ポーランド	1992	24	3.5	na	2
ルーマニア	1990	30	0.6		-12.9
イギリス	2007				
ロシア	1998	40	6	0	-5.3
スウェーデン	1991	13	3.6	0	0.7
タイ	1997	33	43.8	97.7	-10.5
トルコ	2000	27.6	32	5.4	-5.7
ウルグアイ	2002	36.3	20	28.8	-11

出所：Leaven and Valencia（2008）より抽出

助を大いに必要としていたはずのいくつかの小規模銀行は放置された。加えて、同時的かつ体系的な介入に代わって、新事態への対応をこととする場当たり的なプランが次々と行われた。こうして銀行システムの持続性はいつまでたっても不確かなままであり、結局、公的機関による救済コストが増大した。これは実際、危機の比較分析から得られている大きな教訓なのである。銀行システムの救済や合理化が遅れると、危機はそれだけいっそう公共財政にとって高くつき、成長を損なうのである（**表28**）。

表における各国危機を全体として見ると、分析すべき二つの対極的ケースが浮かび出る。

- 日本の失われた十年が示しているのは、銀行への迅速な資本注入が政治的に阻害されたことによって、きわめて有害な結果がもたらされたということである。すなわち、不動産バブルの収縮過程が長引いたこと、投資およびイノベーションの鈍化、生産性がほぼ停滞状態にあること、貧困の拡大、そして社会的活力の喪失といった結果である。

・反対にスウェーデンは、これとまったく異なったアプローチを採用した。それは総合的な介入を組織し、大銀行の流動性と支払能力の現状を明らかにしようと意図するものであった。株主に市場の規律を課しつつ、一つの機関が産業再生の任を負わされた〔スウェーデンのセキューラム社は日本の産業再生機構（二〇〇三年四月〜二〇〇七年三月）のモデルとなった〕。こうして公権力の決然たる連携的行動によって、公共財政の純支出が少なくてすみ、また中期的成長のロスも小さなものとなった。

アメリカおよびイギリスの金融ジャーナリズムはスウェーデン・プランの利点を伝えた。それは一見、透明性、産業再生機構の独立性、効率性と迅速性の必要といった、アメリカ民衆が要求する多数の基準を満たすものであった。にもかかわらずこのプランは、少なくとも以下の三つの大きな理由から採用されなかった。第一に、国有化というのは、よくても行きすぎたフランス式コルベール主義〔財務総監コルベールによる十七世紀フランスの重商主義政策〕を、悪くするとゴスプラン〔旧ソ連の国家計画委員会〕をただちに想起させるので、禁句であった。第二に、おそらくこれが主要な理由だが、ウォール街の大手投資銀行とアメリカ財務省の責任者の間に長年にわたって形成されてきた社会的ネットワークがあったので、ウォール街が依然として財務省の政策を決めていた（第10章**コラム4**）。第三に、デリバティブ商品による中毒によって、公的な不良債権処理機構の組織化が技術的にきわめて錯雑したものになったということも、付言しておく必要がある。

ところで、アメリカの公権力は、デリバティブ商品――その主導権は全面的に民間部門にまかされていた――をコントロールしうる力を発展させるのを禁じられていた。したがって国有化へのもう一つの障害は、アメリカ当局者による専門的査定能力の喪失であった。けれどもこれは避けられないことではなかった。というのも、ウォール街での

表 29　金融システム救済の四戦略

	スウェーデン 1992 年	日本 1991 ～ 2002 年	アメリカ 2008 年	イギリス 2008 年
損失の透明性	損失の全般的かつ迅速な再評価	銀行の金融状況非開示に対する大蔵省〔財務省〕の極端な寛容性	金融機関のイニシアチブまかせ：部分的かつ逐次的	部分的国有化後は相対的
再建管理の任を負った機関	銀行再建のための独立機関	不良債権処理の任を負った機関の遅まきの創設	アメリカ財務省＋上院委員会の管理	大蔵省から独立した機関と中央銀行
市場規律の維持	株主への損失押付けと銀行流動性の無条件保証	なし．現実的評価の拒否と破産手続き利用への強力なためらいゆえに	なし．流動性へのアクセス保証の増加と無条件の公的援助	部分的．銀行の無条件保証 会計規則の緩和
戦略に関する政治的合意	政治的反対なし	投機バブルの受益者支援を意図しているとして，世論のためらいに加えて反対あり	共和党／民主党の強い反対	どちらかというと政治的合意あり
経済への信用フローの回復	あり．1994 年以降，優良銀行・不良銀行間の資産分離による	流動性への銀行の無制限アクセスと経済への信用の収縮との間の長期的乖離	なし．銀行のバランスシート再建と信用供与への超慎重姿勢ゆえに	2009 年夏の時点でまだなし

人員削減によって一定数のトレーダーを監督官に振り向ける好機が生じたからである。＊ こうしたイデオロギー的閉塞はイギリスではるかに小さかった。それというのも、若干の躊躇ののちノーザンロック銀行とスコットランド王立銀行は国有化され、その経営監督はイギリス大蔵省が任命した小さな高級官僚集団に託されたからであった（**表29**）。明らかに、アメリカが採った道はきわめて高くつき、どちらかというと非効率であった。その結果、一九九〇年代日本の失われた十年に倣って、アメリカの失われた十年といった仮説が何度となく提起されるまでになっている。

＊いろいろな会社が、きわめて有能なハッカーを情報セキュリティの仕事のために雇ったのではなかったか。

4　前例なき相互依存であるが各国別進路は大きく異なる

金融危機の心臓部は明らかにアメリカなのだとしても、アメリカ発の経済危機がなぜほとんどすべての経済を襲うことになったのかが説明されねばならない。グローバリゼーションが広がったのだと言ってみても十分ではない。なぜなら、グローバリゼーションという観念は、国際経済への編入のされ方がきわめて多様だという点を過小評価するきらいがあるからである。事実、各国の景気局面が同期化した原因には、以下の三つの大きなメカニズムが作用しているのである。

・第一に、金融化が調整《レギュラシオン》様式の総体に影響を及ぼし、ついにはアメリカ以外の他の世界に、信用——特に対家計信用——主導の成長体制を普及させるまでになった、と考えた分析者もいる。
・第二に、仮に諸国が結局はきわめて特殊なこのモデルを採用しなかったとしても、金融グローバリゼーションが発展したので、リスク回避への急変と将来見通しの悪化によって、その成長体制がどうであろうと国際信用を頼りとしてきた諸国はみな影響を受けるまでになった。
・第三に、金融危機が経済危機へと変わったとき、これに続いてアメリカの輸入減退によって景気後退効果が伝播するとともに、アメリカの輸入減退それ自身がまた国際貿易の縮小スパイラルを導いた。ほとんどすべての諸国が国際競争に開かれていたので、危機は世界全体に広がった。

この三つのメカニズムが強力なので、二〇〇七年に始まった危機は調整様式や各種資本主義の収斂を助長するのではないか、と結論する人がいるかもしれない。事実はといえば、危機によって各国別の進路や特化の多様化が新たに強まったことが示されており、結局のところ、少なくとも七つの構図が識別されるまでになっている。

金融化の優等生——信用変調の危機

すでに以前、イギリスがいかにアメリカ・モデルに近いかを強調しておく機会があった。というのもこの両国では、

表 30　あらゆる金融システムが被害を受けたがその程度はきわめて不均等である

Q : 四半期　　銀行資産の減価（10 億ドル）

	総計（累積）	08 年 4Q	08 年 3Q	08 年 2Q	08 年 1Q	07 年 4Q	07年4Q前
アメリカ	847.5	220.2	203.6	111.4	135	128.1	49.2
イギリス	66.2	2.6	9.4	22.1	11.6	16.8	3.7
ドイツ	76.3	6.4	15.7	10	23	16.7	4.5
フランス	27.4	5.3	5.5	5.1	3.8	9.7	-2
スペイン	4.9	3.1	0.8	0.6	0.6	0.8	-1
イタリア	4.1	1.8	2.7	0	1.3	0	-1.7

出所：Artus（2009c, p.4）

金融イノベーションこそが成長を促進し、世界経済への両国の編入のあり方を決定づけたからである（前出第8章参照）。したがって、金融危機が経済活動の収縮に最も深刻な結果をもたらしたのはこの両国であったとしても驚くに当たらない（**表30**）。自らの銀行システムを救うために最大の支出をした諸国のうちにドイツがあるというのは、逆説的なことだ。事実、伝統的な銀行は、その自己資本利益率〔ROE〕をいっそう高め、こうして市場の要請に応えるために、ハイリスクなデリバティブ商品を購入するよう追い立てられていた。このように危機は、ドイツの銀行がデリバティブ商品の生産に参入したからではなく、たんにこれを購入したことから到来した。ドイツの成長体制は決して金融主導型ではなかった。

　とはいっても、アイルランドのケースについても言及しておかねばならない。この国は、情報通信技術の潜在的可能性を引き出したり、これを生産したりという形で一個のモデルをなしていたが、やがて金融化に大きく自らを開放し、ついには産業近代化に立脚した成長モデルに代わって、とりわけ不動産の投機によって刺激される別の成長モデルが登場するまでになっていた。こうしてアメリカ、イギリス、アイルランドは本質的に内生的な危機に広く苦しむことになるが、これは、長期持続的な成長の条件を破壊する過度の金融イノベーションがもたらした結果である。

ヨーロッパにおけるアジア危機の再現――大量の外貨建て債務の被害者

国際社会は一九九七年のアジア危機から、陶酔的なブーム期に外貨建ての大量債務をかかえるのはきわめて危険だということを学んだ。そう思われていた。実際、これに由来する歪んだ資本配分によって成長の継続は怪しいものとなり、ついには少しでも悪いニュースがあると突然の資本逃避が起こるまでになる。そこから二重の危機が生ずる。自国通貨の固定相場が崩壊し、無謀にも外貨建てで借り入れていた国内銀行は公的救済なしには倒産の淵に立たされる。

アジア諸国の場合にはそこから教訓を引き出していた。つまり何よりも為替危機に備えて、資本取引の開放に慎重であり、外貨準備を蓄積していた。その結果、アジア諸国は二〇〇九年の世界貿易の崩壊に襲われたが、それゆえに生じた景気後退は一九九七年危機の再来ではまったくなかった（前出第4章参照）。この教訓は、ヨーロッパ統合に参加したいと思っている諸国に、また自らの返済能力を大きく超えてユーロ建てで多額の借金をしている諸国に生かされなかった。* という次第で、ハンガリー、エストニア、ラトビア、リトアニア、それにウクライナは、明らかに極端に弱い立場にあった。資本フローが突然に反転するには、国際金融界が楽観主義から悲観主義へと転換するだけで十分であった。これら多くの国が破産を避けるために、欧州連合や、最終的にはＩＭＦに助けを求めざるをえなかったのは、まさにこうした理由からである（表31）。

＊航空事故と金融危機がそれぞれ引き起こす訴訟手続きのちがいについて、再度考えてみてほしい（前出第10章参照）。

だが最も象徴的なのは、おそらくアイスランドの場合である。この国は漁業と観光収入で生活していた国であり、それが突然、一見無限の国際的な信用供与にアクセスできるようになったのである。アイスランド人はいくつかの外国銀行が供与する信用によって裕福になったと思い、果てしなく支出しはじめたのであるが、他方、輸出による外貨獲得能力はこれに匹敵する好調を記録したわけではなかった。それゆえ、サブプライム危機から生じたリスク・プレ

表31　ヨーロッパ2008年――依然として大量の外貨建て債務の危険

新興諸国の外貨建て借入（総残高中の割合；%）

ブルガリア	66.9
クロアチア	62
チェコ	13.6
エストニア	85.3
ハンガリー	65.7
ラトビア	89.3
リトアニア	64
ポーランド	32.6
ルーマニア	55.5
ロシア	15.3
トルコ	28.9
ウクライナ	59.5

インド	1.4
インドネシア	19.8
韓国	8.5
ベトナム	21.2
アルゼンチン	15.8
ブラジル	2
コロンビア	6.3
メキシコ	11.6
ペルー	57.5
ベネズエラ	<0.5

出所：Artus（2009f, p.4）

ミアムが評価しなおされるに従って、状況が急転したとしてもおかしくない。ほとんどの人々が、いわれもなくすぐに金持ちになれるという夢に耽っていただけに、それだけいっそう危機は深刻であった。こうして、政策責任者を先頭に国民国家がヘッジファンドに転換してしまった。金融とその権力が行使する魅惑に関して、これにまさる好例はなかろう。

イノベーション・輸出主導型成長は世界貿易の崩壊とともに限界を迎えた

第三の国別グループもまた、二〇〇八年以降、経済情勢の突然の逆転に見舞われたが、その理由はまったく別のところにあった。ドイツと日本は、イノベーションによる製品差別化競争に刺激された輸出部門の競争力のおかげで、対外貿易や――それよりは程度は落ちるが――成長の面で目ざましいパフォーマンスを示していた。スウェーデンやオランダといった開放小国経済の戦略もこれと同じであり、これら小国は、イノベーションと絶えざる産業近代化による新しい活力をもとにして、国際競争を受容していくという戦略に立脚していた（**表32**）。

だが、このモデルの成功は世界経済が強力に成長し、為替相

表 32　旧工業諸国におけるイノベーションの活力

A　研究者数（仕事口 1 万に対する比）

国名	2006 年
アメリカ	78.62
イギリス	32.33
日本	75.73
ドイツ	43.76
フランス	45.31
スペイン	20.22
イタリア	12.69
スウェーデン	86.27
オランダ	27.67

B　三極特許数（人口 100 万人に対する比）

国名	2006 年
アメリカ	53.91
イギリス	27.51
日本	111.35
ドイツ	74.86
フランス	39.86
スペイン	5.53
イタリア	13.2
スウェーデン	72.43
オランダ	72.62

出所：Artus（2009e, p.10）

場の推移が一定の規則性／予見可能性をもつことを前提としている。逆に世界貿易が崩壊すると——二〇〇九年第１四半期についての推計では三〇パーセント近くの収縮が示されている——、これら諸国はことのほか被害を受けやすい。その理由はとりわけ、大規模製造部門で設備財や耐久財が生産されるが、その貿易は信用の利用可能性に緊密に依存しているからである。これに加えて、二〇〇八年夏の日本がそうであったように、これまでの国際資本フローの動きが切断されると、自国通貨価値の突然の上昇が引き起こされる。こうして二番目の問題として、産業活力に立脚したモデルは、金融支配による経済情勢の極端な可変性によって不安定なものとなる。

各種の輸出主導型成長モデルを区別する第二の要因がある。中国とインドが世界経済に参入するにつれて、今後何十年かの成長がこれら新興諸国によって促進されるというのは、ますますありそうなことである。それゆえ、これら新興国へと自分たちの対外貿易を方向転換できるような旧工業諸国は、こうした新しいカードにうまく適応できることだろう。それは日本とドイツであり、これと反対にフランスやスペインは、こうした新興市場の爆発的拡大からはほとんど利益を得ていない（表33）。

表 33　全新興諸国 * 向け輸出

2002～2008年	アメリカ	イギリス	ドイツ	フランス	日本	スペイン	イタリア	スウェーデン	カナダ	オーストラリア
全新興諸国向け輸出の平均(年平均%)	10.22	8.7	11.58	6.65	13.44	9.05	9.27	8.34	12.92	7.66
全新興諸国向け輸出の成長への寄与度	0.43	0.25	1.24	0.29	1.15	0.28	0.51	0.57	0.3	0.46

* 新興諸国＝中国，アジア新興諸国，ラテンアメリカ，中東欧諸国，インド，ロシア，OPEC諸国

出所：Artus（2008l, p.8）

地代経済は依然として特殊な力学のうちにある

アメリカ経済および中国経済の同時的なブームは、工業製品と原材料の間の交易条件を大きく逆転するのにあずかって力あった。例えば、サウジアラビア、ロシア、ベネズエラは、自分たちの売上げ――この場合は石油ないし天然ガスのそれ――の相当部分を蓄積しつつ、高成長を経験した。交易条件は悪化すると長年見られていたのだが、その傾向がこうして急変したので、地代抽出に立脚した経済体制の生命力が再評価されることになった。

過去にはこのようなモデルの限界は明確に知られていた。自国通貨の過大評価のせいで、原材料以外の輸出部門が不利となり、それゆえ石油地代を製造業の競争優位に転換させていくのが困難になる。しかも政治権力は地代分配のあり方を大きく左右しており、その政治権力への依存が強いので、一般に投資の効果的配分が促進されない。最後に、豊富な外貨は投機を引き起こしやすく、また、超不平等社会の特徴たる奢侈消費を助長すべく輸入製品への強い依存を引き起こしやすい。

アメリカの危機が勃発し、その結果、世界貿易が沈滞したので、一度ならずこのような地代経済の弱さが明らかになった。原材料相場の急騰は投機現象に起因していた部分もあり、したがって価格動向は突

然に反転した。より構造的な問題としては、景気後退が突然かつ一般的だったので、生産目的の原材料需要が減退した。原材料価格は——ＯＰＥＣ〔石油輸出国機構〕の例のようにカルテル化しようという努力があるにもかかわらず——競争的に決定されているので、それは工業製品価格よりもはるかに大きく低下した。

したがって、これら地代諸国の成長見通しは容赦なく再検討に付され、その繁栄はアメリカ経済の回復の早さと中国の成長の安定性に依存することになろう。環境保護を図る方向でのテクノロジーの激変のうえに立つ成長体制が効果的に導入された場合、それがもつ帰結も忘れてはならない。何はともあれ、あらためて理解すべきは、こうした地代経済はある特殊な構図を明示しているのであり、これは産業的であれ金融的であれ、もっと資本主義らしい別の形態の資本主義に向かって収斂していく動機はまったくないということである。

大陸経済——超巨大国内市場の優位性

二〇〇八年に始まった危機によって、グローバル化プロセスの本性を再検討することができるようになった。それというのも、今は亡きワシントン・コンセンサスの衝撃のもと、国境は完全になくなり、そのうちに一個の標準的モデル——アメリカ資本主義モデル——に収斂するよう編成されていくと考えられていた。事実、各国別進路の研究(Hausmann and Rodrik 2003; Hausmann, Rodrik and Velasco 2004) が大挙復活したことからもワシントン・コンセンサスの限界が理解されようし、分析者たちはアメリカ資本主義の例外性を認識せざるをえなくなっている。アメリカ資本主義は大陸規模で展開され、国際的金融仲介の配当を享受し、また地政学の点で今日まで比類ない権力を享受してきた。それゆえ他国がアメリカを参照基準とするのは大いなる幻想なのである。

これに対して、国際公共体のコントロールなきグローバリゼーションの追求に対しては疑念が表明され、そこから中国、インド、そして——より少ない程度にではあるが——ブラジルといった諸国が享受している優位性が前面に登場してきた。これら諸国の人口や国内市場の潜在的可能性を考慮すると、これら三つの経済は――本質的に国民的な金融仲介によって勢いを得ながら――国内的欲求の充足に向けた成長を躍進させつつ、やがて世界経済の光と影から多分に解放されるかもしれない。そういった戦略をいちばん明確に探求しているのは、目下のところおそらくインドである。この国は、大陸経済に固有な優位性から利益を得ているだけでなく、安定した政治的経済的制度を当てにすることができ、また資本取引の無差別な開放の危険をエリートたちがはっきりと認識しており、国内開発プロジェクトに携わる企業家や知識人の階級も存在する。ブラジルについて言えば、それはこれとはまた別の重要な候補である。というのは長年、ヘゲモニー・ブロックによって「開発主義」的戦略が優遇されてきたからである。

中国に関しては、リスクの多い予測がなされているように思われる。ほとんどのアナリストは中国を輸出主導型経済のカテゴリーに分類している。だがしかし、まさに二〇〇七年以降、中国の当局者は、アメリカの経済情勢へのこうした強い依存に示される危険性を意識するだけでなく、また、アメリカ国債保有にかかわるリスク――システミックかつ構造的な危機から経済を脱出させるための大きな公的債務ゆえにやがて現れるインフレ・リスク――も意識するようになった。中国政府は内生的かつ自己求心的な成長というスローガンを掲げているが、これはまさに、国内市場刺激に向けた漸進的な再編を意味する。標準的なフォーディズム財については大部分、その生産ノルムや価格はすでに中国市場で形成されている。加えて、蓄積された準備は、おそらくインフラ投資や社会保障制度創設の助けを借りて国内成長を刺激するために使われていくだろう。比喩的に言えば、いつの日か中国資本主義がアメリカ資本主義と同型なものへと収斂していくと考えるのは現実的でない。中国資本主義は事実、新しい独自な資本主義を開拓しているのである。とはいっても、両資本主義の経済には二つの共通した特質がある。両経済は第一に、少なくとも十年間は依然として補完的である。両経済は第二に、世界市場からやって来る各種の動きに対して大いなる自律性を回復しよう――あるいは実現しよう――と熱望している。

不利な国際的編入によってその社会諸形態が接合解体したハイブリッド型諸国

右に見た構図とは逆に、他の中規模諸国は国際経済に長年にわたって編入されてきたが、しかし国内的成長の安定性や自律性が弱くなるような仕方でのそれであった。ラテンアメリカの多くの国の場合がそれである。そこでは国家主導の工業化戦略のもと原材料を輸出していたが、一九三〇年代危機以来、これら諸国は原材料の交易条件悪化を改善しようと努めてきた。輸入代替モデルの危機ののち、これら諸国は、不平等を激化することなく国民経済を発展させうるような国際的編入のあり方を発見する能力もなかったし、それを実現することもできなかった。アルゼンチンもメキシコもこの部類に入る。当初は地代モデルに多分に依存していたので、これら諸国は国民的成長を促進する近代的輸出部門を構築することができなかった。輸出主導型成長を確立しようと何度も試みたが、それによって各国は経済諸制度の接合解体〔脱臼〕に陥った。その結果、これら諸国では危機が続発したが、その危機は国内の社会的政治的力学と国際経済からの制約との間の非両立性に由来するものである。危機はますます深刻になり、各国別リスク認識の急転を内に含む金融グローバリゼーションの時代、それは大いなる不安定性の源泉となっている。それゆえ、これら諸国が明確に定義された一個の資本主義モデルに入ると主張するのは難しい。これら諸国に関して国家破産の概念が想起されているというのは、意味深長なことではなかろうか。

逆説的な構図——世界経済から大きく切断された諸国

最後の国別グループが存在する。それらの国民的領土に国際資本が投資する利益がほとんどないので、事実上、いつまでたっても国際資本が興味を示さないがゆえに苦しんでいる諸国である。工業諸国が必要とする主要原材料を何ひとつもっていない最貧国がそれである。南アフリカのみは例外として、ほとんどのアフリカ諸国のことがとりわけ想起されよう。おまけにこれら諸国は、企業精神や商人階級の躍進に不都合な政治構造によって不利益をこうむっている。一九八〇年代および九〇年代を通じて、これら諸国のほとんどは経済停滞のうちにあり、国内政治的にも対外的・金融的にも周期的に危機を経験した。失われた大陸といった仮説を展開した分析家もいた。だが、世界経済の高度成長期には大いなる障害であったものは、世界経済が収縮し輸出部門に成長基盤を置いていた諸経済のすべてが危殆に瀕したとき、逆のものへと反転した。というのも、相対的な国民的自律性が有利となり、成長の追求を可能としたのである。その成長は、なるほど控えめで不平等なものではあったが、しかし世界経済の大混乱から免れていた。とはいっても長期的には、資本主義経済の基礎的制度がなく、また累積的な分業プロセス――生活水準改善の必須条件――の糸口がないので、持続的成長の源泉に関しては問題が多い。最後にこうした構図は、生産と価値創造でなく、専有と捕食を中心に編成されているものと特徴づけられる。つまり、資本主義的ロジックの採用は必ずしも一般的ではないのである。

各種の制度的構図間の補完性の深化に向けて

右の分類が妥当だと認められれば、標準的な形態の資本主義に向けてやがて収斂していくといった仮説は、大いに問題であることが明らかになってくる。

・イギリスとアメリカは、金融仲介――これは依然として世界的であるはずだ――を自分たちに有利に編成しうるような最低限の金融規律を求め、これにかかわる競争優位を再構築しようと熱望している。こうした調整《レギュラシオン》様式は金融支配型と特徴づけられよう（MR1）。

・欧州連合への加盟を望んでいる新興諸国は、加盟直後のスペインの進路にも似た道をたどろうとしている。だが、これら諸国はまず、過剰なユーロ建て債務にかかわる金融危機を克服しなければならない。こうしてこれら諸国は、国際金融の要求によって強烈に制約された調整様式を探求するよう余儀なくされている（MR2）。

・ドイツと日本は、いわゆる新興《エマージング》市場経済諸国からの、だがまた国際特化のなかであまりよい位置にない旧工業国からの、設備財や洗練された耐久財の需要に応えようとしている。両国は世界貿易の収縮によって一時的に痛手を負うかもしれないが、長期的には、雇用関係や社会的イノベーション・システムを含むその制度的構図ゆえに、貴重な競争優位を保つことだろう。その調整様式は、輸出戦略の条件としてのイノベーション活力支配型と特徴づけられよう（MR3）。

・地代――とりわけ石油地代――で生活をしている諸国は、世界貿易の安定によって利益を得ることになろう。世界貿易の安定によってこれら諸国は、再度、交易条件の有利な変化による利益を貯めこむことができよう。こうしてサウジアラビア、ベネズエラ、ロシアは、排他的にではないとしても本質的に世界的規模での地代搾取に立脚したモデルがもつ魅力と同時に、その限界もまた追い求めつづけることになろう（MR4）。この点、これら諸国の長期的利害は工業化経済のそれと一致するのであり、これは原材料相場の暴騰時に見られる世界所得の分配をめぐる対立があろうとも、それを超えて一致するのである。

・今後十年の中国経済の推移は、アメリカの当局者が自国経済のために安定した成長経路を再発見するかどうか、その成否に決定的に依存している。けれども長期的には、中国の運命は、輸出に代わる内需とイノベーション源泉の自律化に立脚した大陸経済のそれであろう。このモデルはインドおよびブラジルにも共通している（MR5）。

・不利な国際的編入によって支配されたハイブリッド型経済はと言えば、これはもちろん国際経済が安定することに利益を見いだす。とりわけ、金融市場資本主義が時に失敗し国際資本フローが縮小するならば、こうした制約は緩和されるかもしれないし、また、右の各種モデルのどれかへと収斂していくというのもありえないことではない。

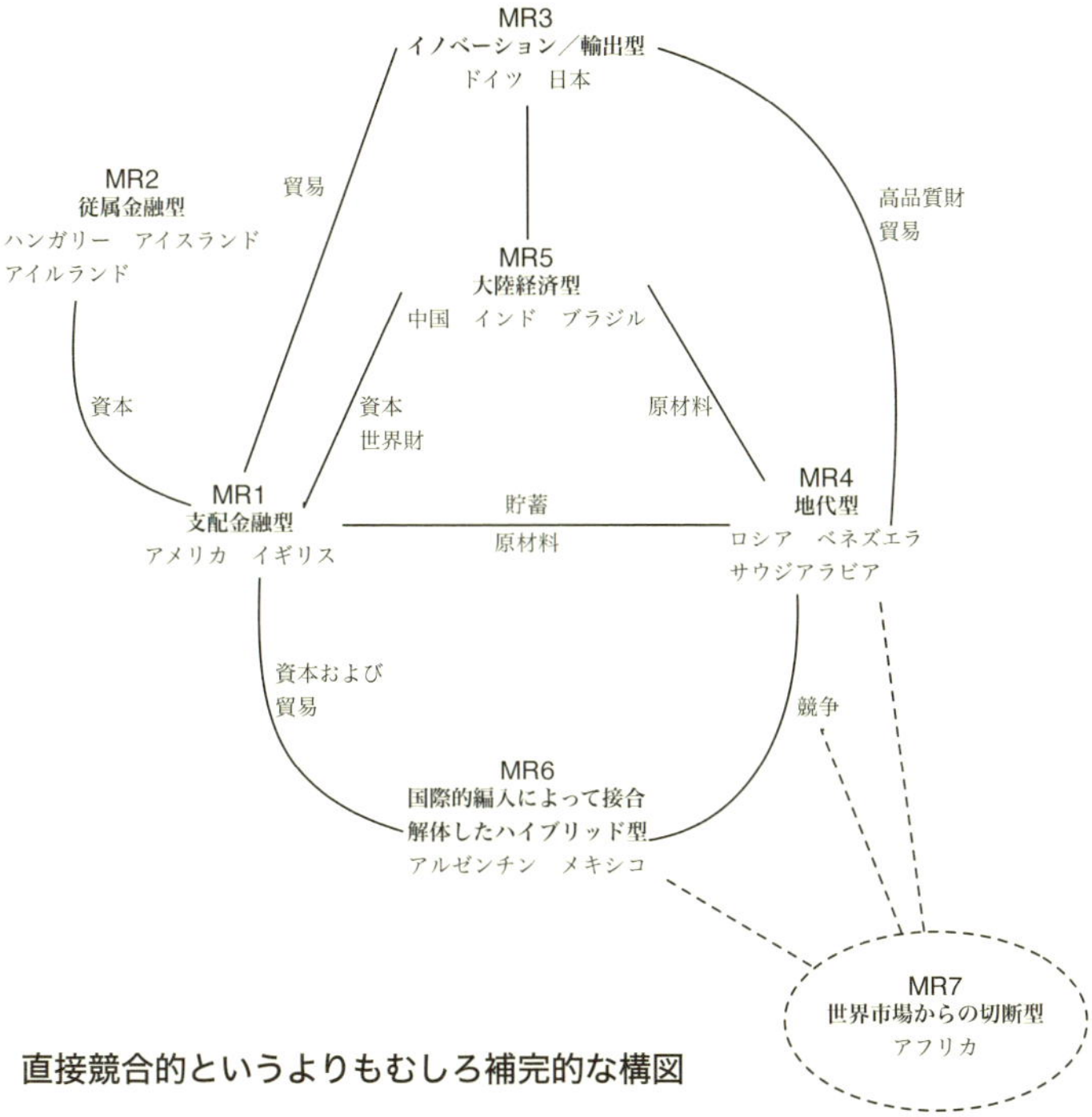

図75　直接競合的というよりもむしろ補完的な構図

しかしながら、このハイブリッド・モデルは多分に履歴現象《ヒステリシス》をもっていると予測するのが、妥当なところであろう（MR6）。これは少なくとも、ブラジルを例外として、大部分のラテンアメリカ諸国の進路が示しているものである。

・国際的展開から深く切断された諸経済というモデル（MR7）が、それほど非典型的ではない構図を代表しうるとしたら、それは以下の場合である。すなわち、国際資本フローが大きく縮小したり、世界貿易が減速したり、全面的なグローバリゼーションが次第に巨大地域統合圏——その内部に分業や金融仲介を組織しながら——に席をゆずったりする場合である。

このように、危機は一見、国民的領土間の競争を激化させるように見えるが、その一方で、自然資源や制度的組織的能力が多様に賦存していることによって、逆に各種の制度的構図間の補完性の追求が促進される。当面は米中間の事実上の補完性に注意が集まっているが、この仮説はまったく別の構図にも拡張されえよう（図75）。

5　国際的ニューディール――必要だがほとんど不可能

当然ながら、グローバル危機に対しては世界レベルで実行される総体的戦略がふさわしい。これはもちろん、どの政府もその声明で、とりわけロンドンのG20後に認めていることだ。けれども、それ以前の特徴的なこととして、特化・利害・経済政策的指向性において大きく異なる諸国間で全会一致の合意が得られる可能性はとなると、多大な困難が浮かび上がってくる。

前例なき強さの相互依存

この点、最近十年間におけるアメリカ当局者の変化は意味深い。フォード的成長の黄金時代の間、国際通貨を管理しえたので、また最終的に国際競争への開放度がどちらかというと低かったので、アメリカの経済政策は十分な自律性を享受していた。一九九〇年代中葉以降、もはやそういったことはない。標準的工業財の生産が海外移転することによってアメリカの輸入量が増えただけでなく、貯蓄・投資の均衡はもはやアメリカ領内だけでは達成されず、直接にヨーロッパおよびアジアを含むものになった。アメリカはますます、シュタッケルベルク的意味〔売り手独占において価格の先導者が追随者よりも有利なケース〕での自らのリーダー的立場を失った。というのもアメリカは、自らの政策に対する相手方とりわけアジアの反応を考慮せねばならなくなったからである。これと対称的に、中国の産業近代化は歴史的に、強力な輸出部門――これは外国の多国籍企業の工場によって大いに勢いづいた――の形成によって支えられていた。このように、時に好戦的な外観や声明が提示されるにもかかわらず、アメリカ経済と中国経済は緊密に相

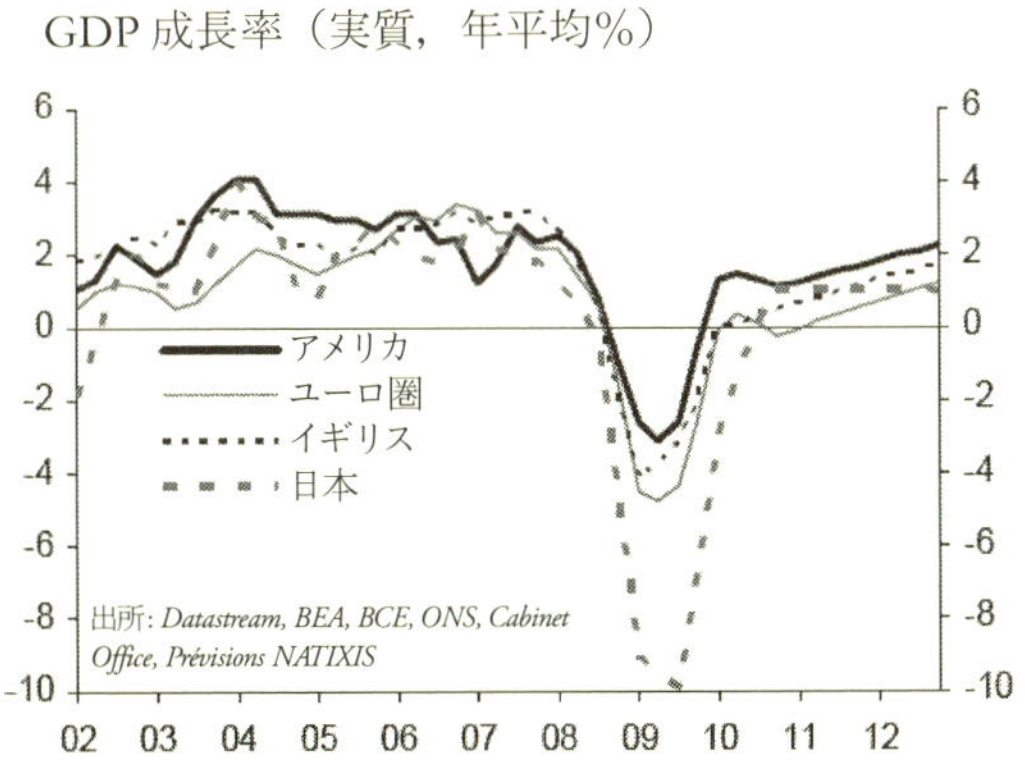

図76　その調整様式がどうであれ，あらゆる国がアメリカの危機から被害を受けた

出所：Artus（2009g，p.5）

互依存するようになった。

だがしかし、自然資源とりわけ石油——米中両経済はこれを大量に消費している——を生産する地代経済の介在が必要だという理由からだけでも、世界経済をこの二極に還元することはできなかろう。こうしてこの十年、各国の諸戦略の多分に意図せざる結果として、一個の世界的景気循環が現れ出てきた。不況とデフレのリスクを前にして、国内諸政策を協調させることが明らかに諸国全体の利益となった。だがこの利益は、たんに局面状況的なものであるだけはなく、またサブプライム危機にかかわるだけでもない（**図76**）。

実際、危機によって三つのグローバル公共財の重要性が意識されるようになった。

- 経済がますます特化していることを考慮すると、国際化とそれゆえの国際分業を受容するという戦略を採っている諸国の経済すべてにとって、国際貿易への開放を続けていくことは決定的に重要となった。
- サブプライムによる金融危機の激しさや大きさから明らかになったのは、もっぱら各国別の金融規制の不十分さであり、世界経済の金融的安定という第二の公共財を守るために共同の——せめて調整された――アプローチが優先されねばならないということである。

・最後に、成長のエコロジー的限界に関するローマ・クラブのメッセージから三十年以上たって、企業や政府は環境保護を真剣に考えはじめた。環境保護はもはやたんに地域レベルでなされるのでなく、例えば気候変動に関してはグローバル・レベルでなされる。

さらに、この第三のグローバル公共財の保護ということは、イノベーションと投資の新しい源泉を引き出すために動員される。自然資源節約型のグリーン成長はますます、旧工業経済の活力の新しい源泉として認識されている。ここには、私的利益と公共財尊重との両立をもたらすであろうものがある。

自国利益追求が世界不況を深刻化するという事態を避けるべし――一九三〇年代危機の遺産

国際的ニューディールの追求に有利な第二の要因がある。実際、ほとんどの経済分析家が今日の危機を一九三〇年代危機と比較している。かれらはそこから三つの主要な教訓を引き出している。第一、たとえ金融・銀行システムには過剰投機による危機をもたらしたという責任があるとしても、中央銀行は金融・銀行システムに流動性を補給しなければならない。第二、不況の開始を前にして公的勘定の均衡回復を図ろうとするのは危険であり、逆に、インフラや失業者への所得援助など、野心的な公共プランが策定されねばならない。第三にとりわけ、もし各国が保護主義的措置をとって自らの国内市場を守ろうとするならば、不況は国から国へと伝播し、民主主義にとって有害かつ危険な社会的政治的状況に至るかもしれない。

このメッセージはエコノミストや政策責任者によって繰り返し語られているので、たとえヨーロッパ・レベルでも、あえて保護主義を唱える者はめったにいない（Sapir 2006）。不況を阻止するためには市場外のコーディネーション手続きが役に立つかもしれないということが、いまや明確に理解されてきた。例えば、暗黙の中米妥協は最終的に、アメリカ国債の――最初は中国人民銀行による、次いで民間機関による――継続的購入の代償として、中国企業のアメリカ市場への持続的アクセスがあるのだということを浮かび上がらせた。同じく国内レベルでは、失業は低需要水準を予測する企業と、失業の恐れから消費を切りつめる労働者との間のコーディネーションの欠如から起こりるのだと理解されている。こうしてドイツの当局者は、世界貿易の収縮ゆえに大きく落ち込んだ有効需要をうまく支えるために、雇用維持助成金を出すことにした。

このように、経済のアクターたちは自国を直接襲った過去の危機から学び、旧来の原理――それによれば市場諸力の作用は絶対に攪乱してはならなかった――から断絶した戦略を展開しようとしている。だからといって、国際規模で新しい規則ができあがる条件はあるのか。少なくとも三系列の理由ゆえに、それは疑わしい。

国民的利害の多様性を重視すること

諸国は実際、こうしたグローバル公共財やその生産から得る利益という点で不均等な位置にある。ほとんどすべての国は毒入りデリバティブ商品の拡散に苦しんでおり、この種の危機が反復しないようにすることに関心がある。だが、米英を筆頭としていくつかの国は、世界的金融仲介の中心にいる。それらの国は金融イノベーションによって栄えるのであり、そこでは金融イノベーションは本質的に民間のことであり、公共当局の干渉は最小限にすべきだと考えられている。これに反して、自らに適した産業的特化で生きようとする諸国は、新しい金融危機によって世界貿易が崩壊してしまわないように、金融活動を枠付けする厳格な国際的規則を採用しようとする。

主として自らの地代で生きる諸国には、これまた別の利害がある。一方で、世界経済の成長が回復することが先決である。それこそが、これら諸国が大いに利益を得た交易条件の改善が継続するための一条件だからである。他方で、これら諸国では貯蓄率が高く、これを厚みと流動性のある金融市場に投資したいと考えているので、これら諸国は国際金融市場システムが安定性を取り戻すことに関心がある。

ハイブリッドな調整様式をもち、安易な地代経済と工業化戦略との間で引き裂かれた諸国にとっては、右のことはなおいっそう当てはまる。世界経済の大きな不安定性はこれら諸国にとってきわめて有害であり、その結果、諸国は国際関係システムの再建に大いに関心を寄せる。だが、これら諸国はまた、大陸経済〔中国・インドなど〕がもたらした原材料需要の拡大に乗じることもできる。ただし忘れてならないのは、中国が工業力をもち、インドが企業向け高級サービスへと特化することによって、これら諸国の工業製品輸出主導型ないしサービス提供型の成長戦略はそれだけ制約を受けるということである。加えて、これらハイブリッド型の諸国は、世界的ガバナンスの機関が再建されて、意思決定権限が高成長の新興諸国に有利な形での釣合いを取り戻すことに関心がある。

最後に、大陸経済はいくつかの場面に乗じていくことができる。中期的には、中国とインドは世界経済が回復して、さきの十年間から受け継いだ欧米市場向けの特化をうまく運営していくことに関心がある。とはいえ長期的には、これら両国は多分に国内需要主導型の成長を目指し、ドル建て・ユーロ建ての投資による排他的な金融仲介を脱して地域統合をしていく可能性がある。

以上のように、制度化された妥協や特化の多様性によって、各国にとって重要なグローバル公共財は何かをめぐって、対照的な評価が導かれる（表34）。さきに展開した分類から、二〇〇九年四月のG20ロンドン・サミットの結果に関する興味深い解釈が得られる。

G20ロンドン協定の長所と限界

この協定は、ブレトンウッズ協定——それは栄光の三十年の成長と国際関係の相対的安定をもたらした——に匹敵

表 34　調整様式の多様性は国際機関の改編に関してどのように各国の立場に影響をあたえるか

国　名	調整様式の型	国民的目標				G20 の期待			
		国内的成長	産業的特化	地代の管理	世界的金融仲介	各国政策の調整	金融安定性の回復	世界経済への開放	国際機関内での力
アメリカ	MR1	**			***	**	自律性	**	***
イギリス	MR1	*			***	*	自律性	**	*
ドイツ	MR3	*	***		*	*	***	***	*
日本	MR3	*	***		*	**(中国)	**	***	*
韓国	MR3	**	***				*	**	
サウジアラビア	MR4	*		***	*		**	*	
ロシア	MR4	*		***			*		***
中国	MR5	***	**		*(上海)	*(アジア)	**	**	**
インド	MR5	***	**				*	*	*
ブラジル	MR5	**	**				*	*	**
アルゼンチン	MR6	**		**		*(メルコスール)	*	**	
メキシコ	MR6	*	**	**		**(NAFTA)	**	**	
トルコ	MR6	*	*			*(EU)	*	**	*(EU)
インドネシア	MR6	*					**	*	
イタリア	MR3/6	*	**			**	**	*	
フランス	MR3/6	**	**			**	**	*	**

するものと考える根拠はあるのか。協定文書を読んでみると、グローバルな相互依存を意識していることは理解できるが、新しい国際システムの規則や手続きを創設したというにはほど遠い。

いちばん重要で直接に意味のある措置は、おそらく、最貧諸国を援助できるようＩＭＦへの割当資金を三倍にするというものであろう。過去に賢明なマクロ経済政策を実施した諸国に対しては、無条件に信用にアクセスできる条項が作られた。この措置は、自国通貨建てで借金できない諸国の深刻きわまる危機に対抗するには、確かに十分ではなかろう。しかし銀行危機と為替危機の二重の危機に見舞われた諸国にとっては、ＩＭＦの新しい基金は、民間資本の投資意欲喪失を埋め合わせてくれると考えられる。これは歓迎すべき決定である。というのは、これによって、その調整様式が多分に対外的な資金調達に依存している諸経済（MR2）にとって、悪循環の開始が避けられるからである。

総額二五〇〇億ドルにのぼる国際貿易向け融資への援助もまた、民間資本の逆流を埋め合わせることを意図している。しかしながら、国内需要に成長の動きが見られないからには、これは弥縫策でしかなく、信用が実質所得の停滞を埋め合わせうるのだという信念に立っていたサブプライムの間違いを反復しかねない。ロンドン協定はまた、保護主義政策の台頭を予防しようとしているが、保護主義政策――過去においてその有効性がまったくなかった同輩による監視政策――を採用する国を名指しして恥をかかせないよう自制している。おまけに、アメリカの景気回復・維持プランの利益を得ている企業が多数の保護主義タイプの条項（バイ・アメリカン、外国研究者のリクルート禁止、……）を含んでいるというのは、意味深長ではなかろうか。この点、ヨーロッパも同断である。というのも、ゼネラルモーターズの倒産によって、以前の二〇〇億ドルの援助に加えて三〇〇億ドルの新規補助がなされたにもかかわらず、欧州委員会は、フランスやドイツにおいて、自動車製造会社の支援のための国庫補助を凍結しはしなかったからである。要するに、どの国も隣国に保護主義を見ているが、保護主義を自国で実行するのは正統化されると考えているのである。

金融規制に関して言えば、提案された措置があまりはっきりしない点に驚かされる。毒入り資産を除去する点で共同のアプローチを採ることが計画されているが、どういったアプローチなのかは示されていない。というのも従来、こうした毒入り資産の価格決定上の障害をうまく取り除きえた国は一国たりともないからである（本章第3節参照）。同じく、ヘッジファンドを枠付けし、租税回避地《タックス・ヘイブン》を規律づけるのがよい。これらはおそらく望ましい措置であるが、サブプライム危機を引き起こした要因の分析から出てくるものではない。第一に、ヘッジファンドは危機を引き起こしたというより、それを広めたのである。第二に、この同じ危機の発生に際して租税回避地に直接の責任があるということは証明されていない。これら両当事者の正統性が失われたのを利用して、各国政府は、ウォール街やシティ―

―今日の難局に対するその責任ははっきりしている――に対して随分と甘いとはいえ、金融管理権の奪還に乗り出した。この点、銀行家や金融関係者の報酬に上限を設けるという考えは、在来の報酬制度の背徳的な性格を真に理解させるというよりも、ポピュリズム的な議論に応えようとするものである。この報酬制度の大きな欠点は、市場によって課される制裁や損失を待たずに、架空の利潤を即刻分配するという点にあった。したがって解決策は、報酬を金融資産の事後的な実際の業績に連動させる以外にない。だがこれは、民間企業の専管事項だと考えられているミクロ経済の論理と衝突する（表35）。

第三の側面は、システミックな金融危機を認知し予防するという点にかかわる。G20は正当にも、格付機関の責任に焦点を当てた。サブプライム崩壊前夜、格付機関はサブプライム関連商品のほとんどにトリプルA評価を与えていたのだが、実のところ格付機関は、確実な判断を示しうる技術用具や情報をもちあわせていなかったのである。こうした格付機関をもっと透明かつ有効にする方策については、残念ながら、コミュニケは何も語らなかった。国際公共機関を創設するのか、もっと直接に競争させるのか、格付けに対する支払方式を変更するのか、それとも公的当局への報告を求めるのか。

いずれにせよ、格付機関の役目はシステミックな危機を認知する点にあるのではない。したがってG20は、その役目を担う金融安定委員会（FSB）なるものの創設を提案した。一見して、この新機関の有効性に関してはいくつかの疑問が湧いてくる。第一にそれは、OECD、金融安定フォーラム、IMF、BIS〔国際決済銀行〕の役目と重複することになる。ところで、この最後のBISの調査部門は二〇〇三年以来、デリバティブ商品に固有なリスク移転による危機が起こる危険性を看破していたのであり、このBISを例外として、他の諸機関の実績はまことにお粗末なことがわかってきた。となると、FSBの信頼性と有効性を高めうるような革新性とはいったい何なのか。

それはきっと、いくつかのキー・アクター――年代順にLTCM、ノーザンロック、ベアスターンズ、そして最後

表 35　G20 ロンドン合意は国際的国内的危機の克服にとって十分か

措置＼目標	景気後退／不況リスクの阻止	経済への信用供給の回復	現今危機の再発防止
1. IMF 資金の 3 倍化（7500 億ドル）		東欧および新興諸国への援助，しかし弱い手段	
新 SDR〔特別引出権〕		補完的貸出制度	原罪と闘うにはおそらく不十分：外貨建て債務の危険
2. 国際貿易への資金支援（2500 億ドル）	資金利用方法が不確定		
3. 保護主義的措置の予防	賞賛すべき目標だが保護主義は忍び寄っている（バイ・アメリカン，フランスの自動車プラン……）		
4. ヘッジファンド・格付機関・規制機関への枠付け			必要だがこれが危機の原因ではなかった：どのように？　公正価値会計制度をどう扱うか？　バーゼル協定 II をどうするか？
銀行業者の報酬規制			有効というよりポピュリスト的手段 あらゆる報酬体系をリスクとの関係で見直すこと
5. 租税回避地への制裁			危機探知の必要条件たる金融フローに関する完全な情報を入手するためにとりわけ有益
6. 国際的規制の拒否	自国利益追求政策のリスクと金融保護主義	新興諸国の不利化	各国別規制間の裁定という危機源泉の危険
7. 毒入り資産処理に関する共同アプローチ		もっともだがどういうアプローチ？　2009 年 8 月現在，いかなる効果的な戦略も見いだされていない	保証付ファンドの引出しによってそれ以外の〔商品への〕投資家が回収不能な損失を被る可能性のある支払可能銀行を探知するために，総合的バランスシートを利用するための銀行休業の優先を認めること
8. 金融安定委員会の創設：システミック危機への警報メカニズム			いかなる技術的用具か？ いかなる介入権限か？ IMF, BIS, 各国規制当局との関係は？

にリーマンブラザーズがそれであった――にリスクが蓄積するのを防ぐため、各資産カテゴリーごとの、また全機関についての金融データをリアルタイムで利用できるようにすることであろう。さらにまた、店頭デリバティブを完全に廃止して、中央清算機関――したがって公開情報の蓄積――の対象となるような、そういった少数の標準的デリバティブ商品を優遇する必要があろう。こうした公開情報によってFSBは、住宅ローン市場におけるデリバティブ商品の投機ブームのとき支配的だった情報の私物化に対抗して、確かな診断を下すことができることになろう。

これと対照的に、G20のロンドン協定は共同的かつ強制的な国際的規制の創設を検討していない。こうした沈黙には、まったく驚かざるをえなかろう。というのも、金融イノベーションに関する規制の欠如がサブプライム危機の起点であったからである。こうした閉塞状況に関する簡単な説明は、これまでの分析から示唆されよう。

金融を規律づけるための強制的な国際規則――幻想ではない！

実際、国の数ほどに規制・非規制のアプローチが存在しつづけると、これら各種システムの間で国際資本が裁定するのを手助けしてしまう危険性がある。租税回避地は、規制がいちばん少ないことを売りにしたがゆえに、この駆引きの勝利者となった。それゆえ、国際的に共通の規制的枠組みを課すことなしに租税回避地を統制しようとするのは、いささか矛盾している。加えて、たとえ大半の国が有効かつ強制的な規則を採用していても、危機の起源となるリスクがあるのは、国際金融システムの最も弱い環である。要するに公共経済学的な観点から言って、国際的な統合的アプローチを採ることが必要である。

国際金融仲介で生きてゆく経済と、標準的な財であれ最先端のイノベーション財であれ、工業財の生産に特化した経済との間には、両者を隔てる分割線があるので、なかなかそうはならない。前者は、自国代表が拒否権限をもたないような国際決定機関によって、民間金融部門のイノベーション能力が制限されるようになることを受容できないであろう。後者は、ヘゲモニー経済――これはいまなおアメリカである――にそうした制約を課しうるような、そんな交渉力をもっていない。

欧州条約について言うなら、これは金融規制および課税に関する問題に対して、全参加国に拒否権を与えている。イギリスやルクセンブルクは、欧州連合〔EU〕レベルでの金融規制を断固阻止するために、この制度をいち早く援用した。金融仲介で生きていく資本主義諸国の代表者たちによるこうした一致した反対意見は、当然ながらロンドン・サミットに際して表明された。ウォール街やシティの正統性が完全に喪失し、これがヨーロッパおよびアジアからの圧力と結びついて、オバマ大統領の政権をしてアメリカ大銀行にこうした規則を課すことができるようになる、と想像しえたかもしれない。しかしながら、明白な証拠に押されて財務省のガイトナー新長官は、二〇〇九年五月、最終的にデリバティブ商品を規制する可能性を検討したのではあるが、しかしその規制は、自らの利益に資するかぎりで、またアメリカの大手金融機関との緊密な協力のもとに、アメリカで作成されるという条件で、ということであった。同じように、シティの改革を検討した報告書も出されたが、それはイギリスの競争優位の形成においてシティが決定的役割を果たしつづけることを目的としていた（Turner 2009）。

このようなわけで、ウォール街もシティもその権力を失いはしなかった。それどころか、両者はこの驚異的な世界経済危機の発生源をなすということが、ほとんど忘れ去られるまでになっている。

6　政治的なものの再確認ないし国民国家への復帰

最近の二十年間、自己調整的だとされる市場メカニズムが優勢をしめ、国家の責任が後退していくという全般的動向が見られた。これまでの各種危機の歴史のなかでしばしばあったことだが、アメリカの金融が崩壊し、次いで世界レベルの経済活動が全般的に縮小したので、不況や長期停滞に陥る危険性を乗り越えようと、強力な政治介入の必要性が再び唱えられはじめた。こうした国家の復帰は、NAFTA〔北米自由貿易協定〕、EU、ASEAN〔東南アジア諸国連合〕、さらにはメルコスール〔南米南部共同市場〕がそれぞれ形成する巨大地域グループのレベルで現われている、と考えられよう。実際、世界国家の萌芽が生まれるには国際経済はあまりに紛争に満ちており、自ら取り組むべき諸難問の次元と比べて、たいていの国民国家は小さくなりすぎてしまった。とはいえ、いま見られるのは逆の動きであり、その理由はさきに明らかにしたメカニズムから理解できる。

国際規模の「ベンチマーキング」から各国別進路の分析へ

「どこにも同じ型を《ザ・セーム・サイズ・フォー・オール》」の時代は終わったように見える。ワシントン・コンセンサスの崩壊とともに、その失敗について二点認識しておく必要があった。第一は、周知のことだが、国家の撤退がもたらした経済的不均衡にかかわり、第二は、これまた重要なことだが、以下の事実に由来する。すなわち、支配的な調整様式いかんで、一個同一の措置が異なった――さらには対立した――結果をもたらしうるという事実である。ところで、この異なった結果というのはきわめて多様であって、国際競争ゲームによって相違が縮小するだろうという予測に逆らうものである。多数の発展戦略が暗黙の参照基準としていたのは、各国の組織形態をアメリカのそれに近づけること以外の何ものでもなく、ここにアメリカは、最も効率的で民主主義的な経済的政治的構図を示していると見なされていた。二〇〇九年、アメリカ的構図は構造的欠陥から自由ではなかったことが明らかとなった。加えてまた、次のことも明らかになった。すなわち、アメリカ以外の国は世界規模で覇権をにぎる大陸経済でもないし、金融仲介センターでも国際通貨発行者でもないのであって、そうした他国にアメリカの基礎的諸制度を輸入することは、アメリカの例外性からしてほとんど不可能だということである。

という次第で、これとはまったく別の方法論が展開されてきた。それはもはや、一国を国際断面における残りの世界と比較するのでなく、その成長軌道を条件づける固有に国民的な要因を理解しようとするものである（Hausmann and Rodrick 2003; Hausmann, Rodrik and Velasco 2004）。したがって、国際的編入形態の多様性やマクロ経済的成長体制の多数性を考慮に入れつつ、特定期間の各国経済の成長を制約している諸要因を適宜分析していくことが重要である。貯蓄不足であったり、労働市場のインセンティブがうまく方向づけられていなかったり、為替政策が不適切であったり、民間部門の競争力に貢献する公共財が欠如していたり……といったことである。この方法論が極端になると、国民経済はそれぞれに特殊だと仮定することになってしまうかもしれない。すでに強調したように、本書では中間的な立場が採用される。というのも本書は、少なくとも七つの制度的構図が共存するということを展開するのであり、その七つのなかでは成長を制約する要因は相互に特殊なのである。金融支配型資本主義にあっては過剰投機が、新しく国際経済に統合された経済にあっては対外金融依存が、工業型資本主義にあってはイノベーション活力と製品差別化が、さらには地代経済にあっては新興工業国の成長テンポが、それぞれに重要であろう。激烈な国際競争やそれゆえの資本の突然の流出入の暴力によってその制度的構図が構造破壊された経済については、言うをまたない。

経済政策の枠組みは長期的歴史のなかで形成される

こうして各国政府は、世界経済の回復に貢献するカント的定言命令でなく、みずからの国内的特徴に対応する政策を採用しようとするということが、よく理解できよう。各国政府が――ほとんどもっぱら国民国家の基礎上でなされる――民主主義的な政治プロセスの管理下に置かれることが多いだけに、この点はそれだけいっそう当てはまる。そのうえ市民は、雇用・社会保障・税制・公共支出に直接影響する政策の決定措置を、明らかに透明性も民主主義も劣る超国家機関に委ねる気にはなれない。

ＥＵ市民を代表すると見なされている欧州議会がその権力と正統性をゆっくりと体制化しているのが見られるというのに、欧州連合の共同体諸機関のほうは、全加盟国に共通の戦略を定義できず、しかも実行できていない。このことは、超国家的解決策がこのように閉ざされていることの例証である。事実、例えば域内市場競争に関する共通規則が緩和された――もっともこれは必ずしも不都合なことではないが。同じく二〇〇五年三月、安定・成長協定が改訂されて導入されたフレキシビリティは、世界危機の例外的性格に直面して十全に利用された。反対に、これは税制・予算の連邦主義を導入するチャンスであって、それによってＥＵは債務を形成したり、国境を越えた強力な反景気循環政策を実施したりできるようになろうと考えることができたかもしれない。そのような政策の例として、インフラ建設への融資、研究開発支出の増額、さらには雇用を失った労働者への意欲的な職業教育プランがあろう。

よくあることだが、マクロ経済学者は経済政策を本質的に専門技術的な練習問題だと考える。つまり経済効率を高めるには、貨幣・財政・租税・規制といった諸用具の最善の組合わせは何か、と。これによってかれらは、政治は経済のロジックに従属するものではないということを忘れている。政治というものは、これとまったく異なった空間――権力と公民権の空間――で作用するのである。それゆえ危機脱出プログラムは応用マクロ経済学の練習問題ではないのであり、誰もサブプライム危機の特殊性を説明しうる理論をもちあわせていないだけに、なおさらそう言えるのである。それは何よりも、所与の社会構成体のいちばん重要な約束事《コンバンシオン》を動員しながら、表象と期待に働きかけていく努力なのである。

すでに強調したことだが、第二次世界大戦後のイギリス労働党政権による国有化によって、破綻銀行――そのマクロ経済的影響は甚大だ――を公的管理下に置くことは可能かつ容認しうるものになったというのに、連邦国家に対するアメリカ市民の伝統的な不信から、どれほど多くの国有化――スウェーデン式ないしフランス式の合理化――が阻止されてきたことか。アメリカおよびイギリスの大規模なケインズ的景気刺激プランがドイツではあまり人気がなかったからといって、驚いてはならない。第二次世界大戦後、社会的市場経済は社会的パートナーの自律性と連邦政府当局者の権限の制限のうえに樹立されたのである。ケインズ政策へのこうした不信は、二〇〇〇年代前半ドイツの成長ダイナミズムが輸出部門の競争力に淵源していたという事実によって、なおいっそう強まった。この競争力自身は、十年以上にわたって粘り強く続けられた賃金緊縮や、社会保障支出および失業補償の抑制と関係している。

こうして各国政府は、基礎をなす制度的妥協と両立するような、また、危機脱出の経済政策が正当に要求しうることに関する集団的表象と両立するような、そのような用具を動員することにかかわっている。中国の景気回復策はなぜあれほどに大胆かつ迅速なのか。その理由は簡単だ。「人民に対する高度成長の恩恵と引換えに共産党が政治権力を独占する」という、経済自由化政策以来の基本的妥協を先延ばししたにすぎないからである。金融危機への対処をめぐるスウェーデンの戦略について言えば、その対処法は中国のような社会では予想外のものである。というのも中国のような社会では、政権与党と野党の妥協とか透明性とかいった至上命令が優位をしめていないからである。

構造的および／あるいはシステミックな大危機にあっては、これまでのマクロ経済的決定論は挫折し、その結果、本質的に政治的な選択が見いだされる。だがこの政治的選択は、マクロ経済学者が特権化するような抽象空間で作用しはしない。というのは、この選択は経済政策、公民権、とりわけ国民的な国家責任といった見方のうちに位置するはずのものだからである（図77）。

多国間合意がないと経済政策は再び各国別のものになる

市場諸力の自己調整能力への素朴な信頼なるものには限界があることが、現今の危機によって明らかになった。問題の核心は、市場諸力の活力を回復させる装置と手続きを再導入することである。それゆえこれは本質的に集合行為の問題である。一見して三つの介入形態が考えうる。

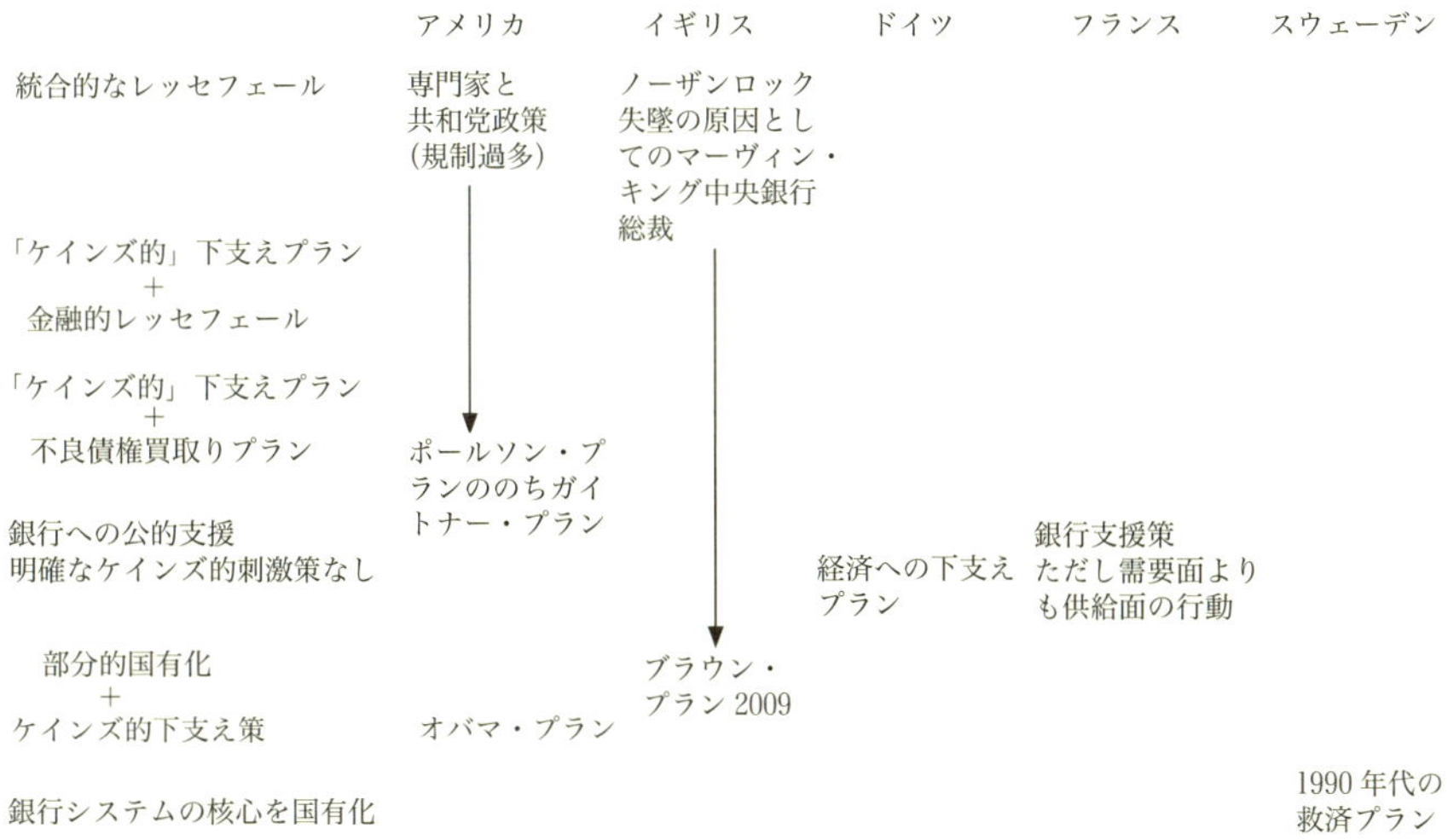

図 77　危機の出口——経済政策の国民的スタイルの問題

・第一に、例えば金融市場の運営規則を引き出すために、さまざまな国民国家や機関の間でコーディネーションをする可能性である。二〇〇九年四月のG20ロンドン・サミットの結果を検討してみるならば、さらには企業と労働者の関係を規制する新しい規則がない点を検討してみるならば、こうした道は、とりわけ利害紛争が激化する危機の時代には、きわめて困難なことがわかる。

・第二の形態は、金融市場の生命力回復を保証するような規則をアクター自身によって確立しようとするものである。かつてロンドンのシティは、国家の直接的介入を受けることなく、自己規制の規則を生み出す能力があることで有名だった。ノーザンロックの破綻やその後の国有化によって、この戦略の限界が明らかになった。同じく、ウォール街の金融関係者に認められていた大きな自律性は、かれらが自分たちの競争力を損ないかねないシステミック危機を回避できるような規則を生み出していくというには、ほど遠かった。むしろ逆であって、金融安定性の公共財的性格が破廉恥にも悪用され、次いでいったん危機が始まると利益の私有化と損失の社会化が見られたのであった。

・以上の二つの失敗を前にして、アメリカでもイギリスでも、またヨーロッパでも中国でも、国家の全般的な介入が華々しく復活してきた。まことに、権力の本質的なところは国民国家のレベルにとどまっているのであり、欧州連合のような萌芽的な超国民的国家の場合にあってさえも、危機の広がりによってむしろ、加盟各国の自律性がいっそう大きく回復することになった。加盟各国の大企業およびこれに対応する雇用を救済しようとの圧力のもと、競争政策が緩和されているということを想起する必要がある。これと並行して安定・成長協定は、加盟各国の反景気循環政策プランに好都合な方向へと再解釈されることになった。

このことはおそらく驚くべきことではない。国民国家は、構造的かつシステミックな危機に対応するため、三つの重要な属性をもっているからである。第一、国民国家は一連の制度化された妥協を示す責任があり、そしてこの妥協自身が、その国民経済が世界貿易に編入されていることの反映でもあり、また編入の条件をなしているのである。多国間のレベルでは、そのようなことはまったく見られない。第二、さまざまな成長体制や危機の継起をとおして、各国は経済政策に関して正当な用具一式を作り上げてきた。その点で各国ごとの伝統はきわめて対照的であり、これが危機管理の超国家的なコーディネーションにとって第二の障害をなすことは言うまでもない。第三、少なくとも旧工業諸国の国民国家は、ある戦略がいったん政治的に決定されたらそれを実行しうる行政機構を備えている。その行政機構は、開かれた協力、同輩による監視、さらには優秀者・違反者公表方式《ネイミング・アンド・シェイミング》といった、非政府組織〔NGO〕におなじみの各種方法とはきわめて対照的である。こうしたガバナンスの方法は近代的と見なされているのだが、しかしそれは政府がもつ権力と比較すると、まことに弱い力しかもたない。

国民国家の力のこのような本質主義的分析のうえに、多分に局面状況的な——だが国民国家の介入能力や正統性を回復するのに好都合な――要因をいくつか追加しておくのがよかろう。実際、ほとんどの国が国際経済情勢や国際金融界の気分に極端に左右されているのであり、それによってかえって、より多く内需のほうを向いた、また市民の社会的必要の充足に向けた成長戦略が光彩を取り戻している。既述のように中国の場合がそれであるが、しかしこれは、ドイツや日本といった諸国もまた導き出してもよい教訓である。これら諸国では、輸出部門の活力にひたすら信頼を寄せるのは問題だと思われている。同じく、今後何年後かには金融グローバリゼーションの縮小が見られるということも、大いにありうる。欧州連合の新規加盟国もおそらく、一九九七年のアジア諸国と同じ教訓を学んで、もはや外貨建て国際信用の一見無制限の供与という陶酔に屈することもなくなるであろう。最後に、保護主義というタブーが経済政策用具一式のなかに舞い戻ってきた。もちろんここでいわれているのは典型的保護主義、つまり輸入品に対したたいていは非関税障壁を設けるという保護主義のことである。だがまた、ある形態の金融保護主義もここに含まれる。つまり、金融商品としては、当該国民国家の認可や保証を得たものしか受容しないというものである。その目的は、ドイツやスイスといった諸国の銀行は慎重かつ伝統的な経営を特徴としているが、そのような銀行が――ウォール街やシティの大手投資銀行が捏造・販売する――毒入りデリバティブ商品をつかまされることのないようにする点にある。

たとえ国際規模で強い相互依存が発展しつづけるとしても、二十一世紀は依然として国民国家の世紀なのである。

7　国民経済とその諸関係の長い構造調節期に向かって

たとえ二〇〇八年に始まった世界金融・経済危機が複雑な様相を示しており、そのせいでよく知られた危機脱出戦略でさえもきわめて困難になっているのだとしても、これまでの経過に照らして、以上のような診断を下すことができよう。つまり、各国政府は三つの課題を同時に達成しなければならない。すなわち、まず、サブプライム・バブルの経過のなかで蓄積された不均衡を検査すること。次いで、経済活動の刺激を意図した政策が第三の投機バブルの反復につながらないようにすること。最後にとりわけ、資本主義経済の機能に不可欠な資本蓄積を刺激するための新しい成長源泉を発見すること。

適切な戦略の欠如ゆえに遅すぎた毒入り商品除去

貨幣金融政策の新しい用具は多彩であり、用いられた金融諸手段は広範にわたったが、それでもなおアメリカの戦略は、金融システムのシステミックな閉塞にかかわって採用された戦略が根本的に不適切であったことに苦しめられた。公的当局は膨大な量の援助・保証・信用・資本を十把ひとからげに、ほとんど場当たり的に注入した。その恩恵にあずかったのはこれをあまり必要としていなかった金融機関であり、反対に、公的救済にその存続がかかっていたごく小さな金融・非金融機関は忘れ去られた。ミクロ経済的分析が全面的に支配していたこの時期に、こうした本質的にマクロ経済的な療法がなされたのは驚くほかないが、これは、穴を掘ってこれを埋めるために公的資金を注入するという素朴ケインズ的戦略の現代版みたいなものである。サブプライム危機の勃発とともにその組織モデルが崩壊した金融機関について、なぜその持続が保証されるよう必死になるのか。停滞あるいは少なくとも生産性鈍化の困難な時期が予想されるというのに、信用による成長回復を追求することは本当に時宜にかなっているのか。

こうした閉塞の核心には、あまりに複雑となった金融資産評価の危機が存在するのであって、それは最も洗練された理論や技術をもってしても現実的な評価を下せないほどなのである。あまり確かな情報をもたない諸機関に、毒入り資産の価格を示せと要求するのは世間知らずもいいところだ。毒入り資産を保有する別の機関は、その資産の価格がバランスシートの記載価格——たいていは悲しいことに誤りが判明しているモデルの適用から得られている——を大きく下回ることを危惧しているのである。ここには金融資産の価格形成をめぐるハイエク的危機〔新金融商品の産出に付随して作り出される新たな相互関係や不確実性に関する情報が市場の価格によっては伝達されないことに関連する危機〕があり、それがなお数年は続くということは大いにありうることである。

だがそれでは、二〇〇九年上半期に記録された株価の小康状態をどう説明するか。背後に最悪の危機が控えていると考える金融関係者たちの透徹した予想とはまったく反対に、この小康状態は、株式市場の相変わらずの近視眼性を証し立てており、そして／または、公共体が——利益が生じればそれを私有化することを認めながら——損失が生じればそれを吸収しつづけてくれるだろうと考える破廉恥きわまる希望を証し立てている。最後に、二〇〇七年に始まった危機の広がりを前にして想像しえたほどには、表象や権力関係の断絶ははっきりしない。逆説的にもこの点は、これに先んずるアメリカの二つのバブルの長期持続的解消という文脈のなかで意味をもつ一要因なのである。

金融システムの未来——粉飾的な改革か公共機関によるコントロールか

一九九〇年代の危機を管理した際の、スウェーデン当局者のピュロスの勝利〔労多くして益の少ない勝利〕を思い出してほしい。一方で、公共予算の持出しを最小限にし、中期的成長の損失を大いに緩和しえた介入の有効性に対して、国際社会は感嘆した。だが他方、即座の危機脱出にもっぱら集中したので、現実にグローバリゼーションや金融規制緩和の行きすぎに由来する危機の原因について、当局者は自問し忘れてしまった。十年後、ほとんど同じメカニズムを組み込んだ危機が復帰してきた。

教訓は明らかだ。金融システムの再建が急務だからといって、同じような投機事件が反復されうるような諸特性の集合を是正していくのを忘れてはならない、ということである。今日のアメリカ当局者はこの第二の課題を意識しており、最終的にはもちろん、規制を復活させることを検討している。しかしながら、各種の利益団体や大部分のアメリカの経済学者は、相変わらず、金融規制の行きすぎは活力と成長を損なうだろうという考えを述べている。なかには、自分自身の評価で行動するのが各購入者の務めであり、そう考えられるからには、金融証券の保証をやめよと言う者もいたのではないか。金融市場の完全なる透明性についての、また全関連情報のコストなしの獲得についての、何と素晴らしい幻想が戻ってきたことか。

世界の流動性は今日、公的赤字と低い短期金利のせいで大きくなっており、この世界的な過剰流動性のことを加味すれば、第三の投機バブルが出現する諸条件は出そろっていることになる。そのことの効果は、金融業界の一部がデフレを危惧し他の一部が高インフレの再来を危惧するといった文脈のなかでは、石油や各種原材料の相場が暴騰したり、いわゆるエマージング諸国の株価動向が急反転したりすることをとおして、すでに見られはじめている。

明らかなことだが、住宅ローン市場の規制のあり方について、アメリカが例えばカナダと同じものを採用するというのは難しい。カナダでは、レバレッジ効果に関して金融には厳格な制約が課されており、信用の質的内容は一義的に保証されており、たとえ支払不履行が起こっても普遍的に保証されている。そこから、カナダでは不動産バブルが存在せず、金融システムが際立った抵抗力を示したことが説明される。だがそれは、成長への熱狂が存在しなかったことの対価であり、持続的だと考えられた発展経路に沿った慎重な経済運営の対価である。アメリカの世論はこうした構図をあまり望ましいものと見ないのであり、それよりも、異常な楽観主義的局面とこれに続く危機局面の交替を選びとるということが、大いにありうる。

同じくアメリカの当局者は、「市場価格による時価評価」適用に際しての厳密性を緩和する道を選んだ。というのも、大量の投売りのせいで、株価が現実性のある中期的評価から乖離してしまったからである。同じく、株式市場での空売りを一時的に中止した。とはいえ根本問題は、公正価値会計に復帰するという問題である。実際、公正価値会計は、あらゆる危機の発生の核心をなすファイナンシャル・アクセルレーターのうえに会計アクセルレーターを付加してしまった。両者が結合したので、金融システムはその構造的安定圏から抜け出してしまった。

原価会計は古くさいが、意味のない架空取引でなく実効的取引に対応する価格をはっきりと決めるというメリットをもっていたが、アメリカでは誰がその原価会計に復帰しようとあえて言うであろうか。この原価会計に、あらゆる金融仲介業者や非金融大企業最高経営陣の報酬の抜本的改革を結びつけるならば――この改革の主旨は、市場で実現された値上がり益や以前に取り決めた貸付けの返済のおかげで現実に入手した利潤しか分配しないというものである――、金融と長期的成長源泉との持続的和解がなされることもあろう。こうした装置には別の利点もあるのであって、それは株式評価の短期主義に代わって、キャッシュフローの異時点間フローをとおして長期的投資の回帰が生ずることである。結局これは、生産を中心としてアメリカ経済を再展開するに好都合なメカニズムの形成に寄与することになろう。

長期的成長の新しい源泉――根本的な不確実性

以上のように、歴史は二つの進路の間でためらっているように見える。

・第一は、ほんの一年前にはまずありえなかったが、その妥当性が次第に明らかになってきたものであり、公的資金によって信用主導型成長が回復する結果生ずるであろうものである。制度改革はわずかしかなされないが、それというのも、かつての投機的熱狂の明白な行きすぎを是正することだけが問題とされているからである。こうして、世界的金融仲介に関するアメリカおよびイギリスの競争優位が保たれ、信用が停滞を――少なくとも大多数の人々の実質所得がほとんど伸びない点を――埋め合わせていくことになろう。原因が同じならば結果も同じだ。つまり、そのプロセスは必ずや暴力的に中断されることになろう。それこそあらゆる投機バブルの運命だからである。それゆえ、この第三の危機ののち、金融を規律づける必要性はなおいっそう明らかとなるのであり、非金融的な生産部門を奨励する戦略の利点がますます受け入れられることになろう。それこそは第二の進路であり、これから探求されるべきものである。

・この第二の進路は、中長期的成長のテンポはかなり低下したという事実を考慮に入れている。まず、数年間にわたって家計は借金を返済し結果的に貯蓄することになろうが、そのことは有効需要にデフレ効果をもたらすであろう。次に、いまや現実味をましたリスク・プレミアムを織り込む銀行は、企業の投資プロジェクトをいっそう厳格に選別し、その結果、新しい生産能力の形成が抑制されるであろう。同じく、自動車のようなフォーディズム部門の生産構造が暴力的に調節される結果、高賃金雇用が縮小し、そこから失業が増加し、高付加価値産業から低付加価値産業への雇用の逆説的調節が現実味を増す。あらゆる企業は自らの利潤マージンを改善するために生産性を回復しようとし、それを労働者と分配し合おうとはしなくなるだろう。労働者の交渉力は、高失業の持続やかれらの政治領域における代表の弱さのせいで、随分と小さくなっているのである。アメリカでは世界のどこよりも生産が低下し、また、ドルの減価によってこの国の貿易赤字を減らすことができるということは想像できよう。しかし、当面する十年の幅でアメリカが輸出主導型成長モデルの仲間入りをするとは、まず期待できない。それゆえ、オバマ大統領の景気回復プランがインフラ・教育・研究支出の大幅増加を当てにしているとしても、驚くに当たらない。昨日まで危険なデリバティブ商品を設計するためにウォール街のほうを向いていた有能な科学者や経営者はみな、福祉やアメリカの競争的地位を改善するような生産的イノベーションの研究に方向転換することになろう。事実、アメリカはイノベーション主導型成長体制の戸口まで来ている。ただし、それが実を結ぶまでには十年、二十年の歳月が必要となろう。といってもこれは、医療や人口高齢化にともなう支出の継続的増加、デフレ・スパイラルとインフレ復活の二重の危険という不確実性、ドルの為替相場の大幅で予測不可能な動きといった文脈のなかで、公的

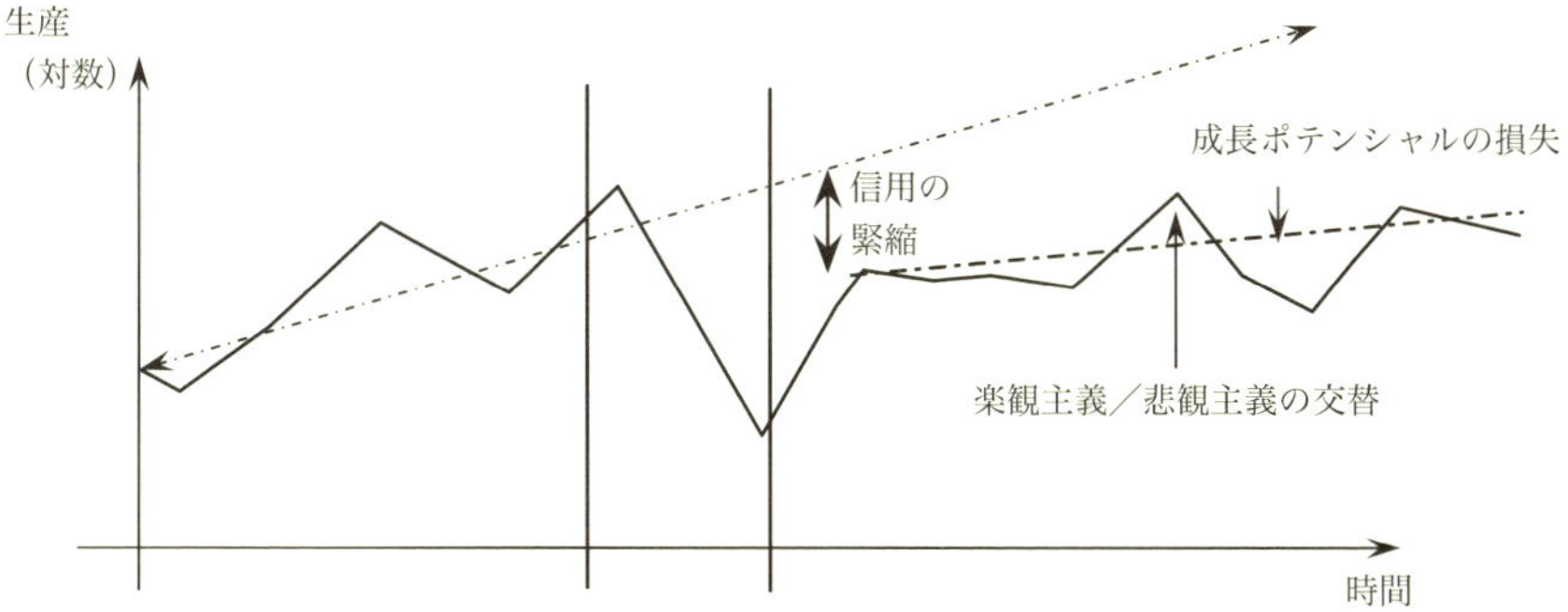

図 78　非典型的な構造的危機には前例なき危機脱出図面を

債務形成を管理しなければならないという点を除外しての話である。

当分の間、アメリカの組織諸形態はほとんど、長く苦しい再構築の時期を味わわねばならない。したがって二〇〇九年三月以降、株価の高騰が見られたが、それはこの新しい体制が近々出現するということを意味しない（図78）。というわけで、フォーディズムの衰退を論じたレギュラシオン派のある著作タイトル*を言い換えて説明してみたくなる——金融主導型蓄積体制の危機はなお続く、と。

* MAZIER Jacques, BASLE Maurice and VIDAL Jean-François（1993）*Quand les crises durent*…〔危機が続くとき……〕, Economica, Paris, 1ère édition 1984.

結論　転倒する世界　継続する危機

「作家にとって、危機は思わぬ授かり物である。虚飾や秘密がたちどころにして暴露される。」

（イアン・シンクレア、二〇〇九年四月）

1　サブプライム危機の不変性と新しさ

金融危機は続いているが、決して同じシーンが繰り返し再生されているわけではない。確かに、今日のアメリカの危機のうちには、不動産投機が実物部面における住宅の過剰生産と金融部面における不良債権の発生を同時に引き起こすという、まったくもって古典的と言える要素がある。しかし、今回の危機の新しさは、それが、過去二十年を特徴づけてきた極端な分業のまさにそのただなかにおいて、まず比類なき展開を見せたという点にある。同じ原債権から、さまざまな新しい金融デリバティブ商品——それらは最初の取引に関与しなかった人々に最初のリスクを担わせることを目的としている——の積上げが引き起こされるため、証券化は、原資産として役立ったローンの焦付《こげつ》きによる影響を、金融システムや保険システムの全体に波及させる。ところが、最初のリスクが悪化していった。最初のロー

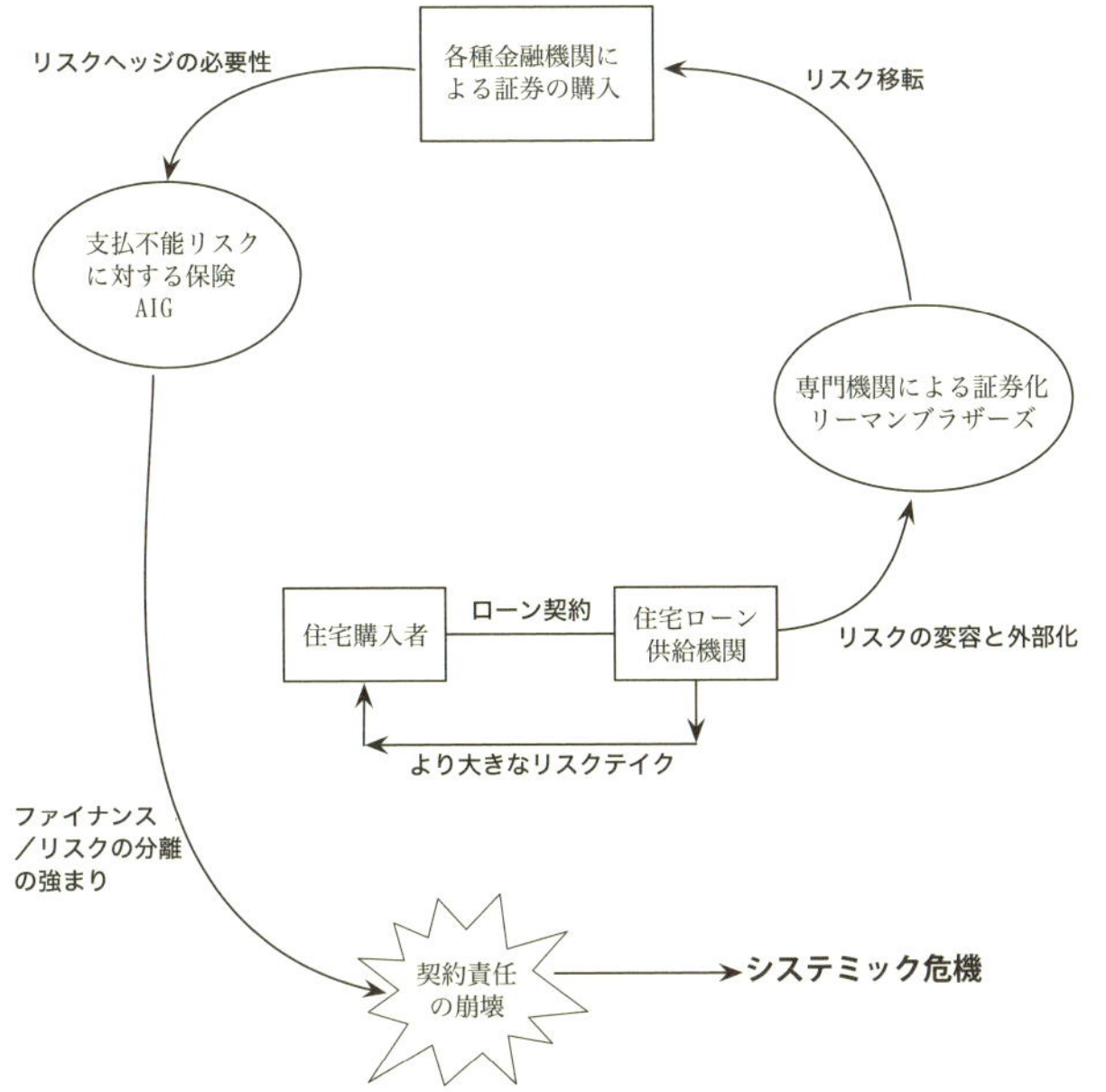

図 79　サブプライム危機の起源
——リスクの移転が金融評価の阻害をもたらすという分業の矛盾

ンを供与する金融機関にとっては、債権の質が悪化していくことがわかっていても、自らの活動を増加させることが利益になる。こうして、当該のローンにおいて危機のリスクが著しく高まったのである。したがって、アメリカの金融的分業には矛盾が存在した、と言うことができる。なぜなら、金融危機勃発までのゲームのルールは、リスク評価能力が最も低い人々にリスクを分散・負担させるというものであったからだ。

つまりこのことが含意するのは、最初の金融商品から多数の金融機関や金融商品が派生したため、部門危機はことごとくシステミックな危機へと転換するだろうということである（図79）。旧来の文献によれば、契約規律とは、貸し手に対して、債務者側の機会主義〔返済義務を軽視することで自己の利益を得ようとすること〕を枠付けするための情報・装置を蓄積することを通じて、自らがとるリスクをできるだけうまくモニターするよう促すことであった。しかし以上のように、その契約規律が弛緩した結果、いかなる逆説もなしに、かたやイギリスでは二つの大手銀行（ノーザンロック銀行、スコットランド王立銀行）があからさまに国有化され、かたやアメリカでは、金融機関・投資銀行・保険会社（ファニーメイ、フレディマック、ＡＩＧ〔アメリカン・インターナショナル・グループ〕）全体が潜行的・秘密主義的に国有化された。ウォール街の金融業界が見事に無視してきたこれらのリスクについては、金融デリバティブ商品を「金融の大量破壊兵器」と形容するウォーレン・バフェットや、二〇〇三年以降の国際決済銀行〔ＢＩＳ〕がすでに見通していた。国際決済銀行に至っては、市場の組織化と監督を可能にするルールをもたないアドホックな金融デリバティブ商品が爆発的に増加したことによって、金融危機が起きる強い危険性のあることを予見していた（BRI 2003）。

2　多くの予兆を無視したのちに混乱した積極的行動主義

今次バブルの崩壊と金融システム全体に対するその影響の拡大および重大性に直面したとき、最初に驚いたのは市場アクターと専門家であった。しかし驚かなければならないのはむしろ、たび重なる危機が北米の金融機関の種々の欠陥を明るみに出してきた一九八〇年代末以来、十分すぎるほどの警告がなされてきたことに対してである。一九八七年の株価大暴落や、またＬＴＣＭ〔ロングターム・キャピタル・マネージメント〕の崩壊によって、理論モデルへの過剰な信頼があることが判明した。またエンロンの破綻が示すように、会計慣行の創造的利用のみを収益源とする潜在的に不安定な金融商品を扱う大規模な市場に関して、その創設と管理とを一企業の裁量に委ねるのは危険なことが明らかになった。エネルギー・デリバティブやアメリカの住宅ローン市場関連のデリバティブ商品においては、投資銀行の金融イノベーションに対するあらゆる公的監督を免除するために、金融業者と公権力との間に共謀関係が存在していたことが確認された。イギリスのノーザンロック銀行は破綻した後に国有化されたが、これに対してアメリカでは、

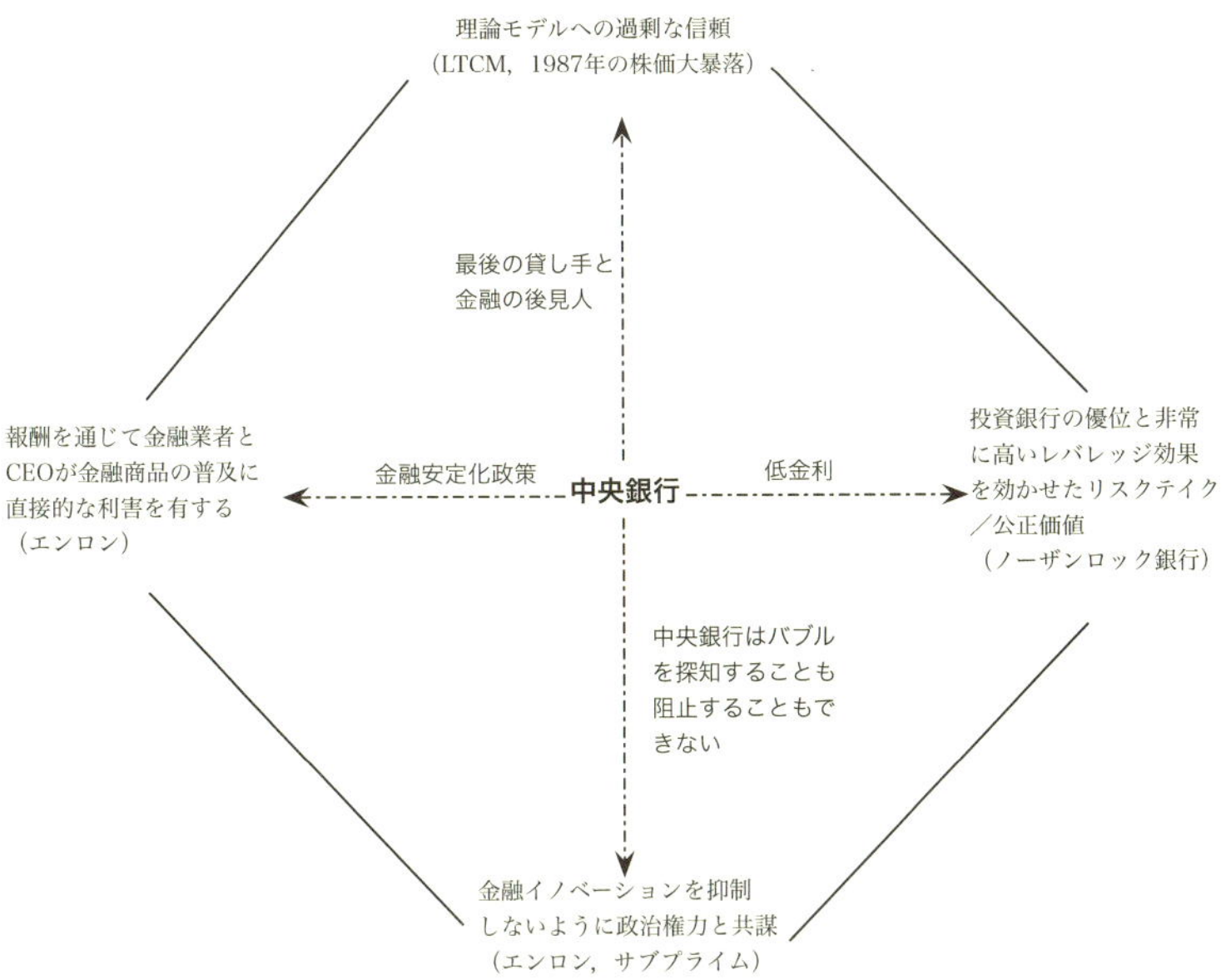
理論モデルへの過剰な信頼
（LTCM，1987年の株価大暴落）
最後の貸し手と
金融の後見人
報酬を通じて金融業者と
CEOが金融商品の普及に
直接的な利害を有する
（エンロン）
金融安定化政策
中央銀行
低金利
投資銀行の優位と非常
に高いレバレッジ効果
を効かせたリスクテイク
／公正価値
（ノーザンロック銀行）
中央銀行はバブル
を探知することも
阻止することもで
きない
金融イノベーションを抑制
しないように政治権力と共謀
（エンロン，サブプライム）

図80　サブプライム危機は1987年以降次々と現れた危機の特徴の大部分を組み合わせたものである

二〇〇八年九月以降、サブプライム危機の深刻化を前にして当局同士が戦略調整の困難に陥った。局所的な破綻がシステミックな瓦解にまで行きついたとき、そこに見いだされたのは、公的監督の分裂化による政策諸当局の混乱であった（**図80**）。しかし金融危機の歴史が教えるように、公権力の対策発動が遅れるほど、危機はより深刻化し長期化する。時代が異なるとはいえ、現局面が一九二九年のそれに類するとされる根拠の一つはこの点にある。現在の局面は一時的・孤立的な規制の不在から帰結しているのではなく、金融システム全体の調整が不可能である状況から帰結している。

したがってサブプライム危機の以下の要素の特殊性は明らかである。その要素とはつまり、金融界が、原資産から遠ざかったますます秘教的な金融商品のピラミッドを造り上げたということである。このことは、不動産価格の動きが反転し、その評価を可能にする慣行（市場価格による評価《マーク・トゥー・マーケット》、市場に準ずるモデル《モデル・トゥー・マーケット》）が崩れるや否や、あらゆる関連資産の評価が不可能な状態に至るという結果をもたらしたのだ。かくして一九二

表 36　全市場の瓦解に直面して実施された全方位的な介入

危機の特徴	対策	対策の適切性
1. 住宅の差押え	・貸出条件の変更交渉のための連邦支援	・重要なのに無視されてきた要素である，私的契約の原則へ立ち戻ること
2. 不動産価格の急落	・金利減免 ・税制措置（金利負担の免税）	・住宅価格／家賃／所得の長期的比率への回帰を避けられない
3. 不動産ローン焦付き率の上昇	・サブプライム・ローンの期限前再交渉	・所得に関する情報の欠如
4. 銀行間信用の阻害	・Fed の対銀行貸出し――出資を含む――をより広く開放	・資産ならびに複雑なデリバティブ商品の評価という問題を解決しない
5. サブプライム・ローン市場の消滅	・不良債権処理機構	・伝統的な解決策だが，どのような手続き，どのような評価によるのか？
6. 株式相場の急落	・公正価値の緩和／再検討 ・空売りの禁止 ・市場の閉鎖	・信頼喪失のリスク ・株式相場急落の非常に限定的な要因 ・最後の手段
7. 自らの自己資本を上回る金融機関の損失	・破産法の適用，債務株式交換 ・公的資金による資本注入	・厳密な理論のうえでは最も理にかなった解決法であるが，遅すぎる
8. 対非金融企業信用の阻害	・Fed の貸出枠を非金融主体に拡張	・信頼の危機と，危機脱出に関する根本的な不確実性を克服するには不十分

九年恐慌の反復回避を目的とする旧来の諸政策が非効率的であることが容易に理解される。

Ｆｅｄ〔連邦準備制度〕は、まずは商業銀行に、次いで投資銀行に潤沢な流動性を供給し、銀行間信用を保証する多様な資金調達手段を創出した。財務省は予算と税を通じてケインズ的政策を組織し、新しい諸々の機関を創設し、デリバティブ商品の買取りプランを増発した。ＦＤＩＣ〔連邦預金保険公社〕はその保証を拡張した。諸々の金融機関は自分たちの流動性と支払能力について、それぞれ互いに不信をいだきつづけている。なぜならこれらの機関は、自分たちのバランスシートの正味資産価値を推定する能力をもたないからである。市場の機能不全のミクロ経済的・情報的な原因に対する介入のみが、つまり各資産の適切な評価のみが、信頼の――それゆえ株価と信用の――内生的な回復を可能にする。マクロ経済政策は、確かに依然として必要ではあるが、それ〔資産の適切な評価〕の代用措置でしかない（表36）。

3　金融によって生じたシステムの崩壊

かくして、アメリカにおける住宅ローン市場関連デリバティブ商品の危機は、投資銀行の活動、伝統的な金融市場理論、およびアメリカ経済・社会に対するウォール街のヘゲモニーという三者が、同時に崩壊したことを告げる出来事であった。

この危機は第一に、LTCM危機の事例に見られるように、開発者自身の手に余るほど極端に強力かつ複雑な一連の金融イノベーションが危機に陥ったものである。実際のところ、金融イノベーションに対応するモデルは、市場の情報効率性と、永続的で無限の流動性アクセスという二重の仮説にもとづくものであった。それと同時に公正価値会計原則は、好況期には金融加速化の効果を増幅し、反対に、投機の段階が反転し投売りが増える時期には、さまざまな資産のデフレ連鎖を生じさせる。

これは、オプション、デリバティブ商品、スワップの価格算定方法を考案した現代ファイナンス理論――リスクの最適な管理を保証し、全面的な金融危機のあらゆるリスクを潜在的には消滅させるであろうとされていた――の倒壊でもある。事実、これらの理論のパフォーマティブな価値〔金融イノベーションという現実の一部を構成していること〕は、アメリカ金融システムの全体を危機に陥れた根本的な要素であることが判明した。一方で、モデル構築のための仮説は、現実に存在する市場の性質にきわめて不完全な形でしか対応していなかった。他方で、安定した市場に関する比較的短期の予測は、一見稀ではあるが劇的で、過去の規則性を不安定にするような出来事が起きるリスクを考慮していなかった。金融危機の歴史に立ち戻っていたならばよかったのにと思う。なぜなら、そうすれば、危機の典型的・

予兆的な推移が繰り返されるのを察知することができていただろうからである。失敗した投機において「ついてない失敗」と見なされるものは、同業者たちの諸戦略が結合した結果にほかならないのである。

またこの危機は、グラムシが言う意味でのヘゲモニー・ブロックの崩壊を示している。このヘゲモニー・ブロックは、次の三者の間に存在する非常に特殊な同盟を特徴としていた。すなわち第一に政府は、保守的な選択肢によって、また市場の自己調整的な性格への信仰によって支配され、あらゆる公的な介入を嫌っていた。第二にウォール街の金融業者は、資本配分において役割を果たすことを通じて、ついには付加価値の大部分を確保するまでになった。そして第三に非金融企業の高級幹部は、合併・吸収を行ったり、例えばストックオプション——リスクテイクを促す歪みをもつところの——の普及を通じて自らの報酬の未曾有の増加を手中にしようとしたりするうえで、金融市場の高い流動性から利益を得ていた。アメリカ市民は、投機を通じた富裕化の夢を共有するよう促された。しかしかれらは、周辺的な参加者でしかなかった。二〇〇七年の危機勃発へと至る過程は、インターネットバブル崩壊後の経済を再生しようとする中央銀行と連邦政府の意志に由来するものだった。中央銀行と連邦政府は不動産市場の躍進を利用して目的を達成しようとし、そこに、恵まれない社会集団や〔投機の〕手段をもたないマイノリティを参加させたのである。不動産価格の高騰を二〇〇七年三月まで支えていたのは、この〔投機による富裕化という〕共有された信仰であった。景気が反転するとこの信仰は消散したが、驚くべきことに金融権力の大部分は存続した。アメリカ市民は投機を通じた富裕化の夢に再び参加することを促されたのだが、かれらは同盟〔上述のヘゲモニー・ブロック〕の二次的なパートナーでしかなかった。その結果かれらは、直接的には住居の喪失や年金積立金の減価によって、また間接的には将来の増税やさらには——金融危機の実物経済への波及による——雇用喪失によって、危機のコストの大部分を負担することになった。

4　四つのプロセスの交錯から生じた構造的かつ世界的な危機

二〇〇七年三月から二〇〇八年八月まで、危機はまさに金融システムの内部を長い時間かけて進行していき、破綻、吸収、公的管理化、および事実上の国有化を引き起こした。しかし他方で、非金融セクターが公表する収益は、各企業の債務削減や雇用・賃金の緊縮的管理により、まずまずのものでありつづけていた。金融の麻痺が――まずアメリカにおいて、次いで世界の他の諸国において――実物経済の活動に暴力的な作用を及ぼしたのは、リーマンブラザーズの破綻が起きた二〇〇八年九月以降のことである。

・この破綻は景気循環と何の関係もない。なぜなら、この事件はむしろ、一九八〇年代半ばから徐々に発展してきた成長体制が限界に到達したことを意味しているからだ。この成長体制は、信用へのアクセス――これは消費の支えとなる――を可能にする金融イノベーションが絶えず更新されることを特徴としていた。サブプライム危機は、明らかに、金融主導型成長モデルの終焉を画するものであった。まず、この成長モデルの核を担ってきたウォール街の投資銀行は元の地位に復帰し、規制ならびに監督強化に服さざるをえなくなり、したがってアメリカ経済からの巨額の利潤取込みを断念せざるをえなくなった。次に、そして何よりも、この利潤取込みメカニズムの停止と、ずっと厳格な財務制約の復活が予想されざるをえない。こうして金融の支配が問い直され、国家がカムバックすることによって、アメリカの成長トレンドにおける断絶が予想されるのである。

・この急転回の重大性は、この成長体制それ自身が一九八〇年代の成長体制を引き継いだものである、という事実によっても説明される。一九六〇年代まで生活水準の改善を実現していた生産性上昇益が汲み尽くされたために、労働時間の延長と女性労働力率の上昇にもとづいて築き上げられたのが、一九八〇年代の成長体制であった。それゆえ、この外延的と形容される成長体制は、不平等の継続的な拡大をともなっていた。つまり、最も能力のある者や最も裕福な者は所得増加を追求できたが、教育・資本に恵まれない者は生活水準の悪化をこうむったのである。しかし、保守的理念と共和党政権の復活という文脈は、正規の福祉国家による連帯に依拠することを妨げた。またこのことによって、経済的ダイナミズムの要素でもありアメリカ社会のイデオロギー的絆でもあるところの、〈アメリカ的生活様式〉の追求が抑制された。それゆえに、最貧困層の信用アクセスは、右の大きな不均衡をしばらくの間補正することを可能にする弥縫策であると見られていた。恵まれない層の資金調達と多少とも直接に結びついた問題資産（住宅ローン、クレジットカード、学生ローン、自動車ローン）が崩壊したことによって、アメリカは一九八〇年代と一九九〇年代の未解決問題に再び直面することとなった。その問題とは、アメリカの伝統的な成長エンジンであるところの消費活力の再生を促進するために、どのようにして不平等を削減し、社会的な保証を拡大していけばよいか、ということである。しかし、解決はすぐには見つからず、政府は挑戦課題の大きさを知るのに多くの時間を費やした。

・問題への解答として、非常に明白な解決が一つ存在する。それは、金融に投入されている能力・才能を、アメリカの生産部門の再構築と近代化へ振り向けることである。つまるところこれこそ、過去二十年の多くの金融イノベーションがもっていた略奪者的な性質——これによって金融が自らに取り込む利潤シェアが拡大した——の対極に位置するものであり、長期的にポジティブサム・ゲームの再創出に向けて開かれた道なのである。ところが金融化は、生産効率上昇を追求するうえで逆効果のメカニズムを誘発してきた。一方で、マクロ経済的な寛大主義は、情報通信技術〔IT〕の潜在能力に対する過大評価につながった。今日成熟段階に至っているIT技術は、もはや潤沢な信用の恩恵を受けることはない。そのうえ、アメリカという土地で工場の質を維持しようとしても無益であるという理由から、物財生産とソフトウェア生産の拠点が海外移転してしまったため、アメリカ工業復活のプロジェクトを妨げる危険な不可逆性が生じている。他方で、信用の反転によって、〈アメリカ的生活様式〉を代表する産業の構造的脆弱性が表面化した。こうして、デトロイトの最大手自動車メーカー三社の破綻ないし吸収によってウォール街の崩壊が増幅されることの説明がつく。これら三社は、自社の生産の質によって、あるいはエネルギー価格の高騰による状況変化に対して自社の組織を適応させることによってではなく、自社の財務部門に強く依存することによって生き残っていた。つまりこれは、一九四五年から一九六七年までアメリカの経済成長の中核を担っていたフォーディズムという生産要素が時期遅れで陥った危機なのである。

・最後に、二〇〇八年は、アメリカが推進してきたタイプのグローバリゼーションが根本的に問い直されはじめる画期となった。これまでこのグローバリゼーションは、リスクを分散し、地球規模で資本を効率的に配分させることで、世界経済の安定性を促進すると考えられてきた。さらに、アメリカの経済諸制度は、低成長と失業という障害を克服することを望む諸国にとっての、強いられた参照基準でありつづけてきた。今やこのような信仰は消滅し、アメリカは世界の他の諸国に対して過去三十年で最も深刻な危機を提供している。それというのも、アメリカの不景気は他の諸経済のほぼすべてに波及するからだ。各国経済の景気後退の同期化とその規模は、信頼のおける統計シリーズが利用できるようになって以来、前例のないものである。金融グローバル化は、世界規模のシステミックな危機のリスクを減少させるどころか、増幅させた。さらに、輸出主導型成長戦略が一般化した結果、多くの政府にとっては備えのない新しいリスクが生み出された。すなわち、大きな社会的政治的リスクをともなう不況スパイラル――さらにはデフレ・スパイラル――が始まったのである。究極の皮肉は、従来ならば世界の諸国に教えを垂れてきたアメリカの政治家たちに対して、過去に自国の危機に対応した経験のある（日本、スウェーデン、ヨーロッパなど）他国の政府や専門家が行うアドバイスが増えていることである。最後に、資本主義的近代の悪い生徒である中国は、そのような自らの状態を利用することによって、国際金融フローの均衡回復に関して役割を担いつづけている。

つまり、多くの指標は、少しずつ地政学上の大変動が進んでいく兆候を示している。二十一世紀も引きつづきアメリカの時代であるかどうかは、もはや明らかでない。したがって、今回の危機が過去に起こったさまざまな危機よりも少しばかり深刻であるだけの、「小さな」循環性危機である、という希望的観測は捨てるべきである。これは、「資本主義の焼き直し」を支持する者たち――今日破綻を来しているモデルをかつて信奉してきた者たち！――が最終的に確認していることである。しかしたとえそのとおりであるとしても、改革の諸提案や諸政府の戦略が収斂することはありそうにない。

5　金融の社会的統制に向けて　利益団体の妨害に抗して

これまで長きにわたり、アラン・グリーンスパンの次のような考え方が支配的であった。すなわち、危機は不可避であるし、規制はいつだって迂遠で役立たずである。だから、危機が勃発した後で、その影響を最小化すべく公権力のあらゆる道具を動員すれば、それで十分である、と。しかし経済を再生しようとするＦｅｄとアメリカ財務省が直面している困難を考慮するならば、やはり政府が、証券化の一般化にともなう惨禍が繰り返されるのを避けるべく、新しい金融規制の導入に踏み切ったほうがよいことは明らかである。この点で二〇〇九年六月十七日のオバマ・プランは、素晴らしいニュースである〔その後二〇一〇年七月、金融規制改革法が成立〕。なぜならこのプランは、金融を再び枠付けすることに主眼を置いた方策を多岐にわたって提案しているからである。

実際、金融の歴史とサブプライムのエピソードは、この状況静観戦略《ウェイト・アンド・シー》のコストが、財政にとっても社会にとっても甚大なものになりうることを示している。また、われわれは、資本配分における効率性原理を維持し、かつて以上に確保しながら、金融崩壊の頻度と深刻度を劇的に低下させる各種システムを設計しようとすることもできる。危機に関する事前対策と事後対策を比較して費用・便益を計算すると、第一のオプション〔事前対策〕を選択することは決して悪くはない（前述第10章の**表22**参照）。

なかでも、二〇〇八年九月に始まる危機をもたらした諸要素の結合が繰り返し起きないようにしなければならない。公正価値会計原則の採用を問い直すことも考えてよいであろう。中心的な目標の一つは、ローンや金融商品を発行する金融機関の責任原理を何らかの形で再興することでなければならない。また、最終的には破綻を運命づけられている過大なレバレッジ効果への依存を避けるために、プルーデンス〔健全性〕規制と公的監督を投資銀行に拡張することも必要であろう。さらに、さまざまな金融機関と保険会社をカバーする多様な装置の統合に配慮するのも時宜にかなっていよう。アメリカとヨーロッパとの比較分析が示すところによれば、例えば住宅ローンに関して厳格な規制が存在することは、焦付きの――つまりは危機の――リスクを大幅に削減する（**図81 A、B、C**）。

カナダは、住宅ローンに対して首尾一貫した断固たる枠付けを課すことの効能を証明する、もう一つの事例である。同国は、住宅ローンの厳格で普遍的な基準を堅持するとともに、債務不履行のリスクをカバーする強制保険に依拠することで、サブプライム危機の直接の影響を回避することができた。したがって同国は、証券化とサブプライムの冒険に乗り出そうとする者の利害関心にとらわれることはなかった。かくして、いかなる規制をもってしても――どこにおいてもつねに――ある種の金融危機を回避することはできない、と主張するのは誇張であるといえる。

しかし、本書の独創性は別の点にある。本書は、ほとんどの主要な金融危機の起源をなすもの――金融セクターにおける私的イノベーションの完全な自律性と、公的機関による介入の一貫した遅れ――を根本から批判することを目

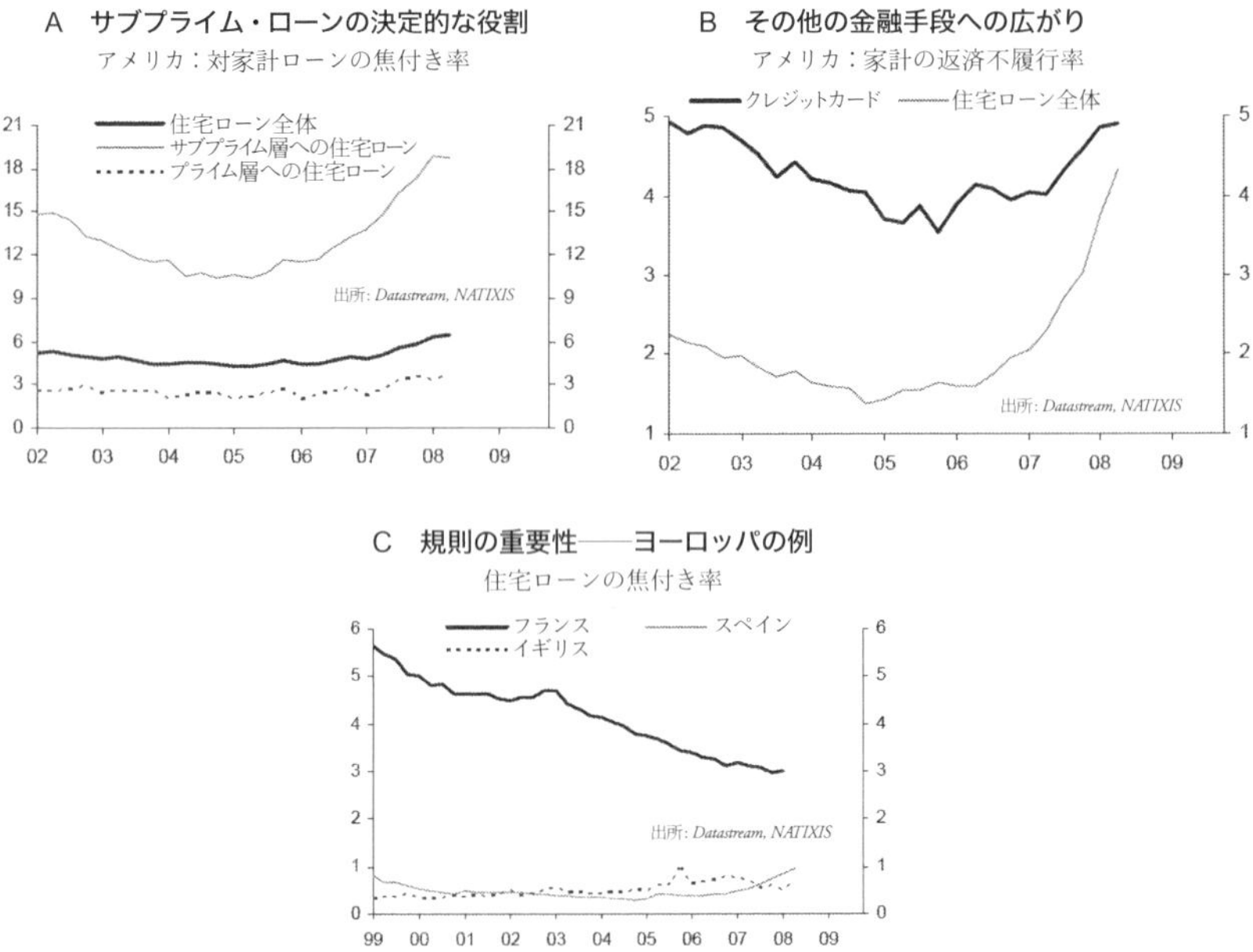

図 81　住宅ローン市場を枠付けすればサブプライム危機の再発を防ぐことができる

出所：Artus（2008h, pp.12-13；2008j, p.7）

的としている。実は、他のすべての領域においては、公的機関が、すべての生産者に強制される安全対策を制定する権限を有している。グローバルな金融の安定性に関する無害性テストに合格することを、民間の金融イノベーションに対して要求してはなぜいけないのか。振り返ってみたとき、〈栄光の三十年〉〔第二次大戦後の三十年〕の強い規制の時代が、効率性と成長に対して不利に働いていたと主張することができるだろうか。過去二十年来、金融が望んできたことが、ますます多様化していく経済的社会的行動を規制する点であったとするならば、今や、社会のよりよい在り方と福祉のために金融イノベーションを統制する時節が到来したのではないだろうか。

いずれにせよ、多くの分析家たちは、実物経済との関係が透明な単純で標準化された商品に戻ることを推奨している。実際にはこれはまた、多くの経済アクター——家計はもちろんのこと、

表 37　銀行か直接金融か――金融は勝利から失敗へ，最後は銀行有利！

	銀行	金融市場
金融手段	貸出し，預金，為替	株式，債券，先物，デリバティブ商品
情報の優位性	顧客情報の蓄積	情報の社会化と標準化
主要なリスク	・銀行パニック ・貸出先の返済不履行	・投機バブル崩壊の際の投売り ・乱高下と暴落リスク
活動分野	経済のアクター総体：中小企業，家計，大企業	大企業に限定
危機の型	不良債権	金融システムの凍結

〔訳注〕この表は第 9 章表 17 と内容的にほぼ同じものである

金融市場を利用するための資源を保有しない中小企業も――が要求していることでもある。かくして、時代遅れであるかのように見られていた商業銀行に、あらゆる長所が再確認されている。商業銀行は、借り手が時折とる機会主義的な行動に対して枠付けを課す長い伝統を有しているではないか。われわれが最小限のプルーデンス規制を保持することによって、銀行パニックの危険は著しく削減されたではないか。最後に何よりもまず、商業銀行は、自らの戦略に対する公的統制が拡大することの見返りとして、中央銀行の流動性へのアクセスを得たのではなかったか（**表37**）。

投資銀行の活動に関して創発・実施すべきものは、いわば、こうした規制およびプルーデンスの枠付けと等価のものでなければならない。この点に関して、最適な制度的・規制的な枠付けがどのようなものであるべきかを、理論から演繹することはできない。つまるところ、すべては、各国の成長体制における金融の位置、正統的と見なされる公的介入の考え方、さらには、最もよく組織され最も強力な利害および圧力団体が反対する改革を実行に移す政府の能力にかかっている。システミック危機に至るほどに金融の規制緩和に苦しみぬいてきた諸経済を改革することは、まさに、圧力団体が最もよく組織されている経済を改革することでもある、という逆説にいやでも気づかされる。

以上のことによって、先述した諸々の提案が適用される機会は、国によってかなり不均等である。市場絶対主義がその影響を行使しつづけている国では、政府は、金融の私的戦略に対して最小限にしか干渉しないよう、金融・財政政策にもとづく方策に依拠しなければならない。

・アメリカやイギリスでも、今や政府は何らかの形の規制の必要性を認識しているが、金融業界の圧力団体は、多大な利潤を引き出す自分たちの能力を損ないかねない諸方策を阻止する――そしてこの試みはしばしば成功する――ことを仕事にしている。

・欧州連合の加盟国の大部分、そしておそらくは日本においては、公権力が金融をより厳格に枠付けしようとする。なぜなら金融の規制緩和は、伝統的に輸出主導型成長（ドイツ、日本）あるいは消費主導型成長（例えばフランス、スペイン、イタリア）の拠り所となってきた生産活動の資金繰りを不安定にしてきたからである。

・本書の中心的な提案、つまり、金融改革の最前線にいる金融機関と対等に議論を行う能力を有する公的当局による、金融イノベーションの事前的統制は、金融業者からだけでなく、政治家や世論を納得させたがる経済学者からの体系立った反論に出くわす。かれらは言う、――ダイナミズムのエンジンとなり、とりわけアメリカ経済のような資本主義経済の頑強性を強める（！）エンジンとなるのは、技術・組織・制度のイノベーションよりむしろ、金融イノベーションである、と。

ある意味で、金融システムに対する大規模な公的支援は、金融システム再編へのより直接的な介入に対する代用であるように見える。合理的で正式な国有化は、貨幣創造の水門の無原則な開放と比べるならば、いちばん効率的な措置だったのではないだろうか。間違いなく、アメリカにおいては、イデオロギー的な障害によって、国有化が集合的な合理性を再導入するいちばん効率的な形態である点の認識が困難になっている。その結果として、金融のみの利益ではなく一般利益を考慮するという方向に経営および経営者を変革することがないままに、最も中心的な金融機関への資本注入を暗黙かつ無制限に保証するという、最悪の事態が生じている。端的に言えば、この恥ずべき擬似国有化は、事実上、富裕層に対する社会主義を組織するものであり、経済危機の影響を最も深刻にこうむっている階層に対しては苦行を強いている。さらに、金融における集中を促進することによって、アメリカ政府は新たな危機が起こる確率を増大させている。「大きすぎて潰せない《トゥー・ビッグ・トゥー・フェイル》」という原則は強化され、いっそうパワーを増した――さらには傲慢になった――一部の金融機関の過剰なリスクテイクを支援せざるをえなくなるであろう。

6　危機脱出策の三つのジレンマ

経済の力強く迅速な回復は毫《ごう》も保証されてはいない。実際、経済政策――特にアメリカのそれ――は、既知のいかなる経済理論によっても想定されない領域に、すでに足を踏み入れている。市場の効率性という教条は限界を露呈し、政治家たちは公的介入の論拠を再認識している。ゆえに、政治的色分けのいかんを問わず、あらためて今、ケインズが引合いに出されるのだ。しかし、二〇〇七年に始まった経済危機は一九二九年の危機の繰返しではないがゆえに、この間採用されてきた諸政策には三つの大きな緊張が走っている。

・国家は、毒入りデリバティブ商品の最後の貸し手、最後の保証人、あるいは結局は最後の買い手としての役割を担っており、その結果、国家債務の額は前例のない規模に増大している。これは、今回の経済危機の特殊性を考慮することなしに、手段の潤沢さに頼って解決を見いだそうとするものである。関連するリスクを考慮せずに設定された価格、さらにはそのリスクの隠蔽は、効率性と関係なく金融資本の配分を行うことを暗に意味している。特殊ミクロ経済学的な問題に対して、政府はマクロ経済学的な解決を与えようとしてきた。そのような解決は確かに過去の危機に対しては適切であるが、現下の問題の根源を除去する力はない。多くの資産で価値喪失が認識された結果として資本不足であることが判明した大企業に対して、増資保証を目指す戦略を採ることは、最終手段でしかない。幾人かの分析家がユーモアを込めて指摘したように、証券化の波、ないし複雑なデリバティブ商品の開発の波によって顕わになったのは、たった一つのことである。すなわちそれは、証券化の殺到に表象される狂気であった（図82）。損失の洗出しという問題が手つかずのままであることによって、オバマ政権のプランの信頼性と持続性は大きな危険にさらされている。

・第二の緊張は、リーマンブラザーズ破綻の後に策定された諸政策を貫いているものである。それは、ゲームのルールを転換させようとする十分に主意主義的な政策が欠けているがゆえに、短期的な経済活性化に努力を集中させると、中期的な成長の復活を拘束したり、同じ型の危機の再発を助長したりする可能性がある、という緊張関係である。経済活動の落込みの大きさに震え上がった政府は、不況およびデフレのスパイラル――その危険はすでに明確に認識されている――を阻止するために、あらゆる手段を行使することを決意した。このことによって、政府は、将来の金融の安定性や――より一般的に言えば――新たな成長体制の出現にとってきわめて有害であるかもしれない決定を下したのだ。政府が銀行同士の合併を奨励したことは、わずか数人の経営者――さらにはただ一人の経営者――の戦略の誤謬が金融システム全体の麻痺を加速させてしまうような構図を生み出す危険を冒すものではないか。同様に、政府が準ゼロ金利政策によって銀行収益の再建に貢献してはいるものの、それによって銀行が正常な貸出量を回復しているわけではない。ひとたび銀行・家計・非金融企業が債務削減の期間を終了してしまうと、経済政策の寛大主義が第三の金融バブルの土壌を養うことにはならないかと疑われている。こうして、短期的政策への固執は中期的な経済再建の可能性を破壊する恐れがあるのである。それゆえ、過去に起こった二度の危機は省察

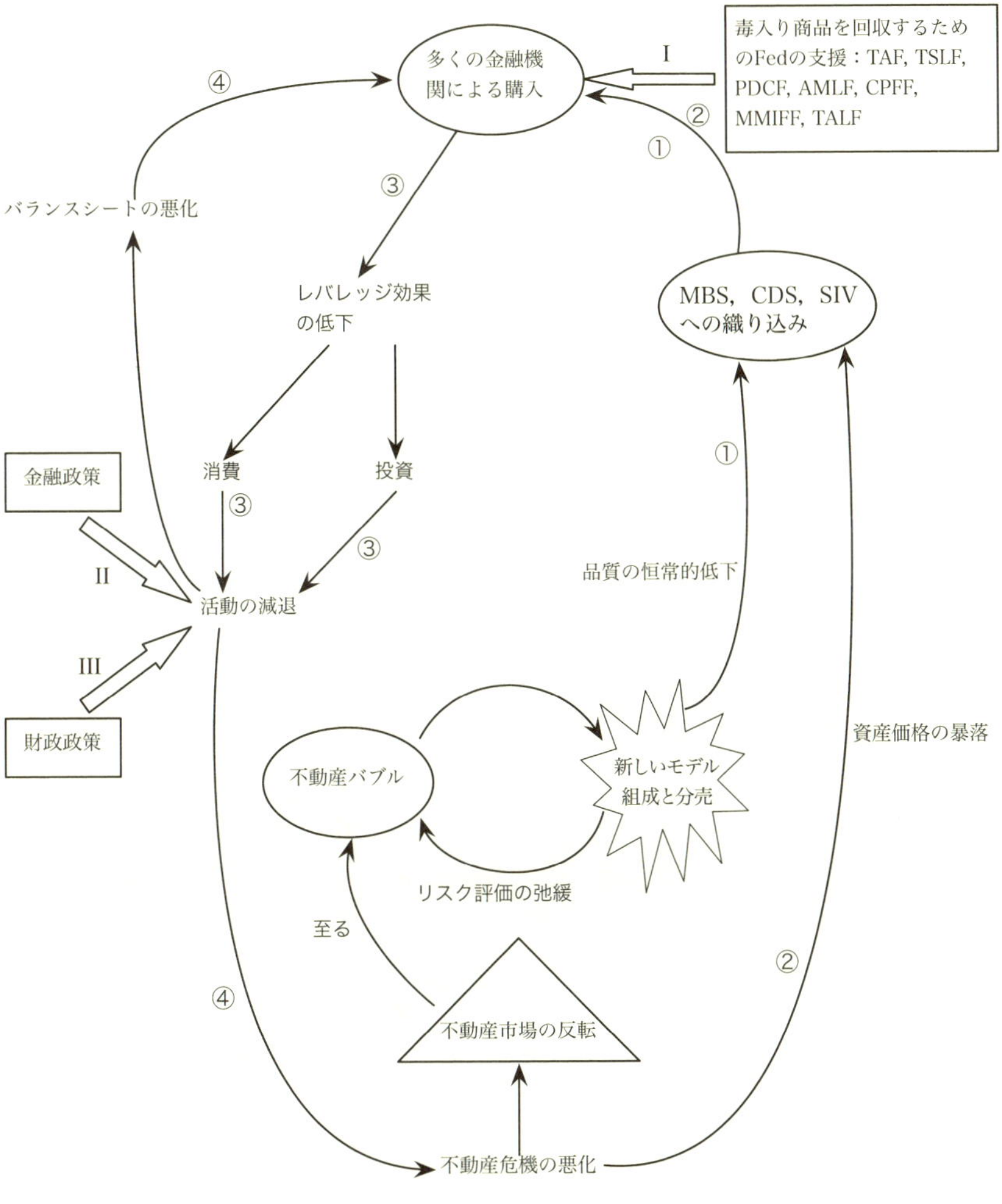

1. 複雑なデリバティブ商品の価値に関する不確実性　②，③
2. 損失の拡大と活動の収縮から生じる新しいデフレ・スパイラル　④

図 82　二つの不確実性が関連する資産デフレ・スパイラルに直面した際の公的介入の三つの要素

出所：Mishkin（2009，pp.573-577）から着想を得て著者が作成

に値する。一方で、バブル崩壊後の日本企業のバランスシートが元通りになるまでには、十年以上の歳月を必要とした。つまり、危機への控えめな対応は、日本経済が過去のダイナミズムへ戻ることを大幅に遅らせたのだ。他方で、金融危機に対するスウェーデンの目ざましい対処は、成長への比較的迅速な回帰を可能にした。しかし、スウェーデン当局は、危機が再生産されるのを回避するために、プルーデンス的あるいは規制的方策を採ることを考えなかった。

・第三の危険は、現在の諸々の政策にのしかかっている。政府は、民間の金融システムがもはや担えなくなった非常に多くのリスクを肩代わりすることにした。こうして、民間機関の漸次的な債務削減は、公的債務の急増と軌を一にする。しかしこの戦略は、予算と貨幣の反景気循環的《カウンターサイクリカル》な〔景気変動を平準化する方向での〕管理に関するケインズ主義的原理の復興であるとは決して言えない。確かに、均衡成長の経路上では、景気後退時に経済活動回復のために引き起こされる財政赤字は、好況末期の黒字によって補償される。しかしそのようなことは、システミックで構造的な大危機においては起こらない。実際には、民間における恒常的な債務削減の動きが、有効需要水準と生産能力——投資の落込み、企業の大量倒産、生産技術の陳腐化によって減少することもある——との間の永続的な不均衡を誘発するのである（図83）。そのことにより、政府は長期にわたって財政赤字を受け入れざるをえず、したがって、歳入以上に急速な債務ストックの増加から、アメリカ国債の質に対する不安が起きる恐れがある。予想されることの一つは、インフレーションに解決策を求めることであるが、しかしこの場合、外国の債権者の行動がドル危機を加速させる恐れがある。もう一つの予想はずっと月並みなものであるが、アメリカ国債が拒否されるリスクが存在することがついには国際金融界によって認識されるまでに至るだろうというものである。いずれの場合でも、金利の急上昇、不確実性の高まり、そして楽観主義と悲観主義の局面交替が予想される。要するに、経済を救済するための力強い公的介入は、別の形態の危機につながる可能性を宿している。国際金融ウォッチャーたちはこのシナリ

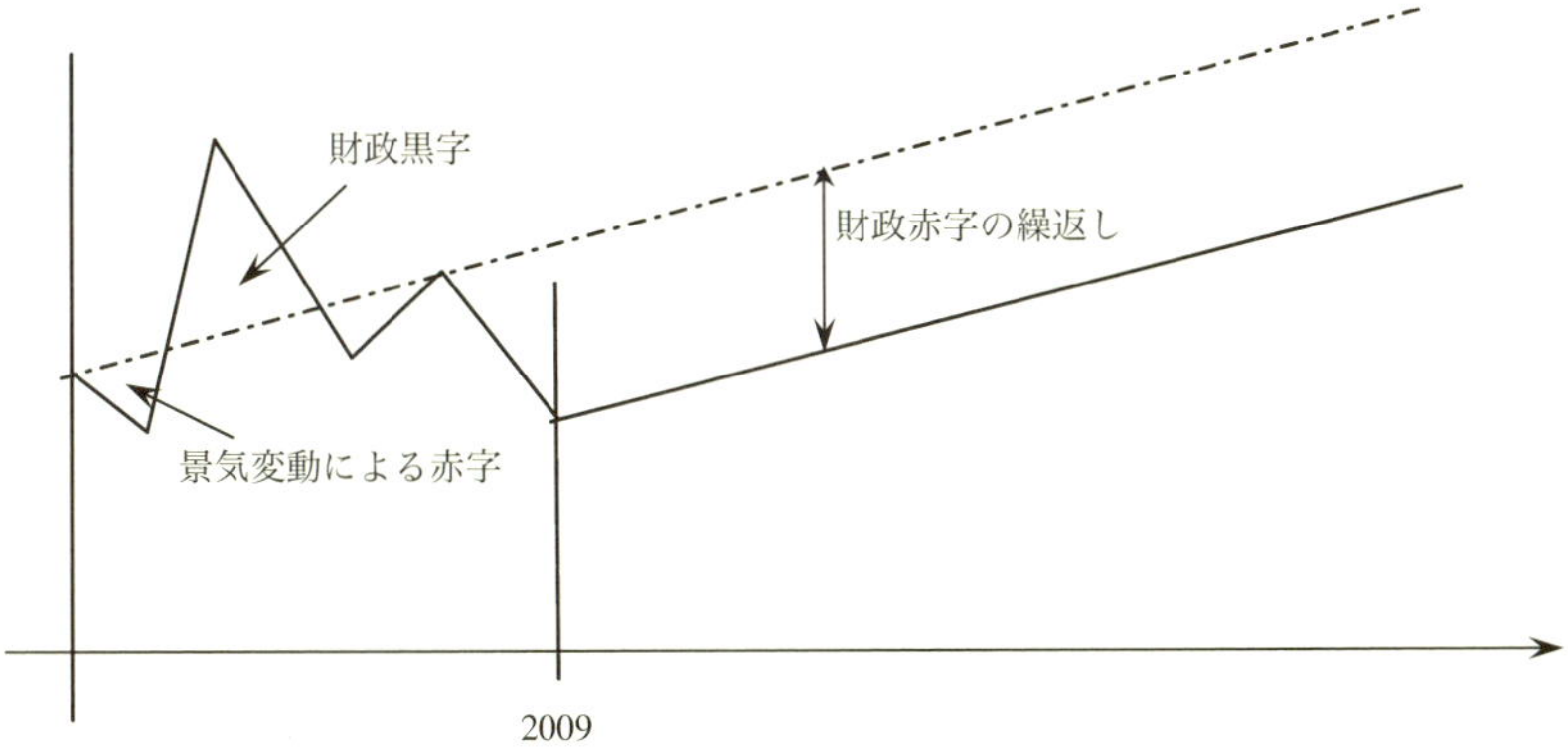

サイクル：理論的には中期的に財政は均衡する

危機は永続的な切断を引き起こす
永続的な信用削減を埋め合わせる財政赤字が繰り返し必要となる

図 83　財政政策のジレンマ
――力強い介入は必要であるが，構造的危機に直面して累積債務が増加

オが当面ほとんど起こりえないと考えているが、しかし、二〇〇〇年代半ばまでいかなる金融アナリストも、アメリカ金融システムの崩壊をあえて予測することがなかったことを、われわれは思い出す必要がある。

また、現在の経済危機を、アメリカにおける一九二九年恐慌や日本の失われた十年になぞらえるのはやめるべきである。つまり、一方で、公的当局はすでに、一九三〇年代の誤りからあらゆる結論を引き出している。それというのも公的当局は、自らが実行する政策をケインズ主義政策と規定しているからである。他方で、証券化の影響によって混乱が大きくなっているため、不良債権の検査が、典型的な不動産投機や株式投機の場合とは比較にならないほど複雑なものになっている。金融化が諸制度・権力関係・経済政策形成に関する構図をこのように転換させてしまったことから、われわれはサブプライム危機における一定の独自性を認識せねばならない。そこで、どの社会もその構造の危機をはらんでいるという、アナール学派系の経済史が与えてくれた偉大な教えが、再び脚光をあびることになる。

7　アメリカ例外主義の終焉——長期的な再構築に向けて

国際機関によるアジア危機の管理は、ワシントン・コンセンサス——規制緩和、国家の役割の縮小、国際競争への完全な開放、労働市場の柔軟化、社会保障の民営化——を根本から見直す最初の契機となった。国際金融業者の力が強大であったことから、金融グローバル化の容認およびその結果としての資本取引の大幅な開放という、本来関係のない条項までコンセンサスに挿入されるようになっていた。しかし、ＩＭＦ〔国際通貨基金〕によるアジア経済「救済」の各種プログラムがもたらした悲惨な結果によっても、規制緩和の強靭な流れは完全には阻止されなかった。アメリカは、良き統治および最善の経済管理技術の参照基準でありつづけ、資本主義と民主主義との間の良好なダイナミズムの象徴でありつづけた。

ところが今や、リーマンブラザーズが破綻し、予期せざる危機に直面したアメリカ当局は分裂し、さらには金融市場の効率性に対する信仰も、危機の可能性をゼロにしうる各種方法の科学性に対する信仰も崩壊し、そしてついにはウォール街が破綻・吸収を経て〔元のような〕タイトな諸企業の集合に戻った。経済についての新しい臆見《ドクサ》の探索によって特徴づけられる不確実な時代が始まった。ある小説家の言葉を借用するならば、「危機は思わぬ授かり物である。虚飾や秘密がたちどころにして暴露される」のである。少なくとも言論界と学界においては、過去三十年の間支配的だったパラダイムがすでに崩壊していることを認めてよいだろう。この決定的な経験を前にして、アメリカ例外主義の終焉を宣言することさえも可能である。

ＩＭＦのスタッフが、一九九〇年代と二〇〇〇年代の掟〔ワシントン・コンセンサス〕をアメリカの状況に適用する任務を与えられたとすれば、サブプライム危機をどのように解釈するだろうか。ドルという国際通貨を発行する能力のおかげでアメリカが享受してきた特別な優位性を確認したうえで、ＩＭＦの専門家たちは、債務――特に対外債務――の超過からきわめてバランスの悪い資源配分が生じ、それが不動産・株式・金融の投機につながった、というアメリカがたどってきた軌道の――結局は非常に古典的な――特徴を強調せずにはおれないだろう。またかれらは、サブプライム危機からの脱出は、有力な利益団体と政治家との間の癒着関係によって妨害されていることを、冷酷かつ無遠慮に力説してはばからないだろう。よって、縁故資本主義――「クローニー・キャピタリズム」――は、ラテンアメリカやアジアの異国的《エグゾティク》な構図のみに見られるものではなく、アメリカによって共有され、また結局は多くの現代社会に共通してみられる特徴を定義するものであろう（**コラム６**）。

　ジョセフ・スティグリッツは、危機管理を支配するダブル・スタンダードを随分前から非難してきた。一方で、金融的に脆弱な諸国に対しては、金利引上げ、公的債務の削減、公共サービスと社会保障の民営化、経済を「近代化する」ためのグローバル競争と外国資本利用への加速的な開放、が提案されてきた。他方で、先進工業国に対してはまったく対照的な政策が提案されてきた。サブプライム危機に直面してジョージ・ブッシュ政権が行った諸決定と、その後継者であるバラク・オバマの政策公約においては、右の選択肢のうちの第一番目〔金利引上げ〕が最初から明らかに排除されている。こうして、これまでＩＭＦの救済プランは「我が言うことを為すべし、我が為すことは為すなかれ」というペテンのうえに成り立ってきたが、そのことがばれてしまったのである。アメリカの危機はこのように世界的な影響力を有している。というのも、自由《リベラル》絶対主義は長きにわたり光を放ってきたからである。この絶対主義は確かにイデオロギー的政治的潮流としては存続可能であるが、「科学的」基礎にも（Samuelson 2008）、ましてや歴史の教訓にも根拠を置くものではないのである。

8　世界経済の激変

同様の改革《アジョルナマント》は、国際関係と世界経済の領域においても行われつつある。ブレトンウッズ体制の放棄の後、まず国際競争への国内経済の漸次的な開放が追求されたが、その後、為替相場が変動性の強い市場変数と化すなか、国際金融界の「アニマル・スピリッツ」に後押しされて、資本の国際的可動性が劇的に高まった。いわば、民間アクターがこの国際化のエンジンとなったのであり、それまで国際機関が果たしてきた役割――援助と公的信用――を市場メカニズムがほぼ完全に取って代わるようになった。

最も驚くべきことは、このシステムが、明確な首尾一貫性――ましてや事前的な首尾一貫性――をもつことなしにうまく機能していたことであるに違いない。市場原理主義者は、中国を筆頭とする新興工業国が発展したのは全面的にこのシステムのおかげであると言いつづけてきた。ところがシカゴ学派の予測に反して、貿易収支ならびに国際収支の不均衡は拡大し、そのことが世界経済の持続的な構図となっていった。基本的には、アメリカの経済成長を支えていたのは、アジア諸国や、不均斉な成長体制から外向性を選択せざるをえない地代諸国〔主に産油国〕からの貯蓄流入であった。さらに、アメリカは、グローバルな金融仲介と自国の知的所有権の管理に特化する傾向があった。ドイツと日本が洗練された工業製品の生産において卓越したのに対して、中国は、標準製品の大量生産にもとづく極端に急速な資本蓄積の火床と化した。

二〇〇八年に起こった金融危機は、この脆弱な首尾一貫性を吹き飛ばした。アメリカがグローバルな金融仲介を保証しつづけるかどうかは、もはやまったくもって定かではない。なぜならラテンアメリカならびにアジア諸国は、一九八〇年代から一九九〇年代にかけてのさまざまな危機から明確な教訓を得たからである。その教訓とは、外貨建ての対外債務を最小化し、地域《リージョナル》レベルで——国内では無理としても——編成可能な金融仲介を推進すべし、というものである。したがってアメリカは、国際的特化のための新しいセクターを見いださねばならないのだが、そのことが可能かどうかは定かではない。なぜなら、さまざまな才能が金融に振り向けられているため、長期的な成長の持続性にとって重要な他の部門におけるイノベーションのダイナミズムは抑制されてきたからである。他方で、世界経済が活況であった時期に隆盛を誇ってきた輸出主導型成長モデルは、危機に突入している。しかし実は、輸出の失われたダイナミズムの代替となるほどに大きな規模の国内市場をもつ国は稀である。そのうえ、各国の政府は、国際参入がもたらす大きな不確実性に対して自らが無力であることを承知している。国際関係には、正負いずれであれ今ほどの外部効果が見られることはなかったし、一連のグローバル公共財——国際金融の安定性をはじめ、通常の意味の国際安全保障、地球規模の気候変動対策など——の管理を可能にするルールを引き出すための国民国家間の協調もほとんど見られなかった。

したがって、これら公共財の管理を任務とする新しい国際機関を設立すること、あるいはＩＭＦのような既存の国際機関をこうした新しい職務にコンバートすることが必要であろう。しかし、ひとたび制度化された公共財から得られるであろう各種利益は、必ずしもその公共財の創出を刺激するものではない。公共財は、たいていの場合国民レベルでの制度化プロセスを通じて、承認を獲得してきた。なぜなら、これら公共財に資金を付けるためには、最小限の強制力が必要だからである。したがって政府は本質的に重要である。しかし、利害対立が激しくイデオロギー的な対立も強いために、今日の構図は、政府に相当するものを生み出すには至っていない。つまりグローバル・ガバナンス不在の状況にある。国民国家に回帰しようとするさまざまな試みは、このような文脈のなかで解釈されねばならない。その国民国家という空間のなかで、国家をあらためて経済空間と一致させる役割を果たそうとする政治に正統性が保証される必要がある。しかしこの戦略がすべての国には開かれていないため、グローバリゼーションの強まりとともに国民国家はさまざまな類型へと分化してきている。

・一方の極において、大陸経済〔巨大国内市場をもつ経済〕は、世界の他の地域を、自らの内部不均衡を調整する変数と見なしつづけることができる。大陸経済はその国内の利益になるかぎりで、自らの経済政策について非常に大きな自律性を保持する。第二次世界大戦から二〇〇〇年代初頭までのアメリカは、世界帝国としてとらえることのできる大陸経済の好例である。しかしそれ以後アメリカ経済は、特化とグローバル貯蓄に関してアジアに強く依存するようになり、世界の他の諸国から依存されているのと同じ程度に他の諸国に依存している。このタイプの構図の候補国が、中国・インド・ブラジルである。

・他方の極では、開放小国経済は、長い時間をかけて自らの制度・組織・特化を国際環境に適応させねばならなかった。確かに、世界貿易の躍進および金融グローバル化とともに、国際化は新しい形態をとっているが、この極に該当する諸国は、起こりうる危機や競争力の問題に対応できるよう、各種手続きを練り上げた。このカテゴリーには、スウェーデン、フィンランド、デンマークをはじめとする社会民主主義経済の大部分が属する。例えば、情報技術の採用や知識基盤経済のための情報技術の利用に関するこれら諸国のパフォーマンスは、能動的な社会的連帯――それによって市場を支配的な形態とする経済に見られる不平等を大幅に削減している――の維持と両立しているだけに、いっそう注目に値する。

・これに対して、〈栄光の三十年〉の当時、特にケインズ主義的教義を通じて自国の景気を十分効率的に統御する力を有していた中規模経済は、新しい国際的与件に適応しようとして深刻な問題に直面してきたし、現在もなお直面しつづけている。政府と経済アクターたちは、グローバリゼーションがかれらの競争優位を掘り崩したという事実に気づかねばならない。中規模経済は、大陸経済の自律性を目指すには小規模すぎるし、社会民主主義社会の核である社会的協調を容易に達成するには大規模すぎる。日本、ドイツ、フランス、イタリアは、この第三のカテゴリーに属する。

二〇〇八年に起こった金融危機は二重の影響を与えている。なぜならこの危機は、過去の長期的傾向のいくつかを加速化させている一方で、これから始まる長期にわたる大きな変化を予告しているからである。

中国のような国においては、二〇〇〇年代の初頭以降、国内の社会的緊張や国際的な摩擦によって、政策当局は、教育・保健・消費に関連する社会的ニーズの充足に重点を置いた成長基盤を探索せざるをえなくなった。二〇〇八年に強力な経済刺激計画が決定されたことによって、輸出依存を弱め内需志向を強めた発展という目標は、当初の見通しよりも迅速に取り組まれ実現されつつある。国際経済の水準では、われわれは過去二十年の間、法律上ではないにしろ事実上の地域統合圏が構築されるのを目撃してきた。このカテゴリーに属するのは、NAFTA〔北米自由貿易協定〕や、アジア圏における中央銀行間の連携である。金融グローバル化の未来についての不確実性と、金融仲介をウォール街およびシティに依存することの好ましくない影響は、おそらくこの傾向を加速化させるだろう。確かに、この傾向はEUでは確認されてこなかったが、グローバルな金融危機の今後の深刻化が、EUの制度的枠組みを強化し、さまざまな加盟国の間で戦略を調整する新しい機会を提供するであろう。

しかし、二〇〇〇年代末のグローバル危機はまた、いくつかの大きな進化を画すものである。第一に、全方位的な金融イノベーションによる富裕化は幻想であることが確認された。少なくとも国際的な参入が金融化を中心に行われず、財・サービスの生産を中心に行われた諸国においてはそうであった。このことは、国内レベルにおけるイノベーションと社会的ニーズの充足に基礎を置くあらゆる成長体制に、再び勢いを与えるに違いない。

第二に、フェルナン・ブローデル流の視角から、世界の重心の転換をイメージすることも大げさではない。国際関係は地中海から大西洋へと移った後、太平洋を中心に発展する傾向を見せてきた。インドと中国の経済加速は、国際関係を引きつづき転換せずにはいないだろう。例えばその最初の兆候は、G８の重要性が低下したこと、G20が頼みの綱とされていること、そしてその他の会合が世界経済の新しいキー・アクターを集結していることにおいて確認される。このプロセスのなかでは、ヨーロッパは依然として少々周辺的な位置をしめている。社会的市場経済の多様な類型によって特徴づけられる地域的《リージョナル》かつ領土的な権力としては、ヨーロッパは将来に不安があると言わざるをえない。

　第三の長期的な変化はより認知困難なものであるが、すでに非常に多くの指標によって示されている。それは、アメリカは二十一世紀の覇権国ではないということである。アメリカの専門家は、この革新的にして征服的な経済の尋常ならざる頑強性とダイナミズムを信じつづけている。しかしかれらは、一九九〇年代半ば以降のアメリカ経済の景気が次のことに強く依存していることをとらえ損なっているのである。すなわち、中国製品の廉価供給、アジア諸国による金融投資の恒常的フロー、そして一次産品――その多くの品目においてまだ長期的不足が価格に織り込まれていない――の集中利用、がそれである。サブプライム危機の勃発によってアメリカが思い知らされたのは、中国の戦略に対して自らがどれほど依存しているか、ということであった。不況の――そしておそらく危機の――推移の大部分は、経済的・金融的な対米依存から徐々に脱却して自国中心型の成長を達成していこうとする中国指導者の手腕にかかっているであろう。現時点で中国はアメリカに代わって覇権国の役割を担うほどの力はないが、貿易の際の建て値通貨の選択、外貨準備の多様化、そして――いずれは――科学技術において先端に立つ可能性など、多くの領域において中国がイニシアチブを発揮していることがすでに確認されている。

　最後に、社会と環境に関する資本主義の長期的持続可能性の問題が出現したことにより、必ずや、政府の優先事項は再定義されることになるであろう。まだ確かなこととは言えないが、社会に有用なコンピテンス〔強み〕を形成する時間のかかるプロセスが金融の短期性によって不安定化してしまったことは、次第に認識されてきている。環境問題への取組みもそのような長期的な時間軸を再導入するので、グリーン・テクノロジーを対象とする新しい投機バブルへと金融が向かうことは抑制されるであろう。ただし、おそらく中短期においてはこうはいかないだろう。というのも、われわれは二〇〇九年三月以降、一次産品の価格高騰が世界的経済成長の回復よりもむしろ投機対象の探索によるものだったことを確認しているからだ。したがって、急速な富裕化の根拠なき熱狂——長い間アメリカ経済の特徴となってきたもの——に対抗して、長い時間をかけた社会形成が復活していくことは論理的に当然と言えよう。

こうして、事件の経過とともに、多くの驚きが生み出されるとともに、大胆きわまる予測だけでなく慎重きわまる予測も裏切られようとしている。それでも、前世紀における一九二九年恐慌および第二次世界大戦と同様、二〇〇八年もまた二十一世紀の年表に転換の年として残るであろうことは、次第に確実となってきている。しかし、だからといって、新しい世界大戦が、当面の資本主義の大危機を克服するための必要十分条件であることにはならない。

＊　＊　＊

コラム6　二〇〇八年十二月にエコノミストの調査団が訪問した際に作成された、アメリカ経済の状況に関するＩＭＦの（秘密）報告書

1　ＩＭＦの専門家にとっては馴染みのある危機

アメリカの政策担当者は、不動産バブルが崩壊したことに、そして――今回の投機の熱狂に関与してきた――デリバティブ商品が重圧となって金融システムの機能不全が起こったことに、驚いている。だがＩＭＦから見れば、かれらが驚いていることそれ自体が驚きである。過度に楽観的であった野望が突如として後退したことは、一連の外生的な出来事が結合した結果では決してなく、むしろ、対外債務への過剰な依存にもとづく急速な拡張局面の延長線上にある出来事であった。つまり、財政赤字と対外赤字という双子の赤字は、投資を通じて将来のアメリカ経済の競争力発展に向けて道を均すことなく、消費増加に油を注いだのである。財政政策が過度に楽観的であり、かつ中央銀行の政策金利が長期にわたって低位に維持されたことが、中期的に持続不可能な成長につながったことは明白である。アメリカ当局は、防衛――イラク・アフガニスタン戦争――関連の財政支出を増大させることで、債務依存による以外に資金調達の見通しが立たなくなるという重大な過ちを犯してしまった。そしてこの債務を賄ったのが、アジアのいくつかの国と産油国の貯蓄であった。このため、ひとたびサブプライム危機が起こると、世界経済の安定性は脅かされざるをえなかった。

アメリカ政府が国際経済において有利な位置をしめていることは確かである。なぜならＦｅｄ〔連邦準備制度〕は、外国債権者の返済要求に対してドルの発行によって対応できるからである。このことによって、サブプライム危機は一九九〇年代のラテンアメリカやアジア諸国の危機と同じものではないと言える。しかし当局は、ウォール街の大手投資銀行が破綻したことによる信頼性喪失を考慮に入れねばならない。アメリカ財務省証券〔国債〕の購入者は、購

入した証券の確実性を疑いかねず、その結果、大きなリスク・プレミアムを要求するか、それが駄目なら、確実性が高く評価されている別の投資に切り替えるであろう。

したがって肝要なことは、他所からやってくる不運について言及することをアメリカ政府がやめることである。過去に起こったいくつかの金融危機は、異国的《エグゾティク》なものとされ、また当該諸国の不良なガバナンスによるものとされていたが、今日では、同様の危機がアメリカにもイギリスにも観察されるのである。アメリカの例外主義を弁護したり、現在の危機拡散のなかで貧相なパフォーマンスと役割しか果たしていないことで他国を責めたりするだけでは不十分である。今回の危機の起源は本質的にアメリカの内部にあり、したがってアメリカが改善措置を迅速に講じることが重要である。

2　市場経済の論理に対する拒否を示す気がかりな諸指標

以上のような文脈のなかでＩＭＦは、近年講じられてきた諸方策と、アメリカ政府が採用している危機克服戦略とに対して、懸念を表明せざるをえない。アメリカ経済は大きなマクロ経済的ショックに対しては驚くほど柔軟な適応を見せているが、アメリカの成功をもたらしてきた処方箋は放棄を迫られている。

根本的には、アメリカ財務省もＦｅｄも、また連邦当局も各州政府も、これまで市場メカニズムの力と論理を抑制する傾向にあり、その結果、地政学的かつ技術的な新しい与件への適応を遅らせてきた。

・石油価格高騰に対応してアメリカの家計を補助するのは非合理的ではないだろうか。つまり、過剰なエネルギー消費に苦しむアメリカは、そのような石油への依存、なかでも産油諸国――そのなかにはアメリカに対する敵意を表明してはばからない国もある――への強い依存を解消しうるよう長期的な方策をただちに採るべきである。

・アメリカの諸州は、大量にいる「ワーキングプア」を減らすためという立派な理由によって、最低賃金を導入してきた。しかしこのことを通じて諸州は、失業を、そして結局は貧困——まさに州政府はこれと闘っているのだが——を増加させる大きな危険を冒している。この点からすれば、アメリカの連邦制は、同国の経済政策の首尾一貫性と厳密性を犠牲にせずしては成立しないと言える。政治家はアメリカの権力機構のこうした弱点を考慮することが望ましい。

・また、戦略的な要請であることを口実として、アメリカ当局が、生産能力を増加させるうえで必要であったろう直接投資を実行してこなかったことは遺憾である。とりわけ時代遅れの公的インフラストラクチャーは、アメリカ経済の競争力にとって足かせとなっている。過去の国際的な経験からＩＭＦは、直接投資が成長のためにどれほど有益であるかを思い知らされている。したがって、政府は、アメリカ経済に対して有害に作用するいくつかの利益団体の圧力に抵抗しなければならない。

・銀行救済プランおよび財政支出による景気刺激プランにおいて、アメリカ製品のみを購入すること、外国人研究者を採用しないことを受益者に強制する条項を導入すべきであると議論されている。しかしこれは遺憾である。この「アメリカ製品を購入し、アメリカ人を雇用する」という原則の復活は、アメリカ経済の効率性を阻害することにしかならない。また、もしこの保護主義的な傾向が確認されるようになれば、他国も可能なかぎりの報復措置発動を辞さないであろうことを忘れてはならない。さらにそのような〔保護主義への〕回帰は、つねに防衛や自由貿易拡大の先頭に立ってきたアメリカの信頼性に傷をつけることになる。アメリカの政策担当者に対してＩＭＦは、市場の論理を弄ぶと必ず報復があることを想起させたい。

3　中期的に持続不可能な全方位的政策介入

ＩＭＦは、現在の金融危機の重大性を疑うものではない。アメリカ政府が断固とした野心的な政策を提案するのであれば、ＩＭＦはアメリカ政府に従う所存である。しかし、不動産危機および金融危機へのこれまでの対応を特徴づけている即興演奏《インプロヴィゼーション》について、ＩＭＦはこれを懸念している。アメリカの銀行が、普通に見るかぎり返済手段をもたない家計に対して住宅ローンをますます容易に――時として無統制に――提供していたのに、アメリカ政府が投機バブルを認知できなかったのは驚くべきことである。金融商品の安全を管理する責務を担う当局は、無責任なことに、不動産価格の際限のない上昇が、アメリカ国民最下層の実質所得停滞さらには低下に対する代替物になると考えていたのだ。これは、十九世紀の大盤振る舞い《カヴァルリ・ディニュ》する騎兵――専門家なら誰でもポンツィ戦略の名でこれを知っている――を奨励していることとまったく変わりない。

銀行救済のための各種試みについてはさらに懸念される。なぜなら、それらは信用を回復するにはいかなる代価を払ってもよいとするものだからだ。これは新たな投機バブルに燃料を補給しかねない。技術的な意味で破綻している金融システムを国有化する結果として、それに比例して国家の支援を増やす代わりに、そして金融機関を再構築し最終的に――競争を促進しアメリカ経済のショック耐性を高めるために――より小規模な機関へと〔分割〕民営化する代わりに、アメリカ政府は、毒入りデリバティブ商品を買い取るための公的基金を創設した。これは、「不良」と定義される資産への投機を助長するものであり、たまたま利益が出れば民間機関のものとなり、損失の大部分は公権力が引き受けることを意味する。アメリカ社会は、信用過剰の中毒になっているように見える。インターネットバブル、次いで不動産バブルという二つの投機局面において、この〔信用過剰の〕傾向が危険かつ劇的な性質をこれまで示してきた後に、政府がこの傾向を助長することは無責任である。

ＩＭＦはまた、金融の安定性を維持することを名目として破綻銀行に与えられたさまざまな保証が、いかなる近代理論——ミクロ経済学にしろマクロ経済学にしろ——のうちにも合理的な正当化を見いだせないという事実にも驚いている。この点に関して政府は、多大な影響をもつ過ちを犯している。なぜなら、政府は、どの銀行にもＦｅｄの流動性への無制限・無差別なアクセスを与えることを提案しているからである。ところが、典型的にマクロ経済学的な道具を用いても、金融資産の価格形成というミクロ経済学的な問題を解決することはできないのである。マクロ経済学的な道具は公的当局の信頼性喪失を悪化させ、危機を長引かせることにしかならない。この点に関連してアメリカ政府は、同じ戦略が日本において招いた幻滅について注意深く再検討する必要があるだろう。日本の失われた十年にも同じ誤りがみられ、その経済的・社会的なコストは莫大であった。

さらに、アメリカ当局はあらゆる手段を用いて、例えばＦｅｄの地位を侵害することを認可——さらには支持——しようとする傾向がある。投資銀行に対して商業銀行と同じプルーデンスおよび保証のルールを適用することなしに、投資銀行に対して商業銀行と同じ流動性アクセスの便宜《ファシリティ》を与えることは問題である。さらに重大であるのは、アメリカ財務省が、政府への窓口を開き財務省短期証券〔ＴＢ〕の購入を通じてリファイナンスするよう、Ｆｅｄに圧力をかけることであるだろう。数世紀にわたる経験に照らして言えば、このことが端緒となって、外破的な進化が起きる可能性があるだろう。

４　ＩＭＦの伝統的な構造調整プログラムが適用されることは必至である

以上のような悪風に抗して、このタイプの金融危機に対するＩＭＦの政策がいかなるものであるかを開陳しておきたい。ラテンアメリカ諸国やアジア諸国に対するのとまったく同様に、ＩＭＦから提供される援助は、北アメリカの政府〔アメリカ政府のこと〕の責任に対する信頼回復を目的として、公的赤字の抜本的な削減をコンディショナリティとするものとなるであろう。メディケアやメディケイドのように費用のかかる社会保障プログラムの継続を見直したり、あるいは、不動産バブルの発生において一定の役割を演じたファニーメイやフレディマック等の制度について再考したりするべきである。もちろん、関係する社会団体からの抗議殺到を予想しておかねばならないが、そうした民衆主義《ポピュリスト》的圧力に抵抗することはアメリカ当局の義務である。そのようにしないと、アメリカが、選挙優先主義的利害によって支配される弱い政府をもつような諸国と同列の地位に転落しかねない。

したがって、極端な貧困に陥る可能性のある少数のターゲット・グループ〔受益者層〕に公的介入を集中させることで、危機に関連する社会的費用を制限する必要がある。アメリカ社会の他のすべての部分については、民間のイニシアチブに依拠するよう促さねばならない。なぜならそれこそが、効率性向上の保証であることは周知の事実であるからだ。アメリカ政府は、この点に関して、同国で誕生したが過去の諸政権において少々忘れられてきた公共選択《パブリック・チョイス》理論の教えを動員すべきであろう。

また、しのびよる保護主義がアメリカ経済の回復や国際関係の安定性に対して危険をもたらすことについても、あらためて強調しなければならない。アメリカ政府は、例えば、国際競争の嵐から長い間保護されてきた自動車産業部門を再構築し近代化するために、広く外国投資に助けを求めることを躊躇すべきではない。「アメリカ製品を購入しよう《バイ・アメリカン》」というスローガンについても同様のことが言える。上院議員、ならびに国際的競争に最も苦しんでいる州の議員によって力強く叫ばれているこのスローガンは、アメリカ経済の中長期的活力に破壊的な結果をもたらす可能性がある。

最後に、金利の管理を見直すべきである。一方で、金利の急速な引下げは、実際のところ、無用に複雑化した資産に関連するリスクを正確に評価しえなかった経営不振の銀行にとっては贈り物である。他方で、世界の金融センターとしてのウォール街の信頼性が失われる可能性に直面したとき、資本を吸引しつづけるには、儲かる金利が必要であることは明らかである。銀行の事業再構築は、それ自体として好ましい進化を加速化していることがわかる。なぜなら、過去二十年の間に観察された金融化のプロセスによって、評価能力に乏しい銀行がかなり無秩序に増加していたからである。

アメリカ当局にとっては苦しいかもしれないが、アメリカ例外主義の終焉を自覚しなければならない。直面している危機が過去に起こった危機の多くの特徴を繰り返していることからして、ＩＭＦによって試され徐々に練り上げられてきた諸々の解決策を取り入れねばならない。

5　民間の利益が国家を支配する新しい事例

この均衡回復プログラムを適用しようとするならば、このプログラムに要する費用の重要な部分を負担せねばならなくなる各種アクターからの、強力な抵抗に出会うであろうことは想像に難くない。あらためてＩＭＦは、アメリカ政府がＩＭＦの良きパートナーであることを強調したい。なぜなら過去のほとんどの介入においては、どの国の政府も、政府を虜にして金融危機を導いた利益団体と対立することに関して同じ躊躇を示してきたからである。現時点ではアメリカ政府は、ウォール街の投資銀行の要求に対してかなり弱腰になっている。しかし、こうした投資銀行の大部分は破綻しており、その組織モデルはすでに崩壊している。投資銀行の新しい戦略に対して何ら集団的統制を行うことなく、莫大な公的支援を通じてかれらを救済することが、真に効果的でありまた社会的正義の理念にかなうのであろうか。すでに長期にわたって得られている経験に照合すると、ＩＭＦは、アメリカ政府が次のようなジレンマに直面していることを強調せずにはおれない。

・あるいは、アメリカ政府がこうした強力な圧力団体に譲歩するとしよう。この場合、アメリカを弱い政府――縁故資本主義《クローニー・キャピタリズム》の犠牲者――の範疇に入れねばならなくなり、その結果としてアメリカ経済の繁栄への復帰は遅れるし、さらにはアメリカ経済が決定的に危うくなる。

・あるいは、アメリカ政府が、規制諸審級および経済省庁を支配する利益団体とあえて対決するとしよう。目的は、略奪性を強めもはや新しい富を生産しなくなってきている活動に対して、集団的統制を再確立することにある。これはアメリカ経済を立て直す道である。

6　国際的な評価にさらされる必要性

良識がまさり、市民——そしてＩＭＦ——の圧力が〔右記の〕第二のオプションの採用に至らしめると仮定する場合、重要なことは、アメリカ政府が、まったく同じものではないが深刻さにおいて同じ危機を克服した諸国の経験を広く動員することによって、最良の戦略を採用するよう心がけることである。このことは特に金融の専門家に対して言える。ウォール街の業界、金融研究者、公的当局はこれまで、アメリカがリスク評価と金融規制に関して技術的に最前線に立っているという誤った考えを有していた。サブプライム危機の暴力はこの幻想を一掃したが、アクターたちのなかには、見当違いの傲慢さを改めないように見える者がいる。

ＩＭＦが強調したいのは、さまざまな国において危機の流れのなかで築き上げられた専門技術を研究することは、アメリカ当局にとって利益になるということである。

・一九九〇年代にスウェーデンで実施された銀行救済プランが特に効果的であったことは、現在多くの人によって認められている。この点に関して言えば、アメリカ政府は国有化というイデオロギー的なアプローチに屈してはならない。スウェーデンの事例が示すのは、計画化の復興や社会主義への移行は決して追求されておらず、むしろシステミックな金融危機の解決に関する現代的・合理的なアプローチが追求されている、ということである。

・「ゾンビ」銀行を存続させようとする誘惑を断つことができるように、日本の失われた十年の経験を分析すべきである。「ゾンビ」銀行とは、事実上破綻しているのに、経済成長が再開すれば巨額損失が巨額収益によって相殺されるであろうことを期待して、人工的に存続させられている銀行を意味する。失われた十年のエピソードはまた、財政支出政策が金融システム全体の改革を代替するものではないことも示している。

・アメリカ政府は、易きにつくべきではなく、どんな規制や金融枠付けの質をもってしても危機を回避することができないとか、危機を克服するための効率的な政策を実施すれば十分であるとか考えたりすべきではない。隣国であるカナダは、不動産部門における投機の熱狂を未然に防ぐには、法・保険・金融の諸領域への公的介入を組み合わせれば十分であったことを証明している。

・ウォール街の衰退や〈アメリカ的生活様式〉を維持する必要性によって、アメリカ経済には金融的損失が発生している。もっぱらこれを埋め合わせるためにのみ、アメリカ経済は、技術面で先端を行く企業の助けを借りて、生産システムの再構築という抜き差しならない要求に立ち向かっている。したがってアメリカ政府は、外国――アジアやヨーロッパ――のライバル企業が自動車などの衰退部門を管理下に置くことを可能にし、さらには奨励しなければならない。外国のライバル企業のほうが、例えば省エネ的成長の要求に応えるための装備においてずっと優れている。

・最後に、アメリカが、少なくとも移行期の間、世界貯蓄の流入を享受しつづけたいのであれば、アメリカ政府は、主要な資本提供国――何よりもまずアジア諸国と産油国――と継続して関係を保つことが重要である。したがって、管理当局だけでなく金融業者もまた、これら新しい債権者を満足させうる透明で頑強な新金融商品を提案しなければならないだろう。

結論として、アメリカは大きな選択を迫られている。その選択とは、イデオロギー的発想や利益団体を超えた実用的で合理的なアプローチを採用するか、それとも、不可逆的な衰退を受け入れるかである。すでに不平等拡大に覆われているアメリカ社会において、衰退はさまざまな緊張——これは将来的に嵐を引き起こすだろう——の源泉となる。

監訳者あとがき

本書は Robert Boyer, *Finance et globalisation: La crise de l'absolutisme du marché*, ronéotypé, 2009 の全訳である。フランス語の原テキストは出版されていないし、そのままの形で出版される見込みもない。本書はボワイエ執筆の原稿から直接に邦訳したものであり、その意味でオリジナル版である。この間の経緯を若干説明しておこう。

二〇〇八年七～十月、ボワイエは横浜国立大学および九州大学の招聘により滞日研究に従事していた。その最中に起こったリーマンショックを眼前にして、彼はこの経済危機の分析にあらためて傾注し、その成果の一部は同年十月末の経済理論学会全国大会（九州大学）で特別報告として披露された。その後ボワイエは、いっそう本格的な分析と政策提言に向けて新たな書物の執筆に取りかかり、これが右のタイトルを付して完成したのが翌二〇〇九年八月であった。爾来、出版に向けてフランスの出版社との交渉に入ったが、理論的な部分を削除して平俗な内容での出版を要請する出版社側と、これを受諾できない著者側との交渉が長引き、今日に至っている。ここに邦訳したテキストは、ボワイエの当初意図をそのまま実現したものという意味と、仮に今後フランス語で何らかの出版がなされたとしてもそれとは異なって日本語版に独自なものだという意味と、その二重の意味でオリジナル版である。それはまた、著者ボワイエが望んでやまない形での出版でもある。

なお訳書タイトルは、著者の意図をより鮮明に示すために『金融資本主義の崩壊――市場絶対主義を超えて』とした。ここに「金融資本主義」とは、金融主導型の資本主義という意味であり、さらに特定すれば、ウォール街の投資銀行主導の成長モデルのことである。

ご覧のとおり、本書は、レギュラシオン派を代表する経済学者ロベール・ボワイエがサブプライム金融危機（以下「サブプライム危機」）についての見解を総括的に提示した書である。リーマンショック以降、諸国政府や企業の行動戦略、それに経済学者たちの議論の流れは大きく変化した。これを一九二九年大恐慌や第二次世界大戦に匹敵する世界史上の大転換と見るボワイエは、並々ならぬ意欲をもって本書を書き上げている。

二〇〇九年半ば以降アメリカの景気はもち直し、昨二〇一〇年にはギリシャ危機が大きな話題となった。時事的な話題としては、アメリカのサブプライム危機は一サイクル前のものになったのかもしれない。しかしボワイエが強調するように世界史を画する出来事が問題になっているとすれば、われわれは十分な時間をかけて、サブプライム危機がどのような性質の危機だったのか、その歴史的意味は何だったのかを深く掘り下げる必要がある。監訳者たちはこうした点に本書の大いなる意義を認め、翻訳の企画に当たった。

本書は、本論全十一章に序説と結論を加えた構成となっている。本論各章の内容は、執筆意図を説明した序説のなかでその概略が示されている。ごく大まかにいえば本論は次のような流れとなっている。まず第1～3章で金融危機を理解するための前提となる市場観および危機の経済学が提示される。次に本書の主要部をなす第4～7章では、サブプライム危機の原因分析と性格づけがなされる。そして最後に第8～11章では、金融主導型成長の終焉に当たってアメリカの金融システムと国際体制が直面している課題が提示される。結論では本書の主張が網羅的に要約されており、読者への便宜が図られている。

サブプライム危機をめぐる他の諸議論と比較して、本書の特色を三つ挙げることができる。第一に、本書は今次危機と他の諸事例との歴史的比較を縦横に駆使して、サブプライム危機の歴史的特殊性を明確に説明している。特に目を引くのが、サブプライム危機の新しさをハイエク的危機（情報の媒介者としての価格が機能停止する危機）という特徴に見いだしている点である（第6・7章）。不動産バブルが崩壊すると、それまでに築き上げられた証券化商品のピラミッドが「誰が誰に対してどれくらい負債をもっているか誰もわからない」状態を帰結した。サブプライム危機はこの特徴によってシステミックな危機であるにもかかわらず、アメリカ当局はこの問題への取組みを一貫して避けてきた、というのが本書の主張である。金融緩和、最後の貸し手介入の対象拡大、不良債権買取り等、リーマンブラザーズ破綻後のアメリカ当局の介入行動は、しばしば「社会主義的」とも形容されるほどに成り振り構わぬ大胆なものであった。しかしこれらは従来型危機への対応策にとどまり、ハイエク的危機の解決に必要な投資銀行の国有化を含む公的統制は発動されなかった。この事実を踏まえて本書は、公的統制なき「社会主義」は所詮損失の社会化にすぎない、とアメリカ当局の危機対応の本質を鋭く指摘するとともに、その背後にはウォール街の政治的影響力がいささかも揺らいでいない事実があるとしている。

本書の第二の特色は、サブプライム危機の源泉を広く政治経済学的見地から批判的に分析している点にある。投機バブルの形成・崩壊による危機という側面から見れば、サブプライム危機の源泉は資本主義経済それ自体の不安定性にあるといえる。しかしサブプライム危機の特殊性を考慮するならば、投機バブルを始動させた金融イノベーション（証券化の媒体となった各種デリバティブ商品の開発）にこそ焦点を当てねばならない。金融イノベーションの進展に関しては当初から危険性が指摘されていたのに、アメリカ当局はそれに社会的枠付けを課さない方針つまり金融レッセフェールを一貫して取りつづけた。その結果がサブプライム危機であった。ではなぜ金融レッセフェールが続いたのか。本書はこれを、市場絶対主義（市場の自己調整能力への信仰）が政策責任者や経済学者の思考を支配していたことに起因するものと見る。だからこそ本書はまずファイナンス理論をはじめとする市場絶対主義の諸理論に対する批判を展開したうえで、資本主義経済の信用と投機の動態を分析した大経済学者への回帰を提唱する（第1～3章）。サブプライム危機の分析にあたってファイナンス理論批判を不可欠の要素として取り入れた点は、本書のすぐれた特徴でもあり、またボワイエ本人の自負するところでもある。そして、こうした一連の分析を踏まえたうえで、公的介入によりサブプライム危機は回避可能だったとされ、危機を再発させないよう金融イノベーションの過程に社会的枠付けを課すことが提案される（第10章）。提案はマクロ・プルーデンス政策だけでなく、「金融内部の悪質な誘因を除去する」諸方策（報酬システムの見直し、格付機関改革、金融イノベーションへの規制等）にも及ぶ。公共財としての金融システム安定を確保するという目的に忠実な傾聴すべき提案と言えよう。サブプライム危機により市場絶対主義も投資銀行のビジネスモデルも破綻したことから、本書はこの提案には実現の必然性があると見ている。しかし早期の実現については楽観視していない。ウォール街の政治的影響力は依然として強く、市場絶対主義を奉ずる政治家もいまだに多い。提案実現はこの先（インターネット・バブル、不動産バブルに続く）第三のバブルを経験してからのことになるかもしれない、というのが本書の予想である。

本書の第三の特色は、レギュラシオン理論に依拠してサブプライム危機の歴史的意味を明らかにするとともに、サブプライム後の経済分析の在り方を提示している点にある。一九七〇年代に高度経済成長が終焉して以降、アメリカは新しい成長モデルを模索し、ついに金融主導型成長にたどり着いた。本書はサブプライム危機の歴史的本質を、金融主導型成長の終焉を画する「構造的危機」であることに求める（第8章）。金融化（株主価値原理の支配、社会保障不備の金融的手段による補完等）による社会的妥協が行き詰ったことが、サブプライム危機の根底にあるとされるのである。そしてこの見方から重要な含意が引き出されていく。まずアメリカ経済が持続的な成長軌道に復帰するのにかかる時間は、ウォール街の金融権力の後退を前提とする新たな社会的妥協を見いだすまでの時間によって決まることになる。もっぱら「循環性危機」（同じ成長体制のもとでの一時的な危機）を扱う狭い経済学的思考からは提起しえない重要な論点である。また金融主導型成長がアングロサクソン諸国に特有な社会的構図のもとで短期間にしか成立しえないものだとすれば、金融主導型成長は他国の成長モデルにはなりえないことになる。そこで本書は、社会的構図のタイプによって諸国の経済を七つに分類したうえで、それぞれの成長モデルの間の相互補完性を問う経済分析が今後は必要だとする（第11章）。一九三〇年代との類似を強調して世界戦争の危機を煽る雰囲気もあるなか、本書は現在のグローバル化の広がりを考慮に入れ現実的に思考しようとする。本書が指し示す経済分析の方向性は決してスマートなものとはいえないが、正攻法で問題に取り組もうとするものであり、今後の世界経済やそのなかでの日本経済の行方に関して有意義な示唆を得るには不可欠なものと思われる。

訳書の成立過程について付記しておく。本書の原稿完成を鶴首していた監訳者の一人（山田）のもとに著者から原稿が送られてきたのは、二〇〇九年八月末であった。ただちに翻訳に取りかかるべく、訳者として宇仁宏幸、藤田菜々子、中野佳裕、西洋のみなさんの協力を得ることができ、またこれに加えて、われわれ三名が訳者および監訳者として全体のとりまとめに当たることにした。二〇一〇年三月、各訳者からの訳稿到着を待って、監訳者たちは、訳文の点検・統一、図表の確認・補正、文献目録の点検・補正などの作業を開始し、同年十一月、最終的な完成訳稿を藤原書店に渡すことができた。この間、訳文関係は主として山田・坂口が、図表・文献目録関係は主として原田が担当した。本書の校正は、東日本大震災にかかわる被災者救援、復興支援、原発事故のただなかでの仕事となったが、それはまた「百年に一度の信用の津波」をはるかに越える「千年に一度の大津波」による危機的現実を前にして、経済学が自らに問うべき新たな課題を痛感せざるをえない日々でもあった。

藤原書店編集部の山﨑優子さんには、図表類が多く細心の注意が要する本書について、誠心誠意、編集・製作・校正の仕事に当たっていただいた。藤原良雄社長には、本書の高い学術的価値を認めていただき、即座に完全版での出版を決断していただいた。ともに厚く御礼申し上げたい。

二〇一一年四月

山田鋭夫
坂口明義
原田裕治

PPIP（Private Public Investment Plan / Program 官民投資プランないし官民投資プログラム）：官民共同のファンドを設立して、金融機関から不良化した証券化商品を買い取ろうとするプログラム。毒入りデリバティブ商品の民間売却を促進させようとするねらいがある

SEC（Security Exchange Commission 証券取引委員会）：アメリカにおける証券（株式と債券）取引を規制・監督する機関

SIV（Structured Investment Vehicle 投資ビークル）：銀行などが投資目的のために設立する連結決算対象外の特別目的会社。サブプライム・バブルのなかで、リスクのある貸出しを取り除いてバランスシートへの負荷を軽減したり、コストを隠匿したりするために用いられた

TAF（Term Auction Facility 入札型ターム物貸出制度）：毒入りデリバティブ商品を保有する中小金融機関に対して流動性を供給しようとするプログラム。通常の Fed 貸出しは国債・政府機関保証債などを担保に大手銀行に対してなされるが、TAF においては中小銀行が優良（シニア）格付けの CDO を担保に Fed 貸出しを受けることもできる

TSLF（Term Securities Lending Facilities ターム物証券貸出制度）：金融危機対策のひとつとして創設された制度であり、リスク資産を担保にして金融機関に約１ヵ月間国債を貸し付けるもの。国債を借り入れた金融機関に対して、それを担保にした市場での資金調達を促そうというねらいがある

〔訳注〕項目および説明文には監訳者による追加・修正・補足が加えられている

略語解説

ABS（Asset Backed Security 資産担保証券）：ローン、クレジット、リースなどの資産を裏付けとして発行される証券化商品

AIG（American International Group アメリカン・インターナショナル・グループ）：アメリカ保険業界の筆頭的地位にある保険会社であり、サブプライム危機で経営危機に至るまでに大量の CDS を販売していた

CDO（Collateralized Debt Obligation 債務担保証券）：ABS の一種であるが、通常の ABS の組入対象（ローン、クレジット、リース）から外れる貸出債権、社債、リート（不動産投資信託）、通常の ABS、政府機関債などを裏付けとしている。しばしば、シニア・メザニン・エクイティという優先劣後を付けた債券が発行される

CDS（Credit Default Swap 債権倒産保険）：金融機関が特定の貸出先に関する信用リスクをヘッジするための取引。貸出債権の現物は移転せず信用リスクのみが移転する

FDIC（Federal Deposit Insurance Corporation 連邦預金保険公社）：アメリカの預金保険機構であり、10 万ドルを上限として商業銀行および貯蓄金融機関の預金を保証する

Fed（Federal Reserve）：連邦準備制度（FRS）の俗称であるが、FRS の全体を指すだけでなく、FRS を構成する個々の組織である連邦準備制度理事会（FRB）、連邦準備銀行（FRB または連銀）、連邦公開市場委員会（FOMC）を指すのにも使用される。日本で FRS を指すのに FRB の語が用いられるのは不正確な用語法

FSA（Financial Services Authority イギリス金融庁）：イギリスにおける金融産業の規制当局であり、銀行・証券・保険の金融業全般を所轄する

IMF（International Monetary Fund 国際通貨基金）：国際金融関係を組織化すべく第二次世界大戦後に創設。2009 年 4 月ロンドンで開催された G20 以降、改革の途上にある

LLR（Lender of Last Resort 最後の貸し手）：金融機関の流動性リスクがシステミック・リスクにつながる恐れがあるとき、中央銀行が金融機関に対して緊急の貸付けを行う。中央銀行のこうした役割は LLR と呼ばれる

MBS（Mortgage Backed Security 住宅ローン担保証券）：住宅ローンを裏付けとして発行される証券化商品であり、ABS の一種。厳密には居住用不動産担保証券（RMBS）と呼ばれるもの

PDCF（Primary Dealer Credit Facility 政府証券公認ディーラー向け貸出制度）：投資銀行その他証券会社に対して Fed が直接に優良担保貸出しを行うプログラム

Alternatives, The MIT Press, Cambridge Massachusetts.

WOLF Martin（2009a), ‘A présent nous sommes tous des keynésiens’, *Financial Times*, 6 janvier, section Economie, p.IV.

WOLF Martin（2009b), ‘Oublier la City’, *Le Monde*, 22 décembre, section Economie, p.2.

WOLF Martin（2009c), ‘La dette, ce fardeau soutenable’, *Le Monde*, 1er décembre, section Economie, p.2.

YOSHIKAWA Hiroshi（2002), *Japan's Lost Decade*, The International House of Japan, Traduction.（吉川洋『転換期の日本経済』岩波書店，1999 年）

ZINGALES Luigi（2008a), ‘Plan B’, *Economists' Voice*, http://www.bepress.com/ev/, October.

ZINGALES Luigi（2008b), ‘U.S. Treasury Secretary Paulson is Wrong’, Project Syndicate, November.

STIGLITZ Joseph（1988),‘The Relation Principal / Agent’, *New Palgrave Dictionary of Economics*, Macmillan Press, London.

STIGLITZ Joseph（2009a),‘Geithner Rescue Package “Robbery” of the America People’, March 24th, http://www.bepress.com/ev, June

STIGLITZ Joseph（2009b),‘America’s Socialism for the Rich’, *The Economists' Voice*, http://www.bepress.com/ev, June

TALEB Nassim Nicholas（2007), *The Black Swan: The Impact of the Highly Improbable*, traduction française（2008), Les Belles Lettres, Paris.（望月衛訳『ブラック・スワン――不確実性とリスクの本質』上・下，ダイヤモンド社，2009 年）

TETT Gillian（2009),‘Why Public Private Plan Has Bankers Squirming’, *Financial Times*, May 22, p.24.

THAL LARSEN Peter and GILES Chris（2009),‘The Swedish Model: Self-Assembly Solution’, *Financial Times*, March 18, p.7.

THE ATLANTIC（2009),‘Landmark Financial Regulation Bill Passes the House’, December 11th.

THE ECONOMIST（2009),‘Don’t Blame Canada’, May 16th .

THOMA Mark（2009),‘Will Bankers Escape New Regulation and Get off with “Nothing More than a Few Stern Speeches” ?’, *Roubini Global Economics*, April 27.

TIROLE Jean（2008),‘Leçons d’une crise’, *Notes TSE*, n° 1, Décembre.

TOUFUT Jean-Philippe（ed.)（2008), *Central Banks as Economic Institutions*, Edward Elgar, Cheltenham.

TURNER Lord（ed.)（2009）‘Reforming Financial Markets’, *HM Treasury*, July 8th, London.

VOLLE Michel（2008), *Prédation et prédateurs*, Economica, Paris.

Von NEUMAN John（1945),‘A Model of General Economic Equilibrium’, *Review of Economic Studies*, vol. 13.

WALL STREET JOURNAL（2009),‘My Plan for Bad Bank Assets’ by T. Geithner, Mach 23.

WALTER C.（1996),‘Une histoire du concept d’efficience sur les marché financier’, *Annales : Histoire, Sciences Sociales*, vol. 4, p.873-905.

WEITMANN Amir（2009), *L'affaire Madoff*, Plon, Paris.

WICKSELL Knut（1898), *Interest and Price*, Traduction anglaise（1936）.（北野熊喜男・服部新一訳『〈近代経済学古典選集 7〉ウィクセル　利子と物価』日本経済評論社，1984 年）

WHITE Lawrence J.（1991), *The Saving and Loan Debacle: Public Policy Lessons for Bank and Thrift Regulation*, Oxford University Press, Oxford and New York.

WOLF Charles Jr.（1990), *Markets or Governments: Choosing between Imperfect*

SGARD Jérôme（2002), *L'économie de la panique : faire face aux crises financières*, La Découverte, Paris.

SHEFRIN Hersh（2000), *Beyond Greed and Fear: Understanding Behavioral Finance and the Psychology of Investing*, Harvard Business School Press, Boston.（鈴木一功訳『行動ファイナンスと投資の心理学——ケースで考える欲望と恐怖の市場行動への影響』東洋経済新報社，2005 年）

SHILLER Robert J.（2000), *Irrational Exuberance*, Princeton University Press, Princeton, NJ.（植草一秀監訳『投機バブル　根拠なき熱狂——アメリカ株式市場、暴落の必然』ダイヤモンド社 , 2001 年）

SHILLER Robert J.（2003a), 'From Efficient Market Theory to Behavioral Finance', *Journal of Economic Perspectives*, vol. 17, n° 1, Winter, p.83-104.

SHILLER Robert J.（2003b), *The New Financial Order*, Princeton University Press, Princeton, NJ.（田村勝省訳『新しい金融秩序——来るべき巨大リスクに備える』日本経済新聞社，2004 年）

SHILLER Robert J.（2008), *The Subprime Solution: How Today's Global Financial Crisis Happened and What to Do about It*, Princeton University Press, Princeton, NJ.

SHLEIFER Andrei（2000), *Inefficient Markets*, Oxford University Press, Oxford.（兼広崇明訳『金融バブルの経済学——行動ファイナンス入門』東洋経済新報社, 2001 年）

SHONFIELD A.（1965), *Modern Capitalism: The Changing Balance of Public and Private Power*, Oxford University Press, Oxford; Trad. franç., *Le capitalisme d'aujourd'hui: L'Etat et l'entreprise*, Gallimard, Paris, 1967.（海老沢道進ほか訳『現代資本主義』オックスフォード大学出版局，1968 年）

SINCLAIR Iain（2009）'Entretien' Telerama, 8 avril, p.19-22.

SORNETTE Didier（2003), *Why Stock Markets Crash: Critical Events in Complex Financial Systems*, Princeton University Press, Princeton, NJ.（森谷博之監訳『「入門」経済物理学——暴落はなぜ起こるのか ?』PHP 研究所，2004 年）

SOROS George（2008), *The New Paradigm for Financial Markets: The Credit Crisis of 2008 and What It Means*, Public Affairs, Perseus Book Group, New York.（徳川家広訳『ソロスは警告する バブル崩壊＝悪夢のシナリオ』講談社，2008 年）

SPENCE Michael（1973), 'Job Market Signaling', *The Quaterly Journal of Economics*, vol. 87, n° 3, p.335-374.

SPENCER Peter D.（2000), *The Structure and Regulation of Financial Markets*, Oxford University Press, Oxford.

STERN Gary H. and FELDMAN Ron J.（2004), *Too Big To Fail: The Hazards of Bank Bailouts*, Brookings Institution Press, Washington, D.C..

STIGLITZ Joseph（1987), 'The Cause and Consequences of the Dependence of Quality on Price', *Journal of Economic Literature*, vol.XXV, p.1-48.

RAJAN Raghuram G.（2005), 'Has Financial Development Made the World Riskier?', *NBER Working Paper Series*, n° 11728, November.

RAJAN Raghuram G. and ZINGALES Luigi（2003), *Saving Capitalism from the Capitalists*, Random House, London.（堀内昭義ほか訳『セイヴィングキャピタリズム』慶應義塾大学出版会，2006 年）

RAMO Joshua Cooper（2004), *The Beijing Consensus*, The Foreign Policy Centre, London, March.

REINHART Carmen M. and ROGOFF Kenneth S.（2009), *This Time Is Different: Eight Centuries of Financial Folly*, Princeton University Press, Princeton.

ROCARD Michel（2008), 'La crise sonne le glas de l'ultra libéralisme', *Le Monde*, Dimanche-Lundi 3 novembre.

ROUBINI Nouriel（2007）'Ten Faulty Consensus Views about the Subprime and Soft Landing… and Ten Ugly Truths about the Coming Hard Landing', March 15th, http://www.rgemonitor.com/roubini-monitor/183694

ROSS SORKIN Andrew（2009), *Too Big To Fail: Inside the Battle to Save Wall Street*, Allen Lane, Penguin Books, London.（加賀山貞朗訳『リーマン・ショック・コンフィデンシャル』上・下，早川書房，2010 年）

SALAMA Pierre（2002), 'Chronique d'une crise annoncée', *La Lettre de la Régulation*, 42, Septembre, p.1-3.

SAMUELSON Robert（2008), 'The Bankruptcy of Economics', *Washington Post Group*, November.

SAPIR Jacques（1989), *Les fluctuations économique en URSS: 1941-1985*, Ed. De l'Ecole des Hautes Etudes en Sciences Sociales, Paris.

SAPIR Jacques（2006), *La fin de l'eurolibéralisme*, Seuil, Paris.

SAPORITO Bill（2008), 'How We Became the United States of France', *Time Magazine*, http://www.time.com/time/nation/article/0,8599,1843168,00.html

SCHOLES Myron（2000), 'The Near Crash of 1998: Crisis and Risk Management', *American Economic Review*, 90(2), May, p.17-21.

SCHOTTER A.（1982), *The Economic Theory of Social Institutions*, CUP, Cambridge.

SCHUMPETER Joseph（1911), *Théorie de l'évolution économique : Recherche sur le profit, le crédit, l'intérêt et le cycle de la conjoncture*, traduction française（1983), Dalloz, Paris.（塩野谷祐一・東畑精一・中山伊知郎訳『経済発展の理論――企業者利潤・資本・信用・利子および景気の回転に関する一研究』上・下，岩波書店，1977 年）

SCHWAB Klaus（2010), 'Le bonus des traders est un mauvais débat : Il est temps pour les patrons de passer de la logique des bénéfices à celle du bien public', *Le Monde*, 5 janvier.

ORLEAN André（1999), *Le pouvoir de la finance*, Odile Jacob, Paris.（坂口明義・清水和巳訳『金融の権力』藤原書店，2001 年）

ORLEAN André（2004), 'Efficience, finance comportementaliste et convention : Une synthèse théorique', in BOYER, DEHOVE and PLIHON, *Les crises financières*, Rapport du Conseil d'Analyse Economique, n° 50, La Documentation Française, Paris, p.241-270.

ORLEAN André（2009), *De l'euphorie à la panique : Penser la crise financière*, Opuscule CEPREMAP, Edition de l'ENS, Paris.

PAILLE Antoine（2009), 'Les mathématiques : sources ou solutions au problème de la crise financière', *Variance*, n° 35, Février, p.36-40.

PALLEY Thomas I.（2009), 'The Limits of Minsky's Financial Instability Hypothesis as an Explanation of the Crisis', *Working Paper New American Foundation*, Washington DC, November 18.

PALOMBARINI Stefano（2001), *La rupture du compromis social italien*, Editions du CNRS, Paris.

PAULSON Henry（2009), 'Paulson's Plan: The Cost to Our Nation Will Be Even Larger if We Do Not Overhaul Our Regulatory System', *Financial Times*, March 18th, p.9.

PEAR Robert and CALMES Jackie（2009), 'Senators Reject Pair of Public Option Proposals', *The New York Times*, September 30th.

PERKINS Anthony B. and PERKINS Michael C.（1999), *The Internet Bubble*, Harper Business, New York.（斎藤精一郎監訳『インターネット・バブル――来るべき反動にどう備えるか』日本経済新聞社，2000 年）

PLENDER John（2009), 'How to Tame the Animal Spirits', *Financial Times*, Wednesday September 30, p.7.

PLIHON Dominique（2001), 'Quelle surveillance prudentielle pour l'industrie des services financier ?', *Revue d'Economie Financière*, numéro spécial « Sécurité et régulation financières », n° 60.

PLIHON Dominique（président）（2002), *Rentabilité et risque dans le nouveau régime de croissance*, Rapport du Groupe du Commissariat Général du Plan, Paris, La Documentation Française, Octobre.

POLANYI Karl（1946), *The Great Transformation*, Traduction Française, Gallimard, Paris, 1983.（野口建彦・栖原学訳『[新訳] 大転換――市場社会の形成と崩壊』東洋経済新報社，2009 年）

POSEN Adam S.（2000), 'The Political Economy of Deflationary Monetary Policy', in MIKITANI Ryoichi and POSEN Adam S.（eds.)（2000), *Japan's Financial Crisis and Its Parallels to US Experience*, Institute for International Economics, Special report 13, September, p.194-200.

MASKIN Eric S.（2008), ‘Mechanism Design : How to Implement Social Goals’, *American Economic Review*, vol.98, n° 3, p.567-576.

MAZIER Jacques, BASLE Maurice and VIDAL Jean-François（1993）*Quand les crises durent...* , Economica, Paris, 1ère édition 1984.

McCALL Matthew（2010), *The Next Great Bull Market*, John Wiley & Sons, Inc., Hoboken, New Jersey.

MERTON Robert C.（1973), ‘Theory of Rational Option Pricing’, *Bell Journal of Economics and Management Science*, vol. 4, p.141-183.

MINSKY Hyman（1975), *John-Maynard Keynes*, Columbia University Press, New York.（堀内昭義訳『ケインズ理論とは何か――市場経済の金融的不安定性』岩波書店, 1999 年）

MINSKY Hyman（1982a), *Can "It" Happen Again?: Essays on Instability and Finance*, M.E. Sharpe, New York.（岩佐代市訳『投資と金融――資本主義経済の不安定性』日本経済評論社, 2003 年）

MINSKY Hyman（1982b), ‘The Financial Instability Hypothesis : Capitalism Processes and the Behavior of the Economy’, in KINDLEBERGER Charles and LAFFARGUE Jean-Pierre（eds.）*Financial Crises*, Cambridge University Press, Cambridge, United Kingdom.

MISHKIN Frederic（2009), ‘Is Monetary Policy Effective during Financial Crises?’, *American Economic Review*, 99 (2), p.573-577.

MISTRAL Jacques, de BOISSIEU Christian and LORENZI Jean-Hervé（2003), ‘Les normes comptables et le monde post-Enron’, *Rapport du Conseil d'Analyse Economique*, n° 42, Documentation Française, Paris.

MONTAGNE Sabine（2003), ‘Les métamorphoses du trust : Les fonds de pension americains entre protection et spéculation’, Thèse Université Paris 10-Nanterre, décembre.

MONTAGNE Sabine（2006), *Les fonds de pension : Entre protection sociale et spéculation*, Odile Jacob, Paris.

MORIN François（2007), *Le nouveau mur de l'argent*, Editions du Seuil, Paris.

MYERSON Roger（2008), ‘Perspectives on Mechanism Design in Economic Theory’, *The American Economic Review*, 98 (3) , p.586-603.

NAUGHTON Barry（2007), *The Chinese Economy: Transition and Growth*, MIT Press, Cambridge.

NEW YORK TIMES（2008), ‘White House Philosophy Stocked Mortgage Bonfire’, The Reckoning, December 21.

ORLEAN André（1990), ‘Le rôle des influences interpersonnelles dans la détermination des cours boursiers’, *Revue Economique*, 41, p.839-868.

A.E., THORNE Deborah K. and WARREN Elizabeth (2008), 'Did Bankruptcy Reform Fail?: An Empirical Study of Consumer Debtors', *American Bankruptcy Law Journal*, 82, p.349-406.

LEAVEN Luc and VALENCIA Fabian (2008), 'Systemic Banking Crisis: A New Data Base', *IMF WP*, September.

LI Honggang and BARKLEY Rosser J. Jr. (2001), 'Emergent Volatility in Asset Markets with Heterogeneous Agents', *Discrete Dynamics in Nature and Society*, vol. 6, n° 3, p.171-180.

LIPIETZ Alain (1983), *Le monde enchanté : De la valeur à l'envol inflationniste*, La Découverte, Paris.

LORDON Frédéric (1997), 'Endogeneous Structural Change and Crisis in a Multiple Time-Scales Growth Model', *Journal of Evolutionary Economics*, vol. 7 (1), p.1-21.

LORDON Frédéric (2008), *Jusqu'à quand ?: Pour en finir avec les crises financières*, Raison d'Agir, Paris.

LORDON Frédéric (2009), *La crise de trop : Reconstruction d'un monde failli*, Fayard, Paris.

MacKENZIE Donald and MILLO Yuval (2003), 'Constructing a Market, Performing Theory: The Historical Sociology of a Financial Derivatives Exchange', *American Journal of Sociology*, 109, p.107-45.

MALKIEL Burton G. (2003), 'The Efficient Market Hypothesis and Its Critics', *Journal of Economic Perspectives*, vol. 17, n° 1, Winter, p.59-82.

MANDELBROT Benoît (1997), *Fractales, hasard et finance*, Flammarion, Paris.

MANDELBROT Benoît (2009), 'Il était inévitable que des choses très graves se produisent', *Le Monde*, 17 octobre.

MANDELBROT Benoît and HUDSON Richard (2005), *Une approche fractale des marchés*, Odile Jacob, Paris.（高安秀樹監訳『禁断の市場――フラクタルでみるリスクとリターン』東洋経済新報社，2008 年）

MARKOPOLOS Harry (2005) 'The World's Largest Hedge Fund Is a Fraud', repris et traduit en français dans WEITMAN Amir (2009) *L'affaire Madoff*, Plon, Paris.

MARKOVITZ Harry (1952), 'Portfolio Selection', *The Journal of Finance*, vol. 6, n° 1, p.77-91.

MARKOVITZ Harry (2005), 'Market Efficiency: A Theoretical Distinction and so What?', *Financial Analyst Journal*, vol. 61, n° 5, p.17-30.

MARX Karl (1867), *Le Capital*, Réédition, Folio Essais, Paris, 2008.（大内兵衛・細川嘉六監訳『マルクス・エンゲルス全集』第 23 ～ 25 巻，岡崎次郎訳『資本論』大月書店，1965-67 年）

MARX Karl (2009), *Les crises du capitalisme*, Demopolis, Paris, 2008.

Review, vol.98, n° 3, p.577-585.
ILO（International Labour Organization）（2008), *A Global Policy Package to Address the Global Crisis*, IILS, Genève.
IMF（2002), 'How Effectively Is the Market for Credit Risk Transfer Vehicles Functioning?', *Global Financial Stability Report*, March.
JORION Paul（2007), *Vers la crise du capitalisme américain*, La Découverte, Paris.
KALDOR Nicholas（1940), 'Spéculation et stabilité macroéconomique', traduit et repris dans *Revue Française d'Economie*, vol. 2, n° 2-3, p.115-164.
KALDOR Nicholas（1966), *Causes of the Slow Rate of Growth of the United Kingdom*, Cambridge University Press, Cambridge.（笹原昭五・高木邦彦訳「イギリス経済の低成長の原因」『経済成長と分配理論——理論経済学続論』日本経済評論社, 1989年, 第4章）
KESSLER Oliver（2009), 'Interrogating the Current Financial Crisis', *International Political Sociology*, Forum Contribution, vol. 3, n° 4, p.449-468.
KEYNES John-Maynard（1930), *Treatise on Money*, Two volumes, Mac Milan, London.（小泉明・長澤惟恭訳『ケインズ全集第５巻・第６巻　貨幣論』Ⅰ・Ⅱ, 東洋経済新報社, 1979年）
KEYNES John-Maynard（1936), *The General Theory of Employment, Interest and Money*, Mac Milan, London.（間宮陽介訳『雇用, 利子および貨幣の一般理論』上・下, 岩波書店, 2008年）
KIFF J., MICHAUD F-L. and MITCHELL J.（2003), 'Une revue analytique des instruments de transfert du risque de crédit', *Revue de la Stabilité Financière*, Banque de France, Eurosystème, Juin, p.111-138.
KINDLEBERGER Charles P.（1978), *Manias, Panics and Crashes*, Basics Books, New York; 5th edition, 2005, John Wiley & Sons.（吉野俊彦・八木甫訳『熱狂, 恐慌, 崩壊——金融恐慌の歴史』日本経済新聞社, 2004年）
KINDLEBERGER Charles P.（1994), *Histoire mondiale de la spéculation financière*, Editions P.A.U, Paris.
KNIGHT Frank Hynemann（1921), *Risk, Uncertainty and Profit*, Harper & Row, réédition（1965).（奥隅栄喜訳『現代経済学名著選集６　危険, 不確実性および利潤』文雅堂書店, 1959年）
KOBAYASHI Keiichiro and INABA Masaru（2002), 'Japan's Lost Decade and the Complexity Externality', *RIETI Discussion Paper Series*, 02-E-004, March.
KRUGMAN Paul（2009a), 'Making Banking Boring', *The New York Times*, April 9th.
KRUGMAN Paul（2009b), 'How Did Economists Get It So Wrong?', *The New York Times*, September 2nd.
LAWLESS Robert M., LITTWIN Angela K., PORTER Katherine M., POTTOW John

鈴木義一訳『後発工業国の経済史——キャッチアップ型工業化論』ミネルヴァ書房, 2005 年）
GIRAUD Pierre-Noël（2001), *Le Commerce des promesses: Petit traité sur la finance moderne*, Seuil, Paris.
GODECHOT Olivier（2007), *Working rich : Salaires, bonus et appropriation du profit dans l'industrie financière*, La Découverte, coll. Textes à l'appui, Paris.
GROSSMAN Sanford and STIGLITZ Joseph（1980）'On the Impossibility of Informationally Efficient Markets', *American Economic Review*, vol.70, p.393-408.
GUERRERA Francesco, BULLOCK Nicole and MacIINTOSH Julie（2008), 'Wall Street Helped Craft Own Downfall', *Financial Times*, Friday October 31.
GUMBEL Peter（2008), 'Iceland: The Country that Became a Hedge Fund', *Fortune*, December 8, p.53-59.
GURLEY John and SHAW Edward（1956), 'Financial Intermediations and the Saving-Investment Process', in LEWIS Mervyn（ed.), *Financial Intermediaries*, Elgar, reference Collection, p.28-47.
HAUSMANN Ricardo and RODRIK Dani（2003), 'Economic Development as Self-Discovery', *Journal of Development Economics*, vol.72, n° 2, p.603-633.
HAUSMANN Ricardo, RODRIK Dani and VELASKO Andres（2004), 'Growth Diagnosis', http://www0.gsb.columbia.edu/ipd/pub/DaniRodrik.pdf
HAYEK Friedrich（1945), 'The Use of Knowledge in Society', *American Economic Review*, vol. XXXV, n° 4, September, p.519-30.（田中真晴・田中秀夫訳「社会における知識の利用」『市場・知識・自由』ミネルヴァ書房, 1986 年, 第 2 章）
HOEPNER Martin（2003), *Wer beherrscht die Unternehmen?: Shareholder Value, Managerherrschaft und Mitbestimmung in Deutschland*, Campus, Frankfurt and New York.
HOLLINGSWORTH Rogers and BOYER Robert（eds.)（1997), *Contemporary Capitalism: The Embeddedness of Institutions*, Cambridge University Press, Cambridge.（長尾伸一・長岡延孝編監訳『制度の政治経済学』木鐸社, 2000 年に一部所収）
HONOHAN P.and KLINGEBIEL D.（2000), 'Controlling the Fiscal Cost of Banking Crises', *Policy Research Working Paper*, 2441, The World Bank, Washington D.C.
HURVICZ Leonid（1996), 'Institutions as Families of Game Forms', *The Japanese Economic Review*, vol.4, n° 2, June, p.113-131.
HURVICZ Leonid（1997), 'On the Dimensional Requirements of Informationally Decentralized Pareto-Satisfactory Process', in ARROW Kenneth J. and HURVICZ Leonid（eds.), *Studies in Resource Allocation Processes*, CUP, Cambridge, p.413-424.
HURVICZ Leonid（2008), 'But Who Will Guard the Guardians', *American Economic*

Financière, n° 70, Janvier, p.51-64.
El KAROUI Nicole (2009), 'Un moment de l'expérience probabiliste : Théorie des processus stochastiques et pratique dans les marchés financiers', *Prisme*, n° 17, Novembre, Centre Cournot pour la Recherche en Economie, Paris. http://www.centrecournot.org/prismepdf/Prisme_13_FR.pdf
ENGLUND P. (1999), 'The Swedish Banking Crisis: Roots and Consequences', *Oxford Review Economic Policy*, vol. 15, p.80-97.
ENRIA *et al*. (2004), 'Fair Value and Financial Stability', *European Central Bank Occasional Paper*, n° 13, April.
ERNST Ekkehard and ESCUDERO Véronica (2008), 'The Effects of Financial Globalization on Global Imbalances, Employment and Inequality', *Discussion Paper International Institute for Labour Studies*, DP/191/2008.
ERTUK Ismail, FROUD Julie, JOHAL Sukhdev, LEAVER Adam and WIILIAMS Karel (2008), *Financialization at Work*, Routledge, London.
FAMA Eugene F. (1991), 'Efficient Capital Markets', *Journal of Finance*, 46(2), p.1575-1617.
FARHI Maryse and MACEDO CINTRA Marcos Antonio (2009), 'The Financial Crisis and the Global Shadow Banking System', *Revue de la Régulation*, n° 5, 1er semestre, http://regulation.revues.org/index7473.htlm.
FEDERAL RESERVE BOARD (The) (2009), *The BEIGE Book*, December 2, http://www.federalreserve.gov/FOMC/BeigeBook/2009/20091202/default.htm
FISHER Irving (1933), 'Une théorie de la déflation par la dette', traduction française et réédition dans *Revue Française d'Economie*, vol. III, n° 3, Eté.
FITOUSSI Jean-Paul and STIGLITZ Joseph (2009), 'The Shadow GN: The Ways out of the Crisis and the Building of a More Cohesive World', Mimeograph, Columbia University, February 4th.
FLYOD Norris (2009) 'After the Crisis: A Retreat from Global Banking', *The New York Times*, August 1st.
FRAME S. and WHITE L.J. (2002), 'Empirical Studies of Financial Innovation : Lots of Talk, Little Action ?', *Federal Reserve Bank of Atlanta, Working Paper*, 12, July. http://www.frbatlanta.org/filelegacydocs/wp0212.pdf
FULLBROOK Edward (ed.) (2009), *CRASH: Why It Happened and What to Do about It*, Real World Economics Review, http://www.paecon.net/CRASH-1.pdf
GARBER Peter M. (2000), *Famous First Bubbles: The Fundamental of Early Mania*, Cambridge, MIT Press.
GERSCHENKRON Alexander (1962), *Economic Backwardness in Historical Perspective*, Harvard University Press, Cambridge.(絵所秀紀・雨宮昭彦・峯陽一・

Monde, 19 août.

CYNAMON Barry Z. and FAZZARI Steven（2008), 'Household Debt in the Consumer Age: Source of Growth – Risk of Collapse', *Capitalism and Society*, vol. 3, issue 2.

DAVANNE Olivier（1998), *Instabilité du système financier international*, Rapport Conseil d'Analyse Economique, n° 14, La Documentation Française, Paris.

DAVIS E. P.（1992), *Debt, Financial Fragility, and Systemic Risk*, Oxford, Oxford University Press.

DEBREU Gérard（1959), *Théorie de la valeur*, Dunod, Paris.（丸山徹訳『価値の理論――経済均衡の公理的分析』東洋経済新報社, 1977 年）

DELARGY P.J.R. and GOODHART C.(1999), 'Financial Crises : Plus ça change, plus c'est la même chose', *Financial Markets Group*, January. http://www2.lse.ac.uk/fmg/documents/specialPapers/1990s/sp108.pdf

DeLONG Bradford J.（2009), 'The Financial Crisis of 2007-2009: Understanding Its Causes, Consequences – and Its Possible Cures', *Working Paper*, January 5, http://www.cscollege.gov.sg/cpe/events.html#top

DEMYANYK Yuliya and VAN HERMERT Otto（2008), 'Understanding the Subprime Mortgage Crisis', *WP Federal Reserve Bank of Saint Louis*, August 19th, http://ssrn.com/abstract=1020396

DER HOVANESIAN Maria（2008), 'Sex, Lies, and Mortgage Deals', *Business Week*, November 24, p.71-75.

DERMAN Emanuel（2004), *My Life as a Quant: Reflexions on Physics and Finance*, John Wiley & Sons, Hoboken, New Jersey.

DOCKES Pierre and LORENZI Jean-Hervé（2009), *Fin de monde ou sortie de crise ?* , Perrin, Paris.

DODD Chris（2009), *Restoring American Financial Stability*, Report from the Senate Committee on Banking, Housing and Urban Affairs.

DUBECQ Simon, MOJON Benoît and RAGOT Xavier（2009), 'Uncertain Capital Requirements, Risk-shifting and the Risk Taking Channel of Monetary Policy', *Working Paper Banque de France*, 3rd draft, September.

DUHIGG Charles（2009), 'Post-meltdown: Traders Gain in Edge in Milliseconds', *The New York Times*, 1st August.

DYNAN Karen E.（2009), 'Changing Household Financial Opportunities and Economic Security', *The Journal of Economic Perspectives*, vol. 23, n° 4, Fall, p.49-68.

El ECONOMISTA（2009), 8 avril, p.10 à partir d'une compilation des sources FED, FDIC, Départements du Trésor et du Logement américains.

EICHENGREEN Barry（2003), 'Les crises récentes en Turquie et en Argentine sont-elles les dernières d'une espèce en voie de disparition ?', *Revue d'Economie*

CALOMIRIS Charles (2009), 'A Recipe for Ratings Reform', *The Economists' Voice*, http://www.bepress.com, November.

CEC (Commission of the European Communities) (2009), 'Consultation on the Future "EU 2020" Strategy', *Commission Working Document*, Brussels, 24.11.2009, COM (2009) 647 final.

CECCHETTI Stephen G. (2009) 'Crisis and Responses: The Federal Reserve in the Early Stages of the Financial Crisis', *Journal of Economic Perspectives*, 23 (1), p.51–75.

CHARPE Matthieu (2009), 'Dette des ménages et instabilité financière', *Revue de la Régulation*, n° 5, 1er semestre, http://regulation.revues.org/index7464.htlm.

CHEMILIER-GENDREAU Denis and JOUINI Elyès (2008), 'Haro sur la finance!', *Le Monde*, Mercredi 5 novembre.

CHERNY Kent and ERGUNGOR Emre (2009), 'Sweden as a Useful Model of Successful Financial Crisis Resolution', *Vox*, 19 March. http://voxeu.org.

COMMISSION BANCAIRE (2002), 'Les dérivés de crédit, nouvelle source d' instabilité financière ?', *Revue de la Stabilité Financière*, Banque de France, Eurosystème, novembre.

CONT Rama (2009), 'Risques financiers : Quelle modélisation mathématique ?', *Pour la Science*, n° 375, Janvier, p.25.

CONT Rama and TANKOV Peter (2004), *Financial Modelling with Jump Processes*, Chapman & Hall / CRC Press, New York.

COVAL Joshua, JUREK Jakub and STAFFROD Erik (2009), 'The Economics of Structured Finance', *Economic Perspectives*, vol. 23 (1), p.3-25.

CRESC (2009), *An Alternative Report on UK Banking Reform*, A Public Interest Report from CRESC, University of Manchester, http://www.cresc.ac.uk.

CRESUS (2009), *Confessions d'un banquier pourri*, Fayard, Paris.

CROTTY James and EPSTEIN Gerald (2008), 'The Costs and Contradictions of the Lender-of-last-resort Function in Contemporary Capitalism: The Sub-prime Crisis of 2007-2008', *WP Political Economy Research Institute* (*PERI*), University of Massachusetts, Amherst, May 2-3.

CROUHY Michel (2008), Intervention à la table ronde « Gestion du risqué et prévention des crises : Qu'avons-nous appris de la recherche en finance », 6th EIF Annual Forum, 17 décembre.

CURRY Timothy and SHIBUT Lynn (1998), 'The Cost of the Savings and Loan Crisis: Truth and Consequences', *FDIC Banking Review*, http://useconomy.about.com/library/s-and-l-crisis.pfd

CYPEL, S. (2009), 'Critiqué, M.Obama pourrait revoir la reforme de la santé', *Le*

de l'irréversibilité en économie, Editions de l'E.H.E.S.S., Paris.
BOYER Robert and CORIAT Benjamin (1985), 'Marx, la technique et la dynamique longue de l'accumulation', in CHAVANCE Bernard (ed.), *Marx en perspective*, Editions de l'E.H.E.S.S., juin, p.419-457.
BOYER Robert, DEHOVE Mario and PLIHON Dominique (2004), *Les crises financières*, Rapport du Conseil d'Analyse Economique, n° 50, La Documentation Française, Paris.
BOYER Robert and JUILLARD Michel (1995), 'Les Etats-Unis : Adieu au fordisme !', in BOYER R. and SAILLARD Y. (eds.), *Théorie de la régulation : L'état des savoirs*, La Découverte, Paris, 1995, p.378-388.
BOYER Robert and MISTRAL Jacques (1978), *Accumulation, inflation, crises*, Presses Universitaires de France, Paris. Seconde édition actualisée et refondue, 1983.
BOYER Robert and NEFFA Julio César (eds.) (2004), *La crisis argentina (1976-2001): Una vision desde la theorias institucionalistas y regulacionistas*, Editorial Miño y Davila, Madrid and Buenos Aires.
BOYER Robert and NEFFA Julio César (eds.) (2007), *Salida de crisis y estrategias alternativas de desarollo: La experiencia argentina*, Miño y Davila, Madrid and Buenos Aires.
BOYER Robert and SAILLARD Yves (eds.) (1995), *Théorie de la régulation : L'état des savoirs*, La Découverte, Paris, nouvelle édition complétée et actualisée (préface et postface) (2002) .
BOYER Sylvain and BRUNNER Costa (2009), 'Comment expliquer la résistance de l' emploi allemande?', *Flash*, n° 27, 3 juillet, p.6-8.
BRENDER Anton and PISANI F. (2001), *Les marchés et la croissance*, Economica, Paris.
BRENDER Anton and PISANI F. (2009), *La crise de la finance globalisée*, La Découverte, Paris.
BRI (Banque des Règlements Internationaux) (2002), *72e Rapport annuel*, Bâle.
BRI (2003), *73e Rapport annuel*, Bâle.
BRIYS Eric (2009), 'Forces et faiblesses des mathématiques financiers', *La Recherche*, n° 429, avril, p.73-74.
BROCK William, HOMMES Cars and WAGENER Florian (2006), 'More Hedging Instruments May Destabilize Markets', *Tinbergen Institute Discussion Paper*, 080/1.
BUFFETT Warren (2003), 'What Worries Warren', *Fortune*, March 3.
BUSINESS WEEK (2009), 'As the Economic Fear Factor Wanes: Obama Slips a Notch', July 13-20, p.21.
BUTTONWOOD (2009), 'Minsky's Moment', *The Economist*, April 4-10, p.77.

学』新版，藤原書店 , 1990 年）
BOYER Robert（2000a), 'Is a Finance-led Growth Regime a Viable Alternative to Fordism?: A Preliminary Analysis', *Economy and Society*, vol. 29, n° 1, February, p.111-145.
BOYER Robert（2000b), 'The Political in the Era of Globalization and Finance: Focus on Some Régulation School Research', *International Journal of Urban and Regional Research*, vol. 24, n° 2, p.274-322.
BOYER Robert（2002a), *La croissance, début du siècle : De l'octet au gène*, Albin Michel, Paris.（井上泰夫監訳『ニューエコノミーの研究——21 世紀型経済成長とは何か』藤原書店，2007 年）
BOYER Robert（2002b), 'Voilà que le Japon redevient une référence pour les Etats-Unis!', Propos recueillis par Philippe PONS, *Le Monde « Economie »* , Mardi 3 décembre, p.V.
BOYER Robert（2004a), *La théorie de la régulation : Les fondamentaux*, Repères, La Découverte Paris.
BOYER Robert（2004b), 'La crise japonaise : Structurelle, financière…politique ?', in DOURILLE-FEER Evelyne and NISHIKAWA Jun（eds.), *La finance et la monnaie à l'âge de la mondialisation : Examen comparatif de l'Europe et de l'Asie*, L'Harmattan, Paris, p.161-184.
BOYER Robert（2005), 'From Shareholder Value to CEO Power: the Paradox of the 1990s', *Competition & Change*, vol. 9, n° 1, March, p.7-47.
BOYER Robert（2006), 'What is the Future for Codetermination and Corporate Governance in Germany?', in BECKERT Jens, EBBIINGHAUS Bernhard, HASSEL Anke and MANOW Philip（eds.), *Transformationen des Kapitalismus. Festschrift für Wolfgang Streeck zum sechzigsten Geburtstag*, Campus Verlag, Frankfurt/New York, p.135-157.
BOYER Robert（2007a), 'Assessing the Impact of Fair Value upon Financial Crisis', *Socio Economic Review*, vol. 5, n° 4, October, p.779-807.
BOYER Robert（2007b), 'Les difficultés de la stabilisation économique en Europe: Un révélateur de l'inachèvement institutionnel de l'Union européenne', *Revue Française de l'Economie*, vol. XXI, n° 3, janvier, p.39-73.
BOYER Robert（2008a), 'Democracy and Social Democracy facing Contemporary Capitalisms: A «Régulationist» Approach', *WP PSE*, n° 36, July, Paris.
BOYER Robert（2008b), 'Une crise tant attendue. Leçons d'histoire pour économistes', *Prisme*, n° 13, Novembre 2008, Centre Cournot pour la Recherche en Economie, Paris. http://www.centrecournot.org/prismepdf/Prisme_13_FR.pdf
BOYER Robert, CHAVANCE Bernard and GODARD Olivier（eds.)（1991), *Les figures*

WOODFORD M. (eds.), *Handbook of Macroeconomics*, edition 1, volume 1, chapter 21, p.1341-1393, Elsevier.

BIONDI Yuri, BIGNON Vincent and RAGOT Xavier (2009), 'Une analyse économique de l'évolution des normes comptables européennes : le principe de « juste valeur', ronéotypé, Conférence débat, Centre de Recherche en Economie Saint Gobain, 24 Mars.

BIS (Bank for International Settlements) (2008), "Credit Risk Transfer: Developments from 2005 to 2007", *Basel Committee on Banking Supervision*, July, Basle.

BLACK Fisher and SHOLES Myron (1973), 'The Pricing of Options and Corporate Liabilities', *Journal of Political Economy*, vol. 81, p.637-54.

BLANCHARD Olivier and WATSON Marc (1984), 'Bulles, anticipations rationnelles et marchés financiers', *Annales de l'INSEE*, n° 54, avril-juin, p.79-100.

BLINDER Alan (1997), *Central Banking in Theory and Practice*, MIT Press, Cambridge MA.（河野龍太郎・前田栄治訳『金融政策の理論と実践』東洋経済新報社, 1999 年）

BORDO M., EICHENGREEN Barry, KLINGEBIEL D. and MARTINEZ-PERIA M.S. (2001), 'Is the Crisis Problem Growing More Severe ?', *Economic Policy : An European Forum*, n ° 32, p.53-82, April, http://econweb.rutgers.edu/bordo/Crisis_Problem_text.pdf

BORIO Claudio and LOWE Philip (2002), 'Asset Prices, Financial and Monetary Stability : Exploring the Nexus', *BIS Working Paper*, n° 114, Bank for International Settlements, July. http://www.bis.org/publ/work114.htm

BOUCHAUD Jean-Philippe (2008), 'Economics Needs a Scientific Revolution', *Physics.soc-ph*, 29 Octobre.

BOUCHAUD Jean-Philippe (2009), Intervention dans le cadre de l'émission « Peut-on prévoir les crises financières ? », séance publique, *France Culture*, 16 janvier.

BOUCHER Christophe (2003), 'Identification des crises boursières', *Document de travail Université Paris XIII*, 27 mars.

BOURGUINAT Henri and BRIYS Eric (2009), *L'arrogance de la finance*, La Découverte, Paris.

BOWLES Samuel, GORDON David M. and WEISSKOPF Thomas E. (1983), 'Long Swings and the Non-reproductive Cycle', *American Economic Review*, 73(2), May, Paper and proceedings.

BOYER Robert (1979), 'La crise actuelle : une mise en perspective historique : Quelques réflexions à partir d'une analyse du capitalisme français en longue période', *Critiques de l'Economie Politique*, nouvelle série, n° 7-8, Avril-Septembre, p.3-113.

BOYER Robert (1986), *La théorie de la régulation : Une analyse critique*, La Découverte, Agalma, Paris.（山田鋭夫訳『レギュラシオン理論——危機に挑む経済

ARTUS Patrick（2009d), ‘Le problème essentiel pour la régulation financière et pour le système monétaire international : La finance procyclique’, *Flash Economie*, n° 155, 3 Avril, Natixis, Paris.

ARTUS Patrick（2009e), ‘Se limiter à règlementer la finance ne résoudra rien’, *Flash Economie*, n° 156, 3 avril, Natixis, Paris, p.10.

ARTUS Patrick（2009f), ‘Comment discriminer entre les régions émergentes’, *Flash Economie*, n° 239, 20 mai, Natixis, Paris, p.4.

ARTUS Patrick（2009g), ‘Il est bien trop tôt pour parler de « stratégie de sortie’, *Flash Economie*, n° 263, 9 juin, Natixis, Paris, p.5.

ARTUS Patrick（2009h), ‘Pourquoi l’économie de marché est menacée’, *Flash Economie*, n° 560, 17 décembre, Natixis, Paris.

ARTUS Patrick, BETBEZE Jean-Paul, de BOISSIEU Christian and CAPELLE-BLANCARD Gunther（2008), *La crise des subprimes*, Rapport du Conseil d’Analyse Economique, n° 78, La Documentation Française, Paris, Août.

ARTUS Patrick and PASTRE Olivier（2009), *Sorties de crise. Ce qu’on ne nous dit pas. Ce qui nous attend*, Editions Perrin, www.editions-perrin.fr.

ARTUS Patrick and VIRARD Marie-Paul（2009), *Est-il trop tard pour sauver l’Amérique?*, La Découverte, Paris.

ASHBEE Edward（2009a), ‘American Business, Reform Agenda and Institutional Constraints’, *ICBP Paper Seminar*, November.

ASHBEE Edward（2009b), “You Never Want a Serious Crisis to Go to Waste” , the Obama Presidency, Institutional Constraints and Political Opportunities, *ICBP Paper Seminar*, December.

ATTAC（2009), *Sortir de la crise globale*, La Découverte, Paris.

AUTHERS John（2009), ‘Wanted: New Model for Markets’, *Financial Times*, Tuesday September 29, p.9.

BENASSY Jean-Pascal（1984), *Macroéconomie et théorie du déséquilibre*, Dunod, Paris.

BENSON G., BROMWICH M., LITAN R.E., and WAGENHOFER A.（2003), *Following the Money: The Enron Failure and the State of Corporate Disclosure*, Brookings Institution Press, Washington D.C.（田代樹彦・石井康彦・中山重穂訳『会計制度改革への挑戦——フォローイング・ザ・マネー』税務経理協会，2005 年）

BERNANKE Ben S.（2000), ‘Japanese Monetary Policy: A Case of Self-induced Paralysis?’, in MIKITANI Ryoichi and POSEN Adam S.（eds.）(2000), *Japan’s Financial Crisis and Its Parallels to US Experience*, Institute for International Economics, Special Report 13, September, p.149-166.

BERNANKE Ben S., GERTLER Mark and GILCHRIST Simon（1999), ‘The Financial Accelerator in a Quantitative Business Cycle Framework’, in TAYLOR J. B. and

ARROW Kenneth and DEBREU Gérard (1954), 'Existence of an Equilibrium for a Competitive Economy', *Econometrica*, 22, p.522-552.

ARTUS Patrick (1990), 'Quand la création d'un marché à terme peut-elle déstabiliser le cours au comptant ?', *Revue Economique*, vol. 41, n° 1, p.71-93.

ARTUS Patrick (2001), *Crises des pays émergents. Faits et modèles explicatifs*, Economica, Paris.

ARTUS Patrick (2008a), 'Peut-on éviter la prochaine crise ?', *Flash Economie*, n° 315, 18 juillet, Natixis, Paris.

ARTUS Patrick (2008b), 'Qui paye « in fine » la facture de la crise financière ?', *Flash Economie*, n° 337, 19 août, Natixis, Paris.

ARTUS Patrick (2008c), 'Les marchés souvent déstabilisés par des analyses superficielles', *Flash Economie*, n° 385, 10 septembre, Natixis, Paris.

ARTUS Patrick (2008d), 'Les causes de l'instabilité des marchés financiers', *Flash Economie*, n° 387, 10 septembre, Natixis, Paris.

ARTUS Patrick (2008e), 'Peut-on comparer les Etats-Unis au Japon des années 1990 ?', *Flash Economie*, n° 393, 15 septembre, Natixis, Paris.

ARTUS Patrick (2008f), 'Quelle est la nature de la crise ?', *Flash Economie*, n° 395, 15 septembre, Natixis, Paris.

ARTUS Patrick (2008g), 'Quel choc pour faire remonter les marchés ?', *Flash Economie*, n° 397, 15 septembre, Natixis, Paris.

ARTUS Patrick (2008h), 'Trois méthodes pour réduire le levier d'endettement', *Flash Economie*, n° 414, 23 Septembre, Natixis, Paris.

ARTUS Patrick (2008i), 'Plaidoyer pour la création « d'acheteurs d'actifs risqués en dernier ressort', *Flash Economie*, n° 416, 23 septembre, Natixis, Paris.

ARTUS Patrick (2008j), 'La finance peut-elle seule conduire à une crise grave ?', *Flash Economie*, n° 429, 2 Octobre, Natixis, Paris.

ARTUS Patrick (2008k), 'A quoi vont servir les banques d'investissement ?', *Flash Economie*, n° 436, 6 Octobre, Natixis, Paris.

ARTUS Patrick (2008l), 'Quels vont être les pays qui seront le plus en difficulté après la crise', *Flash Economie*, n° 477, 22 octobre, Natixis, Paris, p.8.

ARTUS Patrick (2009a), 'Quand nous sommes-nous trompés sur nos prévisions, et comment l'expliquer ?', *Flash Economie*, n° 62, 3 février.

ARTUS Patrick (2009b), "Les pays en plus grande difficulté dans la zone euro : ceux qui avaient auparavant le plus profité de l'appartenance à la zone" , *Flash Economie*, n° 136, 25 mars, p.5.

ARTUS Patrick (2009c), 'Comment la crise révèle les problèmes structurels de la France', *Flash Economie*, n° 140, 27 Mars, Natixis, Paris, p.4.

参考文献

AGLIETTA Michel（1976）, *Régulation et crises du capitalisme*, Calmann-Lévy, Paris ; 2e édition 1982 ; Réédition, Nouvelle préface, Odile Jacob, Paris, 1997.（若森章孝・山田鋭夫・大田一廣・海老塚明訳『資本主義のレギュラシオン理論』大村書店，1989 年；増補新版，2000 年）

AGLIETTA Michel（1992）, 'Les dérapages de la finance japonaise', *Economie Prospective Internationale*, n° 51, 3e trimestre, p.9-29.

AGLIETTA Michel（1998）, 'Le capitalisme de demain', *Note de la Fondation Saint Simon*, n° 101, Paris.

AGLIETTA Michel（2009）, 'L'agenda du G20 est ambitieux mais il porte la possibilité d'un changement profond', *L'Economie Politique*, n° 42, Avril, p.7-15.

AGLIETTA Michel and ORLEAN André（dir.）（1998）, *La monnaie souveraine*, Odile Jacob, Paris.（坂口明義・中野佳裕・中原隆幸訳『主権貨幣』藤原書店，近刊）

AGLIETTA Michel and ORLEAN André（2002）, *La monnaie entre violence et confiance*, Odile Jacob, Paris.

AGLIETTA Michel and REBERIOUX Antoine（2004）, *Dérives du capitalisme financier*, Albin Michel, Paris.

AGLIETTA Michel and RIGOT Sandra（2009）, *Crise et rénovation de la finance*, Odile Jacob, Paris.

AKERLOF George A.（1984）, *An Economic Theorist's Book of Tales*, Cambridge University Press, Cambridge.（幸村千佳良・井上桃子訳『ある理論経済学者のお話の本』ハーベスト社，1995 年）

AKERLOF George A. and SHILLER Robert J.（2009）, *Animal Spirits: How Human Psychology Drives the Economy and Why It Matters for Global Capitalism*, Princeton University Press, Princeton New Jersey.（山形浩生訳『アニマルスピリット――人間の心理がマクロ経済を動かす』東洋経済新報社，2009 年）

AMABLE Bruno（2003）, *The Diversity of Modern Capitalism*, Oxford University Press, Oxford.（山田鋭夫・原田裕治ほか訳『五つの資本主義――グローバリズム時代における社会経済システムの多様性』藤原書店，2005 年）

AMABLE Bruno, BARRE Rémi and BOYER Robert（1997）, *Les systèmes d'innovation à l'ère de la globalisation*, Economica, Paris.

AOKI Masahiko（2006）, *Fondements d'une analyse institutionnelle comparée*, Albin Michel, Paris.（瀧澤弘和・谷口和弘訳『比較制度分析に向けて』NTT 出版，2001 年）

機の開始でしかない……320
図73　AIGに投入された公的資金の行方——国際金融ネットワークの脆弱性の指標……322
図74　ガイトナー・プラン（2009年3月）——危うい均衡か一難去ってまた一難か……332
図75　直接競合的というよりもむしろ補完的な構図……349
図76　その調整様式がどうであれ，あらゆる国がアメリカの危機から被害を受けた……351
図77　危機の出口——経済政策の国民的スタイルの問題……365
図78　非典型的な構造的危機には前例なき危機脱出図面を……373
図79　サブプライム危機の起源——リスクの移転が金融評価の阻害をもたらすという分業の矛盾……375
図80　サブプライム危機は1987年以降次々と現れた危機の特徴の大部分を組み合わせたものである……377
図81　住宅ローン市場を枠付けすればサブプライム危機の再発を防ぐことができる……386
図82　二つの不確実性が関連する資産デフレ・スパイラルに直面した際の公的介入の三つの要素……391
図83　財政政策のジレンマ——力強い介入は必要であるが，構造的危機に直面して累積債務が増加……393

図 44　公的当局の遅れが生み出す不可逆性によって金融システムの救済はますます困難になる……217
図 45　アメリカの窮地——信用を保証する範囲がますます広がっている……218
図 46　アメリカにおいて金融は制度諸形態のほぼ全体に影響を及ぼす……221
図 47　金融主導型蓄積体制——フォーディズムの対極にある論理……222
図 48　エンロン破綻の予兆……228
図 49　建築数の大幅な低下（住宅の過剰生産という伝統的な危機）……230
図 50　住宅価格の急激な低下（　〃　）……230
図 51　銀行に対する市場の不信（システミック危機——金融仲介機関の崩壊と倒産）……231
図 52　住宅ローン市場の二つの規制機関の危機と変容（　〃　）……231
図 53　きわめて低い貯蓄率（家計の債務増加によって主導される成長の突然の停止）……232
図 54　負債の累積的拡大（　〃　）……232
図 55　負債の拡大がほとんどみられないアメリカの非金融企業（　〃　）……232
図 56　1970 年代までの規制的枠付けによって銀行危機はほぼ消滅した……247
図 57　金融システムの枠付けは株式市場危機の頻度を減らす……247
図 58　サブプライム危機を回避することは不可能であったか——カナダの反例……249
図 59　アメリカ的構図にあっては正反対のあらゆる特徴が組み合わさっている……251
図 60　カナダおよびイギリスにおける住宅ローンの推移……252
図 61　金融ヘゲモニーはその転落を駆り立てる——マルクス主義の弁証法と政治経済学が復活したのか……256
図 62　サブプライム危機を繰り返さないための三つの主要な戦略……267
図 63　金融の過剰から生まれる大危機を強力なマクロ経済的介入によって阻止する……270
図 64　投機的バブルの再発を回避するために，誘因・会計・リスク評価モデルを再度同調化させるべきである……273
図 65　金融の社会貢献，勤労者の権力の回復，国際貿易の新しいルール……277
図 66　歴史から教訓を汲み尽くすべきである——高レントを生む私的イノベーションが経済全体を破壊しないように配慮すべきである……282
図 67　1960 年代のフォーディズム的妥協——アメリカ的成長の原動力……310
図 68　国際的開放にともなうフォーディズム的妥協の不安定化——1980 年代……310
図 69　金融業者と大企業経営者との事実上の同盟——1990 および 2000 年代……310
図 70　サブプライム危機とともに低所得者の運命は激変した……315
図 71　サブプライム危機の起源にある補完性——早急なる危機脱出への障害……316
図 72　フィッシャー型「デフレ－不況」の三ループの自己強化過程——2008 年は危

図 17　エンロンの崩壊——会計についても新しいデリバティブ商品の監視についても改革がないままに企業経営陣の責任が強化された……146
図 18　1866 年以来初のイギリス銀行パニックをもたらした金融イノベーション——ノーザンロック……148
図 19　一見すると危険ではあるが，住宅取得促進政策の一環をなしたイノベーション……151
図 20　国際金融への編入を背景にした新しい管理手法を求めて——アジア諸国のケース……153
図 21　新興諸国へ向かう資本フローはますます不安定化……156
図 22　ユーロ導入後の信用の爆発的増大——スペインとアイルランドのバブル…158
図 23　効果的な救済プランだが，同様の金融危機の再発を避ける政策を欠いていた——1992 ～ 2008 年のスウェーデン……161
図 24　一世紀以上にわたる，危機および銀行取付け騒ぎ防止規制の模索……165
図 25　直接金融の圧力が第三のイノベーションをもたらし，これによって銀行は安定化したが金融システムは不安定化した……166
図 26　いわゆるサブプライム危機の展開……168
図 27　デリバティブ商品——特に住宅ローン関連のもの——の急成長……169
図 28　リスクの分散は住宅ローンの質の低下をもたらす……169
図 29　2003 年以降，住宅ローンの質は標準から持続的に乖離している……171
図 30　レバレッジ効果乱用の危機でもあり，ヘッジファンドの危機でもある……176
図 31　実体経済に危機が広がる例……182
図 32　いかにして小さな一金融組織が，保険会社全体さらに金融システム全体を危機に陥れたか……183
図 33　速い市場型金融と遅い商業銀行——三つの例……186
図 34　サブプライム危機の源泉としてのローン契約責任の分解……188
図 35　銀行危機の第一の指数（銀行間信用の阻害と金融市場で広がる不信）……190
図 36　第二の指数（　〃　）……190
図 37　金融市場による増幅（　〃　）……190
図 38　リーマンブラザーズの悪循環——信用から株価へ……およびその逆……193
図 39　アメリカ住宅ローン危機の二つのスパイラル——成長の好循環から資産デフレの悪循環へ……195
図 40　シティグループの転落——ブーム期の組織選択からの直接的帰結……195
図 41　サブプライム問題——危機の原因となった四つのメカニズムに固有な構図‥208
図 42　それぞれの危機が起きるたびに，危機の繰返しを未然に防ぐべく新しい装置が発明された……210
図 43　これまでの戦略はなぜ失敗したのか——2008 年はこれまでの危機の繰返しではない……215

表 28　照応する金融危機のコスト比較に関する総合評価……335
表 29　金融システム救済の四戦略……337
表 30　あらゆる金融システムが被害を受けたがその程度はきわめて不均等である‥339
表 31　ヨーロッパ 2008 年――依然として大量の外貨建て債務の危険……341
表 32　旧工業諸国におけるイノベーションの活力……342
表 33　全新興諸国向け輸出……343
表 34　調整様式の多様性は国際機関の改編に関してどのように各国の立場に影響をあたえるか……355
表 35　G20 ロンドン合意は国際的国内的危機の克服にとって十分か……358
表 36　全市場の瓦解に直面して実施された全方位的な介入……378
表 37　銀行か直接金融か――金融は勝利から失敗へ，最後は銀行有利！……387

図 1　諸モデルはなぜ新しい金融手段のリスク評価を間違うのか……56
図 2　金融市場はガウスの法則に従わない――極端な変動を過小評価する危険性…58
図 3　現代ファイナンスに関する四つの基本仮説からどのようにしてサブプライム危機が導かれるか……59
図 4　ファイナンシャル・アクセルレーターの諸モデル――資産ショックの危険をはらんだ特徴……64
図 5　証券化によるインセンティブの倒錯――非対称情報のミクロ経済学は正しかった !!……71
図 6　実質株式相場の評価の感応性――将来配当を既知のものとして想定……81
図 7　市場は制度的配置全体のなかに組み込まれている――ニューヨーク株式市場のケース……94
図 8　「ミンスキー・モーメント」としての現代の金融危機……113
図 9　サブプライム金融危機の源泉としての低金利の持続……117
図 10　インターネットバブル当時，上場企業の業績拡大の基礎となったのは生産管理よりもむしろ財務管理であった……118
図 11　重大と見なされるイノベーションから，金融脆弱性をもたらす模倣主義へ…126
図 12　アーヴィング・フィッシャー――市場の自動的均衡からデフレをともなう累積的不況の可能性へ……128
図 13　シティグループの株式相場の崩落例……129
図 14　金融化の二つの指標……132
図 15　フランク・ナイトの理論に照らしてみたサブプライム危機――リスク・利潤・不確実性……134
図 16　ロングターム・キャピタル・マネージメントの崩壊――Fed の庇護のもと，公的規制の改定がないままの危機からのアドホックな脱却……143

図表一覧

表 1　サブプライム危機――パラダイムの変化か……23
表 2　標準的理論による各種説明――手詰まり状態……50
表 3　他の理論的枠組みを求めて……64
表 4　サブプライム危機で明らかになった標準的な金融技術の欠陥……73
表 5　有名なバブル――金融・信用の機能を開示するもの……124-125
表 6　アメリカの四大危機と現代日本の危機との比較――銀行の決定的役割……141
表 7　2009 年に類似の危機が起きる可能性を示唆する三つの比率……155
表 8　デリバティブ商品はなぜ金融の安定性に対して特殊なリスクをもたらすのか……174
表 9　アメリカ金融危機の経過――2007 年 3 月以降の加速……198
表 10　住宅ローン市場関連デリバティブ商品の危機の後，金融への統制を回復する動きが進んでいる……200
表 11　80 年代のＳ＆Ｌ危機とちがって，なぜサブプライム危機がシステミックであるのか……203
表 12　日本の失われた十年の危機とアメリカの住宅ローン市場の危機との間にどんな並行性が見られるか……206
表 13　アメリカ・モデルは他の国にほとんど適用できない……224
表 14　金融組織の分岐点としてのアメリカ住宅ローン市場の危機……234
表 15　主な成長理論における金融の役割……237
表 16　金融イノベーション――成長と同時に危機の潜在的源泉……241
表 17　銀行と直接金融――引分けの後に銀行の勝ち……253
表 18　金融レッセフェールの支持者と金融の厳格な枠付けの支持者との間での議論の応酬……260
表 19　金融イノベーションは成長プロセスの一構成要素でしかない……285
表 20　イノベーションの大部分は公共体によって枠付けられている……287
表 21　金融組織の分岐点としてのアメリカ住宅ローン市場の危機……288
表 22　金融危機にどう対応すべきか……290
表 23　金融主導型蓄積は外延的不平等体制の後継者である……313
表 24　ワシントン・コンセンサスから北京の影響力増大へ――帰結は何か……319
表 25　危機の深刻化に対応して Fed がとった措置の経過……327
表 26　アメリカ財務省の反応――戦略的ヴィジョンの欠如による試行錯誤の連続……329
表 27　サブプライム危機対応のための公的機関の支出と信用供与の推計……333

監訳者紹介

山田鋭夫（やまだ・としお）
1942年生。九州産業大学経済学部教授，名古屋大学名誉教授。名古屋大学大学院経済学研究科博士課程満期退学。理論経済学。著書に『さまざまな資本主義』（藤原書店）『金融危機のレギュラシオン理論』（共著，昭和堂）他。

坂口明義（さかぐち・あきよし）
1959年生。専修大学経済学部教授。一橋大学大学院経済学研究科博士後期課程単位取得退学。貨幣・金融論。著書に『貨幣経済学の基礎』（ナカニシヤ出版），共訳書にオルレアン『金融の権力』（藤原書店）他。

原田裕治（はらだ・ゆうじ）
1970年生。福山市立大学都市経営学部准教授。名古屋大学大学院経済学研究科博士後期課程単位取得退学。理論経済学。論文に「制度理論としてのレギュラシオン理論」（『季刊　経済理論』第42巻2号）他。

訳者紹介

宇仁宏幸（うに・ひろゆき）　第5, 6章
1954年生。京都大学大学院経済学研究科教授。大阪市立大学大学院単位取得退学。経済理論。著書に『制度と調整の経済学』（ナカニシヤ出版）『構造変化と資本蓄積』（有斐閣）他。

藤田菜々子（ふじた・ななこ）　第3章
1977年生。名古屋市立大学大学院経済学研究科准教授。名古屋大学大学院経済学研究科博士後期課程修了。経済学史・制度経済学。著書に『ミュルダールの経済学』（NTT出版）他。

中野佳裕（なかの・よしひろ）　結論
1977年生。国際基督教大学助手・研究員。英サセックス大学博士課程修了。開発学、平和学。論文に「脱成長の正義論」（『脱成長の道』コモンズ社，所収）他。

西　洋（にし・ひろし）　第4, 8章
1980年生。阪南大学経済学部准教授。九州大学大学院経済学府博士課程修了。マクロ経済学。論文に「制度階層性と調整の時間的相違を伴ったマクロ経済モデル」（『阪南論集』）他。

山田鋭夫（やまだ・としお）　第11章
→監訳者紹介参照

坂口明義（さかぐち・あきよし）　まえがき，第7, 9, 10章
→監訳者紹介参照

原田裕治（はらだ・ゆうじ）　序説，第1, 2章
→監訳者紹介参照

著者紹介

ロベール・ボワイエ（Robert Boyer）
1943年生。パリ理工科大学校（エコール・ポリテクニック）卒業。数理経済計画予測研究所（CEPREMAP）および国立科学研究所（CNRS）教授，ならびに社会科学高等研究院（EHESS）研究部長を経て，2010〜11年はベルリン高等研究院フェロー。著書に『レギュラシオン理論』『入門・レギュラシオン』『第二の大転換』『現代「経済学」批判宣言』『世界恐慌』〈レギュラシオン・コレクション〉『1 危機——資本主義』『2 転換——社会主義』『3 ラポール・サラリアール』『4 国際レジームの再編』（共編著）『資本主義 vs 資本主義』『ニュー・エコノミーの研究』（以上いずれも藤原書店）『レギュラシオン』（ミネルヴァ書房）などがある。

金融《きんゆう》資本《しほん》主義《しゅぎ》の崩壊《ほうかい》——市場《しじょう》絶対《ぜったい》主義《しゅぎ》を超《こ》えて

2011年5月30日　初版第1刷発行 ©
2012年2月28日　初版第2刷発行

監訳者　山田鋭夫他
発行者　藤原良雄
発行所　株式会社 藤原書店

〒162-0041　東京都新宿区早稲田鶴巻町523
電話　03（5272）0301
FAX　03（5272）0450
振替　00160 - 4 - 17013
info@fujiwara-shoten.co.jp

印刷・製本　中央精版印刷

落丁本・乱丁本はお取替えいたします
定価はカバーに表示してあります
Printed in Japan
ISBN978-4-89434-805-9

レギュラシオン理論の旗手

ロベール・ボワイエ（1943- ）

マルクスの歴史認識とケインズの制度感覚の交点に立ち、アナール派の精神を継承、さらには、ブルデューの概念を駆使し、資本主義のみならず、社会主義や南北問題をも解明する全く新しい経済学＝「レギュラシオン」理論の旗手。現在は、数理経済計画予測研究所（CEPREMAP）および国立科学研究所（CNRS）教授、ならびに社会科学高等研究院（EHESS）研究部長として活躍。「制度諸形態」「調整様式」などの概念と共に、制度論的視角を持ったマクロ経済学として生まれた「レギュラシオン」を、最近の諸学派との切磋琢磨を通じ、「制度補完性」「制度階級性」「制度的多様性」「制度的変容」などの論点を深化させている。

危機脱出のシナリオ

第二の大転換

（EC統合下のヨーロッパ経済）

R・ボワイエ　井上泰夫訳

一九三〇年代の大恐慌を分析したポランニーの名著『大転換』を受け、フォード主義の構造的危機からの脱出を模索する現代を「第二の大転換」の時代と規定。EC主要七か国の社会経済を最新データを駆使して徹底比較分析、危機乗りこえの様々なシナリオを呈示。

四六上製　二八八頁　二七一八円

（一九九二年一一月刊）

◇978-4-938661-60-1

LA SECONDE GRANDE TRANSFORMATION

Robert BOYER

現代資本主義の〝解剖学〟

現代「経済学」批判宣言

（制度と歴史の経済学のために）

R・ボワイエ

井上泰夫訳

混迷を究める現在の経済・社会・政治状況に対して、新古典派が何ひとつ有効な処方箋を示し得ないのはなぜか。マルクス、ケインズ、ポランニーの系譜を引くボワイエが、現実を解明し、真の経済学の誕生を告げる問題作。

A５変並製　二三二頁　二四〇〇円

（一九九六年一一月刊）

◇978-4-89434-052-7

資本主義は一色ではない

資本主義VS資本主義

〈制度・変容・多様性〉

R・ボワイエ　山田鋭夫訳

各国、各地域には固有の資本主義があるという視点から、アメリカ型の資本主義に一極集中する現在の傾向に異議を唱える。レギュラシオン理論の泰斗が、資本主義の未来像を活写。

四六上製　三五二頁　**三三〇〇円**
（二〇〇五年一月刊）◇978-4-89434-433-4

UNE THÉORIE DU CAPITALISME EST-ELLE POSSIBLE?
Robert BOYER

政策担当者、経営者、ビジネスマン必読！

ニュー・エコノミーの研究

〈21世紀型経済成長とは何か〉

R・ボワイエ
井上泰夫監訳
中原隆幸・新井美佐子訳

肥大化する金融が本質的に抱える合理的誤謬と情報通信革命が経済に対しもつ真の意味を解明する快著。

四六上製　三五二頁　**四二〇〇円**
（二〇〇七年六月刊）◇978-4-89434-580-5

LA CROISSANCE, DÉBUT DE SIÈCLE : DE L'OCTET AU GÈNE
Robert BOYER

新たな「多様性」の時代

脱グローバリズム宣言

〈パクス・アメリカーナを越えて〉

R・ボワイエ＋P-F・スイリ編
青木昌彦　榊原英資　他
山田鋭夫・渡辺純子訳

アメリカ型資本主義は本当に勝利したのか？　日・米・欧の第一線の論客が、通説に隠された世界経済の多様性とダイナミズムに迫り、アメリカ化とは異なる21世紀の経済システム像を提示。

四六上製　二六四頁　**二四〇〇円**
（二〇〇二年九月刊）◇978-4-89434-300-9

MONDIALISATION ET RÉGULATIONS
sous la direction de
Robert BOYER et Pierre-François SOUYRI

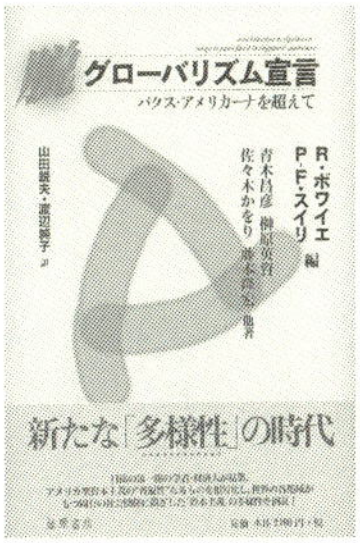

なぜ資本主義を比較するのか

さまざまな資本主義

〈比較資本主義分析〉

山田鋭夫

資本主義は、政治・労働・教育・社会保障・文化……といった「社会的なもの」と「資本的なもの」との複合的総体であり、各地域で多様である。このような〝複合体〟としての資本主義を、国別・類型別に比較することで、新しい社会＝歴史認識を汲みとり、現代社会の動きを俯瞰することができる。

A5上製　二八〇頁　**三八〇〇円**
（二〇〇八年九月刊）◇978-4-89434-649-9